以声音刻录文字，分享人类智慧

朝贡、战争与贸易

大航海时代的明朝

袁灿兴

著

天地出版社 | TIANDI PRESS

自 序

明朝在中国历史发展中具有特殊性，最主要的体现是明朝所处的国际环境非常特殊。同时，明朝的保守性也是历代王朝之最，其"保守封疆"的政策影响了整个明代。本书将讨论这个保守性极强的大明王朝，在大航海时代的国际环境中，是一个什么样的表现。

有明一代，大陆战略是王朝的主线，农耕社会是王朝的主要面貌。但大明王朝不同于其他王朝的地方在于，从16世纪之后，随着航海大发现，全球连为一体，明廷遇到了新的挑战。在大航海时代，葡萄牙人、西班牙人、荷兰人、英国人陆续到来，冲击着大明王朝的朝贡体系。而新元素的出现，并未给大明造成过大的影响，进入大航海时代后的明廷，延续的仍然是开国皇帝朱元璋的思维。

朱元璋开国后，将主要的精力放在了陆地之上，对海洋相对忽视，采取了一系列被后世称为"海禁"的政策。执着于天命之说的朱元璋，建立起了以中国为中心的朝贡制度。在朝贡体系之中，只有得到大明王朝的许可，各国方可进入中国，进行朝贡。从陆地到海洋，朝贡体系在当时的远东地区，建立起了相对稳定的政治秩序。朱元璋以天下共主的身份，通过朝贡关系，建构了天下秩序。在朝贡体系之中，周边各国向作为"华夏中心"的大明王朝称臣，每隔一段时间前来朝贡，而大明王朝则给予册封和赏赐。

对于扩充疆土，朱元璋没特别大的兴趣，他一直坚持"保守封疆"的政策。在他看来，"若邦有道，固封疆，勿外求，则永为世福；若越境而殃他民，则福命未可保也"[1]，故而他列举不征之国。但面对游牧部落，他必须用兵，洪武一朝，持续不断地对北元发起打击。草原游牧各部无数次对外扩张，乃是世界史上主要的动乱摇篮，是华夏文明的主要威胁。在洪武一朝，将海外夷国（不征之国），与西北"胡戎"对称，两者是区分对待的。

至朱棣时期，天下稳定，虽一度曾有帖木儿的威胁，但因其突然去世，而未引发两个大帝国的战争。朱棣时期，将部分力量投到海外，一度曾有郑和七下西洋，这领先于欧洲。可郑和的下西洋，仍然是大陆战略与朝贡秩序的产物。下西洋，是为了宣示天威，吸纳各国来朝；是为了采购香料香木和奇珍异兽，作为祥瑞，进献皇帝。下西洋，不是为了开拓土地，虽有贸易，但仍是官方主导下的朝贡贸易。

郑和之后，在朝贡贸易之外，明廷仍严格限制民间的海外贸易，以确保官方对于各类能带来暴利物资的控制。可香料及其他各类海外贸易所带来的暴利，吸引着一批中国商人走海贸易，在东南亚各地开拓，并有了最早的移民拓殖。对商人私下走海，明廷屡屡打击，却不能制止。

正德十二年（1517），葡萄牙人出现在广州城外，标志着中国开始融入全球一体化。葡萄牙人乘着坚船带着利炮，远涉重洋来到中国，通过各种手段，试图打开中国的大门，却未能如愿。明廷对在广东盘踞的葡萄牙人，采取武力驱逐，葡萄牙人逃往福建、浙江沿海，转而在双屿岛开展贸易，取得了极大繁荣，又引

---

[1] 《明太祖实录》卷一百二十八。

来了明廷的新一波打击。在与葡萄牙人的交战之中，明廷认识到了葡萄牙坚船利炮的威力，有识之士发出了"师佛郎机以制之"的呐喊。

嘉靖二年（1523），日本大内氏与细川氏使团在宁波爆发冲突，斩杀中国军民颇多。此后中国与日本的勘合贸易渐渐终止，对日贸易被中国海商集团所垄断。中国海商集团与日本倭寇合流，又获得了葡萄牙人的犀利武器，形成了猖獗一时的"嘉靖大倭寇"，给中国沿海各地带来了巨大冲击。至隆庆年间，明廷在月港开关，有限许可商人出海贸易，带来了海外贸易的繁荣。随着海上贸易的发达，葡萄牙、西班牙在东南亚区域的扩张，导致了地缘格局的改变，原先的朝贡体系开始衰落。而中国商人在海外的开拓，是官方所禁止的，也得不到官方的庇护。中国商人在马尼拉遭到西班牙殖民者的屠杀，明廷的反应却是"商贾最贱"，被杀乃是咎由自取。

明中后期的中国沿海，虽有海寇侵袭引发的冲突，但民间走海贸易带来的繁荣，却影响了整个南方。来自墨西哥与日本的白银，大量涌入中国，冲击了明廷僵化的货币体系，带来了白银的货币化。无数白银的涌入，带来了明中期之后南方地区的经济繁荣，涌现出了一大批市镇，乃至被后世称为"资本主义萌芽"。明中后期涌现出的繁荣，只停留在社会层面；社会服务于朝廷，财富服务于权力，商人的社会地位低下，私人财产也无法律保护，盛世之中，却无资本主义的萌芽。

在白银冲击中国的同时，部分来自欧洲的传教士，进入中国，他们带来的新的科学技术知识，影响了中国部分知识分子，却未能引发中国的科技变革。在明末清初中西的交流中，西学传播的主要是天文、历法、数学、地理、物理、机械、炮术、医学等自然科学和技术，缺少政治思想和哲学理论方面的内容；且所传入的西方科学知识，仅限于在宫廷、上层封建士大夫和少数知识分子中传播，没有深入到社会阶层中去。明中期之后，随着政治环境的宽松、经济的繁荣，在思想上也产生了突破。王阳明心学主张良知在心，知行合一，肯定工商业，主张"觉民行道"。王艮开创了泰州学派，贴近平民，贴近社会，主张百姓日用，皆是学问。面对思想的风暴，明廷采取了高压政策，风靡一时的思想风暴在铁拳之下烟消云散，明代未曾完成思想启蒙，更未能产生深刻的社会变革。

西方人到来之后，明朝的对外关系开始由朝贡模式进入到中西对峙模式，这是前所未有的改变。葡萄牙、西班牙、荷兰、英国等国有着强大的信仰支撑，有全套的产品制造体系。经历了宗教革命、启蒙运动，欧洲人走出了蒙昧，发展出了完整而成熟的、适应资本主义发展的信仰体系。一个个欧洲商业城市浮现，各类出色产品销往世界，参与竞争。更重要的是，这个新的体系之下，欧洲有强大的自信，有对牟利的追求，有无畏的冒险精神，不论是器物层面还是精神层面，他们都可以与中国比肩。

此时的中国，在思想上墨守成规，未曾意识到外界改变，未曾意识到大航海时代的来临。自1517年葡萄牙人来到广州后，明廷对葡萄牙、西班牙，乃至对随后而来的西方列强的态度，一直延续到1644年明亡。之后的清廷，亦延续了明廷的思维，直至1911年。

就大明王朝覆灭的原因，后世有各种解读。大明之亡，其根本因素是明廷自身陷入无可救药的溃败，陷入中国王朝周期兴亡率之中。当进入大航海时代之后，明廷未曾有过新的认知，新的改革，一切仍然是农耕社会、传统王朝的延续，以及天朝的自大与傲慢，对外的鄙夷与轻视。

崇祯十七年（1644），李自成攻入北京，崇祯帝自尽。仓促成立的南明小朝廷开始重视与澳门葡萄牙人之间的关系，希望得到军事上的支持。动荡之中的南明小朝廷后宫，在传教士鼓动下，也皈依了天主教，希望能得到赐福，渡过难关。南明小朝廷后宫甚至遣出传教士作为使者，前往欧洲，寻求教皇的帮助。当使者卜弥格从欧洲无功而返时，苦命的南明小朝廷已进入最后的时光。南明小朝廷覆灭之时，郑成功挥兵攻占台湾，开创了一方局面，在一定时段内影响到了清代的海洋格局。

概而论之，有明一代，官方延续的思维仍然是一以贯之的"朝贡天下"，即中国是世界的中心，周边各国感受着中国的光辉，唯有得到大明皇帝的恩许，方能进入天朝体系之内，从事有限的朝贡贸易。虽有郑和下西洋，却仍然是大陆思维的延续，是在宣示天恩，在周边营造出稳定的朝贡秩序，其中衍生出来的副产品才是贸易。进入16世纪之后，大明王朝所处的时代，有了新的变化，随着航海大发现，世界连为一体，老思维面对新变化，僵硬保守的结果就是，中国民间海商力量纵横四海，引发了海疆之乱。为了平息海疆，将战略重心放在北方，也受内部白银货币化的推动，明廷有限地打开了大门，对外开放，这就是"隆庆开关"。隆庆开关之后，中国商人不再顾及各类限制，在白银的诱惑之下，扬帆四海，从事海外贸易，形成了一股股海商（寇）势力。而葡萄牙、西班牙、荷兰、英国等国，则远涉重洋，驶入中国沿海，迫切地试图打开天朝的大门。可在官方层面，在朝贡天下的思维之下，大明王朝傲慢地对待着这些夷人，或是以武力清剿，或是以寇治夷，最后干脆闭眼无视，将海外贸易彻底拱手让出，交给了中国海商（寇）集团，偶尔睁眼之时，还要加以打击，以示天威。当新的全球贸易秩序形成之后，明廷并未参与这个秩序的营建，相反是极为排斥的。中国的海商（寇）集团，对新的秩序却是充满了激情，积极参与，奈何在明廷与西方各国的双重打击之下，他们却无法在此新秩序中立足，他们的命运，或是被招安，如郑芝龙；或是被剿杀，如王直；或是远走海外，如林道乾。由全球海洋贸易而营建出国际新秩序的过程，在此后的三百余年间，一直由欧洲国家主导着。而在东方，朝贡天下的思维，在明清易代之后，仍被大清王朝所坚持固守。直到19世纪，英国人以坚船利炮轰开了天朝的迷梦，将中国被动地纳入了到新的全球体系之下，此时，朝贡天下，让位于了全球贸易。

袁灿兴

2022年5月30日于太湖之滨

目 录

第一章
守陆——天命所归
与明初地缘格局

天命所归与追击北元　003
海上的方国珍集团　011
辽东与高丽的格局　018
迁都北京与永乐亲征　025
撒马尔罕的使者　031

第二章
朝贡——大明对
世界的认知

地理环境与华夏中心思维　041
不征之国与事大以诚　047
征安南与维系朝贡秩序　053
官府专营下的香料贸易　060
七下西洋与封贡海外　065

第三章
扬帆——欧洲海上
的扩张

宗教革命与人的解放　077
文艺复兴与科学精神　082
香料欲望与航海技术　087
葡萄牙的率先开拓　095
后来居上的西班牙　102

第四章
叩关——佛郎机炮的致敬

广州城外三声炮响	109
上帝、香料与秦人	112
火者亚三与吃人传说	118
佛郎机炮与屯门之战	125
亚洲经济中心双屿港	130
走马溪之战与朱纨之死	135
龙涎香与租借澳门	142

第五章
开拓——中华的海外贸易与移民

宋元海贸与海外开拓	151
明代华人赴海外贸易定居	155
隆庆开关与月港贸易	162
夷人之来与朝贡衰落	169
马尼拉屠杀与"商贾最贱"	174

第六章
泛海——海商与倭寇

朝贡体系中的异类——日本	185
宁波争贡事件及其影响	189
海商集团与王直之死	196
商寇合一与嘉靖大倭寇	203
林道乾及林凤的海外进击	210

第七章
边衅——朝贡秩序的挑战者

也先入贡与土木之变	223
庚戌之变与临城胁贡	230
把汉那吉与隆庆和议	235
壬辰战争与朝贡秩序	241
琉球失陷与两属朝贡	251

第八章
白银——帝国的富贵之源

钞法为国家利源	261
钞法不通率用白银	268
日本白银与朱印贸易	275
马尼拉大帆船贸易	282
一条鞭法与白银放任	288

第九章
盛世——有无资本主义萌芽

朱元璋的重农抑商	299
极盛之世与力农致富	305
海外白银与苏样生活	310
欧洲城市与江南小镇	316
江南能否产生资本主义	322

第十章
器物——传教士的馈赠

沙勿略入华之努力	333
利玛窦的上层路线突破	338
朝贡与皈依的彼此误会	343
从日本到中国的陆若汉	349
李约瑟难题与明末科技	357

第十一章
心学——致良知与回归于人

龙场悟道与良知在心	365
百姓日用与泰州鼓吹	371
平民儒学与个体生命	376
狂禅徒手可搏蛟龙	383
中国的思想启蒙为何失败	390

第十二章
争雄——全球体系下的荷兰人与郑氏海上集团

荷兰崛起与觊觎东方　399
荷兰打开中国大门的尝试　405
败于澎湖与退据台湾　412
郑氏海上集团的崛起　421
以寇制夷：料罗湾海战　429

第十三章
危机——王朝终结的内外因

明末白银危机的真相　439
后金崛起与朝贡体系崩裂　447
吴桥兵变的前因后果　453
宦官与文官交织的中央体制　460
中国古代王朝的周期兴亡率　466

第十四章
皈依——南明的最后挣扎

毕方济三赴澳门求援　475
瞿纱微与明皇室皈依　481
逃向缅甸还是何方　487
在欧洲奔走的卜弥格　493
郑成功之后的海洋秩序　498

参考文献　505

第一章

守陆——天命所归与明初地缘格局

朱元璋称帝之后，仍然面对诸多不稳定因素，他将主要的精力放在了陆地之上，对海洋相对忽视，采取了一系列被后世称为海禁的政策。在明初的地缘格局中，北元[1]仍保持了相当大的力量，朝鲜在明廷与北元之间左右摇摆，辽东还有相当部分北元势力。而朱元璋与北元之间，涉及正统之争，双方关系不可调和；经过不断用兵，朱元璋最终消除了北元的威胁。至朱棣时期，天下稳定，一度曾有帖木儿的威胁，但因其突然去世，而未引发两个大帝国的战争，朱棣得以将部分力量投到海外。

---

1 元顺帝北走塞外后，仍称"元朝"，史称"北元"。

天命所归与追击北元

"太祖以聪明神武之资,抱济世安民之志,乘时应运,豪杰景从,戡乱摧强,十五载而成帝业。崛起布衣,奄奠海宇,西汉以后所未有也。"[1]在元末大乱之中,群雄割据,朱元璋能迅速崛起,混一天下,在于他能审时度势,有高超的战略眼光。在天下争霸战中,朱元璋心中有着强烈的天命意识,他希望当世及后世,将他开创的王朝视为正统王朝,为此他特意承认元朝得天下的合法性,而政权转移到他手中,乃是天意。

在至正十六年(1356)三月,朱元璋夺取集庆路(今江苏省南京市),得军民五十余万。短短四年间,昔日的放牛娃、穷僧人,便雄霸一方;朱元璋很是自信,他改集庆路为应天府,表明自己是顺应天意,乃天选之人。此时的朱元璋并没有急于称王,而是奉龙凤政权为正朔,高筑墙、广积粮、缓称王。朱元璋虽占据要地,可周边群雄虎视,形势险峻。张士诚、陈友谅各占东西,虎视眈眈,不时冲突;方国珍虽无雄心,只求自保,可拥有的水师却能在江海上来去自如,出没无常。朱元璋奉龙凤政权为正朔,可龙凤政权忙于争夺中原,又被大江所隔,难以给予朱元璋支持。

朱元璋稳扎稳打,既未急于称王,也未图谋两淮中原,而是

---

[1] [明]黄光昇:《昭代典则》卷二十一,明万历二十八年万卷楼刻本。

往浙东各郡发展。此时元廷在两淮、中原与红巾军激烈交战，局势复杂，朱元璋现有力量尚不足以北上争雄。陈友谅控制江西，与浙东接壤，浙西各地已尽归张士诚。浙东地盘一时空虚，朱元璋把握机会，迅速出兵攻略，占据浙东之后，足以与张士诚、陈友谅相争。

与朱元璋相比，张士诚、陈友谅就显得有些急迫。在天下争霸中战略混乱，张士诚过于保守，陈友谅则太过躁急。至正十四年（1354），张士诚刚形成势力，就迫不及待地称王，国号"大周"，此后安于现状，不思进取。陈友谅背叛徐寿辉，于至正十九年（1359）自称汉王，又逼反明玉珍，根基不稳，却咄咄逼人，四处出击。方国珍拥有强大水师，只想坐保浙东，做个太平富家翁。

至正十九年，朱元璋势力控制诸暨、婺州（今浙江省金华市婺城区）、处州（今浙江省丽水市）等地，迫使方国珍来降。至正二十年（1360），朱元璋面临最大挑战。此年陈友谅领大军来攻，以舟师猛攻太平（今安徽省当涂县），朱元璋养子朱文逊战死，花云、王鼎、许瑷等将领被俘杀。陈友谅在采石矶（今安徽马鞍山市西南）自称皇帝，国号汉，约张士诚共攻应天。陈友谅大军由采石矶顺江而下，应天震撼。陈友谅大军至龙湾（今江苏省南京市城郊），朱元璋出兵，水陆合击，大获全胜。陈友谅败走，朱元璋乘胜复太平，取安庆。此战取胜，使战略天平倾向朱元璋，在天下争霸战中，占据主动，更威慑张士诚。

至正二十一年（1361），朱元璋遣使，与在中原的察罕帖木儿通好。利用察罕帖木儿无暇南下之机，朱元璋率领大军，溯江而上，与陈友谅进行决战。得知朱元璋全军西进后，张士诚乘机出动，挥兵攻打长兴。耿炳文守长兴数月，内外断绝，却能坚持下来。至十一月，常遇春率援兵赶到，大破张士诚军。

南方激战之时，北方也发生巨变。至正二十二年（1362）六月，善战的察罕帖木儿被刺杀，由养子扩廓帖木儿接掌其军。扩廓帖木儿，本姓王，小字保保。朱元璋坐镇一方之后，对于经略中原的察罕帖木儿敬畏有加，遣使通好。至扩廓帖木儿掌军之后，又遣使联系。

至正二十三年（1363）四月，陈友谅发兵，号称六十万，蔽江东下，进攻洪都（今江西省南昌市）。朱元璋领兵二十万救援。八月，两军在鄱阳湖进行决战，陈友谅中流矢死，全军溃败。此战始于四月，终于八月，双方精锐尽出，水陆并举，火石兼施，战况激烈。战后朱元璋改洪都府为南昌府，虽大获全胜，也损失惨重。

当双方激战正酣时，朱元璋最忧虑的就是张士诚来攻，特意命徐达先回应天坐镇，不想张士诚竟然没有出兵，放过了这绝好机会。陈友谅彪悍绝伦，出没飘忽，有虎视中原、鲸吞海内之志，每遇大困不气馁，屡遭挫败而势复振。当元末之际，群雄割据，朱元璋劲敌，唯陈友谅一人。陈友谅一去，放眼天下，能为朱元璋对手的，只有扩廓帖木儿、张士诚了。击败陈友谅后，东南已无人能挑战朱元璋，此时他方才称王。

至正二十四年（1364）正月，朱元璋自立为吴王，观时而动，以图中原。此年朱元璋纵论天下，河北有孛罗帖木儿，河南有扩廓帖木儿，关中有李思齐、张良弼。河北有兵无纪律，河南稍有纪律而兵不振，关中道路不通，军饷匮乏，都不是大患，江南则有朱元璋与张士诚，二龙相争，必有一战。

至正二十六年（1366）八月，朱元璋命徐达、常遇春率军二十万，进攻张士诚。十一月，在攻下湖州之后，徐达、常遇春领兵北攻平江（今江苏省苏州市）。张士诚在平江布防多年，战至至正二十七年（1367）六月，吴军仍未攻下平江。张士诚被围日久，乃在六月领精锐由阊门出城突围，被吴军击溃。至九月，徐达攻下平江，俘获张士诚。围攻平江之战，前后凡二百七十八日。张士诚被送到应天后，自缢而死。

朱元璋争霸天下的过程中，论兵势之强，首推陈友谅，论财富之厚，则惟张士诚。张士诚所控地域，有江南之富，两淮之雄，奈何张士诚缺乏雄才大略，畏首畏尾，只图自保。当朱元璋在鄱阳湖苦战之时，张士诚没有任何举动，最终被剪灭。后日高岱评价张士诚：“虽不识天命，知顺逆，然亦豪杰士哉。”攻克平江之后，朱元璋仰望北方，意气风发，欲混一宇内，平定中原。此时的北方，元廷陷入自相残杀之中，扩廓帖木儿与李思齐、张思道、孔兴、脱列伯等实力派将领彼此厮杀。

元至正二十七年八月，元朝皇太子爱猷识理达腊奉诏总领天下兵马，设立大抚军院，名义上是统一军事力量，实际上是对付扩廓帖木儿。扩廓帖木儿不听诏令，不交兵权。十月，朱元璋令大将军徐达、副将军常遇春，挥师二十五万北伐中原。

在此之前，朱元璋的征伐，都是与各地地方势力交战。虽然陈友谅、张士诚都曾称王称帝，却非正统。作为中国正统王朝核心区域的中原，此时仍被元朝所占。而元朝由外族而来，入主中原后，在汉人大臣辅佐之下，顺应中原王朝惯例，适应儒家文化，建立天下秩序。在很多汉人知识分子眼中，元朝方是正统王朝，红巾军等被视为反贼。

朱元璋要建立一个新的王朝，就必须击垮元朝，确立政权的合法性。朱元璋发布《谕中原檄》（又称《奉天北伐讨元檄文》），也是对即将开创的一个新的正统王朝的宣告。朱元璋甚至在檄文中肯定，元之得国，乃是天意："自宋祚倾移，元以北狄入主中国，四海以内，罔不臣服，此岂人力，实乃天授。"[1]

就在朱元璋发布《谕中原檄》时，元顺帝下诏，削夺扩廓帖木儿官爵，令李思齐、秃鲁等率兵围剿扩廓帖木儿。在元廷看来，扩廓帖木儿才是心腹大患，而不是步步紧逼的朱元璋。元廷内有清醒的大臣，再三提醒元顺帝父子，审其轻重强弱，改弦更张，不能再打压、分离扩廓帖木儿势力，奈何未被采纳。

元至正二十八年（1368）正月，朱元璋即皇帝位，定国号大明，建元洪武。朱元璋称帝，他自认为是天意所在，是正统王朝的轮替。此年正月，在祭祀天地的祝文中，他向天下宣告："惟我中国人民之君，自宋运告终，帝命真人（元世祖）于沙漠，入中国，为天下主。其君父子及孙百有余年，今运亦终。"[2]

七月二十八日，明军克通州，打开了大都（今北京市）的南大门。通州失守当日，元顺帝召集三宫后妃、皇太子、皇太子妃同议"避兵北行"。夜半，元顺帝偕后妃、太子仓皇出逃，由居庸关奔往上都（今内蒙古正蓝旗东北）。在紧要关头，闰七月，元廷撤销大抚军院，恢复扩廓帖木儿官爵，希望他能挽回败局。

洪武元年（1368）八月初二，明军攻陷大都。

退到塞外之后，北元实力尚存，"引弓之士，不下百万众，

---

1 ［明］陈建：《皇明通纪法传全录》卷三，明崇祯九年刻本。
2 ［明］何乔远：《名山藏》卷二《典谟记》，明崇祯刻本。

归附之部落，不下数千里也"。陕甘有扩廓帖木儿、失喇罕两支大军，辽东有刘益、高家奴、也先不花和纳哈出，云南还有梁王，兵力不可谓不雄厚。元顺帝北逃之后，继续以元朝廷名义，号令各部，试图反攻。朱元璋对北元很是忧虑，"忧在漠北，意未一日释也"[1]。

洪武三年（1370），元顺帝在应昌（今内蒙古克什克腾旗西达里诺尔湖西南）病卒，爱猷识理答腊即位，是为元昭宗。利用北元内部新君即位的纷乱，明军发动持续攻击，一路自潼关出西安，捣定西，以取扩廓帖木儿；一路出居庸关，入沙漠，追击元主。

徐达所率西路军于沈儿峪（今甘肃省定西市北）大败扩廓帖木儿，俘获北元将士八万余人，扩廓帖木儿由宁夏渡黄河，逃往和林。东路军大获全胜，俘虏元昭宗之子及诸王家属等，元昭宗北走和林。此次进击，东西两路明军取胜，长城以南，云南之北，再无北元军。

北元虽退出长城，仍有相当军力，辽东纳哈出统率二十多万大军，云南梁王拥十万大军，吐鲁番、赤斤、哈密等地也有部分军力。退至和林后，元昭宗卧薪尝胆，以扩廓帖木儿为中书右丞，提拔了一批能臣，重设军政机构，改元"宣光"，效法周宣王、汉光武帝，以示光复大元之志。元昭宗一扫颓势，让各地北元残余势力士气大振，就连已附明的一些势力也蠢蠢欲动。

为一举击溃北元，洪武五年（1372），朱元璋命征北大将军徐达出中路，左副将军李文忠出东路，右副将军冯胜出西路，三

---

[1] ［清］谈迁：《国榷》卷四，清抄本。

道并进，以靖沙漠。五月，扩廓帖木儿与其部骁将贺宗哲，在岭北击败徐达，明军死伤数万，战略意图失败。

此番挫败，使朱元璋一直宣称的天命所归、正统所在，遭到沉重打击，他不得不暂停主动出击的战略，采取了守陆御敌战略。洪武五年的失利，也使明廷意识到难以短期内清除北元，转而除其羽翼，在西北、东北两线，挤压北元势力。在东北，明廷设置定辽都卫指挥使司（后改辽东都司），增加兵力，修整城防，经营辽东。在西北，明廷大力经营陇右、河西，在各战略要地设卫，增强防御。

洪武八年（1375）扩廓帖木儿在哈剌那海去世。后世史家慕少堂先生盛赞扩廓帖木儿："守正不挠，得天地正气，始终不肯降明，则又元之文天祥也。"北元宣光八年（1378），元昭宗死，脱古思帖木儿即位，第二年改元"天元"。

元昭宗死后，朱元璋遣使吊祭，亲写祭文，强调了天命所在及王朝更替："生死废兴，非一时之偶然，乃天地之定数。……曩者，君主沙漠，朕主中国。君与群臣乃固执不移，致边警数兴。今闻君殡于沙漠，朕用恻然。特遣人致吊，奠以牲醴，以享尔灵，尔其鉴之。"[1]朱元璋指出，"君主沙漠，朕主中原"，乃是天意，中原是天下之主，沙漠之主则为藩属。沙漠之主若是臣服中原，则可被纳入朝贡体系，延续统治，但若屡屡兴兵，则是违背天意，必遭天谴。

然而，朱元璋的正统性，只有彻底击溃北元，在战场上获胜才能得到确证。朱元璋运筹帷幄，集中兵力，力求除掉北元羽翼。

1　[明]朱元璋：《明太祖文集》卷十七《祭元幼主文》，清文渊阁四库全书本。

洪武十四年（1381），朱元璋遣傅友德、沐英等率兵三十万南征，经过两年经营，平定云南。洪武二十年（1387）春，朱元璋命冯胜、傅友德、蓝玉等，统兵二十万征辽东，纳哈出投降。

洪武二十年，各路巨魁陆续被灭或被驱逐，云南、辽东被明廷收复，能征善战的扩廓帖木儿及一心中兴的元昭宗早已去世，整个战略格局都利于明廷。此年朱元璋以蓝玉为征虏大将军，再次北征。临行前，朱元璋鼓励诸将"肃清沙漠，在此一举"。受天气转寒影响，至次年三月方才北伐。双方主力于捕鱼儿海（今内蒙古呼伦贝尔市贝尔湖）附近交战，北元大败。

此次北元汗廷在捕鱼儿海被击溃之后，蒙古各部分裂，鞑靼、瓦剌等部割据一方，北元不再成为心腹大患。朱元璋的正统合法性，此时毋庸置疑。朱元璋对天命所归、王朝的正统性何其看重，这关乎历史评价，这关乎生前身后名。在去世之前，他仍然念念不忘，重申他的天命所归及正统性："朕西定荆楚，东平吴越，北抚华夏，为众所推戴，定鼎金陵，国号大明，改元洪武，三十年于兹，朕寿亦七十矣。静而思之，非皇天眷命，安得居天位若是之久哉？"[1]

朱元璋身后，蒙古各部纷争不已，有的向明纳贡称臣，有的则前来投降，有的则出兵骚扰边关，北部边疆，仍是明廷需要持续面对的棘手难题。朱棣迁都北京后，又五次亲征，试图解决草原部落对中原的威胁，只是此时草原各部，已不是关系国本、关系王朝正统性的紧要问题了。

---

1 ［明］陈建：《皇明通纪法传全录》卷十一，明崇祯九年刻本。

海上的方国珍集团

明末清初学者傅维麟在《明书》中认为，元之灭亡，始作俑者乃是方国珍。在元末，方国珍是最早举起反元旗号的，虽然其影响力只在浙江沿海，却也冲击了元廷的统治秩序。

方国珍是台州黄岩人，以贩盐浮海为业，膂力过人。元至正八年（1348），方国珍家业蒸蒸日上，不想原方家之佃主陈氏屡加欺压，视其为奴仆。方国珍大怒，诱杀陈氏，陈氏族人至官府告发方国珍，官府发兵追捕。面对官兵，勇力过人的方国珍左手举几遮蔽，右手握门闩，将官兵格杀。事后方国珍与其兄国璋，弟国瑛、国珉，及邻里逃亡入海。方国珍自知不能免罪，于是举兵起事。方国珍投明之后曾云："今酷吏藉之为奸，媒孽及良民，吾若束手就毙，一家枉作泉下鬼，不若入海为得计耳。"[1]方国珍逃入海中，聚众数千，劫掠船只，屡败元军，称霸于海上。

元至正年间，元廷所任非人，酷刑横敛，天下已有将乱之象。台州、温州等地民众，在村落竖旗云："天高皇帝远，民少相公多。一日三遍打，不反待如何？"[2]方国珍之反，在沿海各地有深厚基础。由方国珍首倡，各地叛者云起，江淮红巾，遍布四方。

方国珍的海上力量，对元廷南粮北运造成了极大威胁，江浙行省参知政事朵儿只班领兵围剿。方国珍诱敌深入，将元军引到福州

1　［明］宋濂：《宋濂全集》第四册，人民文学出版社2014年版，第1320页。
2　［明］黄溥：《闲中今古录摘抄》，丛书集成初编本。

五虎门，出其不意，突然焚舟火攻，杀入元军舟群，大获全胜，擒获朵儿只班。通过朵儿只班，方国珍上书元廷，请求赦免。虽然接受元廷授官，方国珍并不安分，时叛时降，聚啸于大海之上。

元至正八年十二月，方国珍兵攻至温州，官兵皆逃。元至正十一年（1351）正月，方国珍率战船百余艘至岱山洋面。昌国州（今浙江省舟山市）知州帖木儿不花及判官赵观光率兵巡海，抵舟山灌门，两军发生激烈战斗。次日又战，元军溃败，帖木儿不花及赵观光等战死。江浙行省左丞孛罗帖木儿亲领大兵再来围剿，又被方国珍轻松击溃，本人被俘。利用此战胜利的契机，方国珍再次接受招安。此年元廷开黄河故道，韩山童、刘福通起事，连破多县，此时方国珍已反元多年，在各路反元义军之中，乃是资格最老之辈。

在一片纷乱中，方国珍再次反叛，发兵攻陷台州，进袭苏州，焚毁太仓。此后方国珍攻占明州、温州、台州三路，占据浙东，成为一方诸侯。方国珍、张士诚等割据一方后，纷纷招徕天下名士，奈何相当部分文士，是瞧不起这些泥腿子的，"群雄虽无不心敬群士，而群士则多轻鄙之"。方国珍本想招徕永嘉丞达海及乡进士赵惟恒，不想二人都瞧不上他，方国珍大怒，将二人沉江，由是士人皆侧目。[1]

元廷对于士人阶层，原本不大重视，士人阶层能出仕者凤毛麟角。不想方国珍举兵之后，一些南方士人反而拥护元廷，组织义兵打击各地起义军。如青田刘基，平生愤恨方国珍、张士诚辈所为，被元廷任命为江浙行省都事，领兵与方国珍对抗。刘基力

---

[1] 《（雍正）宁波府志》卷三十六《逸事》，清同治六年刊本。

主围剿方国珍，方国珍重金贿赂刘基上司，终获招安。上司谴责刘基擅作威福，致其受免职羁管的处分。

在元末大乱局中，方国珍控制下的浙东三郡，相对稳定，方国珍也延揽了一些士人，为其出谋划策。此时，方国珍拥有最强的海上力量，只要出击，可以左右天下格局，哪怕不能争霸天下，也可为一方诸侯。章子善曾建议："今豪杰并起，有分裂之势。足下奋袂一呼，千百之舟，数十万之众，可立而待。溯江而上，则南北中绝，擅馈运之粟。舟师四出，则青徐、辽海、闽广、瓯越，可传檄而定。审能行此，人心有所属，而霸业可成也。"[1]

奈何方国珍却无争雄之心，只想自保浙东一方。如他所言："君言诚是而远矣。然智谋之士，不为祸始、不为福先。朝廷虽无道，犹可以延岁月；豪杰虽并起，智均力敌，然且莫适为主。保境安民，以俟真人之出，斯吾志也。愿君勿复言。"[2]方国珍毫无称雄之心，只想为一方富翁，任由"天命真人"去收拾天下。后世史家对方国珍评价都很低，如"国珍者市井之徒，斗筲之器，宜其无定见也"，"智昏择木，心怀首鼠"[3]。

方氏兄弟占据浙东三郡，减轻赋税、祈雨救旱、经营盐业，也算有所作为。但方国珍兄弟出身底层，俱不知书，身边的幕僚，主要是同邑刘仁本、张本仁、郑永思，永嘉丘楠等人。幕僚之中，唯丘楠为人廉慎，其余多是原先的州县胥吏，贪贿营私，无

---

1 《宋濂全集》，浙江古籍出版社1999年版，第1148页。
2 [明]宋濂：《故资善大夫、广西等处行中书省左丞方公神道碑铭》，《路桥史话》，人民日报出版社2004年版，第98页。
3 [清]谷应泰：《明史纪事本末》卷五。

深虑远略，倒也符合方国珍的胃口。方国珍兄弟子侄分治各地，侄儿方明善治理温州，颇有法度，小有成就。其兄方国璋、其弟方国瑛在台州，每日忙着买田造舟、从事贸易，哪有争霸天下的气象。

元至正十六年（1356）三月，朱元璋攻克集庆路，更名为应天府。元至正十八年（1358），朱元璋遣军攻下婺州，置中书浙东行省。此时朱元璋兵锋虽盛，仍面对元廷、张士诚、陈友谅等势力，天下大势尚不明朗，方国珍左右逢源，只求自保一方。

元定都于北方，距离江南极远，京师中的供给依赖于江南。明初叶子奇云："元京军国之资，久倚海运。及失苏州，江浙运不通；失湖广，江西运不通。"[1] 每年江南之粮，分为春夏二运，多至三百万余石，足见漕运对元廷的重要性。张士诚、方国珍占据江南，断绝了元廷的漕粮供应，元廷不得不对这两股势力加以招徕，以求运粮北上。在付出了足够价码之后，达成妥协，张士诚输粟，方国珍具舟，达识帖木儿总督之。

元至正二十一年（1361）起，张士诚、方国珍每年海运粮食十余万石送往大都，连续四年海运粮食达四十八万石，缓解了元大都的粮食困境，使元廷得以苟延残喘。元至正二十二年（1362），元廷一度还请方国珍出面，想要招降朱元璋。方国珍两次遣人去找朱元璋，朱元璋拒见，导致方国珍大为惊惧，唯恐朱元璋一怒之下，兴师讨伐自己，赶紧将元使送走。

慑于朱元璋的兵威，方国珍一度投降朱元璋，被封为福建行省平章。如同对元廷一般，方国珍继续阳奉阴违，时叛时降。元

---

[1]［明］叶子奇：《草木子》卷三，清乾隆五十一年刻本。

至正二十六年（1366）十一月，朱元璋攻下杭州。方国珍遣使，以进贡为名，前往查探朱元璋虚实，同时他又与元将扩廓帖木儿、福建地方武装陈友定交好，形成同盟。朱元璋知道后大怒，历数方国珍十二大罪状，罚责军粮二十万石。朱元璋告诫方国珍："自求多福，尚可图也。"[1]

元至正二十七年（1367）九月，朱元璋攻克平江，俘获张士诚。在平江胜局已定的情况之下，朱元璋决定对方国珍用兵。朱元璋命朱亮祖领兵，先下台州，次克温州。另派汤和领兵，直攻方国珍老巢庆元（今浙江省宁波市）。方国珍丢失在浙东的三个主要根据地台州、温州、庆元，领兵退入舟山群岛。汤和在海上与方国珍交战，方国珍大败，损失战船二十五艘，仅领几百人逃入大海，计穷无路，最后只得投降。洪武元年（1368）正月，朱元璋在南京定都，方国珍至南京，得授官赐第，也是富贵可致。

就朱元璋而言，他一直声称"天不与首乱者"。他曾举例："昔秦末陈胜、吴广，以妖术惑众，各称王号，后皆为人所杀，而成大业者乃汉高祖得之。"[2] 朱元璋要论证自己起兵反元的正当性，又要表明自己没有违背君臣纲常。而在元末乱世之际，第一个举旗反元的乃是方国珍，这就为朱元璋"天不与首乱者"提供了合理解释。方国珍首倡反元，此后群雄崛起，而元廷失德，朱元璋一统天下，乃是顺应天意，自然他要厚待方国珍了。

---

1 ［明］张德信、毛佩琦主编：《洪武御制全书》，黄山书社1995年版，第617页。

2 ［明］朱元璋：《资世通训》，明刻本。

再说汤和，在浙江取胜之后，由舟山出发，从海路征闽。洪武元年正月，汤和领明军入闽，很快荡平割据势力。二月，元朝漳州路达鲁花赤迭里弥实自杀，泉州路郡县也相继降服。三月，置泉州卫；五月，置漳州卫。

方国珍虽降，但属下溃军各自独立，形成以叶希戴、王子贤等为首的几股势力，占据秀山、兰山、岱山、剑山、金塘，五山争利，内相仇杀，外连倭夷，史称"五山作乱"。汤和率部由福建还师南京途中，在舟山群岛驻扎，遭到叶希戴等人偷袭，蒙受了一定损失。汤和在昌国被秀、兰山贼所偷袭，损失惨重，"故不得封公"；对此，汤和耿耿于怀，多年之后，加以报复。

洪武三年（1370），叶希戴、王子贤联合，驾舟二百余艘，突入定海（今浙江省宁波市镇海区）港，攻打府城，被驸马都尉王恭击退。次年，又攻入象山县城，抓住县丞王茫。方国珍余部出没于大海之上，让朱元璋很是头疼，遣兵至舟山加以围剿。洪武四年（1371）十二月，诏靖海侯吴祯统领方国珍所部，温州、台州、庆元三府军士及兰、秀山无田粮之民尝充船户者，共十一万一千七百三十人，隶各卫为军。洪武十四年（1381）十月，朱元璋又颁布禁令，"禁濒海民私通海外诸国"。

洪武十九年（1386），朱元璋令汤和到浙江筹划海防。舟山沿海此时已经形成了完备的海防体系，汤和上任后，以劳兵糜饷为由，将设在舟山的昌国卫（今浙江宁波象山昌国镇）迁到象山，只留下两个互不统辖的千户所，防备空虚，为日后海上走私集团的发展壮大留下了空间。

汤和又以"海岛居民外联海盗，内相仇杀"为由，奏请徙民废县，将舟山群岛居民全数迁徙到内地。动迁开始，民逃兵追，抗拒者遭打或杀，抓人焚屋。当地人王国祚见此惨状，进京告御状，力陈居民内迁之弊。王国祚认为，昌国卫地方民众本身就可抵御海寇，今将民众全部内迁，则海寇无所顾忌，外海不靖，内寇必定乘机而起。保留昌国卫，不但乡亲避免流离冻馁他乡，也可减少军饷。

朱元璋看了王国祚所陈之后，批示："看得尔处有好田好地，许尔等搭屋居住，看守犁耙。有盗贼来，自备刀，杀了来说。"[1]恩准未迁者不再内迁。如此舟山岛有八千八百零五人不予迁徙，其余四十六岛的一万三千余户、三万四千余人迁往浙东、浙西各州县及汤和老家安徽凤阳县。

汤和徙民废县之举，对后世造成了巨大影响。大批舟山群岛民众被迁到山区，生活无着，多有冒险返回舟山者，加入武装走私队伍。"兰、秀二山居民悍勇善斗击，习海事"[2]，当年就有人建议元廷将之招募，用来对付方国珍。私下回归舟山后，他们以其对海洋的了解，精湛的操舟技术，壮大了走私集团，出现了"片板不许下海，艨艟巨舰反蔽江而来"的景象。

而沿海走私贸易的猖獗，进一步刺激了大明朝廷下达更加严格的海禁。洪武三十年（1397）四月，"申禁人民无得擅出海与外国互市"。海禁越严，走私所带来的暴利越甚，更多的人又投入走私团伙之中，从事刀头舔血的海上贸易，而防守空虚的舟山群岛，成了走私团伙出没的据点。

---

1 定海县志编纂委员会编：《定海县志》，浙江人民出版社1994年版，第795页。
2 ［明］王祎：《王忠文公集》卷二十四《赵君墓志铭》，清文津阁四库全书本。

辽东与高丽的格局

元开国之后，通过联姻与军事威压，恩威并施，对高丽保持了巨大影响力。在毗邻高丽的广大区域，元至元二十四年（1287），元廷设置辽阳行中书省（辽阳行省），加以统治。辽阳等处中书省为路七、一府，属州十二、属县十。辽阳行省管理的地域辽阔，情况复杂，各族杂居，主要有汉、蒙古、女真、契丹、高丽等民族。

面对元廷的威压，高丽不敢反抗，双方结成"甥舅之国"。高丽除了每年进贡各类贡品，还要贡女。一些高丽官员通过贡女元廷，仕途获得大发展。这让高丽国内的王公大臣及富贵之家看到了机会，贡女风行一时。两国确立"甥舅之好"，保持了通婚关系，元廷先后有八位公主下嫁高丽，强化对高丽的控制。也有高丽高官之女嫁入元廷，如元顺帝的奇皇后，就出自高丽奇氏。奇皇后得势之后，大力扶持高丽奇氏。

奇氏亲近北元，在国内骄横纵恣，操控朝政。高丽新国王王颛曾至大都，担任宿卫，因为娶了元鲁国公主，成为元廷驸马，这才能继位，其心中痛恨元廷已久。元至正十六年（1356）五月，即高丽恭愍王五年，王颛托以曲宴，令宰枢会于宫廷，出伏兵诛杀奇氏家族，随后停用至正年号，罢征东行中书省理问所，攻破双城总管府，恢复高丽官制，出兵边境进行防御。此时元廷忙于平定各地叛乱，只是将高丽使节金龟年囚禁，扬言发兵八十万来讨，最后也未发一兵。攻打北元双城总管府一役中，高丽收降斡东千户所千户李子春（吾鲁思不花）。李子春之子李成桂，在三十六年后自立为王，改国号为朝鲜，此即李氏朝鲜。

此时红巾军北伐，元朝与高丽双方的冲突暂被搁浅。元至正十六年，红巾军分三路出击，关先生（关铎）、破头潘（潘诚）所率中路军在元至正十八年（1358），攻陷上都，焚宫阙，留七日，转攻辽阳，遂至高丽。不论是元廷还是高丽，都被红巾军给困住，无暇清算旧账，但奇皇后的怒火却未曾停息。

元至正二十二年（1362），红巾军给辽阳、高丽带来的波澜渐渐平息。奇皇后心怀报仇之志，而她的儿子被立为太子，也给了她希望。在平定红巾军当年的十二月，她对太子说："尔年已长，何不为我报仇？"元至正二十二年十二月，元顺帝宣布废黜恭愍王王颛，另册立德兴君塔思帖木儿为高丽国王。

元至正二十四年（1364）正月初一，崔濡率军护送德兴君过鸭绿江。军队过鸭绿江后，遭到高丽军队的强烈还击，最后元兵发动兵变，仅十七骑逃脱。此时元廷内部，各派彼此厮杀，外部又面临各路反元军队的压力，一时无暇顾及高丽。

洪武元年（1368），明军攻克大都后，并未北指辽阳，而是西取晋、陕等地。洪武二年（1369）二月，常遇春、冯胜领军在前，徐达领军在后，攻取西安、凤翔。四月，明军攻克兰州，李思齐率部投降。之后明军连克安定（今甘肃省定西市）、会州（今甘肃省白银市会宁县）、靖宁（今甘肃省平凉市静宁县）及德隆、平凉等地。徐达率军攻打宁夏庆阳，俘杀元将张良臣，基本收复秦晋及关陇地区。

朱元璋后来解释此战略布局："昔元都既下，有劝朕即取辽阳者。朕谓力不施于所缓，威不加于所畏。辽地虽远，不必用兵。天下平定，彼当自归。"[1]开国之初，朱元璋将精力放在清理西北一带的元廷残余势力，因为西北乃是关中屏障，又是通往西域的贸易要道，不可有失。唐代时，即将西北作为重点经营方向，相应忽视东北，为东北势力的崛起提供了契机。在历史上，如辽、金、元、后金等先后兴起，皆是中原王朝重视西北、忽略东北地缘战略的结果。

丢失中原之后，元廷更加着力于对东北的经营。元至正二十九年（1369）八月初七，在逃往上都途中，元顺帝任命纳哈出为辽阳行省右丞相。据云纳哈出前往高丽，肩负了为奇皇后复仇的责任。随着元顺帝北遁蒙古草原，辽东被各股军事力量占据。元丞相也速以余兵遁大宁（今内蒙古赤峰市宁城县西），辽阳行省丞相也先不花驻兵开原，洪保保据辽阳，王哈喇不花屯兵于复州（今辽宁省瓦房店市），刘益屯兵得利嬴城（今辽宁省瓦房店市北得利寺镇），高家奴聚平顶山（今辽宁省本溪市区南）。各置部众，多至万余人，少不下数千，互相争雄，无所统属。

辽东众势力中，以辽阳行省平章政事纳哈出实力最强，拥众数十万，聚兵金山（今吉林省双辽市东北），畜牧繁盛。各股势力，彼此厮杀，也先不花、高家奴、纳哈出、刘益等合兵，攻打洪保保所占辽阳。将辽阳攻破之后，诸军入城，掳掠男女畜产，城为之一空。

洪武初年，纳哈出等盘踞辽东，阻断明朝与高丽的来往，对明朝边疆安全造成了严重威胁。纳哈出等势力主动联系高丽，希望获得支持。洪武元年（1368）九月，辽阳行省遣使入高丽。洪武二年（1369）正月、十一月，辽阳行省继续遣使入高丽。洪武

---

[1] ［明］张德信、毛佩琦主编：《洪武御制全书》，黄山书社1995年版，第513页。

三年（1370），辽阳行省左丞相纳哈出，两度遣使入高丽。

朱元璋与盘踞东北的纳哈出也是老熟人了，早在元至正十五年（1355）六月，朱元璋率兵攻下集庆，曾俘获万户纳哈出。纳哈出是蒙古名将木华黎的嫡孙，朱元璋误以为他是元朝皇室子孙，予以优待。纳哈出被囚，整日郁郁不乐，朱元璋善心大发，将纳哈出召来，资而遣之，纳哈出辞谢而去。朱元璋当年的无心之举，不想日后却造就了一方势力。

纳哈出控制从蒙古东部到辽东的广阔地域，有西连北元东至高丽之势。洪武二年四月，朱元璋遣使去见纳哈出，亲密地劝降："将军昔自江左辞还，不通音问十五年矣。近闻戍守辽阳，兵马强盛，可谓有志之士，甚为之喜。兹因使通元君，道经营垒，望令人送达。所遣内臣，至将军营，即令其还。书不多及。"[1]洪武三年五月，朱元璋遣使复以书谕纳哈出，加以招徕。

洪武三年九月，朱元璋派断事官黄俦等人，携诏书赴辽东，诏谕辽阳等处官民。大明来使奏效，辽阳行省平章刘益主动投降，以辽东州郡地图、钱粮兵马之数，奉表来降。朱元璋当机立断，于辽阳设立辽东卫都指挥司，加封刘益为指挥同知，但第二年辽阳即生出变故。

洪武四年（1371）五月，洪保保、马彦翚、八丹等发动叛变，杀辽东卫指挥同知刘益。叛变很快被平息，马彦翚被擒杀，洪保保投奔纳哈出。七月，明廷将辽东都指挥使司改为定辽都卫指挥使司，统辖辽东各卫军马，修治城池，严阵以待。经历此番变故之后，辽东地方上各股势力，如高家奴、哈喇张、也先不花、纳

---

[1]《明太祖实录》卷四十一。

哈出、洪保保等结盟互保。

朱元璋决定增强在辽东的驻军实力，形成威慑，但不主动求战，将主要兵力用于草原，清剿北元。洪武五年（1372）正月，明廷命靖海侯吴祯督舟师越海，运饷济辽，支援定辽都卫。明军对北元战事的胜利，对辽东地方势力形成压力，高家奴被明军所迫，不得不投降。高家奴降服后，同知枢密院高大方、辽阳路总管高斌等相继归降，辽南地区基本被明军控制。

元廷时期，高丽虽在名义上保持独立，但处于元廷控制之下。元廷在高丽驻有达鲁花赤（督官），后设征东行中书省，驻有军旅，监督高丽王室，高丽负有纳贡、助军、置驿、输粮等义务。元皇室与高丽之间保持通婚关系，高丽国王多迎娶元公主，乃至被称为"驸马之国"。

在传统的宗藩体系中，以中国为宗主、朝鲜和日本为属国的宗藩关系构成了东北亚地区国际关系的格局。但在元明之际，因中国自身的政治变动，出现了新兴明廷与落败北元势力并存的局面。明廷初创之后，高丽虽被辽东所隔，也遣使来贡。洪武元年（1368）十二月，高丽国王王颛遣使来南京，上表谢封爵，并贺明年正旦，进贡方物。洪武二年（1369），王颛派高丽礼部尚书洪尚载入明奉表，表示"子孙万世，永为臣妾"[1]。对朱元璋来说，联络高丽，断绝辽东各股势力的外援，可实现不战而收复辽东的战略目标。洪武二年八月，朱元璋遣使赴高丽，正式封王颛为高丽国王，赐金印。

在历史上，面对辽国与宋国时，高丽采取了二元外交，对双

---

1 《明太祖实录》卷一。

方加以朝贡，博取最大利益。此时的北元与大明，从疆域等方面来看，与当初辽宋对峙有些类似。高丽内部文武不和，文臣亲明、武臣亲元，双方不时冲突，这也影响到高丽的对外政策。高丽的武人集团素来倨傲，朱元璋要求高丽臣服，引起了高丽武人集团的强烈不满。

洪武五年（1372），明军在岭北与北元作战失利，损失惨重，高丽王颛改变对大明的态度，开始与双方交好。高丽联络北元，试图在两大势力中得利，又利用遣使来大明的机会，为北元打探各种军政消息。朱元璋一度发怒，指责王颛："恁这一姓王子数百年，休教失了便好""恁来呵也由恁，不来呵也罢"。乃至朱元璋发出威胁："胡人赶的远去了呵，五年征不得呵，十年征。"[1]

洪武七年（1374）九月，高丽国王王颛被弑。王颛死后，亲元的武人集团执掌权力，拥立十岁的王禑为新国王，为辽东北元残余势力提供了契机。[2] 亲元势力得势后，改回元朝衣冠、服饰，杀掉大明使节。高丽北元频繁往来，重建宗藩关系，又与辽东纳哈出频频交往，引起了大明的警惕。

王颛被杀后，高丽遣使入明告丧，求谥号，求册封，但明使被杀，使双方关系跌入谷底。洪武十年（1377），高丽再求册封，朱元璋怒道："不可许。"从明廷得不到册封，高丽转而求北元册封。洪武十年，王禑被北元册封为高丽国王，高丽改行北元年号，采用北元法律，又与纳哈出交好。

高丽时局变化的同时，纳哈出也频频发动攻势。洪武七年

---

1 《高丽史·恭愍王世家》癸丑二十二年。
2 后世认为王禑不是高丽王室，乃是宠臣辛旽之子，故称他为辛禑。

（1374）十一月，纳哈出出兵攻打辽阳，被明军击败。洪武八年（1375）十二月，纳哈出寇辽东，遭到大败，纳哈出仅以身免。洪武十一年（1378）八月，朱元璋遣使携诏往金山，谕纳哈出。十二月，诏谕哈剌章、蛮子驴儿、纳哈出等，好言劝告："当此之际，卿等富贵如风中之烛，命如草杪之霜，深可虑也。"[1]

王祸曾在洪武十年（1377）求封，但被朱元璋拒绝。到了洪武十八年（1385），整个辽东的战略天平偏向大明，朱元璋方才同意赐给封号，加以安抚，为征伐纳哈出创造条件。洪武二十年（1387）正月，朱元璋命冯胜为征虏大将军，傅友德、蓝玉为左右副将军，率师二十万北伐。三月，冯胜等师出松亭关，筑大宁、宽河、会州、富峪四城，遂提兵驻于大宁。五月，冯胜留兵五万守大宁，率大军趋金山。六月，冯胜等进军金山之西。

冯胜、蓝玉进攻纳哈出时，朱元璋遣出的劝降使者乃剌吾，劝动纳哈出投降。纳哈出得知明军势盛后，率数百骑去找蓝玉约降。蓝玉大喜，出酒与之同饮，彼此甚欢。双方喝酒喝得欢快时，又因为劝酒闹出纠纷，各自持刀格斗，纳哈出臂膀被砍伤，被明军控制，只好投降。

纳哈出所部将士共计十余万人，在宋瓦江（今松花江）北，听说纳哈出受伤被控制后，各自逃散，此战明军不战而胜。纳哈出投降后，明军得其所部二十余万人，牛羊马驼绵延百余里。洪武二十年（1387）九月，纳哈出到达南京。朱元璋待他甚厚，赐一品服，封为海西侯，食禄二千石。纳哈出性嗜酒，朱元璋还特意赐给他美酒百樽。对于投降的纳哈出属民，朱元璋也给予优待，

---

[1] ［清］钱谦益：《国初群雄事略》卷十一，民国适园丛书刊汉唐斋藏旧钞本。

选择水草丰美之地予其屯种。

洪武二十年（1387），明廷告知高丽，在原双城总管府之地设置铁岭卫，此事严重刺激了高丽。盛怒之下，王禑决定征八道兵，以西猎为借口，出兵攻明，又联系北元，夹攻辽东。洪武二十一年（1388），高丽大军行至威化岛，逃跑的兵士络绎不绝，虽下令斩杀也不能止。此番对雄踞四海的大明用兵，无疑自取死路，高丽朝野上下充斥着反对声音。威化岛众将拥戴李成桂，回师鸭绿江，推翻王禑政权，东北亚格局又为之一变。

迁都北京与永乐亲征

明军北伐，于元至正二十八年（1368）三月攻下汴梁（今河南省开封市）。四月，朱元璋亲自前去汴梁，考察是否适合未来迁都于此。洪武元年（1368）八月，朱元璋再次前往汴梁巡视。曾经繁华无比的汴梁经过了多年战争，已经破败不堪，且是四面受敌之地，最终被放弃。放弃汴梁，还有经济上的考量；在南京建都，可就近利用江南财富来供给朝廷开销，不必长途转运，节省无数民力。

之后朱元璋以应天为南京，另以临濠（后改称凤阳，今安徽省凤阳县府城镇）为中都。朱元璋建设中都的理由是："临濠则前江后淮，以险可恃，以水可漕。"[1]朱元璋在中都进行了规模浩大的工程，修建城市宫阙。但洪武八年（1375），朱元璋巡视中都

---

[1] ［明］陈建：《皇明通纪法传全录》卷五，明崇祯九年刻本。

之后，很不满意，以"役重伤人"为由，下令停工。

定都南京，存在的问题是与中原距离较远，对各类突发事件应对较慢，而中原乃是天下战略的根本所在。洪武六年（1373），朱元璋曾云："朕今新造国家，建邦设都于江左，然去中原颇远，控制良难。"[1]后来御史胡子祺一度上疏，请迁都关中，"举天下莫关中若也"。朱元璋一度考虑以洛阳或者西安为都，都未曾实现。洪武二十四年（1391），朱元璋遣太子朱标巡视关、洛。朱标欲定都洛阳，归而献图。但朱标不久病死，沉浸在丧子之痛中的朱元璋，再也无心迁都。

建文帝即位后，厉行削藩，朱棣发动靖难之役，取得皇位。永乐元年（1403）正月，朱棣将龙兴之地北平改称北京，改北平府为顺天府。设北京行部、北京留守行后军都督府、北京国子监等机构，分掌军政事务。永乐七年（1409），朱棣由南京返回北京，此期间在北京选定了陵寝所在，这清晰表明他将迁都北京。永乐十一年（1413），朱棣再回北京，铸中央各部门印，将徐皇后安葬于长陵，在北京举行会试、殿试，都昭示着迁都已是确凿。永乐十八年（1420）十一月初四，朱棣颁布迁都诏。永乐十九年（1421）元旦，朱棣正式迁都北京。

明人丘濬精辟地指出，朱棣迁都北京乃天下万世之大势："盖天下财赋出于东南，而金陵为其会；戎马盛于西北，而金台为其枢。"[2]用东南之财赋，统西北之戎马，对付不时出击的游牧部落，稳固天下，乃此后明廷的战略中心。

---

1 《明太祖实录》卷八十六。
2 ［明］涂山：《明政统宗》附卷，明万历刻本。

草原上的游牧民族，他们没有固定的居住地，通过迁徙游牧为生。他们全民精于骑射，勇猛彪悍，平时以畜牧狩猎为生，当靠畜牧狩猎不能维持生存时，便发动战争，通过掠夺来获取生存所必需的资源。比之于农耕民族在土地上的固着性，游牧民族在军事上具有以下几个优点：首先，游牧民族具有强大的军事动员机制。游牧民族每日的生活、劳作，都离不开骑马射猎，这种生活本身就带有军事性质，使得游牧民族具有更高的军事素质。其次，游牧民族具有更强的求生欲望。农耕民族依赖于气候、地理之厚，在各般自然灾难之下，会有痛苦的记忆，但这对整个族群并不是致命性的打击。一次次自然灾害留下痛苦回忆之后，农耕民族又再次顽强地从土地上兴起。处于草原之中的游牧部落，对自然的依赖度，比之于农耕民族更甚，自然界条件的恶化，天象的变幻无常，带来的常是整个部落的灭顶之灾，之后再无喘息之机。故而危机来临时，游牧民族常以战争的方式，通过对农耕民族的征战来解脱危机。再次，游牧民族的流动性，使得它在军事上有着极强的机动性。在火器改变战争形态之前，拥有机动性的一方，具有无与伦比的优势，它可以选择最佳的地点，通过快速机动而加以突破。游牧部落通过劫掠，获得所需要的各种资源，当实力强劲时，更可与中原王朝一较高下，争夺天下。

中国历史上，一个个游牧民族走上历史舞台，一次次向中原王朝发起挑战。面对游牧民族的袭扰，若是当时的皇帝久经战阵，且以开拓疆土为乐事，如汉高祖、唐太宗等，自然是长驱出塞外、饮马贺兰山了。逢到国势昌隆，内部安定之时，对游牧民族用兵，也可满足帝王们彰显武功的情怀。朱棣以开疆拓土为乐事，又逢国势昌隆，内部安定，自然要彰显武功，对蒙古各部用兵了。

在永乐朝初期，蒙古主要分为三部，兀良哈部活跃在辽河、西辽河、老哈河流域，鞑靼部活动在鄂嫩河、克鲁伦河及贝尔湖一带，瓦剌部主要在科布多河、额尔齐斯河流域及其以南的准噶尔盆地。在靖难之役时，兀良哈部站在朱棣一方，立下功劳，此后与明廷一直保持良好关系。

鞑靼部与瓦剌部彼此争雄，不时爆发军事冲突。瓦剌与鞑靼互相厮杀，明廷自然乐见，不时还遣使至各部，加以招抚。瓦剌态度较好，永乐六年（1408）十月，瓦剌部马哈木遣人贡马，请印信封爵。明廷封马哈木为特进金紫光禄大夫。至于鞑靼部，本雅失里丝毫不理朱棣的示好，乃至杀掉招抚使者郭骥。永乐七年（1409），朱棣以丘福为征虏大将军，征讨鞑靼部。八月，丘福兵至鞑靼，扔下大军主力，率千余骑兵先行，轻敌冒进，被俘遇害。

丘福败亡，使朱棣大怒，朱棣决定御驾亲征。永乐八年（1410），朱棣率五十万大军，由京师出发，经居庸关、宣府（今河北省张家口市宣化区）、兴和（今河北省张家口市张北县），深入草原。本雅失里率军西逃，朱棣一路追赶，在石勒喀河（在今俄罗斯境内）附近击败本雅失里。此后朱棣又于永乐十二年（1414）、二十年（1422）、二十一年（1423）、二十二年（1424），进行了四次北征。

军事行动之外，在政治经济上，朱棣也全面出击，消除草原部落对中原的影响。朱棣对草原各部采取分化瓦解政策，专门攻打试图建立汗廷，称霸草原的一方，同时在政治上扶持实力较弱的一方，并在经济上允许其与明朝贸易。草原与中原贸易内容广泛，中原提供衣料、铁釜、米、盐、茶，草原则出产马匹、各类皮毛等物。

朱棣持续打击草原部落，分化乃至瓦解了草原部落，影响当时及后世。经过朱棣的出击，彻底终结了蒙古称霸的时代。朱棣之后，曾经雄霸欧亚大陆，卷起无数风暴的蒙古游牧民族，再无往日之辉煌。后世历史上，也曾涌现出光芒万丈的枭雄，如也先、俺答汗、噶尔丹，称霸草原，威胁中原，奈何都是昙花一现，再也无法重振往日祖先们的辉煌。

朱元璋驱逐北元之后，亦将北元视为中国传统王朝的正统，由元至明，乃是天命所归，符合王朝轮替。也正因此，朱元璋一方面视北元为最大的威胁，不断加以打击；另一方面则持续不断加以招抚，试图让这王朝承袭的大戏，略带些温情。

朱棣迁都北京之布局，则可以视为是继承元帝国的雄心，亦是正统王朝之表征。而元朝是外向的帝国，而非封闭的帝国，它影响着欧亚大陆。朱棣时期的大明，在陆地与海洋，都是对外开放的。朱棣遣出的一个个使团，奔走在欧亚大陆上，更有郑和在海洋上的远航，向世界发出大明的声音。朱棣营造了以大明为中心的朝贡体系，这个体系大体上是稳定的。在大明王朝的历史上，哪怕有也先在土木堡俘获明英宗，俺答汗兵临北京城下，也无法颠覆大明王朝。

在朝贡体系之中，朱棣对于遥远的白山黑水之间活跃着的女真，也倾注了较多关注。在登基之后，朱棣即遣使至辽东，试图与女真建立起关系。奴儿干在元朝时被称作"弩而哥"，乃山川秀丽之意。元际曾在奴儿干地方设立东征元帅府，镇守黑龙江口及库页岛等广阔地域。东征元帅府地理偏僻，但有特产如貂鼠、水獭、海狗皮等，乃是贡品。

在设置辽东都指挥使司之后，朱元璋遣使深入白山黑水之间，招抚女真各部。女真各部纷纷来贡，归附大明。永乐元年

（1403），朱棣遣邢枢偕同知县张斌，往谕奴儿干，至吉烈迷诸部招抚之，于是海西女真、建州女真、野人女真诸酋长纷纷来附。

建州女真以浑河流域为中心，东达长白山东麓和北麓，南抵鸭绿江边。海西女真分布于开原边外，辉发河流域，北至松花江中游大曲折处。野人女真活动在松花江中游以下，迄黑龙江流域，东达海岸一带。女真各部首领随同邢枢返回京师，朱棣趁机设置奴儿干卫，对各部进行招抚管理。

永乐九年（1411），朱棣令设奴儿干都指挥使司，"统属其众，岁贡海青等物，仍设狗站递送"[1]。奴儿干都指挥使司管辖范围极广，包含了今黑龙江流域，以及苦夷岛（库页岛）、贝尔湖等地。永乐年间，太监亦失哈先后多次巡视奴儿干，宣告大明对此地的统治。亦失哈本属海西女真，在战争中被明军俘获，入宫成了太监。永乐九年，亦失哈第一次巡视奴儿干，"赐以衣服，赏以布钞"，令各部首领收集民众，自相统属。

永乐十年（1412）冬，亦失哈第二次巡视，携带大量物资赏赉，自海西抵奴儿干及海外苦夷岛，赐男妇以衣服、器用，给以谷米，宴以酒食。此次巡视，亦失哈在奴儿干都指挥使司所在地的江边建永宁寺。[2]

宣德年间，亦失哈先后三次巡视奴儿干。其中宣德七年（1432），亦失哈率官军两千，巨舟五十，再至奴儿干。此次巡视，民皆如故，只是永宁寺已破毁，亦失哈重建永宁寺，对当地

---

1 ［清］李桂林：《（光绪）吉林通志》卷一百二十《金石志》，清光绪十七年刻本。
2 永宁寺位于黑龙江入海口的庙街，此地元明两代称为奴儿干城，清代称庙街，今俄罗斯尼古拉耶夫斯克。

民众"仍宴以酒食，给以布物"[1]。

明初与女真各部之间建立的良好关系，在后世的发展中，逐渐改变。宣德十年（1435），因为刘清、阮尧民偷捕海东青，杀害女真人，引发女真人报复，发动对明军袭击。正统四年（1439），明廷限制入贡的女真使团人数与贡物，导致女真部收入锐减，引发不满。而对明廷的不满，将在二百年后大爆发——女真取代北虏南寇，成为大明王朝的心腹大患，并最终终结大明王朝。大明覆灭之后，当初亦失哈在黑龙江出海口的悬崖之上所立的永宁寺碑一直屹立着，直到俄国人到来，方才消失。

撒马尔罕的使者

当朱元璋在东北亚称雄时，帖木儿也开始崛起，雄霸一方。帖木儿出生在撒马尔罕附近的一个农村，是蒙古巴鲁剌思部人。巴鲁剌思人在中亚长期定居之后，已与突厥融合，无论从血统、语言、信仰、习惯，还是文化等方面看，帖木儿完全是一个突厥人。帖木儿性格严肃忧郁，不喜表示欢乐，深厌矫饰之人。

1363年，帖木儿与姻兄忽辛集中精锐，大败东察合台汗国，夺取撒马尔罕，此年乃是元至正二十三年（1363）。1370年，在明朝建立两年之后，帖木儿灭西察合台汗国，建立帖木儿帝国；1380年，帖木儿征服伊朗；1390年，帖木儿将钦察汗国及莫斯科

---

[1] 《重建永宁寺记碑》，《黑龙江省志·文物志》，黑龙江人民出版社1994年版，第194页。

收入版图；1398年，帖木儿南下攻略印度；1400年，六十五岁的帖木儿回到亚洲，攻打叙利亚阿勒颇；1402年12月，帖木儿破大马士革城，东取巴格达；1403年，帖木儿率大军北上，直指阿卡拉；此年7月20日，帖木儿歼灭奥斯曼军主力。帖木儿主要攻略方向是西方，对于东方，双方也保持了交往。

洪武二十年（1387）九月，帖木儿首次遣使来华，贡马十五，驼二。朱元璋诏宴其使，赐白金等礼物。由此年开始，帖木儿多次遣使来贡。但帖木儿持续遣使、纳贡称臣只是表象，他曾说："整个世界有人居住的空间，没有大到可以容纳两个国王的程度。"

帖木儿对明帝国称臣纳贡、屡遣使者，原因有几：一是形势所迫。从洪武二十年至洪武二十七年（1394），帖木儿频繁征战各地，又有大患奥斯曼帝国尚未清除，故而纳贡称臣，加以敷衍。二是与明廷交往，可以刺探虚实，为未来开战做准备。三是进行朝贡贸易，可以获取商业利益。就个人而言，帖木儿受尊号"成吉思可汗"，认为世界上只能有一个帝王，那就是他帖木儿，哪肯屈人之下。

《明太祖实录》中记录，帖木儿在给大明的贡表中称："钦仰圣心如照世之杯，使臣心中豁然光明。臣国中部落闻兹德音，惟知欢舞感戴。臣无以报恩德，惟仰天祝颂：圣寿福禄如天地远大，永永无极。"贡表中帖木儿卑躬屈膝，口口称臣，实际这是被明廷文臣改写过的贡表，并非帖木儿本心。

洪武二十八年（1395），朱元璋派遣傅安、郭骥，率领一千五百人的使团，携带国书、币帛前往帖木儿王朝。洪武二十九年（1396），帖木儿在细浑河（今锡尔河）接见了明使。大明国书中，将帖木儿当作了臣属，激怒了孤傲的帖木儿，"骄倨不顺命"。

将使者羁押之后，为了夸耀王朝的广阔无边，帖木儿命傅安等周游数千余里，历时六年才返回。傅安等被羁留"凡十三年，艰苦备尝，志节益励"[1]，出使西域时方壮龄，比归中国，已是须眉皆白，同行御史姚臣、太监刘惟俱已故去。随行官军一千五百人，生还者不过七成而已。到了洪武三十年（1397），帖木儿再次扣押陈德文所率明廷使团。

虽有各种不满，但帖木儿尚未决定对明廷用兵。朱元璋去世之后，朱棣发动靖难之役，明朝陷于内乱。"得闻契丹国皇帝唐古斯汗（朱元璋）死，契丹人叛，国中大乱"[2]，帖木儿认为有机可乘，遂有东向之意。明建文四年（1402），帖木儿击败奥斯曼土耳其帝国后，回师撒马尔罕，召开蒙古各部首领会议，正式宣布脱离与明朝的藩属关系。洪武二十八年（1395）至建文四年，帖木儿先后击败金帐汗国、伊利汗国、北印度、埃及和奥斯曼土耳其帝国，建立了地跨亚非欧三大洲的帖木儿帝国，此时他自信有资格、有实力与大明较量。

此时的大明，在朱棣的经营之下，也是如日中天，通过陆上丝绸之路，遣使联系各国。如永乐二年（1404），哈密王遣使来贡，明廷封其为忠顺王。永乐四年（1406），明廷在哈密设立卫所，对西域各地实施控制，确保贸易之路的安全。

永乐二年，西班牙使者克拉维约正在撒马尔罕。撒马尔罕乃

---

1 ［明］陈继儒：《见闻录》卷一，明宝颜堂秘籍本。
2 张星烺编注：《中西交通史料汇编》四，华文出版社2018年版，第1415页。

是东西方贸易的中枢,据《克拉维约东使记》载:"四方货物,云集撒马尔罕城者甚众。由俄罗斯及鞑靼运来竹布、皮革,由中国运来丝货,美丽非凡,尤以绸缎为最。又麝香一物,世界他处所无。红玉、钻石、珍珠、大黄等物,亦皆来自中国。中国货物,在撒马尔罕者,最良且最为人宝贵。"

在靖难之役中胜出的朱棣所遣使者在此年抵达撒马尔罕,责问帖木儿:"中国皇帝遣使之意,为帖木儿占有中国土地多处,例应按年纳贡。近七年来,帖木儿迄未献纳,特来责问。"帖木儿在宫殿中接见了西班牙使者,在呈递表文之后,西班牙使者被引导至帖木儿御座右方座位。此座本属明朝使者,但帖木儿要贬低明朝使者,故而令西班牙人上座。落座之后,有王公一人走到明朝专使之前传旨:"帖木儿现与西班牙国王亲善,待之如子,视中国专使如敌寇。"[1]

为了摧毁异教的庙宇,为了实现唯一帝国国王的雄心,帖木儿决心发动一场攻打明朝的战争,宣传真正的信仰,顺便拿下辽阔、古老而又富庶的中国作为战利品。在做好了战争所需要的一切准备后,帖木儿于永乐二年冬(1404年11月)领兵从撒马尔罕出发东进。这年冬天出奇地寒冷。部队受尽冻馁之苦,踩冰渡过药杀水(即锡尔河)。帖木儿大军起程不久,朱棣就得到消息,敕甘肃总兵左都督宋晟:"宜练士马,谨斥堠,计粮储,预为之备。"

两个月后,帖木儿大军抵达兀提剌耳(今哈萨克斯坦共和国

---

[1] [西]《克拉维约东使记》,[土耳其]奥玛·李查译,杨兆钧译,商务印书馆1985年版,第127页。

土尔克斯坦南帖木儿火车站东北）。不久，帖木儿病倒。经当时医道最精湛的大夫治疗，未见起色，反而日益严重，也出现了并发症。1405年2月18日，帖木儿去世，终年七十一岁，在位三十六年。[1]

帖木儿死后，为了汗位，各派力量进行了激烈争夺。永乐五年（1407），帖木儿的孙子哈里勒胜出，改变帖木儿的政策，与大明修好，遣回被扣多年的明使傅安等人。永乐七年（1409），帖木儿幼子沙哈鲁，击败了哈里勒，成为新的统治者。沙哈鲁对大明也持友好态度，经常遣使臣入贡。在成为汗的次年，即永乐八年（1410），沙哈鲁遣使入北京，进贡方物，此后又连续多次遣使，来华进贡文豹、西马、方物。

在西域各国的贡品中，狮子最受欢迎。因中土不产狮子，在中土看来，狮子如同神兽一般，能出现在中土，乃是皇帝圣德远及、柔怀远人所致，更是天大吉兆。永乐十三年（1415），西域贡狮，满朝文武齐向皇帝道贺，一时间阿谀奉承的诗赋连篇累牍。在马屁文中，威猛凶悍的狮子，到了中土，被皇帝的威德所慑，"亦皆帖然驯伏"。在文人的笔下，狮子产于西域，原本凶猛异常，来到中土，狮子感受皇恩后，"帖然自驯服，感此仁化彰。玉阶齐率舞，灵囿恣翱翔"。[2]

万国来朝，对于朱棣来说是极大的心理享受；看着各国使者群集，自然生出"德泽洋溢天下，施及蛮夷"之快感。朱棣予中亚、西亚诸国使臣以厚待，使者由陆路来华，一般先到哈密卫，

1　E.G.布劳恩：《波斯文学史》，译文载《蒙古学资料与情报》，1987年1期。
2　［明］杨荣：《文敏集》卷一，清文渊阁四库全书本。

由哈密卫派人护送至京,"既入境,则一切饮食、道途之资,皆取之有司"[1]。

大明也不断遣使前去撒马尔罕,宣示天威。永乐十一年(1413)七月,"西域大姓酋长沙哈鲁氏不远数万里遣使来朝"[2]。永乐十二年(1414),朱棣遣宦官李达、吏部员外郎陈诚等,出使撒马尔罕。中国使团前往撒马尔罕,若无意外,来回要两年多时间。陈诚先后出使西域多次,自称"姓名不勒阴山石,愿积微勋照汗青",在明朝与各国的交往中发挥了重要作用。

永乐十四年(1416),陈诚第二次出使撒马尔罕。在与沙哈鲁交往的初期,朱棣是以天下共主的姿态,嘉奖沙哈鲁:"前闻尔仁智过人,能遵天命,关怀民瘼,慎治甲兵,恩辑其属,朕甚嘉之。"这是对沙哈鲁的才能表示满意。朱棣又表示:"即遣使者来朝,贡马匹方物,以明尔之忠诚,嘉锡殊宠,尔实应得无愧。"朱棣嘉奖沙哈鲁一片忠诚,遣使来贡,完全是帝王对臣子口吻。沙哈鲁在回信中,则以平等的口吻答复,既显示了强劲的武功,又请朱棣信奉伊斯兰教,以示回击。

在此后的交往之中,朱棣与沙哈鲁之间,开始以平等姿态交往。如朱棣表示:"愿自是以后,两国国交,日臻亲睦。信使商旅,可以往来无阻,两国臣民,共享安富太平之福也。"从居高临下到平等的态度,表明大明朝廷对沙哈鲁、对撒马尔罕有了更多的了解,既认识到帖木儿帝国的强大实力,也意识到帖木儿帝国之志并不在于东方,也不想恢复元朝曾经的疆域与荣耀。而两

---

[1] [清]张廷玉:《明史》卷三百三十二列传第二百二十,清乾隆武英殿刻本。
[2] [明]陈诚:《陈竹山先生文集》内篇卷一,清雍正七年刻本。

大帝国，都面临着蒙古各部持续的压力，各自都需要着手处理，自然无须在口头上分出高下。

不过，在中华帝国内部的书写中，沙哈鲁还是恭敬地对大明纳贡称臣。陈诚在《西域番国志》中，甚至没有提到帖木儿帝国，只是记录了帖木儿帝国的各个城市，并有意识地将这些城市描述为对大明称臣的国家，如哈列、撒马尔罕、俺都准、八剌哈、迭里米等。如陈诚在《狮子赋》中记录："永乐癸巳春，车驾幸北京。秋七月，西域大姓酋长沙哈鲁氏不远数万里遣使来朝。"据此记录，沙哈鲁已被贬低成了一个大姓的酋长，而非雄踞一方的大帝国首领。

永乐十六年（1418），陈诚再次出使撒马尔罕。永乐二十二年（1424）四月，六十岁的陈诚又一次前往撒马尔罕，行到甘肃，将要出塞时，得到朱棣驾崩的消息，乃返回京师。

经由洪武、永乐两朝武力征战与和平交往，在四边稳定了边疆，建立了以明廷为中心的朝贡体系。在此体系下，经双方朝贡互动，保持了东北亚地区内陆与海疆相对的稳定。但在历史的发展中，此体系仍然面临着游牧部落，以及海疆上四处出没的倭寇、海盗，乃至后来的葡萄牙、西班牙、荷兰人持续不断的进袭。

第二章

朝贡——大明对世界的认知

由于地理、文化等一系列因素的影响，古代中国形成了以中国为中心的认知。在古人看来，中国乃是文明发达之地，周边各国仰赖于此而获得开化。明开国之后，也延续了此认知，以中国为中心，建立起了朝贡体系。在朝贡体系之中，只有得到大明王朝的许可，各国方可进入中国，进行朝贡。朝贡体系使得当时的远东地区，从陆地到海洋，建立起了相对稳定的政治秩序。在政治秩序之外，朝贡体系也包含了贸易的内容，其中既有郑和走向海外，与各国贸易，也有明廷控制香料贸易，独享暴利。

地理环境与华夏中心思维

　　土地是人类生活的舞台,它制约着人类获取生活资料的方式,进一步影响着他们的文化。黑格尔认为,各民族栖息地的自然环境与其人民的性格有密切联系。他区分出三种类型的地理环境,即高地、草原和平原。不同的地理环境造成不同的民族性格,并给各个民族的经济社会和政治法律制度以影响;他甚至认为,在热带和寒带的人们,由于应付炎热和冰雪,不可能提高自己的文明程度。[1]孟德斯鸠则认为,地理环境、气候条件、土壤的性质,决定着政治体制、法律制度的演变。

　　中华文明体,从走上历史舞台之日起,就以黄色土地、农耕文明为标记。《尚书·禹贡》中说,中国的版图"东渐于海,西被于流沙,朔南暨,声教讫于四海",这是两千多年前中国人的世界观。

　　"中国"一词,在古代中国人意识里,就是中央之国;它领有九州,富有四海,它就是天下,是世界的中心。中国居亚洲之中,亚洲居寒带、热带之中。从日照上来看,中国地域内所承受的日照量也居中,这里的日照量比非洲小,比欧洲大。中华文明的发源地和中心地均位于中国之中部,即历史上所称的中原地区,是典型的温带气候区,春、夏、秋、冬,四季分明,寒来暑

1　[德]黑格尔:《历史哲学》,王造时译,生活·读书·新知三联书店1956年版,第131–157页。

往，阴阳平衡，不偏不倚，故而说中国居世界之中也未尝不可。

中国自古以农为主，畜牧业和渔业分别分布在西北方和东南沿海一带，这里均不是华夏文明的中心地带，农耕文明才是中国的主要文明形态。中国东部濒临太平洋，北部是无边的戈壁和浩瀚的原始森林，西部是万里沙漠与高山，西南则是无法逾越的青藏高原，这是与外部世界相对隔绝的状态，对中华文明产生了深远影响。地理上的半封闭，既使中华文明能延续千年，也导致了中华文明相对保守的一面。长期在半封闭的地域活动，中华文明所能吸收、借鉴的外来文明相对较少，外来文明对它的冲击也相对较小，因此，人们更看重自己的文明传统。

半封闭性的地理环境影响了中国人对世界的看法，助长了华夏中心主义观念，使得中国古人误以为天下只有华夏中国和散落在自己周围的蛮夷部落而已，因而往往把所谓"天下"作为中国的代名词，以为天底下没有可与中国平起平坐的国家及文化。当世界步入大航海时代之后，这种心态严重地阻碍了中国以开放姿态走向世界的步伐。

东夷、西戎、北狄、南蛮等"四夷"，加上华夏中国，乃是上古时期的天下概念。中国历史上，最早的政治结合体是以"天下"的概念出现的。孔子称尧、舜、禹、汤、文、武"有天下"，即拥有了一定范围地域、人民和政治权力的结合体。当时的"国"是指西周天子分封的各邦诸侯，"家"是指公卿大夫的公室。西周的"天下"概念在春秋战国时期，被国家所取代。梁启超曾说过，国家的概念，在中国历史上只能见诸乱世。而到了太平之世，则国家的概念消失，取而代之的则是天下的概念。

依据这个说法，春秋战国时期倒有国家，到了秦汉大一统之后，国家反而消失，这是为何？梁漱溟比较中西政治后道："在欧洲小国林立，国际竞争激烈，彼此间多为世仇。人民要靠国家保护自己，对国家自然很亲切；但在同等面积之中国，却自秦汉大一统以后，再无战国相角形势；虽有邻邦外族，文化又远出我下，显见得外面缺乏国际竞争。"[1]

西方哲学家罗素在上海的演讲中曾道："中国实为一文明体而非国家。"历史学家雷海宗更认为两千年来的中国，只能说是一个庞大的社会，一个具有松散政治形态的大文明区，与战国七雄或近代西洋列国截然不同。秦汉大一统后，在中国所处的东亚圈内，再无能和其对峙的大国，也没有能挑战中国的文明体，这就决定了古人以中国为世界（天下）中心的心理，故而林语堂说："历史上中国的发展，是作为一个世界发展的，而不是作为一个国家。"古代中国，是没有近代意义上的国家意识的；古代中国所有的，是以华夏文明为中心的天下概念。

在华夏中心说支配的天下概念中，中国以其文化先进，昂然处于世界的中心，周遭的蛮夷小邦，感受并膜拜着中华文明的光辉，进而在此基础上形成了以中华为中心的朝贡体系。对朝贡体系，美国人切斯特·何尔康比敏锐观察到："在这个以中华帝国为中心的世界里，其他卫星国用最美妙的阿谀奉承来使她称心如意。他们照搬她的文明，甚至连政府也以她为蓝本。将她视为东方世界中最权威、最尊贵的霸主。她自奉为、也被公认为是他们

---

[1] 梁漱溟：《中国文化要义》，上海人民出版社2005年版，第146页。

的保护神,她是如此地至高无上。"[1]

明开国之后,朱元璋以天下共主的身份,通过朝贡关系,建构了天下秩序。在朝贡体系之中,周边各国向作为"华夏中心"的中国称臣,每隔一段时间前来朝贡,而中国则给予册封和赏赐。明代形成了包括厚往薄来、勘合印信、朝贡文书、朝贡贸易、朝贡定期等的一套稳定的朝贡制度,在明中期之前,形成中国周边相对稳定的秩序。

(一)厚往薄来。洪武五年(1372),明廷定下厚往薄来政策,敕中书省臣曰:"西洋琐里,世称远番,涉海而来,难计年月,其朝贡无论疏数,厚往而薄来可也。"[2]洪武三年(1370)、五年,琐里国王卜纳两次遣使臣向明廷进贡。朱元璋"喜王敬中国,涉海道甚远,赐甚厚"[3]。此后明廷一直贯彻厚往薄来政策,予各国来华朝贡使团以厚赏。

(二)勘合印信。洪武十六年(1383)始,凡新帝登基,诸藩属国要改换勘合文册。由明廷先在符契文书上盖印信,分为两半,双方各执一半,使用时将二符契相并,验对骑缝印信,验证真伪,称勘合。明代每一勘合有两百道,发给勘合的国家有暹罗(今泰国)、日本、占城(今越南中南部,后被安南灭国)、爪哇(今爪哇岛)、满剌加(今马六甲)、真腊(今柬埔寨)、苏禄(今菲律宾苏禄群岛)、柯枝(今印度西南部柯钦一带)、渤泥(今加里曼丹岛北部文莱一带)、锡兰山(今斯里兰卡)、古里(今印度

---

1 [美]切斯特·何尔康比:《中国人的德性:西方学者眼中的中国镜像》,王剑译,陕西师范大学出版社2007年版,第4页。
2 [明]黄光昇:《昭代典则》卷七,明万历二十八年万卷楼刻本。
3 [明]茅元仪:《武备志》卷二百三十七,明天启刻本。

西南部喀拉拉邦的科泽科德一带）、苏门答剌（今苏门答腊）、古麻剌（又称古麻剌朗，在今菲律宾棉兰老岛）等国。

（三）朝贡文书。文书制度是指朝贡国朝贡需要提交表文，没有表文的国家将被拒绝朝贡。占城、暹罗、满剌加、苏门答剌、爪哇等用金叶表文，三佛齐（起源于今苏门答腊，鼎盛时包括马来半岛和巽他群岛大部）使用金字表，渤泥使用金字银笺，苏禄使用金缕表。入贡时，由朝贡国提出申请，递交表文和贡物，待广东、浙江等地方政府审查合格后，再将朝贡事宜转奏朝廷，待朝贡被允许的通知批准下来之后，再由入境处官员负责护送贡使进京。进京之后，要入住京师会同馆，并前往礼部进献表文、方物，还要经过演礼，最后才能得到皇帝的接见。

（四）朝贡贸易。朝贡关系的核心在于确认和重申政治认同，附带发生商品交易，但这附带发生的贸易，才是各国来华的目的所在。明人张瀚《松窗梦语》将互市分为"西北互市"与"东南海市"两种，如明人郑晓所云："盖东夷有马市，西夷有茶市，江南海夷有市舶。"[1]

（五）朝贡定期。根据亲疏关系，明廷将各国来华朝贡，分为两年一贡、三年一贡、十年一贡不等。如洪武五年（1372），朱元璋下谕，定下高丽三年一贡或每年一贡："今高丽去中国稍近，人知经史文物礼乐，略似中国，非他邦之比，宜令遵三年一聘之礼或比年一来。"[2]但朝贡定期制，实际上并未严格执行，如：

---

[1] ［明］陈全之：《蓬窗述》卷四，明万历十一年书林熊少泉刻本。
[2] 《明太祖实录》卷七十六。

琉球[1]定为两年一贡,但其与明廷关系亲密,常一年数贡;日本定为十年一贡,但往往未到贡期,日本使团也就前来了。

朝贡体系在远东所确立的,是一个稳定的秩序,是一个不争的秩序。而欧洲国家与国家之间的竞争,为商人的崛起、商业城市的发展,提供了契机,进而产生了政治性的变革,带来了对私有财产的保护。在稳定的朝贡秩序之下,大明王朝缺乏外部国家的竞争,陷于天朝大国的迷梦之中,自然也就不必推动政治变革、保护商业,只需要维持住一个大的农业国即可,至于会带来各种变数的商业,则以强力加以打击。

大明王朝所创建的朝贡秩序,所体现的是不平等的交往关系。各国在对中国表示臣服之后,被纳入整个体系,得以开展朝贡贸易。通过朝贡,各国既可以进行贸易,也可以感悟中华文明。朝贡体系中的琉球、日本、朝鲜、安南等,都深受中华文明的影响。日本、朝鲜等,也羡慕天朝体系,试图建立一个缩微版的朝贡秩序,如朝鲜之于对马岛,日本之于琉球,都建立了一个小型的朝贡体系。

在东南亚区域内,受中华文明的影响相对较小,保持了其佛教、伊斯兰教文明体系,其与中国交往,主要是为了贸易考虑。其中如满剌加等国,在贸易之外,也希望得到明廷在政治上的扶持。

在朝贡体系中,北方的游牧部落与海外桀骜不驯的日本,乃是最大的变数。在北元一蹶不振之后,游牧部落已不再渴望征伐

---

[1] 琉球在历史上是琉球王国的简称,在地理上是琉球群岛的简称。1372年,明太祖朱元璋给琉球的中山王察度下达诏谕后,琉球的山北、中山、山南三王遂开始向明政府朝贡,从此琉球成为明朝的藩属。

中原，恢复往日的荣光，其主要目的乃是进行贸易，获得丝绸、铁锅等物品。游牧部落对贸易的渴望，超过了一切，又由于贸易纠纷，有明一代，引发了土木之变、庚戌之变这样的重大事件。而从日本列岛出发的倭寇，与中国沿海海寇结合，持续不断地对中国沿海发动袭击，也困扰着大明，冲击着朝贡体系。

不征之国与事大以诚

明初，湖广行省平章政事杨璟曾上书，请求对边疆地区用兵："蛮夷之人，性习顽犷，散则为民，聚则为盗，难以文治，当临之以兵，彼始畏服。"[1]朱元璋此时忙于对付北元，营造新的朝贡秩序，对用兵异域，兴趣不大。

洪武四年（1371）九月，朱元璋表达了他对对外用兵的看法："海外蛮夷之国，有为患于中国者，不可不讨；不为中国患者，不可辄自兴兵。"[2]朱元璋举隋炀帝征讨流求（今中国台湾）为例，虽兴兵攻其国，俘虏男女，但得其地不足以供给，得其民不足以使令，徒得虚名。朱元璋认为："诸蛮夷小国阻山越海，僻在一隅。彼不为中国患者，朕决不伐之。惟西北胡戎，世为中国患，不可不谨备之耳。"[3]在朱元璋看来，北方的游牧民族，世为中原之大患，不可不加以征讨；至于其他蛮夷小国，并非大患，无

---

1 ［明］徐学聚：《国朝典汇》一百七十八《兵部》，明天启四年徐与参刻本。
2 ［明］黄光昇：《昭代典则》卷七，明万历二十八年万卷楼刻本。
3 ［明］王士骐：《皇明驭倭录》卷一，明万历刻本。

须征讨。

洪武二十八年（1395），朱元璋为免后世子孙倚中国富强，贪一时战功，无故兴兵，杀伤人命，特意列出不征之国："东北朝鲜国；正东偏北日本国；正南偏东大琉球国（今日本冲绳）、小琉球国（今中国台湾）；西南安南国（今越南北部）、真腊国、暹罗国、占城国、苏门答剌、西洋国（今科罗曼德尔海岸）、爪哇国、溢亨国（即彭亨国，今马来半岛）、白花国（今苏门答腊岛西北部）、三佛齐国、渤泥国。"不过朱元璋特意指出，西北胡戎（游牧部落）与中国边境相连，累世战争，必选将练兵，时刻警戒。

不征，其背后的深层含义，乃是不争。在稳定的朝贡秩序之下，各国以明廷为中心，通过朝贡秩序来交往，明廷不征、彼此不争，如此天下太平，各国也就可以千秋万代，保持原样。一旦各国相争，为了富强，为了赋税，就不得不推动政治变革，保护商业与私有产权，这其中带来的无数变动，是只想建设一个大农村国家的朱元璋所不敢想象的。朱元璋拍了拍心口，大袖一挥，对天下昭告："不征！"

此后"不征"成为大明对外交往的指导思想，这也是朱元璋总结历史经验作出的抉择。开国帝王经过一番厮杀胜出，手握雄兵，虽有开拓之心，但要与民休息，无暇去征服四夷。而后世的帝王，经过积蓄国力之后，心中豪情万丈，大动兵戈。史上如汉武帝、隋炀帝，都是如此。

对朱元璋而言，周边各国，如日本、朝鲜、安南等，不是华夏大患，草原民族方是心腹大患。日本此时已与大明王朝断绝往来,"日本虽朝实诈,暗通奸臣胡惟庸,谋为不轨,故绝之"[1]。但在列举不征之国时,朱元璋还是将日本列入。

列出不征之国,表明作为"天下共主"的大明,与他国在疆域上有了明晰划分,而非往日意义上模糊的"天下"概念。在高丽征伐耽罗(今济州岛)一事上,朱元璋即表示,此乃高丽自身事务,由其自行处理,明廷不会介入。在大明与高丽两国的边界线上,也加以划分,并不追求扩张。

"中国外夷,若互有道",则双方可以和平来往,进行朝贡贸易。在与各朝贡国往来之中,"道"的衡量标准是"事大以诚"。洪武六年(1373)十月,高丽国王遣使贡马,途中马亡,乃以私马冒充。这本是小事,但朱元璋以不诚为名却贡。再如明廷遣安南的使者归国后,认为安南行为不诚,为此下令却贡。朱元璋告诫:"其彼中动以侮诈为先,非以小事大之诚,乃生事之国,不可数令人往来。"[2]

对各朝贡国,大明王朝奉行厚往薄来,态度宽容,但在涉及篡夺王位时,对新的君王,则持冷淡态度。在朱元璋看来,权力体系的传承,有着内在的合法秩序,通过暴力杀戮争夺来的权力,得位不正,违背天意,乃是奸邪,虽大明不愿兴兵讨伐,但不可与之交往。

明廷定制,各国多为三年一贡,唯高丽仍可每年一贡。[3]之所

---

1 [明]陈全之:《蓬窗述》卷四,明万历十一年书林熊少泉刻本。
2 [明]朱元璋:《明太祖文集》卷六,清文渊阁四库全书本。
3 洪武五年(1372),朱元璋下谕,定下高丽三年一贡或每年一贡。但高丽来华朝贡频繁,基本上每年都来朝贡,甚至一年朝贡数次。

以给高丽每年一贡,而他国三年一贡,日本则十年一贡,其中有着诸多考虑。有元一代,高丽王朝与元朝关系紧密,双方彼此通婚,元顺帝的皇后奇氏乃是高丽人。

洪武元年(1368)十二月,为了防止高丽与北元结盟,朱元璋遣使高丽。拉拢高丽,除了使其远离北元,还有共同对付海上倭寇的考虑。在明初,倭寇出没海上,乃是大明之患。洪武三年(1370),朱元璋遣使告诫高丽国王:"倭奴出入海岛十有余年,王之虚实,岂不周知,皆不可不虑也。"[1]洪武七年(1374),为了对付倭寇,高丽遣使,向大明购买火药。朱元璋当即批准,还很兴奋地说:"高丽来买军器、火药,造船捕倭,我看了好生欢喜。"[2]

明朝与高丽的关系,在洪武朝起伏不定。是交好明廷还是结盟北元,高丽自身也是矛盾重重。洪武二年(1369)四月,高丽废除元顺帝"至正"年号,洪武三年七月,始行洪武年号,交出前元所赐金印。此期间,高丽在北元与大明之间,左右摇摆,朱元璋对此洞若观火,只能加以安抚,而朝贡则是维持双方关系的重要一环。

洪武二十一年(1388)初夏,高丽国王王禑亲近北元,停用洪武年号,改穿胡服。五月,高丽左右军渡过鸭绿江,屯兵威化岛,前锋部队进入辽东。高丽军队行军途中,遭遇暴雨,苦不堪言,军中怨意沸腾,国王王禑却执意进军。李成桂乘机回师,发动兵变,逼王禑退位。李成桂执掌大权之后,捧出傀儡,并遣使至明廷请封。照理说,李成桂废掉亲北元的王禑,明廷当加以招

---

[1] [明]郑麟趾等:《高丽史》世家卷四十二,明景泰二年朝鲜活字本。
[2] [明]郑麟趾等:《高丽史》世家卷四十四,明景泰二年朝鲜活字本。

徕才是，可朱元璋不为所动，不允所请。此后李成桂频繁废立国王，又向朱元璋请求册封。朱元璋依然不为所动，不予册封。李成桂再三遣使，表达自己的诚意。

李成桂表现出的诚意，最终打动了朱元璋，遂决定不再纠缠篡位之举，承认既成事实。"其三韩臣民，既尊李氏、民无兵祸，人各乐天之乐，乃帝命也。"朱元璋还表示："（李成桂）再三差人来，大概要自做王。我不问，请他自做。自要抚绥百姓，相通来往。"[1]

洪武二十五年（1392），李成桂自立为王，建立李氏王朝，改称朝鲜。李氏立国后，坚持"事大以诚"，即对大国应尊重名分，不得僭越。对明廷，朝鲜主动承认大明正统地位，接受册封。明太子朱标去世后，李成桂率群臣服皇太子丧，停乐十三日，禁屠三日，停嫁娶一月，停大小祀十三日。

高丽之外，明廷与日本的关系，则是元代与日本关系的延续，更因倭寇问题而复杂。元世祖忽必烈两次发动对日本的远征，均告失败，此后双方断绝往来，贸易终止。原本日本对中国，一直是持仰视态度的，是持崇拜心理的。在日本两次击溃元军之后，其心理为之一变，开始轻视大陆国家，乃至也轻视中国。至元末，元廷势力衰弱，日本浪人、商人结合，寇掠中国、朝鲜沿海，横行无忌。至方国珍投明之后，其余部散入大海，与倭寇联合，成为明廷大患。

元至元二年（1336），足利尊氏在京都拥立光明天皇，创立室町幕府（北朝），后醍醐天皇南逃吉野，建立南朝，日本进入双天皇并立的"南北朝时代"。朱元璋登基称帝后，遣使至日本、

---

[1] 吴晗辑：《朝鲜李朝实录中的中国史料》第一册，中华书局1980年版，第112页。

安南、占城、高丽四国,颁发诏书,宣示正统。但明廷诏书词语傲慢,日本九州的怀良亲王拒绝与明廷交往。

洪武二年(1369),倭寇进犯山东。为此朱元璋再次遣使前往日本,责令日本控制亡命之徒入寇。不想怀良亲王因为明廷国书之中有"倘必为寇盗,即命将徂征耳,王其图之"[1]这样的威吓字语,当即大怒,扣留使者杨载、吴文华二人,杀死其他五人。

洪武三年(1370),朱元璋再次遣使日本,送还被捕获的日本海盗及参与海盗集团的日本僧侣,加以安抚。后又在宁波、泉州、广州设三市舶司,其中宁波市舶司即为对日贸易而备。虽然洪武四年(1371)倭寇劫掠温州,但在洪武五年(1372),日本怀良亲王归还所掠中国沿海男女七十八人,稍微缓和了关系。虽然双方上层关系有所缓和,但处于南北朝对峙时期的日本,怀良亲王只是南朝亲王,各地领主并不受其约束,倭寇劫掠如故。

明初很长一段时间,朱元璋对于日本一直保持克制态度,希望日本能自行铲除倭寇之患,双方进行贸易。但日本内乱频频,倭寇不断来华骚扰。到了洪武十四年(1381),日本怀良亲王遣使来贡,为倭寇之事辩解,并驳斥了明廷的天下中心说:"盖天下者,乃天下之天下,非一人之天下也。"朱元璋大怒,致书日本国王,指责日本:"但知环海为险,限山为固,妄自尊大,肆侮邻邦,纵民为盗。"[2]

对掌握实权的日本怀良亲王,朱元璋发出威胁,一旦大明出动军队,固可灭矣。对于朱元璋的怒火,日本怀良亲王不以为然,

---

1 [清]张廷玉:《明史》卷三百二十二列传第二百十,清乾隆武英殿刻本。
2 [明]朱元璋:《明太祖文集》卷十六,清文渊阁四库全书本。

再次回书辩解。明廷之中，一度有调水师远征日本之议。朱元璋汲取元代两次远征日本失败的教训，并不想对日本用兵，将怒火硬给压下。

洪武十六年（1383），朱元璋下令，断绝日本来华朝贡。此后，与日本私通，又成为朱元璋打击胡惟庸的一条罪状。虽然明初朱元璋一度下令，迁徙沿海居民，施行海禁，但并不是严格意义上的全面锁国，只是因为军事上的需要方才实施。自与日本交往失败后，朱元璋下令严格执行海禁，限制出海贸易，这对后世历史产生了巨大影响。

征安南与维系朝贡秩序

北宋淳熙元年（1174），交趾进贡，宋孝宗下诏，赐国名安南。此后安南历朝新君登基，都要向中原王朝上表请封，中原王朝册封"安南国王"。在国内，安南效法中原王朝，建立起一套统治体系，自称皇帝，也自成一天下。

元朝开国之初，借着兵威，在中南半岛开疆拓土。元廷曾对安南"诏谕六事"，三次出兵安南。三次征伐，在安南酷热的天气、灵活的游击战术之下，均告失败。"社稷两回劳石马，山河千古奠金瓯"，对元战争的胜利给了安南极大的自信，也有了更为强烈的自主意识。[1]

---

[1] ［越］明峥：《越南史略（初稿）》，范宏科、吕谷译，生活·读书·新知三联书店1958年版，第101页。

朱元璋称帝后，遣使到各国宣谕，建立以明廷为中心的朝贡秩序。面对明廷，安南的态度如同高丽等国一般，首鼠两端，既畏惧云南残存的北元势力，又想与明廷建立关系。此时的安南，国内政局动荡，与占城等不时发生冲突。

洪武年间，安南王陈叔明篡夺前王陈日熞（jiān）王位。洪武五年（1372），陈叔明奉表朝贡，以自己之名代替陈日熞。大明并不知安南国内夺权之事，眼看着就要蒙混过关，主事曾鲁精细，发现表文中国王署名有异，提出质疑。安南使臣这才将陈叔明夺位一事相告。安南使臣解释，前王陈日熞病殁后，陈叔明被国人推举而立。朱元璋弄清此事后，认为安南缺乏诚意，拒绝接受贡物，又指责陈叔明僭位。

在内外压力之下，此年十一月，陈叔明禅位，以太上皇的名义掌权，又遣使入明谢罪。朱元璋不想多事，他要的只是安南的恭顺，事大以诚。在安南表现了诚意后，朱元璋接受了安南使臣的解释；洪武六年（1373）正月，命陈叔明且以前王印视事。陈叔明执政时期的安南，在对外交往上，保持了一定的独立性。陈叔明反对事事效法大明，令军民不得服北人衣样，并推行喃字。洪武二十七年（1394），陈叔明病逝，陈顺宗尚年幼，外戚黎季犛（máo）执掌军政大权。

黎季犛掌权后，对占城及广西、云南等地，不断进行扩张，占据土地，引发冲突。朱元璋多次遣使告诫，令停止扩张，归还土地，黎季犛却不为所动，双方关系恶化。朱元璋去世，安南也没有遣使至明廷吊祭。

建文二年（1400）正月，黎季犛自立为帝，国号大虞，自称乃是虞舜、胡公满之后，上表大明，改姓名为胡一元。为了缓解内外压力，此年十二月，胡一元让位于儿子胡汉苍，自称太上皇。明廷内部正处于内乱之中，一时无暇顾及安南内部的变动。

永乐元年（1403），朱棣登基。胡一元想要缓和双方关系，遣使上表，称陈朝皇室子嗣断绝，自己与陈朝宗室徽宁公主所生之子胡汉苍被拥戴为帝，请求册封。朱棣遣使至安南调查后，同意册封。

永乐二年（1404），广西思明府知府黄广成上奏，控诉安南侵占思明府所辖土地。朱棣令安南归还土地，不想安南并不听从，反而出兵，进一步在广西及占城抢占土地，掳掠居民。朱棣多次遣使，劝说安南与占城修好，停止用兵，但安南不为所动。

永乐二年，安南陈朝老臣裴伯耆入明，向明廷控诉黎季犛父子"弑主篡位，屠戮忠良，灭族者以百十数"。裴伯耆藏于山中，披沥肝胆，辗转数年，方才入明，请明廷出兵，荡除奸凶，复立陈氏后人。

更大的变数，则来自此年由老挝护送进入大明的陈天平。陈天平自述，自己是陈朝王族之人，黎季犛屠灭陈氏时，因在外州幸免。此后被追杀，仓皇逃跑，九死一生，由老挝来大明，请求发兵安南，剿灭黎季犛。为了验明陈天平身份，此年十二月，朱棣让安南来华的贺正旦使与陈天平相见。见到陈天平后，安南使臣错愕下拜，更有痛哭流涕者，由此判断陈天平身份无误。

对朱棣而言，由于其夺取侄儿朱允炆之帝位，得位不正，迫切地需要证明自己的正统性。无疑，为被篡夺王位的安南陈氏王族伸张正义，可以提高自己的声望。永乐三年（1405），朱棣遣使至安南，谴责胡汉苍。胡汉苍遣使者入明谢罪，又迎请陈天平回国即位。如果不发一兵，即能恢复陈朝正统，无疑将极大地提高朱棣的声望。可安南给了朱棣一记响亮的耳光。

永乐四年（1406）三月，五千明军护送陈天平返回安南，遭到安南军队伏击，全军溃败。陈天平被俘后，据安南方面审讯，其人本名阮康，乃是陈朝宗室陈元辉的家奴。陈天平随即被杀，俘获的大明士兵则被发配义安种田。朱棣得知后愤怒至极，决定对安南用兵："蕞尔小丑，罪恶滔天，犹敢潜伏奸谋，肆毒如此。"[1]

永乐四年四月，"敕蜀王（朱）椿于三护卫选马步军五千，云南、贵州、四川都指挥使选马步军七万，隶西平侯沐晟，就云南操练听征。"此后明廷征调各地兵马至云南，预备远征安南。永乐五年（1407），朱棣发布"平安南置交趾三司郡县诏"，"乃命征夷将军成国公朱能等率偏师带甲八十万以讨之，特敕将士：其临阵来敌者，杀无赦；其来降者，悉宥之"。[2] 八十万人马，只是虚张声势，实际出动兵力并不足八十万。朱能在到达龙州后病逝，由张辅代领总兵官，领军入安南。

远征安南，背离了朱元璋开国后定下的"不征"国策。但此一时彼一时，朱棣登基后，重新构造了天下秩序。朱元璋以一介平民崛起，驱逐蒙古人所建立的元廷，恢复华夏衣冠，其得国之正，毫无争议。作为天下之主，朱元璋的主要精力集中在打击北元上，并不愿意干预海外之事。朱棣则不同，他得位不正，需要功业来证明自己。安南在往日，一度曾是中国郡县，若能收复故土，也是极大之功。朱棣曾云："今安南虽在海陬（zōu），自昔为中国郡县，五季以来，力不能制，历宋及元，虽欲图之，而功

---

1 [明]黄光昇：《昭代典则》卷十三，明万历二十八年万卷楼刻本。
2 [明]黄光昇：《昭代典则》卷十三，明万历二十八年万卷楼刻本。

无所成。"[1]打击黎季犛，收取安南，能让朱棣脸上增光，向后世证明自己。

出兵之后，明军在安南势如破竹。永乐五年（1407）三月，明军击溃黎氏集团主力，黎氏父子乘小舟逃脱。五月，黎季犛父子被擒获，押解入大明。此战前后不过五个月，深入安南千里，获得大胜。安南素来是难以攻取之地，宋元两朝，都在此遭过重挫。明军的大胜，给了明廷上下以极大鼓舞。战后朱棣将安南划入大明版图，由交趾布政司直接进行统治，不想却是一着败笔。

唐朝以前，安南一度由中原王朝统治。但宋元之际，安南独立已久，且形成了自身的文化体系，对中原王朝的认可度不高。朱棣击溃黎氏集团后，最明智的选择是由安南人自行治理，现在交由交趾布政司管理，反而引发无数是非。占领安南后，明廷在各地设立儒学，教授四书五经，推广明廷官定学说，挑选安南生员到国子监读书，又更改安南地区的一些"夷俗"。

明廷在安南不谓不用心，推行了一系列稳定社会秩序、争取民众支持的措施，但安南却不吃这一套。永乐六年（1408），安南各地民众纷纷聚集，抗击明军。在各支反明军队中，黎利领导的军队，以逸待劳，逐渐壮大，日后建立了黎氏王朝。安南与明军的战斗，持续经年，强大的明军无法消灭在各地游击的安南军。

至朱棣去世，朱高炽继位后，明廷改变了对安南的战略，希望能招抚黎利。朱高炽登基不久就去世，宣德帝朱瞻基即位后，以太祖皇帝朱元璋定下不征安南为由，决定从安南撤军。朝廷内

1　[明]李文凤：《越峤书》卷二，明蓝格钞本。

大臣分裂，一派支持撤兵，理由自然是朱元璋的不征之策；一派反对撤兵，理由是"太宗皇帝平定此方，劳费多矣。二十年之功，弃于一旦，臣等以为非是"[1]。

因为朝中大臣反对，且撤兵时机不成熟，明廷在安南继续进行战事。明军在安南节节败退，损失惨重，耗费巨大，持续苦战无果，撤兵已是必然。可事关国体，事关朝贡体系的维护，明廷需要有个体面的方式撤军。而最体面的方式，则是寻找到陈氏王朝后人登上王位，再从安南撤兵。黎利也敏锐地把握到了明廷的心思，宣德二年（1427）九月，黎利遣使至交趾隘留关，求见明军将领柳升等人，"乞罢兵息民，立陈氏后主其地"[2]。

十月，明军前方将领与黎利订立停战协定，明军撤出安南。黎利以陈氏王朝后人陈暠的名义上表明廷。表中陈暠自称逃避老挝二十年，近来国人得知自己尚存，请回国继承王位。陈暠又主动替明廷找到台阶，让其可以体面撤兵："众云天兵初平黎贼，即有诏旨访求王子孙立之，一时访求未得，乃建郡县。"[3]意思就是，当初未曾找到陈氏后裔，才建立交趾布政司，现在陈氏子孙归来，明廷自然该退兵了吧。得到陈暠表文，宣德帝找到了体面的方式撤兵，兴奋不已，向群臣出示表文，群臣顿首称善。

至于这个陈氏王朝后人陈暠，不过是黎利操作出来的傀儡而已。陈暠本是丐者之子，假称自己是陈氏之后，黎利正需要找个台阶给明廷撤军，自然将他迎立，建元天庆。陈暠实际上处于黎

1　［明］陈建：《皇明通纪法传全录》卷十七，明崇祯九年刻本。
2　［明］黄光昇：《昭代典则》卷十四，明万历二十八年万卷楼刻本。
3　［明］黄光昇：《昭代典则》卷十四，明万历二十八年万卷楼刻本。

利控制之下。对于黎利的花枪，大明朝廷一清二楚，"上知其妄，然置之不问"。宣德帝此时只想早日结束在安南的战争，哪里还管你是不是"事大以诚"，当即承认了这个伪陈氏后人。

宣德三年（1428）正月，所谓的陈氏王朝后人陈暠"服毒而亡"。刚从安南脱身的明廷，心中还是有很多怨言，遣使安南，逼黎利继续寻找陈氏后人，"以宁一方，以副朕体天爱人之心"[1]。这明明白白是在恶心黎利，意思是：你既然奉陈氏王朝为正统，那就去寻后人吧。黎利的回复也很干脆："大集国人，遍求陈氏子孙，的无见存。"[2]意思是：自己就是寻不到陈氏子孙，而国不可一日无君，还得我黎利出面，来布宣圣德，宣扬皇威。

宣德三年（1428）四月，黎利即安南王位，改元顺天，国号大越，开创黎氏王朝。宣德六年（1431）六月，明廷诏命黎利权署安南国，双方恢复朝贡关系，中南半岛得以稳定下来。到了成化朝，太监汪直得宠，想要立下边功，怂恿明宪宗朱见深征讨安南，后因朝臣劝谏而作罢。

嘉靖六年（1527），安南权臣莫登庸篡夺黎氏王朝政权，自立为帝，改元明德，控制清化以北地区，为"北朝"。原黎朝统治者出奔清化，托避于安南实力人物郑绥。郑绥控制清化、义安、顺化、广南四道，为"南朝"。嘉靖十一年（1532）二月，南朝黎宁遣使北京，控诉莫登庸篡国弑君，请明廷出面干预，征安南之议再起。

---

1 ［明］应槚：《苍梧总督军门志》，岳麓书社2015年版，第455页。
2 ［明］陈子龙、徐孚远、宋征璧等选辑：《明经世文编》卷十七，明崇祯平露堂刻本。

嘉靖十五年（1536），皇子出生，按制当颁诏安南。礼部尚书夏言认为，安南不来朝贡已有二十年，"今宜暂停使命"。就明廷而言，讨伐安南有天然理由，如"逆臣篡主夺国，朝贡不修"。嘉靖十六年（1537），礼、兵二部与廷臣会议征讨安南，列出莫登庸的十大罪状。

嘉靖帝经历大礼议之争后，也希望能有功绩来证明自己。嘉靖帝想用兵安南，立下不世武功，可又害怕重蹈宣德朝的覆辙，故而犹豫不决。此外，朝廷内就征战与否，存在争议，反对用兵的大臣不在少数。经过多番商讨之后，最终明廷形成了一个折中的办法，调集大兵到边境线上，对安南形成威胁之势，达成"迫降"目的。

嘉靖十九年（1540）六月，明军在两广集合完毕，形成进攻安南之势，以实现"迫降"。当年十一月，莫登庸带领文武大臣入镇南关，"输中款而投降"。此番安南投降后，明廷汲取往昔教训，并未派兵进入安南搅浑水，而是继续由莫登庸统治。

嘉靖二十年（1541）二月，明廷降安南国为安南都统使司，以莫登庸为都统使。通过迫降，明廷实现了战略目标。首先，收回了被安南侵占的钦州四峒土地与人民；其次，通过展示军力，警告了安南，稳定了西南秩序，保持了朝贡体系的稳定。此后，中南半岛在朝贡体系下，保持了相对的稳定。

官府专营下的香料贸易

据《本草纲目》记载："蔷薇露，出大食（即阿拉伯帝国）、占城、爪哇、回回等国，番名阿剌吉。"明洪武六年（1373）二月庚寅，海贾回回以番香"阿剌吉"来献。朱元璋素来不喜奢侈品，很多海外贡物，被他打回。这番香"阿剌吉"，也就是蔷薇露，其功效除了治疗心疾外，还可以调粉，作为女性化妆品。此物品进贡之后，朱元璋道："中国药物可疗疾者甚多，此特为容饰之资，徒启奢靡耳。"[1]因为朱元璋不肯接受，蔷薇露最终被划入到"贱货"行列之中。

虽然朱元璋不喜欢奢侈品，可后世的子孙们，没有几个如他这般，能耐得住寂寞，挡得住诱惑。明代皇帝多喜奢华香料，对龙涎香、苏合油、蔷薇水之类，有大量的需求。皇帝们所用的香料，或是从东南亚大量进口，或是各国朝贡进献，香料贸易因此成了官府垄断的暴利行当。

朱棣登基之后，积极招徕各国贡使来华。对于朱棣来说，因为夺了侄儿朱允炆的帝位，在心理上更需要各国贡使来华，借此显示自己的正统性。永乐初年，有海外船只来华朝贡，船上携带有胡椒，与民众进行贸易，所得颇丰。有官员向永乐帝进言，可以对其征税，以充国库。朱棣却道："商税者，国家以抑逐末之民，岂以为利。今夷人慕义远来，乃侵其利，所得几何，而辱大体多矣。"[2]在朱棣看来，对国内的商人征税，一是为了重农，二是为了打击商旅，并无不可；至于来华的朝贡使团，应重视的是义，而不是利，故而无须征税。

永乐元年（1403）八月，朱棣重新恢复市舶司，命吏部依洪

---

1 ［明］徐学聚：《国朝典汇》卷一百八《礼部》，明天启四年徐与参刻本。
2 ［明］薛应旂：《宪章录》卷十五，明万历二年刻本。

武初制，于浙江、福建、广东设市舶提举司，隶布政司。明代设置市舶司，其职责主要有："掌海外诸番朝贡、市易之事，辨其使人表文勘合之真伪，禁通番，征私货，平交易。"[1]除了开展朝贡，禁止沿海居民下海通番，打压民间贸易也是市舶司的重要职能。

对于民间与海外贸易，朱棣登基后，"一遵洪武事例"。永乐二年（1404），朱棣下令禁民间海船，原有海船全数改为平头船，各地官府要严防其出入海洋进行贸易。朱棣特意遣使前去海外，招抚海外中国游民归国："凡番国之人，即各还本土，欲来朝者，当加赐赉。遣还中国之人，逃匿在彼者，咸赦前过，俾复本业，永为良民。若仍恃险远，执迷不悛，则命将发兵，悉行剿戮，悔将无及。"[2]

在严厉海禁的同时，通过朝贡贸易，中国获得了所需的各类物品，其中就包括胡椒等香料。由于明王朝"厚往薄来"的政策，各国来华朝贡，基本上都能获得较高利润，故而对此十分积极。虽然明王朝规定三年一贡或十年一贡，但被利润所吸引，各国还是频繁派遣使团来华朝贡，进行贸易。

朝贡物品中，香料占据了相当份额。如洪武十一年（1378），溢亨国贡物中有胡椒两千斤、苏木四千斤等。洪武十五年（1382），爪哇贡物有胡椒七万五千斤。来华进贡使团还可以携带私人物品，这部分物品，或由朝廷作价收购，或在市场上进行贸易。一百斤胡椒在苏门答剌不过银一两，运到中国后能卖到二十两的高价。如此巨大的利润，吸引着各国使团来华。

---

1 ［明］郑晓：《吾学编·皇明百官述》卷下，明隆庆元年郑履淳刻本。
2 《明太宗实录》卷十二。

由于各国频繁来华进贡，导致国库之中香料堆积如山，朝廷将香料或赏赐给臣子，或折支官俸。如洪武十二年（1379），在京文武官，折俸钞，俱给胡椒、苏木。胡椒每斤准钞一十六贯，苏木每斤八贯。宣德九年（1434），令以胡椒、苏木折两京文武官俸钞；胡椒每斤准钞一百贯，苏木每斤五十贯。[1]

用香料之风盛行，两广沿海一带民间大量走私进口的香料，为此受到明廷的打击。洪武二十六年（1393）颁布了《禁用番香货》令，禁止沿海居民出海，从事番香、番货贸易，凡有从事贸易者，限三个月销尽，同时规定，"民间祷祀，止用松柏枫桃诸香"，凡是进口的番香一概不许用，违者重罪之。至于两广本土所产香料，地方人士自用也不允许，同时"亦不许越岭货卖。盖虑其杂市番香，故并及之"[2]。

明代禁止民间与海外私下贸易，尤其是禁止买卖所谓"番香"（即香料），其原因颇多。在明初，朱元璋认为番香之类乃是奢侈品，不利于塑造民间的简朴之风，故而加以抑制。到了后来，明廷发现香料贸易能带来暴利，得由官方管控，自然要限制民间贸易。明中期之前，海禁政策多有更改，其总体方针是压制民间贸易，由官方独营专利。

到了官方所存香料堆积如山之时，以香料来发工资，对朝廷是极为划算的。香料除了被用来发工资，也是皇帝给臣下的必备赏赐物。永乐二十二年（1424），朱棣赏赐给汉王、赵王、晋王各胡椒五千斤、苏木五千斤。明仁宗朱高炽登基之后，对老臣夏

---

1 ［明］刘斯洁：《太仓考》卷四之二，明万历刻本。
2 ［明］俞汝楫：《礼部志稿》卷九十九，清文渊阁四库全书本。

原吉的相助之功很是感激，特意赏赐给他钞万缗，御用米二十石，胡椒二百斤。[1]

明初胡椒与人参、燕窝等价，官商之间，一斤胡椒，成为迎来送往的厚礼。胡椒身价昂贵时，甚至可以抵价给朝廷，缴纳田赋。胡椒与白银、布帛一样成为硬通货，而胡椒的保值特征，使它仍被权贵之家囤积。宁王朱宸濠谋反时，密令手下敛财，以充军费。其敛财手段，除了买卖假货、侵夺田产、发放高利贷，还贩卖私盐、胡椒等物品。[2]太监钱宁深得正德帝朱厚照宠爱，暗中却与宁王朱宸濠沟通，收取钱财，泄露中枢情报。至宁王事败之后，钱宁也被捕下狱，经刑部审理后处死。钱宁被查抄的家产中，就有"胡椒三千五百担"[3]。

在明代，胡椒属于官营物资，禁止民间私下贸易。《大明律》中严禁官民私下建造两桅以上的船只，禁止出海贩卖胡椒等物。贩卖苏木、胡椒至一千斤以上者，一概发配充军，货物没收。[4]可香料贸易带来的巨大利润，吸引了无数民间冒险者从事走私贸易，"濒海大姓私造海船，岁出诸番市易"。成化十四年（1478），江西商人方敏三兄弟，采购了一批瓷器到广州贩卖，遇到广东商人陈佑等人，合谋进行走私贸易。出海之后，换回大批胡椒、沉香、乌木等香料，奈何被朝廷截获，人财两空。嘉靖元年（1522），暹罗及占城等国船舶至广东贸易，市舶中使牛荣操

---

1 ［明］程敏政：《明文衡》卷之七十六，四部丛刊景明本。
2 ［明］雷礼：《皇明大政纪》卷二十，明万历刻本。
3 ［明］徐复祚：《花当阁丛谈》卷一，清借月山房汇抄本。
4 ［明］雷梦麟：《读律琐言》卷十六《兵律》，明嘉靖四十二年刻本。

作仆人，走私苏木、胡椒诸物到京师贩卖，查获伏法。

中国历史上，凡能带来暴利的，如盐、铁、香料之类，素来都是官营。为了获得胡椒，一些胆大的走私者敢于冒充明廷官方使臣，至东南亚各国进行诈骗。如明宪宗年间，福建商人邱弘敏带了一批手下出海，自称朝廷使臣，至海外拜见他国国王，并令妻子谒见国王夫人，得了许多香料返回。被香料的暴利所吸引，官员们也不甘示弱，利用出使的机会，私下携带香料回国贩卖。负责稽查走私的沿海诸军，更与驻地附近的子弟一起进行走私，"假名公差，阴实为盗"。中国平民冒充朝廷使臣，而东南亚各国的走私者也不甘落后，冒充使臣来华朝贡者不在少数。洪武七年（1374），就有暹罗商人冒充朝贡使团来华，想将香料高价卖出，只是被明廷识出，未能得逞。

至明后期，在一些沿海城市，朝廷放松了控制，使香料贸易合法化，同时征以重税，弥补国库虚空。福建漳州香料遍布，以至于"香尘载道，玉屑盈衢"。在华的传教士利玛窦就观察到，胡椒等物品是由他国进口的，随着进口多了，价格也在不断下跌。各国朝贡使团频繁来华，朝贡贸易不断，香料积压甚多。一些有头脑者把握机遇，将香料由贵族推向平民，靠着广大平民消费而致富。此时胡椒被普遍食用，不但宫廷、官吏阶层食用，在一般平民中也普遍食用。

七下西洋与封贡海外

梁启超曾叹道："哥伦布以后，有无量数之哥伦布。维哥达嘉马以后，有无量数之维哥达嘉马。而我则郑和之后，竟无第二之郑和。噫嘻，是岂郑君之罪也？"[1] 可郑和只是贯彻朱棣意志，他不下西洋，另有其他人下西洋。郑和下西洋，受皇帝的心意而定，郑和之后，皇帝对下西洋无兴趣，就再无郑和了。

洪武十四年（1381），朱元璋命傅友德、蓝玉、沐英等领兵出征云南，此年十一岁的马三保被捕，入傅友德军中服役。洪武十七年（1384），傅友德、蓝玉返回南京，马三保也随军离开云南。洪武十八年（1385），马三保随傅友德至北平备边。洪武二十三年（1390），傅友德被封为征虏将军，隶燕王朱棣麾下，马三保被送至朱棣身边，成为侍臣。

永乐二年（1404）正月初一，朱棣亲书郑字，赐以为姓，乃名郑和。郑和身材魁梧，相貌威武，"身长九尺，腰大十围，洪音虎步"，"郑三保姿貌材智，内侍中无与俦比"[2]。

朱棣登基之后，在地缘战略上，将主要精力放在对付草原部落上，为此迁都北京，五次深入草原亲征。在南方沿海各地，虽不时有倭寇、海盗为患，尚不是心腹之患，海外诸国，在朱元璋时期，早就列为不征之国。后朱棣虽对安南用兵，也是迅速取得胜利。在这种背景下，朱棣命郑和下西洋，宣示天威，稳定朝贡秩序，令海外各国，"循理安分，勿得违越；不可欺寡，不可凌弱，庶几共享太平之福"[3]。

永乐三年（1405）六月，郑和第一次下西洋，前往西洋各国，

---

1 梁启超：《祖国大航海家郑和传》，《新民丛报》1904年第3卷第21号。
2 ［明］黄省曾：《西洋朝贡典录》卷上，清钱氏指海本。
3 《郑和下西洋资料汇编》上册，齐鲁书社1980年版，第99页。

赐给金织、文绮、彩绢等。永乐五年（1407），郑和出使西洋还朝。

永乐五年九月，郑和第二次下西洋，永乐七年（1409）夏返回。

永乐七年九月，郑和第三次下西洋，永乐九年（1411）返回。

永乐十年（1412）十一月，郑和第四次下西洋，永乐十三年（1415）七月，奉使西洋诸国返回。

永乐十四年（1416）十二月，郑和第五次下西洋，永乐十七年（1419）七月，郑和自西洋返回。

永乐十九年（1421）正月，郑和第六次下西洋，永乐二十年（1422）八月，郑和回国，有暹罗、苏门答剌、哈丹等国使者随同返回。

永乐二十二年（1424）正月，郑和准备下西洋时朱棣驾崩，下西洋各国宝船全部停止，差去官员全部回京。

宣德五年（1430）六月，郑和第七次下西洋，行经二十余国，宣德八年（1433）回国。

在中国古代，"柔远人，则四方归之；怀诸侯，则天下畏之"。柔远人，怀诸侯，乃是天子正统性的象征。朱棣登基后，派遣郑和率船队远航，至海外宣德化而柔远人，扩大明廷在海外的影响，稳定朝贡秩序。此外，通过船队的强大军力，对活跃在海洋上的海盗与海商集团加以打击，保证明廷垄断海外贸易。

郑和下西洋，给所经各国以巨大影响，并以强大军力干涉各国事务，稳定朝贡秩序。爪哇发生内乱，分裂为东、西两王，互相攻伐。永乐五年（1407），郑和遣人至东王境内，与居民互市交易，被西王杀死一百七十人。郑和出兵讨伐，西王大惧，遣使至中国谢罪。朱棣表示，"方将兴兵致讨，而遣亚烈加恩等诣阙请罪,朕以尔能悔过,姑止兵不进",令以黄金六万两赔偿死者。次年,爪哇来使献一万两黄金。朱棣又表示:"朕于远人,欲其畏罪而已,岂利其金耶?"[1]免除余下赔偿金。

满剌加以马六甲海峡为中心,地跨马来半岛和苏门答腊岛,乃是当时东西方海上贸易的中心。《瀛涯胜览》载:"(满剌加)国无王,止有头目掌管诸事。此地属暹罗所辖,岁输金四十两,否则差人征伐。"永乐元年(1403)十月,永乐帝遣内官尹庆"赍诏往谕满剌加、柯枝诸国,赐其国王罗销金帐幔及伞,并金织文绮、彩绢有差"。永乐七年(1409),郑和第三次下西洋时,奉命赐满剌加头目双台银印、冠带袍服,建碑封城,遂名满剌加国,暹罗自此不敢侵扰。后日满剌加被葡萄牙人攻陷后,王室还至中国哭诉,请求明廷派兵帮助复国。奈何明廷对于海外之事,并无兴趣,也未出兵。

第三次下西洋时,锡兰山国(今斯里兰卡)王亚烈苦奈儿令其子至船队索要金银珠宝,郑和不与。亚烈苦奈儿暗中发兵五万,想要劫持船只,抢夺钱财。郑和识破亚烈苦奈儿的图谋,乃亲自率兵两千余人,由小道攻破王城,擒获亚烈苦奈儿及其家属。回航之后,郑和献俘于阙下,朱棣大发慈悲,悯其愚昧无知,将亚烈苦奈儿释放。永乐十年(1412)十一月,郑和下西洋时,将亚烈苦奈儿送回锡兰山国。

朱元璋在位时,对外政策相对保守,对于朝贡体系,只要维持稳定即可,并不愿意过多干预海外各国事务。朱棣时期,对各朝贡国,大明王朝扮演了主宰者的角色,在必要的时候也会

---

[1] 〔明〕雷礼:《皇明大政纪》卷六,明万历刻本。

干涉其内政。如苏门答剌国内发生动乱,锁丹罕难阿必镇与苏干剌彼此征战,锁丹罕难阿必镇在永乐十年派人到中国求援。永乐帝遂命郑和下西洋时,给锁丹罕难阿必镇以帮助。永乐十三年（1415）,郑和抵达苏门答剌,遭到苏干剌围攻。郑和领兵,击溃苏干剌,将其生擒,回国时将苏干剌献于阙下,将其斩杀。[1]

采购各种珍稀木料、香料也是郑和下西洋的重要内容。南洋各国物产,如木材、香料等,在中国乃是畅销物,"夷中百货,皆中国不可缺者。夷必欲售,中国必欲得之"。日常宫廷之中,紫檀等名贵香木是经常性消耗。南京御史王万祚,曾列举过一份门殿陈设所用木料单子,姑列其单中一二:"三百七十株丈余之花梨,二百二十株丈余之紫檀。"[2]这类香木都产自海外,样式巨大,耗费惊人。在采购木料时,官员时常谋取私利,盘剥民间。上下均知采购这些海外木料,过于浪费,但让皇家停用这些名贵木材,却又不可能。郑和每次下西洋,都承担了采购各类名贵木材及香料的任务。

虽郑和船队七下西洋,耗费巨大,但船队所从事的各类贸易,能获得巨大回报。在古里国,委托当地头目代为买卖,所卖之物,主要是瓷器、锦绮等物;所买之物,则是宝石、珍珠、珊瑚等物。在溜山国（今马尔代夫）,收买龙涎香、椰子等物。在祖法儿国（今阿拉伯半岛东南岸阿曼的佐法尔一带）,采买乳香、血竭、芦荟、没药、安息香、苏合油、木别子之类。在阿丹国

---

[1] 苏门答剌和满剌加都是控制马六甲海峡的重要港口,一个控制北方,一个控制南方。

[2] [明]高汝栻:《皇明续纪三朝法传全录》卷七,明崇祯九年刻本。

（今亚丁湾西北岸一带），曾买到二钱许大块猫睛石、珍珠、珊瑚、金珀、蔷薇露等。此外还买有麒麟、狮子、花福鹿、金钱豹、驼鸡、白鸠等珍禽异兽。永乐年间，由于郑和船队下西洋，各国贡献迭至，奇货重宝，充溢府库。各种物品的涌入，乃至一般社会阶层也能消费起往日昂贵的胡椒，而国库也更为丰裕。

郑和下西洋时，为迎合皇帝心意，不时采购各类珍奇动物，作为祥瑞进贡，其中最为吸引人的便是麒麟。明代将长颈鹿称为麒麟或祖剌法。永乐十二年（1414）秋，榜葛剌国（今孟加拉国一带）使臣携带一只麒麟到北京。九月七日，使臣进献麒麟与名马。八日，礼部上表请贺。朱棣含蓄地表示"其免贺"。皇帝做了个姿态，但麒麟来贡，乃是天大的祥瑞，给皇帝带来了极大欢愉，为此翰林院特意绘撰《瑞应麒麟颂》一图。

永乐十三年（1415），又有海外麻林国（故地在今非洲东岸肯尼亚的马林迪一带）进贡麒麟，礼部大拍马屁，请在冬至日，由群臣上表称贺。朱棣压抑了一下激动的心情，表示："麒麟有无，何所损益？"朱棣话虽如此，可还是压抑不住内心的欣喜。到了麻林国正式进贡麒麟之日，"文武群臣稽首称贺"。大臣夏原吉撰《麒麟赋》，大肆吹捧："则圣德之隆，天眷之至，实前古所未有也。"[1]各种马屁文字，横空出世。

皇帝喜欢麒麟来贡这等祥瑞，于是乎，郑和此后下西洋，少不得要采购麒麟，为皇帝营造出吉祥如意的气氛。第五次出使时，船队带回了各种祥瑞。"其忽鲁谟斯国（今伊朗东南米纳布附近）进狮子、金钱豹、西马；阿丹国进麒麟，番名祖剌法，并长角马

---

1 ［明］夏原吉：《夏忠靖集》卷一，清文渊阁四库全书本。

哈兽；木骨都束国（今非洲东岸索马里的摩加迪沙一带）进花福鹿并狮子；卜剌哇国（今非洲东岸索马里的布腊瓦一带）进千里骆驼并驼鸡；爪哇国、古里国进縻里羔兽。各进方物，皆古所未闻者。"[1]其中的祥瑞"麒麟"，成功运到国内进贡。

第六次下西洋时，郑和又从阿丹国购得"麒麟"。可这"麒麟"的生长环境要求很高，此次在航行之中，未能存活，故未有进贡记录。第七次下西洋，郑和船队从古里国购得"麒麟"，并成功运回国内，作为祥瑞进贡。

郑和下西洋，除了宣示天威，怀柔远人，强调不征不争，从事香料、木材贸易，采购祥瑞动物，还负有剿灭海盗的任务。海上贸易所带来的巨大利润，吸引了一批批中国冒险家出没海洋，且商且盗。广东人陈祖义组成的海盗集团，出没苏门答剌一带，劫夺财物。当郑和第一次下西洋时，陈祖义自知不敌，遣子侄至船队求降。至回航之时，郑和出兵围剿，杀五千人，在旧港（今印尼南苏门答腊省首府）俘获陈祖义。

郑和下西洋，为一时之盛事。但在明廷内部，对下西洋持反对态度者众多，如刘大夏认为："三保太监下西洋，费钱粮数十万，军民死且万计。纵得奇宝而回，于国家何益处？"[2]至宣德朝郑和第七次下西洋之后，明廷无心也无力再去推动下西洋。

郑和下西洋，宣扬了明廷的国力，开拓了贸易，使海外各国对中国敬畏有加，稳定了朝贡秩序。但郑和下西洋，只是明廷大陆政策的延伸。有明一代，明廷的主要精力放在对付北方游牧部

1　［明］王士骐：《皇明驭倭录》卷三，明万历刻本。
2　［清］朱国标：《明鉴会纂》卷六《明纪》，清乾隆二十七年刻本。

落之上。哪怕是郑和下西洋，也不是对外战略的主干，只是大陆政策的余脉。而在欧洲，海外扩张成为葡萄牙、西班牙的国策，各国以倾国之力来加以支持。

郑和下西洋，联通的是以中国为中心的"天下"，海外各国被视为番夷，通过朝贡的方式进行往来，一切都处于官方控制之下。哥伦布、麦哲伦的航海，联通的则是地理意义上的世界，通过海洋探索为欧洲寻找新的可供开拓的土地。

郑和下西洋，将四海纳入天朝体系，如此大明天子，富有四海，应有尽有，以天朝的物产，如丝绸、茶叶、瓷器等，尽可满足自身的需求，由此大明王朝非常自满，非常自得。于是，在新的生产力、新的商品上，缺乏探索改进的动力。利玛窦来华后，把中国与欧洲进行比较："他们很满足于自己已有的东西，没有征服的野心。在这方面，他们与欧洲人不同。欧洲人非常不满意自己的做法，并贪求别人所享有的东西。"[1]

郑和下西洋，垄断了内外贸易市场，虽有巨大回报，但压制了社会整体力量的迸发。明廷不鼓励中国商民向海外去开拓，反而打压从事海外贸易的华商。郑和之后，明廷对于下西洋这样的行动丧失了动力，当明廷放弃了大海之后，中国各股民间力量纷纷参与到海外贸易之中，反而带来了明中后期海上贸易的大繁荣。而官方对民间海外贸易的禁止，对海商的打压一直持续，不断加强，引发了沿海经久不息的冲突。

在欧洲的航海大发现中，西班牙王室资助了哥伦布、麦哲

---

[1] ［意］利玛窦、［比］金尼阁：《利玛窦中国札记》，何高济等译，中华书局1983年版，第59页。

伦，葡萄牙国王资助了达·伽马。当航海大发现将全球连为一体之后，荷兰以举国之力，扶持东印度公司。此后的英国，则将航海作为国策，全力推动全球海洋战略。在此期间，欧洲各国的民间力量不甘示弱，纷纷以资本、技术、人员等形式，参与到海洋争霸之中。

而此时的大明朝廷，当官方力量退出海洋之后，却又大力打压中国民间的海上贸易。即便在西方各国与明廷的双重打击之中，明中后期，中国仍然涌现出了一批扬帆四海的海商（寇）集团，其中著名者如王直、徐海、林道乾、林凤、郑芝龙、郑成功等，啸聚于大海之上。

第三章

扬帆——欧洲海上的扩张

尽管郑和下西洋取得了巨大成功,但在郑和之后,明廷却彻底放弃了官方组织的航海活动,并且对民间的海外贸易持禁止态度。与此形成鲜明对照的是,同时期的欧洲却正式开启了航海大发现。中世纪的欧洲,在经历了宗教革命、文艺复兴之后,科学精神勃兴,航海技术发达,加上对黄金与香料的渴望,葡萄牙、西班牙率先对未知世界展开探索。得益于各种因素,葡萄牙率先来到东方,占据了贸易要冲满刺加。西班牙人则越过太平洋来到了东方,占据了马尼拉。这些远道而来的西方人,对海洋充满了争霸的欲望,期待着能敲开中华帝国的大门。

宗教革命与人的解放

经历了千年的神学禁锢和宗教控制之后，神父已不再具备神圣气质，因为他们传播的教义，已经蒙上了太多俗世的尘埃。教会中充斥的是集中的假话与有组织的欺骗，他们所宣扬的是连他们自己也不相信的谎言，所崇拜的是过时的空洞无物的信条……而由路德、加尔文等所推动的宗教改革，使思想从教会与神学的束缚中破茧而出，也使人们从刻板严峻的经院哲学中解脱出来，从各种对虚幻的偶像的崇拜中解放出来，从各种愚昧和盲从中脱离开来，开启了文明的新篇章。

但宗教改革并不是要消除宗教信仰。宗教的信条和超意志的存在是欧洲人不可缺少的，这不是人的理性需要，而是生命的苦恼迫使他们去信仰。对民众来说，以往的教会已经丧失了作为上帝的权威解释者的作用，只有经历变革之后的教会才能满足人们的心理需求。这种变革分为两支：一支是由加尔文、路德等人所倡导的宗教革命，产生的乃是新教，他们认为这是新的统治和新秩序的开始，它是对虚伪统治者的反抗，是为了在人间建立真正上帝的统治；另一支则是天主教会内部的变革，通过耶稣会等的努力，力图收复失去的地盘，并在全世界扩展势力。

加尔文是法国人，在法国学习过希腊文，并接触过人文主义，他深受伊拉斯谟的影响。伊拉斯谟通过挖掘希腊文本流传下来的《圣经》发现，上帝的缔约是和人民直接进行的；而人们的罪恶，也蒙基督的鲜血而得到救赎；一个人得救不是靠供奉香油钱给教堂，而只赖于人的信仰。加尔文接受了伊拉斯谟的思想，对法国天主教会加以尖刻批评，并自诩为上帝挑选出来重新恢复信仰的人。加尔文在法国被视为异端而受到通缉，不得不流亡在阿尔卑斯山各国之间，最终在日内瓦共和国找到了容身之地。

加尔文在日内瓦进行了一系列改革。在宗教信仰上，加尔文宣布《圣经》是信仰的唯一依据。他简化宗教仪式，在圣事之中，实行洗礼和圣餐礼；在生活中，取缔游戏和赌博，倡导节约，反对奢华，取消一切浮华娱乐行为；在经济上，则鼓励经商致富。加尔文派认为经商贷款、谋取私利都是上帝所赋予的使命，而不是天主教所宣传的牟利是魔鬼的行为。加尔文教派具有强烈的扩张欲，他们希望将加尔文教义传播到欧洲，而这种传播则基于日内瓦的教育体系。一批批来自法国的信徒在日内瓦接受培训，成为传教士。由于他们的努力，到16世纪中叶，法国的加尔文教徒已经占据法国人口的十分之一。

德国是宗教革命的主战场，当时的德国有着宗教革命爆发的天然条件。德国没有如英国、法国、西班牙等国那样集中的王权，德意志境内教俗封建势力和自治城市林立，各自称雄。德意志境内有七个选帝侯，十几个大诸侯，两百多个小诸侯和上千个骑士，这些割据势力在自己的领地上自立为王，其领地俨然就是一个小王国，他们有自己的军队、法律和货币。由于缺乏集中的王权，再加上分裂，德意志的教会不受约束，恣意横行，掠夺大量财富，并将其中的一大部分交给罗马教廷。由于德意志油水丰厚，教廷规定德意志境内的神职人员，上任第一年必须将全部年薪交给教皇。德意志的分裂，教廷的大肆掠夺，导致了一些诸侯和自治城市的不满，他们开始支持与保护各种反天主教的思想与活动。此外，由于几乎不存在维护中世纪习惯和传统的宫廷势力，德意志的学者和作家们思想比较开放，这也为宗教革命提供了思想氛围。

德国宗教革命由马丁·路德发起，导火索来自教皇利奥十世为了金钱而一意孤行，于1517年再次发行赎罪券，并在德国大肆推销。1517年，路德写成《九十五条论纲》，并将之贴在威登堡大教堂门口，要求对赎罪券功效问题进行公开讨论。在《论纲》中，他否认了教皇拥有赦罪的权力，指出教皇不能赦免任何罪债，教皇所能做的，只是宣布并肯定罪债已得到上帝的赦免。每一个真正的基督徒，即使没有赎罪券，也可以得到赎罪。1519年，路德与罗马教廷的代表进行辩论。辩论中，路德指出教皇、神父、宗教会议并不是信仰的唯一依据，信仰的唯一权威乃是《圣经》。随后教皇宣布路德为异端，并限令其在六十天内改正，否则开除教籍。路德则将教皇的限令当众烧毁，以示与教廷的决裂。路德还写出一系列论文，阐述了宗教改革的主张。

面对教廷的胁迫，路德依然坚守信念，当众宣称："除非以《圣经》为根据证明我是错误的，否则我不能也不会为任何事悔罪。"随后路德被教廷通缉，但是他受到不满于教廷的萨克森选侯的保护，大批诸侯也开始皈依新教。德国新教诸侯结合起来，与反新教诸侯进行长期战争，最终在1555年迫使神圣罗马帝国皇帝查理五世与新教诸侯签订《奥格斯堡宗教和约》，规定了"教随国定"的原则，路德派取得了合法地位。这样，德国便出现了两大诸侯集团，即北部与东北部的路德教诸侯集团和南部与西部的天主教诸侯集团。

宗教革命为欧洲带来了巨大的变革，它削弱了宗教势力，强化了世俗权力。新教理论在否定教皇权力的同时，也论证世俗权力的神圣性与必要性，并将世俗权力作为宗教改革的依靠力量，这是新教得到世俗权力支持的重要原因。进行宗教改革的国家，最终都消除了外部教皇干涉和内部教会的离心倾向，建立了由世俗权力统辖的教会。当宗教革命进入尾声时，新教已覆盖了西欧大片土地，天主教则收缩到了西班牙、葡萄牙、德国南部、意大利、奥地利等地区。

宗教革命削弱了罗马教廷的实力，改变了一部分财产所有权，这有利于资本主义生产关系的发展。宗教革命前，西欧每个国家的天主教会都拥有广阔的土地和巨额财富。在卷入宗教革命的国家中，均不同程度地剥夺了教会教产，将教产从教会转移到私人手里。教产的转移，既是生产关系的重大改变，也为资本主义的发展提供了力量。落到国王和世俗封建主手中的部分教产，虽未投入资本主义生产，但教产变成俗产，褪去了财富的宗教外衣，成为纯粹的财富。转移到农民、新贵族和资产阶级手中的部分教产，其性质则发生了质的变化，被投入到社会各个领域之中，带来了财富的增值。

宗教革命奠定了欧洲的宗教信仰自由。中世纪的西欧人，不论是君王还是百姓，当他还是婴儿时，通过天主教神职人员主持的洗礼，就确立了他一生的信仰。在宗教革命中建立新教的国家中，有的是新旧教并存，人们可以从中任选一种宗教作为自己的信仰；有的则由国王把自己的信仰强行普及于全民。但不论是哪一种，其信仰都不再由神职人员决定，神职人员的信仰，也要服从于世俗权力。

宗教革命还催生了罗马教廷内部的变革。宗教革命导致了天主教内各个修士会的建立，如罗耀拉建立的耶稣会等。新教的快速传播，因罗耀拉创立耶稣会才受了挫折。罗耀拉原先当过军人，他的教团是依照军队模式建立的；每一个耶稣会员应当认为自己正从事对异端的战斗，对总会长必须无条件服从。耶稣会员有纪律，精明强干，彻底献身于事业，善于宣传。他们反对先定说，主张得救不单靠信仰才能做到，而须靠信仰耶稣会。由于耶稣会的努力，在南美、菲律宾、印度，他们成功地传播了天主教。在中国，徐光启与耶稣会教士利玛窦的友谊也被视为中西文化交流中的佳话。培根也曾称赞耶稣会："在教学方面，要去请耶稣会的学校，因为已经付诸实践的，没有比它更好的了。"

宗教革命将人的信仰从天主教正统教义的禁锢之下解放了出来，为近代的科学探索和生产力的发展，开拓了广阔的前景。路德和加尔文都把理性与信仰的职能和作用加以区别。他们认为上帝赐予人类的有两部书，一部是《圣经》，一部是大自然。研究大自然这部书，其权威是自然本身而不是《圣经》。对于这一理论，许多新教徒都是加以赞赏的。新教认为对大自然的研究是为了更好地了解上帝的伟大，赞扬上帝在其创造物中的威力、智慧和善性。从这一角度出发，新教教义认可了科学，并提高了传播对科学的兴趣。

宗教革命带来了基督教世俗化，使人们的心灵从追求天国的虚幻、来世的拯救转向现实的生活，人们重新认识到人生的价值和意义。路德认为人生的价值和意义，是人在其"天职"中为上帝和邻人服务而体现的，从而赋予世俗工作以神圣的、宗教的和道德的意义。加尔文的观点较路德更具活力和进取精神。他认为人安于职守还不够，人应当努力改善自己的地位，争取和利用上帝所给予的每一个获利升迁的机会，以自己事业上的成功、在竞争中的胜利，来荣耀上帝，并证明自己被选蒙召。故而韦伯认为，新教带来了资本主义精神。

文艺复兴与科学精神

中世纪商业城市中相对宽松的政治环境，利于形成开放、自由的文化气氛。在这种社会环境中成长起来的世俗知识分子与市民，其心态与价值观念发生了变化。他们富有冒险、进取、创新的精神，追求一种积极、自由、现实和较理性的生活。[1]同时，因传统的影响和意大利城市对教育的普遍重视，人们的文化素质较高，普通的市民也具有了接受和欣赏古典文化的能力。对新的文化具有强烈要求的市民阶级与知识分子，对古希腊、罗马传统文化进行挖掘，并注入了新的意识，在科学、文学、艺术等领域，产生出了一系列光辉灿烂的成就，这就是文艺复兴。文艺复兴的时间是在中世纪晚期，肇始地点在意大利中北部，贯穿其中的是人文主义。

在中世纪基督教教义中，神被认为是全世界乃至宇宙的创造者，神性至高无上、不可侵犯；人只是神的被创之物，是神的工具和附庸。在人与神的关系上，人是没有主动性的，一切只能依

---

1 参见沈之兴、张幼香主编：《西方文化史》，中山大学出版社1997年版，第114—115页。

赖于神。而人文主义者则重视人的能动性的发挥。人文主义者以"人"为中心,反对以"神"为中心;把人看成是宇宙的精华,万物的灵长。他们以对现实幸福的追求,代替对不可知未来天堂的幻想,将人看成自然的人,将世界看作是自然的世界,如彼特拉克所言:"我是凡人,我只追求凡人的幸福。"

人文主义者以"人性"反对"神性",以"人权"反对"神权"。但丁在《论世界帝国》中,第一次从理论上提出了政治和宗教平等、政教分离的观点,向君权神授、教权高于皇权和教会至上等观点提出挑战,并明确地提出了"人权"概念,强调要建立统一的世界帝国,"帝国的基石是人权",帝国"不能做任何违反人权的事"。薄伽丘则认为人生而平等,我们人类向来是天生一律平等的,只有品德才是区分人类的标准,那发挥大才大德的才当得起一个"贵"字;否则就只能算是贱。人文主义者并不是反对基督教,也不是要求取消神的存在,他们只是将人从神的束缚中解放出来,改变神主人从地位,将历史看成是人本身活动的历史,而不是神意所主宰的历史。

由人文主义而起,人们开始寻觅自己感兴趣的领域。对教会垄断一切知识的突破,在当时表现为复古运动,即从古典时代的希腊、罗马文化中寻觅人文主义可以利用的资源。人文主义者们四处搜集和学习古典著作,将古希腊、罗马文化作为反对蒙昧主义、反对中世纪官方哲学和经院哲学的武器。在人文主义者的眼里,中世纪以宗教神学为核心的知识体系已经过时,社会需要新的科学知识体系,这显然不能靠神或教会来创立,只能依靠人文主义者心目中的"人",即他们自己。

中世纪欧洲,神学占据统治地位,哲学成了神学的"婢女"。

在神学与科学分道扬镳的过程中,给神学当头一棒、予以痛击的乃是奥卡姆。奥卡姆因一句格言获得了"奥卡姆剃刀"这一称号。这句格言说:"如无必要,勿增实体。"奥卡姆认为经院哲学太过烦琐,应当如剃刀剃头一般将各类臆造和烦琐论证剃去,而专注于具体事务和知识的研究,这就是著名的"奥卡姆剃刀原理"。奥卡姆主张将信仰与理性、神学与科学分开,神学领域的问题用信仰解决,科学领域的问题则用理性来解决。奥卡姆进而主张教会权力与世俗权力平等,教会管教会的、国王管国王的。因奥卡姆言论的活跃,搅得波澜四起,他被教皇宣布为"异端"并遭通缉。奥卡姆便急忙投奔正与教会争夺权力的德皇路德维希,并留下名言:"你用剑来保护我,我用笔来保护你。"

打破神学一统天下格局,并为科学研究提供方法论的第一人乃是培根。培根认为证明前人说法的唯一方法,只有观察和实验。不论理论在逻辑上多么合理,总不能直接提供确定性,只有实验科学才能证明它们的结论正确与否;近代自然科学的起点,就是对实验科学的重视与实验结果的归纳。培根经常因异端分子和魔法师的嫌疑而麻烦不断。他还被教会限制,不能写作和传播思想。

后来培根的一个朋友富克当了教皇,在他的庇护下,培根得以从事自己的研究。培根曾说,愚昧有四种原因:(一)脆弱而不适当的权威所树立的范例;(二)习惯的影响;(三)无识群众的见解;(四)于炫耀外表的智慧之中掩饰自己的愚昧。以上这四项产生了人间所有的罪恶,其中的第四项最为恶劣。培根对四种愚昧原因的批判,目的在于清除人们认识自然的障碍,运用以经验主义为基础的归纳法,获得可靠的科学知识。培根之后,由英国学者司各脱开始,提出二元论,将科学与神学分开,要求各司其职。

文艺复兴把注意力集中在人和现实世界上，这种变化在科学上引起反响，神学从此失去超越一切的意义，对人和自然的兴趣占了上风。神学与科学的第一次交锋，在某种意义上也是最引人注目的交锋——这是在天文学上的分歧，即究竟是地球还是太阳处于宇宙的中心。

正统的托勒密理论认为：地球处于宇宙的中心并且是不动的，而太阳、月亮、行星以及其他星体则围绕着地球，沿着各自的圆形轨道运转。哥白尼的新理论则认为，地球不是不动的，而是做着两种周期运动：每天一个周期的自转和每年一个周期的绕太阳的公转。

哥白尼否定了天主教视为天经地义的"地球中心说"，并提出了"太阳中心说"。这在当时的影响力，不啻核子爆炸，每个人初听这个说法时，都有地球末日来临的感觉。因为天主教的教义建立在地球中心说之上，突然之间，这被视为是天经地义的说法，竟然被可靠的证据推翻，那么以此为基础的神学世界观自然也会崩塌。

当路德获悉日心说后，他极为震愤地谴责道：大家都要听这么一个突然发迹的星相术士讲话，他处心积虑要证明天空或苍穹、太阳和月亮不转，而是地球转。这蠢材想要把天文这门科学全部弄颠倒。加尔文则叫喊：有谁胆敢将哥白尼的威信高驾在圣灵的威信之上？1632年，年近七旬的伽利略因为支持哥白尼的"日心说"而被押到宗教裁判所，他被强迫放弃他的信念，并发誓以后不再宣传这些所谓的谬论，否则将要接受死亡的惩戒。

伽利略被迫在法庭上当众表示忏悔，并在判决书上签了字，但签完字后他就大声喊道："不管怎么说，地球毕竟是在运动着的。"后来罗素在《西方哲学史》中谈到，新天文学除了对人们关于宇宙的想象产生革命性影响，还有两点伟大价值：第一，承认自古以来便相信的东西也可能是错的；第二，承认考察科学真理就是耐心搜集事实，再大胆猜度支配这些事实的法则。

值得注意的是，基督教并不是科学发展的绊脚石，近代西方科学上的很多伟大发现，都与基督教有着千丝万缕的联系。在基督教看来，上帝创造宇宙，研究自然就是研究上帝的创造物，而研究上帝的创造物是基督徒认识上帝的最主要途径之一，"人们必须研究上帝的创造物以便更好地理解上帝本身"[1]。

近代天文学的奠基者开普勒，就是出于宗教动机而研究宇宙天体的。他相信宇宙本身是上帝存在的一个反映，从寻找上帝之路出发，他发现了行星的轨迹。为了让信徒们更好地理解上帝，更直接地体会到上帝的伟大和无所不能，基督教也一直鼓励信徒研究自然。欧洲最早的大学几乎清一色都是教会所办的，大学里除讲授神学、拉丁语、艺术、逻辑等课程外，物理学、天文学、生物学、几何学等也是必修课。教会大学在培养了大量的神职人员的同时，也培养了大量的自然科学工作者，如培根、哥白尼、伽利略、达·芬奇、开普勒、布鲁诺等。

经过文艺复兴，古希腊地理学家托勒密重现光芒，他的重要著作《地理学》被译成拉丁文，地圆学说开始流行，人们尝试从海路去探索新世界。城市的兴起、市民生活的新要求、东方思想

---

[1] ［美］杜布斯：《文艺复兴时期的人与自然》，陆建华、刘源译，浙江人民出版社1988年版，第175页。

的传入、中国印刷术的引入、大学的出现与增加、民族国家意识的兴起等，这些都促进了文艺复兴在欧洲的发展与传播。文艺复兴，最初只是朝圣者、传教士、知识分子对古希腊、罗马文化的一场精神上的寻宝。这场精神上的寻宝历程，最后经商人、航海家而变为物质上的寻宝，他们在热情澎湃的精神鼓舞下，扬帆启航，开启了航海大发现，带来了全球一体化，改变了世界历史的走向。此时，西方形成了地理意义上的全球观、军事和宗教精神方面的征服欲、科学技术上的创新意识。相对而言，东方包括中国和印度则逐步走向衰落。[1]

香料欲望与航海技术

在中世纪早期，采集业和畜牧业是欧洲，特别是西欧最普遍的经济形态。在当时森林遍地的西欧和中欧，各个庄园中最盛行的食物是水果、猪肉与牛肉。这是因为当时以林场和草场为主的庄园中，肉是最容易获得的食物。15世纪末期以前，欧洲尚没有讲究的烹饪，那个年代炫耀的是数量，而不是质量。宴会的主要特点是尽情吃肉，富人的餐桌长期摆满肉食。肉食被堆成金字塔形，装在巨大的盘子里，一股脑儿端到餐桌上。在欧洲人看来，上帝高踞于世界的最顶端，其下乃是飞禽，故而人们也喜欢吃各类飞禽，认为这使人聪明，最受追捧的则是孔雀和天鹅。

贵族们餐桌上出现的是各种野味与家禽，如兔子、野鸡、天

---

[1] 参见高福进编著：《西方文化史论》，上海交通大学出版社2001年版，第162页。

鹅、鸽子及各类家禽。此外还有一些奇怪的食物，如苍鹭、七鳃鳗、鲸鱼、孔雀等。1387年9月，达勒姆主教在伦敦宴请英王理查德二世与兰开斯特公爵，用的肉类食材有公牛、绵羊、公猪、小牛犊、鹿、天鹅、鹅、阉鸡、母鸡、兔子、野鸡、苍鹭、羊羔、鸽子、鹤、鹬等；为了让这些食物更加诱人，厨师采用了姜、肉桂、胡椒、肉豆蔻、丁香等制成的混合香料。直到17世纪，如孔雀、苍鹭、鹤、天鹅等飞禽才失去了在餐桌上的地位，同样被放弃的还有七鳃鳗、鲸鱼等。

中世纪欧洲所养的猪，是一种很独特的品种，体大脂肪少，外表很像野猪，耳朵尖而上竖。这种猪可以放养，它们被赶入庄园的林场中自己觅食。这种猪养起来方便，投入少，但是肉质很硬且有腥酸味，类似野猪肉的味道，如果不加入胡椒、生姜等烹调的话，实在难以下口。其他的牛羊等品种，腥膻之气也相当浓烈。到了冬季，猪、牛、羊难以觅食，大量死亡，所以欧洲人冬季主要吃各种干肉和腌肉，这就更需要香料了。

不论是猪肉还是天鹅肉，只有得到香料的升华后，才能成为餐桌上的美味。茨威格写道："最初是为了香料而远航。因为直到中世纪晚期，北方的食物还是难以想象的淡而无味。当时很少有人把柠檬和食糖用来调味，茶和咖啡的精雅和滋补属性尚未发现，甚至君王和显贵们餐桌上的食品也一样乏味，他们除了大嚼之外，无法使自己的胃口得到更好的满足。但令人惊异的是，只要在最简单的菜肴里放上一丁点儿印度的佐料，不多点儿的姜或桂皮，嘴里立刻就会产生一种独特和愉快的刺激。在鲜明的酸甜麻辣咸淡的长短调中，开始颤动起烹调艺术诱人的泛音和过渡的和音。"[1]

妇女的虚荣心需要来自阿拉伯的香料来满足，而且越新奇越好。更让妇女们无法控制的是，能刺激感官的麝香、芬芳馥郁的龙涎香和玫瑰油，光滑无比的中国丝绸和纳辛格加尔的天蓝色钻石。天主教对于海外的货物也有着巨大的需求，丝毫不受禁欲戒律的限制。在欧洲大陆成千上万个教堂里，下级教士徐徐摇晃着香炉，终日烟雾缭绕，希望在香薰之中，让信徒灵魂升华，更加虔诚。而制造香的原料，没有丝毫是产自欧洲本土，每一种香料都得通过漫长的海路或陆路，从阿拉伯和遥远的东方运来。

药剂师们纷纷追捧印度药材，如罂粟、樟脑、贵重树胶。富人们求医问药时，任何药物，只要盛放它们的小瓷瓶上没有用蓝颜色写上"阿拉伯"或"印度"这些具有魔力的字眼，病人就会觉得它毫无效用。胡椒成为各种疾病的万能良药，从打嗝、牙痛，到痛风、癫痫，仿佛它无所不能。当面对黑死病及各种瘟疫威胁时，欧洲的贵族们将香料随身佩戴，以抵挡不可知病毒的侵袭。

欧洲本土有香菜、茴芹、莳萝等，可以用来调剂食物味道，但欧洲人对此缺乏兴趣，因为它们缺乏东方香料的独特魅力。一切来自东方的东西，由于它们的遥远、稀少、奇异，也许还加上昂贵，便产生了让欧洲人无法抗拒的、迷人的诱惑力。这些香料在欧洲卖出了天价，以至于经营的店铺需要谨慎地关好门窗，防止每一粒香料的流失。在远航的船队中，哪怕五艘船中有四艘连同装载的货物一起葬身海底，即使在两百六十五人中有两百人葬身海底，但只要三年的航程结束时，五艘船中就算只有最小的一

---

[1] [奥]茨威格：《麦哲伦的功绩》，范信龙译，湖南人民出版社1982年版，第1页。

艘回来，只要它满载香料，这些货物在扣除所有损失之后，仍会有惊人的利润。

香料的价格，受各种因素的影响，如产地的收获情况、香料运输路上的各种政局变动、世界市场的需求等。1400年，受帖木儿进攻叙利亚的冲击，胡椒的价格暴涨。永乐九年（1411），郑和下西洋，在锡兰、古里等地大量采购胡椒等香料，导致中国胡椒价格下降，而中东、西欧胡椒供货锐减，价格持续上涨。在15世纪的西欧，胡椒、生姜这两种香料需求量大，价格相对较高，在社会中得到了广泛使用。随着胡椒价格的下降，贵族逐渐失去了对它的兴趣，开始寻求更昂贵的香料。

在新航路开辟之前，欧洲每年约消费一万公担（一公担等于一百公斤）胡椒和一万公担其他香料，要用六万五千公斤白银换取。为了香料，欧洲付出了巨额的财富。16世纪，英国人发出抱怨，每年从英格兰、葡萄牙和低地国家出发的商船队，运走了基督教世界尤其是英国所有的金子、银子和硬币，用来购买他们不需要的物品。西班牙国王费迪南二世则建议，可以使用大蒜调味，减少进口肉桂与胡椒，以免白银外流。

欧洲人对香料的来源地比较模糊，常以东方来概括印度、阿拉伯、东南亚、中国等地。价格高昂的香料，在日常生活中是不可或缺的。欧洲人如此迫切地走向海洋，去寻找盛产香料的东方国度；他们不惜航行地球半圈与东方从事贸易，带回价比黄金的香料。对胡椒等香料的渴望，促使葡萄牙人发起向东方的探险。葡萄牙人在西非沿海航行时，命名第一个海岸也是最靠北的海岸为"胡椒颗粒海岸"。

香料之外，黄金也是刺激欧洲人走向大海，去寻找东方的动力。恩格斯指出："黄金一词是驱使西班牙人横渡大西洋到美洲去的咒语；黄金是白人刚踏上一个新发现的海岸时所要的第一件东西。"[1]马可·波罗的游记以夸张的笔法描绘：中国盛产上等丝绸、瓷器，还有黄金、红宝石、玉石、珍珠、珊瑚等珍宝，以及麝香、肉桂、胡椒等香料。在他的笔下，中国是"黄金遍地，香料盈野"。马可·波罗从中国返回时，经过东南亚、印度和波斯等地。旅途中的各种见闻，使马可·波罗认为他没有去过的爪哇岛，乃是世界香料的来源所在，盛产胡椒、丁香、肉豆蔻等。

马可·波罗的游记，不仅为欧洲人描绘了东方世界的富庶，也为探险家们提供了地理上的认知。人们认识到，遥远的东方被辽阔的大海所隔绝，可以航行抵达。赤道地区并非只有炎热的阳光与沙漠，也有着绿荫与定居者，更有各种物产。《马可·波罗游记》成为欧洲人绘制东方地图的主要参考书，书中描述的国家、城市被加以标注。《马可·波罗游记》成为探险家们的必读书。哥伦布在航行之前，特意仔细翻阅过《马可·波罗游记》，在书上做了详细的批注。从这些批注可以看出，最吸引哥伦布的，乃是东方各地出产的香料、药材与金银珠宝。1492年，哥伦布首次远航时，携带了西班牙国王致中国大汗的国书。达·伽马在远航之前，也仔细翻阅过《马可·波罗游记》。麦哲伦看过《马可·波罗游记》，被书中描述的东方财富吸引，欲罢不能，为此发起了航海探险。

葡萄牙诗人卡蒙斯在《卢济塔尼亚人之歌》中写道："如果你想到东方去寻找，遍地的黄金，无穷的财富，辛辣的香料，桂

---

[1] 《马克思恩格斯选集》第2卷，人民出版社2012年版，第297页。

皮与丁香，益智健身的名贵补药；如果想寻找晶莹的珠宝，坚硬的钻石，瑰丽的玛瑙，此地的宝藏堆积如山，你的愿望在此就能实现。"

而要前往东方，就需要在海洋上冒险，这就需要航海技术的突破。16世纪欧洲人已能造出结构结实、吨位更大、操作性更好的海船航行在大海之上，这带来的是无限机会。哥伦布发现美洲、达·伽马由非洲到东方的航线、麦哲伦的全球航行，这些都是划时代的大事。那些充满冒险精神和幻想气质的人，如同古罗马史学家普鲁塔克所说："环游世界的人，把生命中最宝贵的时间耗费在船上。"沟通全球的航海大发现之所以能实现，与航海技术上的突破是分不开的。

在船只制造技术与操船技术上，欧洲不断改进。14世纪时，柯克帆船成为海上贸易的主要用船。在与地中海世界的交往中，柯克帆船的水手发现，地中海采用的三角帆船，船体光滑，适航性更好。14世纪的地中海贸易，开始使用大型两桅克拉克帆船。克拉克帆船有巨大的弧形船艉，以及高耸的船艏，体积庞大，载货量大，适合远洋航行。在地理大发现中，葡萄牙、西班牙均使用它进行探险。

克拉克帆船的问题是，船身过于庞大，灵活性不够，需要多人同时操作。葡萄牙的亨利王子发现，葡萄牙船队在航行非洲外海时，航速过慢，便开始对远洋舰船进行改造。葡萄牙人借鉴了阿拉伯的斜大三角帆，设计出了卡拉维尔帆船。卡拉维尔帆船船体轻快，转舵迅速，船帆更易吃风，速度大幅提升，加上吃水线较浅，更适合于海洋沿岸的探险。卡拉维尔帆船具有较高的速度，良好的操控性，在欧洲风行一时。1492年，哥伦布远航船队中，有两艘卡拉维尔帆船，而旗舰"圣玛丽亚"号是一艘克拉克帆船。

地中海地区的水手学会了使用较容易操控的三角帆来代替横帆。三角帆虽然比较容易操控，但仍然是横向安置的，只能利用顺风，在刮定向季节风的印度洋北部好用，在风向不定的地中海和其他欧洲海域就不大适用。通过与阿拉伯人的接触，欧洲水手开始学会使用纵帆。纵帆利用分力、合力原理，可以"船驶八面风"。利用纵帆有一个必要条件，就是要能灵活调整船头方向，这就要通过安置在船艉的"舵"来进行控制。1400年前后，欧洲的船只上出现了船艉舵，取代用桨橹控制方向。

在提高船只可操作性与速度的同时，欧洲人也学会了使用隔密舱。隔密舱大大增加了船体强度，避免一处破损就水漫全船。当时葡萄牙人在造船技术上走在前列，他们能造出多桅大船，并在主桅上挂上更多的风帆，适应不同的风向和海流。

在航海测量技术上，欧洲也不断取得突破。由于导航技术的落后，中世纪的航行者们多数选择沿着海岸线航行，以避开大海中未知的风暴及迷失方向的悲惨下场。西地中海沿岸商船，多沿意大利半岛南行，环绕希腊半岛，驶向罗得岛和塞浦路斯，直航到叙利亚海岸，再沿海岸南行到各地。从西北欧出发的船只，通过直布罗陀海峡后，多沿着西班牙、法国和意大利的地中海海岸航行。

有了远洋航行的船只，欧洲人更需要导航技术，这就使航海图、罗盘、星盘成为必不可少的工具。1300年后，欧洲出现了地中海沿岸航海图。14世纪，欧洲出现了波特兰海图，标注有各地的港口，还有方向线及风向。波特兰海图虽然粗糙，但能满足航海的基本需要。15世纪，航海家采用纬线与子午线坐标系来绘制海图，标有方向线和距离的几何结构海图开始广泛流行。

在定位上，早期欧洲的船只先是使用简单的"雅各竿"来测量天体角度——将两根竿子在顶端连接起来，下面一根与地平线平行，上面一根对准星星或太阳，量出偏角，通过偏角差计算出纬度与航程。随着十字测角器、四分仪、罗盘、夜航仪等设备装备在远航船队上，欧洲的远航船队能相对精准地定位，向着目的地航行。

1519年，麦哲伦第一次环球航行时，携带了二十一个四分仪，七个航海观象仪，十八个沙漏，二十三张航海图，三十七个指南针。即便如此，在航行之中，麦哲伦的航行还是存在很大的偏差。为了寻找更科学的测量定位方法，欧洲各国都给出了重赏。西班牙国王菲力普三世悬赏一万银币，寻求更好的测定方位法。英国安妮女王公开悬赏，将纬度确定在六十英里[1]范围内可奖励一万英镑[2]，四十英里范围内可奖励一万五千英镑，三十英里范围内可奖励两万英镑。两万英镑在当时乃是可观的财富。

航海大发现，打破了以往相对隔绝的地区，人类开始走向全球化。"海运所包含的潜力是具有革命性的。和以前的生产方式不同，它是开放式的，它所创造的财富在理论上也是没有限制的。它利用人类独有的互惠性、复杂人际交往和发明创造，使得未来所创造的财富要远远超出自然给予我们的。"[3]

---

1 英里，英美制长度单位，1英里约为1.61千米。
2 英镑，英国本位货币单位。
3 ［美］罗伯特·L.奥康奈尔：《兵器史：由兵器科技促成的西方历史》，卿劼、金马译，海南出版社2009年版，第121页。

葡萄牙的率先开拓

在早期的航海探索中，葡萄牙是先行者，引领着航海时代。葡萄牙是一个小国，人口不过百余万，却建立了一个庞大的海洋帝国。那么，为什么是葡萄牙？

葡萄牙的历史变迁，影响着它走向海洋的步伐。在独立之前，葡萄牙受到罗马帝国、日耳曼各部、阿拉伯人的漫长统治。罗马帝国统治了这块土地将近四个世纪，随后西哥特人占据了伊比利亚半岛，实行了三个世纪的统治。711年，阿拉伯人挥兵攻入伊比利亚半岛，建立了统治。大量的摩尔人从北非迁居到半岛之上，人数超过了原先的阿拉伯人。半岛上的阿拉伯人、摩尔人是征服者，但在人口总数中只占少数。因为各种原因，阿拉伯人与摩尔人之间不断分裂，导致彼此厮杀，然后分裂成了一群彼此厮杀的小国。

阿斯图里亚斯山中的反抗者，在战争中逐渐变强，建立起了莱昂王国。莱昂王国的阿方索六世，乃是半岛上所有基督教国家的盟主，他的攻势一度不可阻挡。只是半岛从非洲请来了救兵，暂时阻挡了他前进的步伐。但阿方索六世的进军已是大势所趋，他沿着大西洋海岸线稳步推进，夺取了杜罗河以南大片土地。阿方索六世将葡萄牙领地，交给他器重的贵族恩里格来经营，又将私生女嫁给了他。

1112年，恩里格去世，留下了不满三岁的儿子阿方索·恩里克斯。成年之后，阿方索·恩里克斯牢牢地掌握了权力，他以少胜多，击败了摩尔人的大军。1143年，在军队支持下，阿方索·恩里克斯宣布葡萄牙独立，又以金币贿赂罗马教皇，希望得到支持。1147年，在十字军的支援下，阿方索·恩里克斯攻下里斯本及其他地区，扩张了领土。1185年，阿方索·恩里克斯去世，他留下了一个以好战的贵族、彪悍的农民为主体的小国。

立国之初，阿方索·恩里克斯仅有今葡萄牙的半壁河山，摩尔人尚占据着葡萄牙南方。经过几代葡萄牙人百余年的努力，于1249年，方将摩尔人从其占领的葡萄牙最后一块地盘阿尔加维逐出。在独立后的很长一段时间，葡萄牙忙于收复失地，未对外进行扩张，也无暇进行海洋探险，不过是一个贫穷的小国。到了费尔南多一世时期（1367—1383），葡萄牙的商业繁荣起来，里斯本成为大西洋的重要港口。为了鼓励海上贸易，费尔南多一世设立海运公司，通过利于船主的法律，免除他们的捐税，许可他们从王家森林采伐木材去制造船只。

14世纪中叶之前，欧洲的商人与传教士花费了百余年时间，想要去探索东方，他们在一定程度上取得了成功。传教士出现在元廷大都，商人们用骆驼运载着各种商品穿行于西域。随着1368年元廷被朱元璋逐回草原，东西商路上战事频繁。土耳其人又控制了小亚细亚、巴尔干和克里米亚地区，对过境商品征收重税，运往欧洲的各类商品价格暴涨，导致欧洲黄金大量外流，欧洲人迫切需要寻找新的贸易路线。

1385年，强邻卡斯蒂利亚王国对葡萄牙发动攻击。在若昂一世的指挥下，葡萄牙大获全胜，卡斯蒂利亚军队被击溃。战后英国与葡萄牙结成同盟，并一直持续下去，成为欧洲最古老的同盟。若昂一世是葡萄牙阿维什王朝的建立者，因为开拓海洋，被称为"若昂大帝"。若昂一世有几个出色的儿子，第三子乃是著名的航海家亨利王子（即恩里克王子）。

15世纪的葡萄牙，有着进行航海大发现的一切条件。在15世纪，欧洲各强国的主要精力尚在陆地之上，英国、法国陷入了各类战争之中，既有内部的争端，如英国的玫瑰战争；又有两国之间的征战，如英法百年战争。因为地理原因，葡萄牙在各国争霸中被忽略，得以避免卷入各种战争，国内经济社会相对稳定，可以全力经营海洋，成为欧洲最早的海洋帝国。

从地理位置上来看，葡萄牙位于伊比利亚半岛西南端，东、北两面被西班牙包围，西、南两面则面向大西洋，有着从事航海的地利。1411年，葡萄牙与强邻卡斯蒂利亚王国缔结和约，两国将永久保持和平。解决了强邻之间的纷争之后，葡萄牙在陆地上暂无威胁，得以全力经营海洋。历史上长达几个世纪的收复失地运动，更使葡萄牙出现了一大批好战的军事贵族，充满了扩张精神，支撑着葡萄牙人走向海洋。

1415年，葡萄牙王国派遣舰队，攻占了非洲北部的休达城，此次事件被视为是欧洲海洋扩张的第一步。休达控扼地中海西部入口，海盗不时从此出发，对葡萄牙、西班牙发动袭击，葡萄牙占据此地，可以清除匪患。此外，占据这处要地，既能攫取城市中的财富，又能使葡萄牙获得一个重要的商业基地。而此时的欧洲各国，由于香料贸易，大量黄金流入东方，市场上流通的金币成色不足。欧洲不产黄金，主要通过非洲输入黄金，葡萄牙就通过非洲输入黄金。而在欧洲，一直传说非洲有一条金河，奔涌着无数的金子，这些都刺激着葡萄牙人前去探索。在此次远征中，亨利王子率先攻入城，并在城头升起了军旗。休达早已与东方保持着贸易联系，城内无数的财富让乡巴佬葡萄牙人大开眼界，也刺激了葡萄牙人进一步探索海洋的欲望。

亨利王子长期镇守休达，发动了数次扩张战争。在战事之中，他意识到通过战争来扩张，所消耗的国力太大，进而萌生了发展航海事业，开创海上帝国的想法。为此，他返回本土，建立相关学校。1420年，亨利王子在葡萄牙创设了一所航海学校，聘请制图、地理、数学、航海和天文学等领域的人才前来任教，又创立地理研究院、天文台，对天文、地理、海洋进行研究，搜集整理了一批地理、造船、航海等文献资料。亨利王子的哥哥佩德罗在游历欧洲和近东时，收集了很多地理资料，他从威尼斯带回的一张世界地图和《马可·波罗游记》，为亨利王子的航海制图提供了很大帮助。

亨利王子将理论与实践教学相结合，航海学校的学生都要亲身参加航海探险，在航海中学习知识。他派出的海洋探险队，每到一地，都要详细记录当地的地理、海潮、风向、海鱼和海鸟活动情况，形成系统的分析报告，并加以比较。海洋探险队让葡萄牙人对海洋有了新的认知：原先人们以为，一过博哈多尔角，人就会变黑；现在他们发现，人并没有任何改变，并掌握了大西洋的风向和洋流。在一次次探险中，葡萄牙人更加熟悉航路。经过亨利王子的努力，到他晚年时，葡萄牙船队中已经拥有灵巧、轻便、迅速、容易操作的三桅三角帆船与一大批经验丰富的水手。

1458年，亨利王子再次航行前往非洲，轻松攻下了阿尔卡塞尔。1460年11月13日，亨利王子去世。作为先驱者，他的悲剧在于，他无法亲眼看到自己努力所结出来的果实，就已倒下。亨利王子去世时，葡萄牙在地理上并没有特别大的发现，航海探险所发现的亚速尔群岛、马德拉群岛，实际上早就被人们知道。亨利王子的船队沿着非洲西海岸航行,却一直没有抵达赤道,只是进行了一些无足轻重的象牙交易。

亨利王子行动的意义在于,他为葡萄牙人未来进一步探索海洋,作了充分的准备。1481年8月,黯淡无光的国王阿方索五世去世,儿子若昂继位,称若昂二世。若昂二世继承了叔祖父亨利王子伟大的航海计划,在他的支持下,探索海洋成为葡萄牙的立国之本。1482年,葡萄牙人在加纳海岸建立堡垒和贸易站。1488年,葡萄牙人在刚果河登陆。1486年,葡萄牙人抵达非洲南端好望角,这次探险因为风暴而终止,但不久之后,葡萄牙人由此进入印度洋,向着神秘的东方继续探索。

当西班牙开始驱逐犹太人时,若昂二世却敞开了国门。只要支付八个克鲁扎多(葡萄牙古金币或银币)作为过境税,犹太人便可以进入葡萄牙。大批的犹太富人涌入了葡萄牙,使若昂二世手中有了更多的钱财,可以去支付远洋探险的费用。1484年,一名冒险家造访里斯本,拜访了若昂二世,希望能在航海上得到他的财力支持,此人乃是哥伦布。哥伦布描述了一个宏大的计划——横渡大西洋,直接去印度寻找香料与黄金。若昂二世与几名助手商议之后,或是认为远航的代价太高昂,或是认为哥伦布夸夸其谈,或是认为葡萄牙已掌握航道,哥伦布的计划被否决。哥伦布转而投向西班牙国王,并得到了财力支持。

1493年3月,从西印度群岛返回西班牙途中,哥伦布船队驶入特茹河。哥伦布得意扬扬地宣布,他代表西班牙发现了东方。哥伦布的骄傲,极大地刺激了葡萄牙人,甚至有人建议杀死这个傲慢的家伙,只是国王没有听从。若昂二世则毫不客气地对哥伦布表示,在大西洋西边发现的新大陆,全部属于葡萄牙而不是西班牙。两国的纠纷，最终引发了著名的"教皇子午线"的划定。经教皇亚历山大六世仲裁，以亚速尔群岛和佛得角群岛以西三百七十里格[1]的子午线为分界线，线以西的一切土地归西班牙，线以东的一切土地归葡萄牙。

1495年，四十岁的若昂二世患上水肿病，多方求医无效，不得不与王后莱昂诺尔讨论继承人问题。若昂二世育有二子，即王子阿方索与私生子若热。王子在五年前就已坠马而死，若昂二世希望能由私生子来继承王位。王后莱昂诺尔则请求以她的兄弟曼努埃尔来继承。在去世之前，若昂二世答应了王后的请求，曼努埃尔成为新的国王，称曼努埃尔一世。

曼努埃尔被史家称为幸运儿，在他之前，若昂一世、亨利王子、若昂二世等所做的努力，在他的时代开花结果，葡萄牙成为人类历史上第一个全球海洋帝国。1498年，达·伽马绕过好望角，到达印度。当船队返航之后，曼努埃尔得意地给西班牙国王费尔南多写信，吹嘘自己的船队带回了肉桂、丁香、肉豆蔻等香料，还发现了宝石与金矿。

自1500年起，每年春季，许多船只从特茹河出发，前往东方贸易，全球化的时代已经来临。1500年，葡萄牙发现巴西。1505年，葡萄牙舰队入侵科伦坡港。1509年，葡萄牙舰队在印度沿岸第乌击败穆斯林商人联合舰队，打破了持续七个世纪由穆斯林商人垄断印度洋贸易的格局。1510年，葡萄牙占据果阿（今印度西岸的果阿邦），此处成为葡萄牙在东方的商业中心，也成为天主教对东方传教的重镇。1511年5月，葡萄牙舰队攻占满剌加。自此，

---

1 里格，陆地及海洋的古老测量单位，航海中使用，1里格约为3.18海里。

国王曼努埃尔的头衔上,加上了新的封号:"埃塞俄比亚、阿拉伯、波斯、印度的征服者、航海家和贸易开创者。"

1511年,葡萄牙人占领满剌加后,发现在此从事贸易的多为来自中国闽南地方的华人。葡萄牙人发现,中国商人主要采购香料,如胡椒、丁香、肉豆蔻、木香、阿仙药等,尤以胡椒为大宗,每年有十船。此外还有各类木料,如沉香木、黑木、苏木、白檀等,以及玛瑙、鲜红羽纱、彩色羊毛布等。中国商人携带的货物主要产自漳州、南京、杭州、海南等地,有白色生丝、有色散丝、各种缎子、纱、小珠、麝香、樟脑、明矾、硝石、硫黄、铜、铁、大黄、铸铁锅、碗、盆、箱子、扇子、针、铜手镯、瓷器、上等糖等。[1]

占据果阿、满剌加,使葡萄牙获得了前往东方的稳固基地,控制了印度洋与欧洲的贸易航线。一艘艘航船沿着里斯本—果阿—满剌加航线往返,出发时,船舱内装着葡萄牙出产的橄榄油、精糖、葡萄酒,返程时则满载东方的香料、丝绸、瓷器、珠宝等。无数香料存放在特茹河边的米纳公司仓库中,整个里斯本都散发着肉桂与胡椒的香味。装满了黄金、香料、宝石、瓷器的口袋、木桶、篮子,塞满了王宫的各个房间,人们将王宫称为"印度宫",国王曼努埃尔成为欧洲最富裕的君主。贵族们沉浸在奢华生活之中,人们纷纷从农村涌向里斯本,不愿从事生产,追求享乐与寄生的生活。1535年,诗人米兰达写道:"我更担心里斯本,在肉桂的飘香中,使我国变得荒凉、乏人。"

---

[1] [葡]多默·皮列士:《东方志:从红海到中国》,何高济译,江苏教育出版社2005年版,第99—100页。

曼努埃尔的目光最终盯向了中国，他派遣使者前往东方，试图与中国取得联系，并打探关于大明王朝的一切情报。1517年9月底，两艘葡萄牙船只出现在广州城外，船上佛郎机炮的鸣放致敬，标志着一个新时代的开始。

后来居上的西班牙

在西班牙历史上，有着漫长的收复失地运动。711年，阿拉伯人入侵西班牙；从718年起，西班牙人发起了持续七个世纪的收复失地运动，直到15世纪末才将阿拉伯人从伊比利亚半岛驱逐。在收复失地运动中，西班牙半岛上逐渐形成了一系列王国，如卡斯蒂利亚王国、阿拉贡王国、那瓦尔王国、巴塞罗那王国。1137年，阿拉贡王国与巴塞罗那王国组成新的阿拉贡王国。1139年，葡萄牙独立。

在大西洋上，西班牙与葡萄牙围绕一系列群岛发生争夺，最后请出教皇调解。经过教皇调解，葡萄牙获得马德拉群岛、佛得角群岛、亚速尔群岛，西班牙得到了加那利群岛。西班牙虽然获得了加那利群岛，但承认了葡萄牙对非洲贸易的垄断权。

1479年，通过联姻，卡斯蒂利亚王国、阿拉贡王国合并为西班牙王国，伊莎贝拉与斐迪南称双王。1492年，西班牙军队攻占摩尔人在半岛的最后一个据点格拉纳达，长达七个世纪的收复失地运动结束。1512年，西班牙王国合并了那瓦尔王国，整个伊比利亚半岛只剩下西班牙与葡萄牙两个国家。

在向海洋探索的道路上，葡萄牙率先迈出第一步，随着对果阿、满剌加的占领，标志着葡萄牙海洋帝国的形成。不甘落后的西班牙，对探索海洋有无与伦比的激情。当哥伦布向葡萄牙国王兜售他的探险计划失败后，1485年，他来到了西班牙。此时的国王伊莎贝拉与斐迪南正在筹划攻打格拉纳达，看了哥伦布的计划后有些心动。1486年，哥伦布被邀请进入王宫，伊莎贝拉女王听取了他的计划。

哥伦布的计划耗资甚巨，对战时的西班牙来说这是一笔巨款，不得不加以等待。哥伦布暂时留在了西班牙，每个月领取固定俸禄，他的计划则交给专家委员会审查。此时的西班牙，堪称欧洲宗教最为保守之地，神职人员控制着一切。哥伦布的航海计划，也要送交神职人员组成的专家委员会审核，一旦被判定为异端，他则要被送上火刑台。

1492年，西班牙人攻占了摩尔人的最后一个据点格拉纳达。在漫长的等待之后，西班牙国王与哥伦布进行了详细的谈判，最终签署了《圣达菲协定》。据此协定，西班牙任命哥伦布为所发现岛屿与大陆的元帅，哥伦布保有这些新发现领地内生产的一切金银、香料及其他财物的十分之一，并完全免税。伊莎贝拉女王倾尽自己的所有财力，甚至卖掉了自己的首饰，支持哥伦布的航海。

哥伦布第一次航海探索，只有三艘船，两艘是强制征用的，一艘是船主宾松兄弟支援的。三艘船中，有两艘是轻快的卡拉维尔帆船"尼尼亚"号与"平托"号，旗舰"圣玛利亚"号则是克拉克帆船。探索队员有些是自愿的，如宾松兄弟，有的则是死囚。船队共一百二十一人，有九十名船员，三十名官员与神父。斐迪南与伊莎贝拉对探险充满了期待，除了寻找金银之外，他们还希望找到东方的基督徒。为此，国王与女王给哥伦布颁发了护照，另外还准备了给中国大汗及日本、印度统治者的空白国书。人类历史上最伟大的航海探险，就这样开始了。

1492年8月3日，哥伦布从西班牙巴罗斯港出发。虽然一度经历了流产的兵变，旗舰被风暴击沉，又有"平托"号的不告而别，但第一次远航哥伦布仍收获颇丰，他发现了古巴、海地。哥伦布错误地以为，自己所发现的地方乃是日本。1493年3月3日，哥伦布返回葡萄牙里斯本，得意地向葡萄牙展示了他的收获。3月15日，船只返回西班牙巴罗斯港。此后，哥伦布又连续发起了三次远航，直到1506年病死。

哥伦布虽然没有实现他的梦想——发现东方大陆，寻找黄金与香料——但他的探险，将世界连成一体，全球化的时代来临。在哥伦布之后，一名葡萄牙人，在西班牙王室的资助下，完成了环球航行，此人就是麦哲伦。麦哲伦曾参加过葡萄牙对东方的探险，参加过攻打满剌加、攻占果阿的战斗，并多次受伤。麦哲伦返回葡萄牙后，参与了对非洲的战事，再次受伤。再次返回葡萄牙后，被人告发是私自返回，要送上审判席，麦哲伦不得不出逃。

从美洲找到联系大西洋与太平洋的海峡，则可以直接抵达东方，去收获财富。此后葡萄牙、西班牙探险家们，多次出动，想要寻找这条海峡，但都未果。麦哲伦参加过几次葡萄牙人对东方的探索，对东方有一定的了解。1518年，他向西班牙国王提出了探索香料群岛的计划。他认为，可以绕过葡萄牙，直接抵达香料群岛。他的计划得到了西班牙国王查理一世的支持，双方签署了远洋探索协定。1519年9月20日，由二百六十五人组成的探险队分乘五艘船出发，最大的船不过一百二十吨，最小的七十五吨。在漫长的航行途中，船员士气低落。1520年4月2日，船员们发动叛乱，控制了三艘船。麦哲伦假意谈判，趁机刺杀了叛乱的船长。5月22日,"圣地亚哥"号沉没,幸好船员获救。11月28日,麦哲伦船队穿过日后以他的名字命名的海峡,看到了另一片大洋,麦哲伦将之命名为"太平洋"。

1521年3月27日,船队抵达今菲律宾的马萨瓦岛。次日清晨,有当地居民划着小船,来到舰队旁。麦哲伦当年从满剌加带出来的奴隶,用马来语与这些人进行对话,双方竟然能交流。麦哲伦顿时恍然大悟,他已从西方绕到了东方。麦哲伦继续航行,在菲律宾宿务岛登陆。与宿务岛国王交往后,麦哲伦承诺提供军事援助,帮助国王击败邻近马克坦岛上的敌手。4月27日,麦哲伦在参与当地部族的战斗时被杀。剩下的船只继续航行,最后只有一艘船横穿印度洋,经过好望角,穿过赤道、佛得角群岛,在当年9月6日回到西班牙。

麦哲伦环球航行为西班牙带来新的契机,一支新的探险船队在1525年出发,前往菲律宾。但这支船队出师不利,七艘船中,两艘沉没、一艘逃回西班牙、一艘被风吹到了墨西哥。1526年,残存的船只抵达棉兰老岛(菲律宾群岛南部的岛屿),在此休整补充。1527年,又一支船队从墨西哥出发。这支船队历经坎坷,最后漂到了棉兰老岛,与上一支船队的残部会合,想要寻找返回墨西哥的通道,却未成功。残存的西班牙船队被葡萄牙人发现,不得不投降。此后西班牙又一次派遣探险队,想要寻找经过太平洋返回墨西哥的航路,未能成功。

查理一世去世后,新任西班牙国王菲利浦继续着手探险。1564年,新的探险队从墨西哥出发,成功抵达菲律宾,在菲律宾建立了第一个据点。一直困扰西班牙船队的、从菲律宾返回墨西哥的航道,也被寻到。1565年10月,船队从菲律宾出发,返回墨西哥，此后南美与亚洲之间的航道开通，西班牙船只不断在菲律宾登陆，开辟新的据点。

西班牙探险队初到东方时就发现，中国商人每年都运生丝、毛织品、瓷器、香料、铁、锡和染色棉布到菲律宾来出售。西班牙探险队建议国王增派船只到中国沿海去，看看那里是什么样子，并完成其他至关重要的事业。占据宿务岛后，1569年，黎牙实比被任命为菲岛总督，他建议西班牙国王说，只需要用少量兵力，就可以轻易征服中国。

南美与亚洲的航道开通后，西班牙人面临着下一步的选择，是向东前往香料群岛，还是向北前往吕宋岛。往东，前去香料群岛，必然要与早就占据此地的葡萄牙人冲突；向北，前往吕宋岛，有港口城市马尼拉。西班牙人最后选择了前往马尼拉。

1571年6月，西班牙人攻占马尼拉，在此建立城堡，设总督府，开始殖民统治。此时约有一百五十名中国人及少量日本人在马尼拉居住，此后人数不断增加。马尼拉大帆船贸易的时代来临，从墨西哥的阿卡普尔科港，到菲律宾马尼拉，再到中国的澳门、广州，一条三角贸易航线建立。

此时的世界，划分为三个部分：一部分是通过大海，纵横全球的欧洲各国；一部分是以大明王朝等为中心的东亚、东南亚地区，以朝贡维持秩序的天下；一部分是奥斯曼帝国所占据的西亚等地，通过宗教加以联结。对于海洋，奥斯曼帝国也没有兴趣。在从印度洋驱逐葡萄牙人毫无成效之后，奥斯曼帝国断定："上帝赐给我们的是陆地，海洋则是赐给基督教徒的。"东方的大明王朝，对于海洋同样没有兴趣，并对出没海洋的葡萄牙人、西班牙人充满了警惕。

第四章

叩关——佛郎机炮的致敬

正德十二年（1517）是中国历史上极为重要的一年，此年葡萄牙人出现在广州城外，标志着中国开始正式遭遇西欧世界。船坚炮利的葡萄牙人来到中国，通过各种手段，试图打开中国的大门，却未能如愿。明廷对在广东盘踞的葡萄牙人，以武力驱逐，葡萄牙人逃往福建、浙江沿海，转而在双屿岛开展贸易，取得了极大繁荣，又引来了明廷的新一波打击。在与葡萄牙人的交战中，明廷认识到了葡萄牙人坚船利炮的威力，有识之士发出了"师佛郎机以制之"的呐喊。

广州城外三声炮响

顾应祥，字惟贤，本是长洲（今江苏省苏州市）浒墅人，占籍湖州，高中进士，此后辗转南北，屡居要职，政绩卓越，文章行谊，为一时所重。大明官场上饱读诗书、精通八股者比比皆是，可通晓数学者却是寥寥可数。顾应祥对数学充满了兴趣，在数学上具有较高成就，奈何在他所处的时代，他的数学成就尚不能开启科学之门。

正德十二年（1517），顾应祥担任广东按察司佥事。负责海防事宜的巡海道副使汪铉赴京进表，由顾应祥代管海道。广东海道副使职权极大，如经略海防、训练水陆官兵、储备粮饷、督察地方、举劾文武官吏等，遇到海寇入犯，还要领兵剿平，此外还负责外贸、外交等事宜。顾应祥在官场上以文韬武略闻名，正德三年（1508）初入官场时，他在江西乐平，带了一名老卒，骑了匹羸马，直闯山贼营寨，平定叛乱。后来顾应祥多次辅佐其师王阳明，领兵平定各地叛乱，立下功勋，此番主持海道事务，自然不在话下。

此年秋季，广州城外出了大事。三艘巨大的船舶，突然出现在广州城外怀远驿前水面之上。船只抛锚停泊后，先是高升旗帜，船上水手在甲板上列阵，齐举长矛，之后放炮三响，声震天地，一时间满城皆惊。看着船舶上高高飘扬的旗帜，船上身着鲜艳服饰来回忙碌的水手，城头上的官员无不惊愕。往日有海外夷人的番船来华朝贡，都是泊在东莞屯门，从未有直至城下者，不知这是何方来使？

大明开国之后，就来华朝贡的南海诸国，列了名单，如"安南、真腊、暹罗、占城、苏门答剌、西洋爪哇、彭亨、百花、三佛齐、浡泥诸国，俱许朝贡"[1]。此后又陆续增加了一些，如满剌加等国。各国来华朝贡，队伍中多有行商混杂，又有一些奸猾之徒冒充使团，混入中华，滋生是非。就朝贡队伍中的问题，洪武十六年（1383），太祖朱元璋颁发圣旨："南海诸番国，地方远近不等，每年多有番船往来进贡及做买卖的，来的人多，有假名托姓，事甚不实，难以稽考，致使外国不能尽其诚敬。又怕有去的人，诈称朝廷差使，到那里生事，需索扰害他不便。恁礼部官置立半印勘合文簿，但是朝廷差去的人，及那里差来的人，都要将文书比对，硃墨字样相同，方可听信。若比对不同，或是无文书的，便是假的，都拿将来，钦此。"[2]此后来华贸易的使团，一者要列入大明官方名单，二者需要有勘合比对，硃墨字样相同，方可进入。

这次突然出现的大船，来历不明的夷人，惊天动地的三炮，让顾应祥满腹狐疑。市舶提举吴洪与各国夷人打交道已久，也不曾见过这般奇怪的夷人，建议与顾应祥一起前往怀远驿查探虚实。广州城内有重兵防守，顾应祥也不忧虑城外的夷人会生出变故，当即允了，与吴洪等人同去怀远驿查看。

在仪仗簇拥之下，顾应祥、吴洪等赶到了怀远驿，此时夷人

1　[明]严从简：《殊域周咨录》卷九，明万历刻本。
2　[明]黄训：《名臣经济录》卷四十三《兵部》，清文渊阁四库全书本。

已遣了通事上岸，进行沟通。通事自称是江西浮梁人，取了个夷人名字"火者亚三"，又称此番所来的是佛郎机国，使臣名叫加必丹末。明代所称"佛郎机"，是按波斯文Frangi或Firingi音译，泛指欧洲的基督教徒。顾应祥脑海中过了一遍，《大明会典》所载"朝贡之国"名单中，却没有这个佛郎机。见了佛郎机通事后，顾应祥放下心来，但此事还是过于复杂，当即遣人出城，请三堂总镇太监宁诚、总兵武定侯郭勋等，一起入城料理此事。

待郭勋抵达后，顾应祥与广州城内的高官一起召见了佛郎机人头目。这佛郎机头目加必丹末及属下见了大明众官，却不肯下跪。面对这等不知礼仪的夷人，大明官员都当场僵住，不知如何处理。都堂（都督）陈金回来得晚，见了此景，当场发怒；既然不好追究不通礼法的夷人，就令将通事打了二十棍。通事共有五人，火者亚三是大通事，是不能被打棍子的。将小通事打了，扬了大明官威。大明官员下令："远夷慕义而来，不知天朝礼体，我系朝廷重臣，着他去光孝寺习仪三日方见。"[1]

佛郎机人学习礼仪，效果如何？顾应祥记录："第一日，始跪左腿，次日跪右腿，三日才叩头。"夷人学会了叩头，才被带到总督衙门引见，至于有无双膝下跪，顾应祥没有记录。见面时，佛郎机使臣表示，此番来华，除了贸易外，更希望入京朝贡。可《大明会典》中不载佛郎机此国，不好直接入京朝贡，遂暂时安排在驿站中，待奏准方可起送。

佛郎机人准备进献的方物，倒是让大明官员们很惊奇，"所进方物有珊瑚树、片脑、各色锁袱、金盔甲、玻璃等物。又有一

---

[1] ［明］顾应祥：《静虚斋惜阴录》卷十二，明刻本。

种如红绒褐,名撒哈剌。三刃剑一口,又一剑,铁可折转,放手即直,其锋甚利"[1]。至于佛郎机人最为犀利的火器,则没有进贡,倒不是葡萄牙人想将此等利器藏着,而是操作不当容易出事。

顾应祥对这些佛郎机人的外貌、衣着也有记录:"人皆高鼻深目,身穿锁袱披袭,以皮为裤,又以皮囊。"不过佛郎机人身着紧身裤,"其阴物露出于外",给大明官员增添了许多谈资。让大明官员很惊讶的是,佛郎机人的头目时常看书,"取而视之,乃佛经也",这实是《圣经》了。后来的朝鲜使团在北京看到佛郎机人的书,对其印刷的精美大为赞叹。

突然出现的佛郎机人,让顾应祥很是好奇,特意加以考证。他遍阅历代史传,并无佛郎机国之名。元世祖至正年间,曾有拂郎国进异马,或者是此国也?后来又见唐开元中,有大食国来华献马,见了皇帝不拜;此国人只拜天,不拜王。佛郎机人也云,见王不拜。顾应祥推测,"由此观之,则佛郎机亦大食之邻境也"[2]。顾应祥的推理胜过同时代其他文官,当时大明官场普遍认为,欧洲的佛郎机乃是亚洲满剌加的邻国。

上帝、香料与秦人

让大明王朝官员们狐疑万分的佛郎机人,来自遥远的欧洲,乃是葡萄牙人。国土面临大海带来的便利,常年航海积累的先进

---

1 [明]顾应祥:《静虚斋惜阴录》卷十二,明刻本。
2 [明]顾应祥:《静虚斋惜阴录》卷十二,明刻本。

经验，人口增长与国内资源的不成比例，民众对黄金与香料的渴望，以及贵族的骑士精神、普通民众的冒险精神、教士的传教狂热等，各种元素一起支撑起了海洋帝国葡萄牙，发起一次次海上远征。

1415年，葡萄牙远征军占据了北非城市休达，此战被视为葡萄牙全球海上扩张政策的起点。15世纪时，葡萄牙人的扩张活动还局限在大西洋。到了16世纪，在对香料、黄金的狂热追逐中，葡萄牙人将势力扩张到了印度洋与太平洋。遗憾的是，哥伦布向葡萄牙国王若昂二世提出的航海建议，未得到支持。转而在西班牙国王的支持下，哥伦布开始了大航海的征程。哥伦布大航海探索出来的广阔天地，想象中堆积如山的黄金、香料、丝绸，让葡萄牙国王若昂二世妒火中烧。

葡萄牙国王向西班牙国王提出了分割土地的要求，否则将以武力夺取哥伦布新发现的土地。1494年，经教皇亚历山大六世仲裁，两国签订了《托尔德西里亚斯条约》，确定了两国瓜分新世界的"教皇子午线"。

被赞誉为"完美君主"的若昂二世去世之后，他的继承人曼努埃尔继承了他的雄心，又精明地赞助了达·伽马的航海远征。达·伽马的航行拓宽了葡萄牙的商业空间，为葡萄牙带来了巨大的财富与东方的无限商机，葡萄牙迅速崛起，成为强大的海洋国家。

曼努埃尔国王并不满足于此，他将眼光盯向那充满了丝绸与黄金的国度，那传说中的"秦土"。此时的欧洲，与中国隔绝已久，关于中国的各种传说，经由口耳相传，让欧洲人魂牵梦萦；那是一块充满了神奇魅力的土地，似乎遍地都是黄金、白银与丝绸。奈何当时的欧洲人，却无法进入这个神秘的东方国度。

曼努埃尔国王对遥远的"秦人"之国，充满了好奇。1508年，曼努埃尔国王派人搜集有关"秦人"的信息："你必须探明有关秦人的情况，他们来自何方？路途有多远？他们何时到满剌加或他们进行贸易的其他地方？他们带来些什么货物？他们的船每年来多少艘？他们是懦弱的还是强悍的？他们有无火炮？他们穿什么样的衣服？他们的身体是否高大？他们是基督教徒还是异教徒？他们的国家大吗？他们国内是否不止一个国王？倘若他们不是基督教徒，那么他们信奉的是什么？他们崇拜的是什么？他们遵守的是什么样的风俗习惯？他们的国土扩展到什么地方？与哪些国家为邻？"[1]

带着这些疑问，带着无数的期盼，葡萄牙人不断向着东方前进。正德八年（1513），葡萄牙人若热·阿尔瓦雷斯在中国商人的指引下，至广东珠江口屯门进行贸易，这是第一个到达中国的葡萄牙人。若热·阿尔瓦雷斯在屯门竖起一块刻有葡萄牙王国纹章的石柱，作为纪念。在贸易完毕之后，若热·阿尔瓦雷斯即行离去，未能进入中华帝国。

1515年，葡萄牙国王曼努埃尔委派费尔南·佩雷斯·安德拉德，带领一支船队前往中国，并令费尔南护送一名使臣前往中国。曼努埃尔并未委派使臣，而是将使臣人选交由葡萄牙印度总督去挑选，最后挑中了熟悉东方的托梅·皮雷斯。

1517年6月17日，费尔南·佩雷斯·安德拉德，率领满载胡椒等货物的船只，由满剌加起航前往中国广州，与船队同行的还

---

[1] 金国平编译：《西方澳门史料选萃（15—16世纪）》，广东人民出版社2005年版，第17页。

有使臣托梅·皮雷斯及通事、仆人。8月15日，四艘葡萄牙船只、四艘马来帆船组成的船队到达屯门，遇到大明水军。东莞屯门乃海防重地，被视为广州屏障，布置有海道哨兵把守，番船到来后，在此地停泊，再由大明水师代为通报。

刚抵达屯门，费尔南即派遣船队代理商昂内斯·安波利，带着吹鼓手，备了重礼，前去南头备倭[1]（广东备倭都指挥）拜会，请求前往广州。南头备倭的将官们收了礼物，将佛郎机人的请求，迅速报告到广州。但当时都堂陈金不在，佛郎机人在屯门等了一个多月，没有得到回复，遂决定自行北上广州。南头备倭发现葡萄牙船队中的两艘已启航前去广州，在屯门留下了六艘船只。收过礼的南头备倭无奈，派了引水员带领船队前往广州城。9月底，佛郎机人抵达广州城外，在怀远驿前抛锚停泊。不解大明习俗的葡萄牙人，放了三炮作为致敬，不想惊扰了广州城。这就是前文所提的广州城外的三声炮响。

在葡萄牙人的记录中，驻守广州的顾应祥前来交涉，提出了三件让他不满的事："无广州城大吏批准擅入；鸣炮；悬旗或竖长矛。"费尔南·佩雷斯·安德拉德对此加以详细解释，说他们来广州之前与南头备倭都司已交涉过，得到了许可，由南头备倭派遣领航员带领船只至广州城外。至于鸣炮、升旗，乃是葡萄牙人的习俗，表示高兴与和平。顾应祥听完解释，感到满意，但城

---

[1] 明代南海卫下辖东莞、大鹏二千户所，南海卫治所设在东莞县城，控制伶仃洋及珠江口水道。东莞守御千户所设在南头城，控扼珠江口。南头城在东莞县南，有砖城，周围三里，环城为池。洪武二十七年（1394），在广东专设"广东备倭都指挥"，备倭府署也驻在南头城。

内三司[1]不在，让佛郎机人在城外暂等候。

此后三司回城的隆重仪式，让葡萄牙人目瞪口呆，特别是第三日，都堂回城，江中舟船如云，旌旗飘扬，彩棚夺目，百姓载歌载舞。在官员、仆人的簇拥下，都堂从一个刻工精美的石码头上岸。当天，城头丝质彩旗飘扬，连塔楼旗杆上的大旗也是丝质的；旗杆高大，完全可以用作大船的桅杆。葡萄牙人惊叹：广州富甲天下，丝绸如山，当地人用黄金打金箔，用丝绸做彩旗，如同我们使用廉价的漆、粗麻手帕一般。

此后双方消除了误解，费尔南·佩雷斯·安德拉德向大明官员表达了从事贸易的愿望。葡萄牙人到来时，恰逢明廷在对外贸易政策上有着重大改变。

明初设立三市舶司，在广东者，专为占城、暹罗诸番而设；在福建者，专为琉球而设；在浙江者，专为日本而设。市舶司原本只接待朝贡国的船只，但在实际操作之中，一些船只混杂在朝贡船中，声称自己是贡船，乃至有中国沿海商民，从海外归来，自称是贡船者。就贡船与非贡船，市舶司也难以区分，只好含糊处理，也有许多可暗箱操作、中饱私囊的空间。

成化年间，明廷开始对"番舶"进行抽分。弘治年间，对来华贡船采取对半抽分。抽分比例虽高，但贡使团可以获得额外的赏赐，足以弥补。弘治四年（1488），两广总督都御史闵珪奏：广东沿海地方，多私通番舶，络绎不绝。

来华贸易的非贡船不断增加，也使广东地方官员动了心思，在正德年间主动介入，对其征税，增加地方收入。广东镇巡官及

---

[1] 明代都指挥使司、承宣布政使司、提刑按察使司，简称"三司"。

三司长官收税之举，让市舶司太监极为眼红。正德三年（1508），曾有暹罗海船漂泊到广东，市舶司太监熊宣主动对其征税，被礼部责备"妄揽事权"而革职，以毕真继任。熊宣去职，并不是因为他对暹罗船只收税，而是因为他与地方官争夺征税权。

正德四年（1509），经都御史陈金等提请，将暹罗、满刺加、吉阐国（所在地不详）等国船只货物俱以十抽三，也是要将这块肥肉，稳定在镇巡及三司长官控制之中。提举市舶太监毕真上任后，在权势太监刘瑾的支持下，继续争夺这块肥肉。正德五年（1510）七月，提举市舶太监毕真言旧制："泛海诸船，皆市舶司专理。近领于镇巡及三司官，乞如旧便。"[1]据此可推断，对来华外国船只，镇巡及三司官主动出击，进行收税，引发宦官势力之争。但正德五年，刘瑾失势身死，一切如旧。

正德九年（1514），广东右布政使吴廷举请示在广东推行抽分制，"不问何年，来即取货"。根据朝贡贸易制，一般国家，三年一贡，非朝贡期，或是不许前来朝贡的国家，番舶不许入境。据吴廷举之建议，则不论是否在朝贡期，只要抽分纳税，均可至广州贸易。但广东地方上也有反对者，广东布政司参议陈伯献对此表示反对，礼部采纳了他的意见，下令："抚按官禁约番舶，非贡期而至者，即阻回，不得抽分，以启事端。"[2]据此，只有在朝贡期内，朝贡国才可来华贸易。

正德十二年（1517），巡抚两广都御史陈金联合广东右布政使吴廷举，一起上奏，"欲或仿宋朝，改为十分抽二，或依近日事

---

1 ［清］嵇璜：《钦定续文献通考》卷二十六《市籴考》，清文渊阁四库全书本。
2 《明宪宗实录》卷十九。

例,十分抽三",也就是坚持正德九年抽分制的提议。此年五月,明廷下令,"命番国进贡,并装货船舶,榷十之二"[1]。此处值得注意的是,进贡船只与装货船舶,是并列的,都可以前来贸易。

正德十二年(1517),此次佛郎机人前来,请求贸易,明廷内部一番争论,最终吴廷举说服了皇帝。吴廷举认为,当前财政困难,又缺乏正德帝所急需的"上供香物",不妨允许其从事贸易。最终,朝廷开恩,同意与佛郎机人进行贸易。

此次前来贸易的佛郎机人表现得彬彬有礼,给广州内外居民留下了良好印象。因为留在屯门的船只遭到海盗袭击及船员感染热病,1518年底,船队扬帆满载而归。1520年6月,费尔南回到葡萄牙,得到国王曼努埃尔一世的接见。国王对中国充满了兴趣,希望能从中汲取对他的统治有益的经验,并进一步打开进入中华帝国的大门。但此时留在大明内部的葡萄牙使团,却卷入了明廷内部的政争之中。

火者亚三与吃人传说

自1508年葡萄牙国王下达进入中国的任务之后,十年来,葡萄牙人徘徊在大明的国门之外,未能进入。此番带领使团的托梅·皮雷斯,原是宫廷药剂师,后离开宫廷闯荡,先到印度,后到满剌加,可以说是欧洲此时最了解东方世界的人。据葡方文献记载,皮雷斯使团共计二十四人。除大使皮雷斯外,还有六名葡

---

[1] 《明武宗实录》卷一百四十九。

萄牙人、十二名仆人以及雇佣的五名舌头（通事）。据中方文献记载，"加必丹末（皮雷斯）等三十人入贡请封"[1]。

葡萄牙请求入京进贡，依照程序，广东官场先向北京奏报："正德十三年（1518）春正月壬寅，佛郎机国差使臣加必丹末等贡方物，请封，并给勘合。广东镇巡等官，以海南诸番无谓佛郎机者，况使者无本国文书，未可信，乃留其使者以请。"得旨："令谕还国，其方物给予之。"[2]

佛郎机不见载于《大明会典》，这就无法被纳入朝贡体系，也无法进入内地一窥大明虚实。对大明王朝的朝贡体系，皮雷斯已有了解，他在《东方记》中记录："爪哇、暹罗、帕赛、满剌加的国王每五年、十年派遣使臣，携带中国颁发的证明文书，去见中国国君，并且送去他们国中最好的礼品。如果他们带有成千的礼品，中国君主会加倍还礼。"[3]

被明廷拒绝入京后，皮雷斯想出一计，他诈称使团乃是满剌加使团。此时的大明，对于佛郎机根本就不了解，乃至认为佛郎机是满剌加的邻国。满剌加国王得到大明王朝册封，拥有朝贡的资格，与明廷关系紧密。除了诈称满剌加使团之外，佛郎机人"夤缘镇守中贵"[4]，走了太监的门路。这太监，即宁诚。可以想象，作为五名翻译之首，熟悉中国内地情况的火者亚三，在此中起了至关重要的作用。对于佛郎机冒充满剌加一事，大明心知肚明，

1　[明]焦竑：《国朝献征录》卷一百二十，明万历四十四年徐象橒曼山馆刻本。
2　《明武宗实录》卷一百五十八。
3　[葡]多默·皮列士：《东方志：从红海到中国》，何高济译，江苏教育出版社2005年版，第97页。
4　[清]嵇璜：《钦定续文献通考》卷二百三十七《四裔考》，清文渊阁四库全书本。

也未加以深究。在广州等待了一年之后，托梅·皮雷斯一行总算得以进入内地。

　　1520年1月23日，皮雷斯一行离开广东，前往南京。由于江西宁王之乱，正德帝此时正在南巡，驻于南京。至南京后，使团却未得到皇帝的接见。经由太监宁诚的牵线，火者亚三代表葡萄牙使团，重贿之后，投到正德帝宠臣江彬门下，得以觐见皇帝。正德帝是个顽劣的皇帝，喜欢游玩，喜欢新鲜事物，在海外闯荡过的火者亚三，无疑给他带来了新奇感。文官们不无心酸地记录，火者亚三"能通番汉语，毅皇帝喜而效之。降玉趾，日与晋接"[1]。

　　正德帝跟着火者亚三学起了夷语，玩起了跳棋，但皇帝一直没有召见皮雷斯。一段时日之后，使团被打发到了北京，至于是否召见皮雷斯，要等皇帝回京后再定。作为使团五名通事之首的火者亚三，因为曾陪伴皇帝玩耍过，又有江彬为靠山，至京师后，入四夷馆而不跪。在京师，火者亚三与各国使团多有来往，又与番人写亦虎仙勾搭在一起。二人日益骄横，驰马于市，目无法纪，乃至敢诬告大明朝臣。

　　对于新来的佛郎机人，在京的朝鲜使团也很好奇，交往后留有记录："其衣服以鹅毛织造，而体似团领，下幅甚阔，自头以着，不为解结。饮食则只食鸡肉面食，盖其土产只此耳。问其风俗，则虽君长不过一妃，而妻死不为更娶也。……其人多赍金银以来，凡所贸用，皆以金银。"[2]

　　正德十五年（1520）十二月，正德帝总算回到北京，却迟迟

1　[清]查继佐：《罪惟录》三十六，四部丛刊三编景手稿本。
2　《李朝中宗大王实录》卷四十一。

未召见佛郎机人。至于火者亚三，则屡屡轻侮朝官，见到提督主事梁焯不肯下跪行礼。梁焯大怒，执而挞之。此事被江彬得知，怒道："彼尝与天子嬉戏，肯跪汝小官邪？"火者亚三、写亦虎仙也发牢骚："天颜可，即主事乃顾不可即耶。"[1] 二人联合江彬，想要告梁焯黑状，不料此时朝局突变。

正德十六年（1521）三月，正德帝朱厚照驾崩于豹房。当日皇太后下懿旨，诛杀江彬。火者亚三被作为江彬同党，抓捕入狱，后与写亦虎仙等人一起被处死。火者亚三被处死，主要原因是卷入大明内部的政治斗争，依附权臣江彬。至于佛郎机使团，正德帝留有遗诏："哈密及吐鲁番、佛郎机等处进贡夷人，俱给赏，令还国。"[2] 正德十六年四月（1521年5月），皮雷斯带领使团，返回广州。

火者亚三，无疑是化名，这名葡萄牙使团的大翻译是何人，让后世颇多猜测。与火者亚三同时代的张本在《五湖漫闻》中记录了一个故事。苏州东洞庭人傅永纪，正德初年商游广东，后至海外做生意，不想船只沉没，在海中漂了三日，才到一个岛上。此岛乃"机郎佛国"，傅永纪在此经营纸竹扇，不一二年成为巨富，"机朗王召见，授以爵"。正德末年，机朗太子以傅永纪为通事，进刀剑于华夏，得到正德帝礼遇优待，遂留在京师。"嘉靖初年，罪其私通，乃致之瘐死，时年四十八。"[3] 虽然《五湖漫闻》的记录有很多偏差，但由"机郎佛国、通事、正德末年入京、被

---

1 ［明］过庭训：《本朝分省人物考》卷一百十一，明天启刻本。
2 ［明］陈建：《皇明通纪法传全录》卷二十八，明崇祯九年刻本。
3 ［明］张本：《五湖漫闻》，清抄本。

囚禁致死"等来看，此记录中的主人公与火者亚三有着高度的雷同。可以推测，火者亚三，乃是较早走向海外的中国商人。

满剌加的正牌使者于正德十六年来京，请求明朝出兵，帮助其收复失地。现在正主来了，大明王朝不得不加以处理，以捍卫朝贡体系，但处置的方式并不是大明出兵，而是训斥佛郎机人，再请暹罗帮忙。而此时的广州，佛郎机人所带来的变动，也使大明王朝决定以武力处置。

早在1518年9月底，费尔南·佩雷斯·安德拉德决定率船队返回满剌加，再返回葡萄牙。托梅·皮雷斯则留下来，寻找机会进入中华帝国内部，最终成功地进入了北京。当正德帝去世之后，托梅·皮雷斯被赶回广州，此时广州的局面却发生了变化。

费尔南·佩雷斯·安德拉德船队返回途中，遭遇恶劣天气，损失了一条船，这条船上人员登陆后得到华人的照看。费尔南的兄弟西蒙·安德拉德，受葡萄牙国王派遣，带领船队，携带了大量货物前往广东贸易。1519年8月，西蒙·安德拉德船队抵达屯门。西蒙·安德拉德船队在航海途中，还将其兄费尔南·佩雷斯·安德拉德损失的那条船上的人员接回。新的船队抵达之后，皮雷斯、火者亚三等才从广州出发，前往南京。

西蒙·安德拉德贪婪而凶残，来华之后，一改其兄此前与中国官员及民众友好往来的政策，以粗暴无礼的方式，在屯门构造木石结构的要塞，并布置大炮。他乐于支持各股强盗、绑架者，大肆贩卖奴隶。他处死了一名有错的海员，行刑时派人四处喊话，大肆张扬。西蒙·安德拉德以为，葡萄牙人拥有压倒性的军事优势，"葡萄牙人武器之精、船只之大，是中国人前所未见，有令中国人恐惧的大炮"，故而行事肆无忌惮。

当日的中国士大夫,就佛郎机人在广州的恶行有颇多记录,更有佛郎机人吃小儿的可怕描述。"(佛郎机人)遂退舶东莞南头,盖屋树栅,恃火铳以自固。每发铳声如雷,潜出买十余岁小儿,食之。每一儿,予金钱百。舶夷初至,行使金钱,后方觉之。广之恶少,掠小儿竞趋之,所食无算。居二三年,儿被掠益众。"[1]

西蒙·安德拉德是个十足的恶棍,而葡萄牙人在世界各地都有拐卖儿童的劣行。1620年,法国旅行家莫奎特记录,他在果阿的女房东就是被葡萄牙人拐卖来的。据她所云,一个被拐卖的小孩平均价格是十二至十五两银,他们大多数来自广东省。广州地面上儿童失踪,激起了中国人的惊恐,乃至认为小儿被浓眉大眼、衣着古怪、行为粗暴的佛郎机人给吃掉了。

结寨自固、四处抢劫、拐卖儿童,哪一条都是大明无法容忍的。正德十五年(1520)年底,监察御史丘道隆、御史何鳌上奏,陈述佛郎机人扰乱地方,请加以处置。丘道隆曾担任过顺德令,何鳌乃是顺德人。丘道隆认为,满剌加才是朝贡诏封之国,而佛郎机吞并其疆土,大明应明确态度,"使归还满剌加疆土之后,方许朝贡"。如果佛郎机人不上路,"或执迷不悛,虽外夷不烦兵力,亦必檄召诸夷声罪致讨,庶几大义以明"。何鳌则认为,"佛郎机最号凶诈,兵器比诸夷独精",近因布政使吴廷举首倡,才允许其贸易,由此导致外番船只频繁出没,不可不严防。何鳌建议:"乞悉驱在澳番舶及夷人潜居者,禁私通,严守备,庶一方

---

1 [明]严从简:《殊域周咨录》卷九,明万历刻本。

获安。"[1]

礼部复议后，拟定了处理意见，得到正德帝许可。根据朝廷的意思，广东三司掌印并备倭都指挥，不能及时处置胡作非为的佛郎机人，被加以问责。吴廷举因为首倡放开贸易，由户部查例停革。对留在广州驿站的夷人，一概加以驱逐。此后非贡之年，来华的海外船舶均被驱逐，不得进行贸易。

大明中枢作出中断贸易、驱逐船只的决定，受地理空间的限制，传到广东再执行，需要时日。正德十六年（1521）年初，西蒙·安德拉德聚集了五艘葡萄牙船只，运有大量货物，在屯门进行贸易，一时生意兴隆。此年三月正德帝去世之后，大明再次严厉要求所有在华使团、商团全部退出国境，但西蒙·安德拉德不为所动，因为货物尚未售光。

正德十六年（1521）秋七月，新登基的嘉靖帝正式决定，以武力驱逐在广州的葡萄牙人，令广州"敕镇巡等官亟逐之，毋令入境"。同时大明朝廷严令葡萄牙人，必须退出满剌加，"请责佛郎机，令归满剌加之地。谕暹罗诸夷以救恤邻之义"。正德十六年，早先推行的抽分制也被改变，明廷规定："自今外夷来贡，必验有符信，且及贡期，方如例榷税。"[2]凡不在贡期及私自前来贸易者，一概拒绝。

---

1 林远辉、张应龙编：《国朝柔远记》，《中文古籍中的马来西亚资料汇编》，马来西亚中华大会堂总会1998年版，第338页。
2 《明世宗实录》卷二。

佛郎机炮与屯门之战

佛郎机人船队滞留在屯门，不肯退出，一场战事就此展开，中方主持战事的乃是汪鋐。汪鋐，号诚斋，徽州婺源人，正德十六年以广东提刑按察使身份指挥此次战役。此时的大明海防军备极为空虚，此前因为水师不敢剿捕海盗，汪鋐还吃过处分。面对比海盗更为强大的对手，他丝毫不敢大意，进行备战工作。战前汪鋐亲自至前线各地，说服民众，不要被葡萄牙人的利益所诱。在军事上，汪鋐做了充分准备，他调集了大批战船，从海陆两路发动攻势。

在初始的交战中，汪鋐遭到多次败绩，葡萄牙人在屯门岛上建设了防御工事，利用船上的火炮提供交叉火力支援，"彼犹据险逆战，以铳击败我军"[1]。葡萄牙人犀利的火炮与坚固的蜈蚣船，给汪鋐留下了深刻印象。他记录道："适有强番佛郎机驾船在海为患。其船用夹板，长十丈、阔三丈，两旁驾橹四十余支，周围置铳三十余管。船底尖，两面平，不畏风浪。人立之处，用板捍蔽，不畏矢石。每船二百人撑驾，橹多而人众，虽无风可以疾走。各铳举发落如雨，所向无敌，号曰蜈蚣船。"[2]

在中方的记录中，汪鋐使出各种计策，最终打败佛郎机人。如凿船计，雇佣精通水性的民人，潜入水中，将佛郎机船只凿

---

1 ［明］熊明遇：《文直行书诗文》文选卷十三，清顺治十七年熊人霖刻本。
2 ［明］严从简：《殊域周咨录》卷九，明万历刻本。

沉,大获全胜。如火攻计,时南风甚急,以小舟载枯树,灌以脂膏,乘风纵火,将敌船焚毁,大获全胜。在这些记录中,汪鋐是威风凛凛的,亲临敌所,冒犯矢石,运筹帷幄,决胜千里。

但西蒙·安德拉德凭借着坚船利炮,抵挡住了大明军队一波波攻势,汪鋐无奈地改攻坚战为长期围困战。战事持续了将近一年,葡萄牙人面临着粮食断绝的危险,大明军队则持续不断地进行包围;葡萄牙人手中价值不菲的各种货物,也是大明军队战斗下去的动力。最终导致西蒙·安德拉德带着三艘船逃走的,是一场风暴。"他遭到了一支中国舰队的包围和攻击,只是由于一阵暴风雨把船只驱散,才使他得以逃生并回到马六甲。"[1]

嘉靖二年(1523)的屯门之战中,葡萄牙人的佛郎机大炮尽显威力,致大明军队久战无功。正当汪鋐为佛郎机火炮的犀利而苦恼之时,有个意外的好消息传来。白沙巡检何儒探听到,有广东人杨三戴,早年闯荡海外,追随了葡萄牙人,熟悉火铳、火药的制作方法。汪鋐闻讯后喜出望外,如果能掌握葡萄牙人的制铳方法,造出同样的火铳,则可以早日结束战事。

大明官员对于用计之类充满偏好,当即安排人手,伪装售卖酒米,混入屯门的葡萄牙人之中。葡萄牙人被困日久,对于粮食、酒水没有任何抵抗力,敞开大门欢迎。大明细作进入之后,找到了杨三戴,一番思想工作之后,又许以重赏,促使其投奔大明。到了约定的时日,何儒亲自出马,驾小船将杨三戴接到明军之中,汪鋐一番慰劳之后,令其仿造佛郎机火铳。

---

[1] [英]赫德逊:《欧洲与中国》,王遵仲、李申、张毅译,中华书局1995年版,第215页。

据葡萄牙人记录,葡萄牙船上有一名叫彼得罗的华人基督徒,他会制火药、铸铳及造军舰,被大明官员想办法找到。彼得罗在广州造军舰,造了两艘之后,大吏们认为军舰耗费木头过多,遂不再建造。之后彼得罗被送到北京,汇报火铳火药的制造方法,得到大明皇帝赏赐,此后在北京铸造火铳。由此记录可证,大明确实从葡萄牙人身边挖到了精通火铳、火药制造的人才。

得了佛郎机火铳助战,汪𬭎再用兵与佛郎机人交战时,可以不相上下了。后来有记录认为,得了佛郎机人火铳的制作方法,乃是屯门之战大胜的主因。在佛郎机人逃走之后,大明又"夺获伊铳大小二十余管"[1]。得了二十余门原装佛郎机火炮,更有助于大明提升造铳技术,所造火炮"即以其国名,名佛郎机云"[2]。这是中国第一次接触到近代意义上的大炮。明人记录,佛郎机大炮"其铳管用铜铸造,大者一千余斤,中者五百余斤,小者一百五十斤。每铳一管用提铳四把,大小量铳管,以铁为之。铳弹内用铁,外用铅,大者八斤,其火药制法与中国异。其铳一举放远可去百余丈,木石犯之皆碎。"[3]据此记录,子铳用铁,母铳用铜。在佛郎机火炮传入之前,明军之中装备有大将军、二将军、三将军等火炮,体积笨重,装填不便,操作复杂,也没有瞄准器,技术粗糙,容易炸膛。佛郎机炮采用子母铳,一门炮配有五个子铳,轮流装发,射击速度快;炮身设有瞄准器,提高了射击精准性。佛郎机火炮炮身细长,火药燃放后容易形成冲击力,射程远,杀伤

---

1 [明]严从简:《殊域周咨录》卷九,明万历刻本。
2 [明]熊明遇:《文直行书诗文》文选卷十三,清顺治十七年熊人霖刻本。
3 [明]严从简:《殊域周咨录》卷九,明万历刻本。

力大。此战之后,中方开始推广佛郎机炮,将其用于对付北方的游牧部落及沿海出没的海盗、倭寇。[1]

屯门之战,是中国与近代西方国家的第一次军事冲突。此战虽然获胜,但中国士大夫如汪鋐等人,却认识到了蜈蚣船、佛郎机铳的威力,开始鼓吹引入西方武器。汪鋐甚至发出了"师佛郎机以制之"的呐喊,这领先于魏源"师夷长技以制夷"三百年。作为此战的指挥者,汪鋐成功驱逐了佛郎机人,被加以提拔,地方上感其功劳,特为他建生祠。虽在屯门遭遇到了挫败,可葡萄牙人派出的新使团已在前往大明的途中,又有一场新的风暴即将暴发。

葡萄牙舰队在屯门的败绩,远在里斯本的葡萄牙国王并不知道,他对扩大与中国的贸易充满了期待,特意派遣马尔廷·科廷奥(米尔丁·甫思多灭儿)出使中国,希望能签订条约,并在屯门建立要塞。马尔廷·科廷奥到达满剌加后,从在屯门战败撤回的葡萄牙船员口中,知道了在屯门发生的一切,他仍然决定前往中国。

1522年7月,马尔廷·科廷奥带领六艘船只,再次前往中国,船队中有两艘船只参与过去年的屯门之战。马尔廷·科廷奥带领五艘船闯入屯门,另有一艘船去年吃过亏,未敢深入。马尔

---

[1] 据顾应祥记录,彼时正值海寇猖獗,其遣兵追捕,备倭都司送来一门佛郎机火炮助战。顾应祥至教场试射,观察到佛郎机火炮射程最远可达二百步,在百步内具有较大杀伤力。嘉靖九年(1530)秋,汪鋐官至右都御史。此年嘉靖帝谈到塞上墩台、城堡屡屡被蒙古各部寇来蹂躏,防守时缺乏远射武器。汪鋐建议,可将大小佛郎机炮部署到塞上各处墩台、城堡中,大小相依,远近相应,足以坐收不战之功。嘉靖帝对汪鋐的建议很是满意,下令执行,此后明军在北方长城各处墩台、城堡,广泛部署佛郎机炮。

廷·科廷奥试图与中国官方接触，建立起信任关系，他两次派遣翻译上岸，结果都是一去不返。此后派遣上岸取淡水的人员，遭到了明军攻击，狼狈逃回。

葡萄牙船只无法达成接触的目的，只好从屯门退出。而大明的备倭指挥柯荣、百户王应思看到了战机，督导水师一路追击，双方在西草湾爆发海战。战斗打响之后，杨三戴指导仿造的佛郎机炮发挥奇效，在炮战中不落下风，将一艘敌船的火药引爆，甲板炸飞。此后明军水师靠近另一艘葡萄牙船只，登船作战，在战斗中击毙多人。

两艘俘获的葡萄牙船被明军纵火焚毁，在随后的战斗中，百户王应思战死，其他三艘葡萄牙船见势不妙退去。中方记录，此战"生擒别都卢、疏世利等四十二人，斩首三十五级，俘被掠男妇十人，获其二舟"[1]。中方记录虽不乏夸张成分，但无疑此战大捷，至于抓到的俘虏，全部诛杀，枭首示众。

至于托梅·皮雷斯使团，早已身陷囹圄。正德帝去世之后，托梅·皮雷斯使团立刻带着礼物离开北京，于1521年9月22日抵达广州。此时大明已决定对葡萄牙人用兵，自然不会优待敌国使团。使团一到广州，布政使就下令将使团关入布政司库（藩库），但托梅·皮雷斯拒绝进去，随后他们被关入几间大房中。一个多月后，托梅·皮雷斯等六人被转移到布政司牢房。嘉靖三年（1524），托梅·皮雷斯死于广州狱中。

此战之后，广东文武官员不想再生是非，上奏请停止广东沿海所有贸易，不但驱逐葡萄牙人，连暹罗、占城等国的商船也

---

1 [明]何乔远：《名山藏》卷一百七《王享记》，明崇祯刻本。

"尽行驱逐"。葡萄牙人在广东沿海失利后,转至闽浙一带,联络日本倭寇与中国海盗,共同从事走私贸易。其他各国船只无法进入广州贸易,转而也向福建沿海寻求商机。对外贸易的断绝,在广东很快出现了恶果,"粤中公私诸费,多资商税,番舶不至,则公私皆窘"[1]。至嘉靖八年(1529),经新任广东巡抚林富奏请,广州重开海禁。为了杜绝佛郎机人再次出现在广州城外,林富特意下令,各国商船"在广州洋澳驻歇",听候官方调度。

亚洲经济中心双屿港

从广州被驱逐之后,葡萄牙人转而前往浙江、福建沿海,从事贸易。而在浙江,有一处天然的贸易地,这就是双屿港。双屿港距(宁波)城东南百里,是宁波府舟山卫所辖两个小岛,两岛之间,有着狭长而深的水道,是天然良港。

明代日本使团来华贸易,都要先到宁波,而双屿港水道是前往宁波的必经之路。有时为了躲避风浪,船只常在此停歇。随着贸易船只的增多,此地发展起来,嘉靖三年(1524)时,双屿港已满是出口的丝绸、瓷器等货物,形成了李光头、许栋等中国海商集团。

早在1517年,葡萄牙使团抵达广东的屯门岛,之后遣出船只,准备前往琉球通商。但船只抵达福建后,已无法在信风季节前往琉球,遂在福建泉州停留。葡萄牙人发现,在泉州可以赚到

---

1 [清]陈澧:《(光绪)香山县志》卷二十二,清光绪刻本。

与广州同样多的利润，这是葡萄牙人最早关注福建、浙江等地。1521年，葡萄牙人被从广东驱逐之后，在福建人带领之下，"皆往漳州府海面地方，私自驻扎"[1]。

在福建漳州，通过贿赂地方官员，葡萄牙人取得了在浯屿岛的居住权。浯屿岛周围六里，左达金门，右临岐尾，极为要害。明初，浯屿岛上驻有军队，后废置不用。浯屿孤悬海中，水道为漳州和泉州所共有，自明军水寨内迁后，处于无人管理状态，中国的海商、海寇与葡萄牙人在此进行贸易。

葡萄牙人进入福建、浙江之后，得到了中国海商、海寇集团的支持，并将其引入浙江双屿港。嘉靖五年（1526），罪囚邓獠（佬）从福建越狱，逃入海中。邓獠"引诱番夷，私市浙海双屿港，投托同澳之人卢黄四等，私通贸易"。番夷即葡萄牙人。葡萄牙人手中，有中国急切需要的货物，能带来巨大的利润，得到沿海中国海商、海寇的欢迎。1527年1月26日，葡萄牙舰长狄欧哥·卡尔佛给国王的信中云："最近有一位在暹罗的亲戚告诉我，中国方面渴望得到我们的胡椒、黑木及木香等物，他们现在愿意花钱与我们交易。"[2]

嘉靖九年（1530），"福州狱变，戕大吏三人，斩关趋连江，渡海而遁"[3]。逃逸的囚犯有闽人林碧川、李光头，歙人许栋。这三人越狱后下海，与葡萄牙人联系，共同在双屿港进行贸易。

在浙江，葡萄牙人又用重金收买了浙江海道副使姚翔凤，获

---

1 ［明］万表：《皇明经济文录》卷二十八广东，明嘉靖刻本。
2 ［清］谈迁：《国榷》卷五九，清抄本。
3 ［明］王应山：《闽都记》卷一《福郡建置总叙》，道光十一年求放心斋刻本。

得官方默许,得以在双屿港进行大规模贸易。双屿港逐渐成为亚洲各国贸易的中心,吸引了各方势力前来。嘉靖十七年(1538),"闽人金子老为番舶主,据宁波之双屿港"。嘉靖十九年(1540),"许一松、许二楠、许三栋、许四梓潜从大宜、满剌加等国,勾引佛郎机国夷人,络绎浙海,亦市双屿、大茅等港"。[1]

据中方林希元记录,"佛郎机之来,皆以其地胡椒、苏木、象牙、苏油、沉速檀乳诸香与边民交易,其价尤平。其日用饮食之资于吾民者,如米面、猪、鸡之数,其价皆倍于常,故边民乐与为市"[2]。一叶之艇,送一瓜、运一樽至双屿,都能得到厚利。"嗜利无耻之徒交通接济,有力者自出资本,无力者转展称贷;有谋者诓领官银,无谋者质当人口;有势者扬旗出入,无势者投托假借,双桅三桅连檣往来。"[3]

葡萄牙人也记录下了中国沿海居民对贸易的欢迎。在中国人的指导下,葡萄牙人开始到宁波做贸易,此地没有带墙的城镇和村落,而沿岸满是穷人汇集的大镇;当地人很喜欢葡萄牙人,把粮食卖给葡萄牙人以便得到收入。在这些城镇中,有与葡萄牙人一起在海上贸易的中国商人,通过他们,当地商人把货物携来卖给葡萄牙人。沿海的大小官吏也从中大获其利,他们允许双方贸易,买卖货物,从中获得巨额利润。其他各地官员也贪赃枉法,许可葡萄牙人至各地贸易,甚至到达南直隶。

---

1 [明]郑舜功:《日本一鉴·穷河话海》卷六,文物出版社2022年版。
2 [明]林希元:《林次崖先生文集》卷五《与翁见愚别驾书》,厦门大学出版社2015年版。
3 [明]朱纨:《甓余杂集》卷三《双屿填港工完事》,明朱质刻本。

在双屿岛上,活跃着中国、葡萄牙、日本、琉球,以及东南亚各地商人,营造出了一派繁荣的景象。据旅行到此地的葡萄牙商人宾托写的《东洋纪行》记录,当时的双屿,较印度及亚洲任何地方都壮丽、殷富和繁荣,每年总贸易额超过三百万金,而对日本的贸易约占总额的一半,获利之巨,可达投资的四倍。总人口约三千人,其中葡萄牙人一千二百人,几占其半数,建有两座教堂,一座市政厅,两家医院和超过一千幢私人住宅。

无数船只,以双屿岛为中心,穿行于大海上,运送着中国的瓷器、丝绸,东南亚的香料、木材,依仗葡萄牙人的坚船利炮,竟然纵横大海,所向披靡。横行海上的海商集团,也从事海盗营生。"驾巨舶,运轻帆,行于无涯之浸,飞枪机铳以为利,人莫敢撄之,则皆习为盗矣。"[1]嘉靖二十二年(1543),邓獠等寇掠福建沿海地方,浙江沿海寇盗亦发。

至于葡萄牙人,他们在岛上长住下来后,无恶不作,以至于葡萄牙人自己也叹息,就差绞刑架和耻辱柱了。葡萄牙人在沿海各地进行劫掠,祸害地方的事件频频发生。如葡萄牙人贝留拉,纠结了二十余名葡萄牙人,袭击双屿岛附近的一个村落,剽掠农家十户,掳走农妇,残杀十多人。葡萄牙人法利亚航行至南京,上岸偷盗明孝陵宝物,逃归双屿。

得到葡萄牙人火铳后,双屿海盗竟然敢与官军交锋,且以犀利火器,占据上风。嘉靖二十二年(1543),浙江海道副使督调官军船只出海攻剿双屿,许栋与其属下胡胜等人,用火铳反击,反将前来围剿的官军击败,杀伤官兵颇多。嘉靖二十五年

---

1 [明]朱纨:《甓余杂集》卷首《甓余杂集序》,明朱质刻本。

（1546），双屿海盗胡胜出动，将明军把总白浚、千户周聚等掳回港内，索要银六百两、锣一面、铜鼓一副。

双屿岛上日益发展的势力，对沿海各地的持续骚扰，让大明朝廷难以忍耐，最终决定加以清剿。此外还有一个让大明不得不提防的重要因素，那就是火铳。在广州与葡萄牙人的交锋中，大明见识了佛郎机火铳的巨大威力，开始引入，加以仿造。而漂流到日本种子岛的葡萄牙人，也将佛郎机火铳传入日本，在日本引起了巨大变革。日本各地领主对于佛郎机火铳极为重视，不惜重金，招募会制造火铳的匠人。双屿岛的海上贸易中，重要的一部分就是武器，来自葡萄牙的火铳等武器，与中国沿海掌握造铳技术的匠人一起输入日本，引发了大明朝廷的警惕。

主持剿灭浙江、福建沿海中国海盗与葡萄牙人的，是朱纨。朱纨，字子纯，苏州府长洲县人，正德十六年（1521）进士。嘉靖二十六年（1547）七月，朱纨以都御史衔巡抚浙江，兼管福建福、兴、漳、泉、建宁五府军事。此年夏言担任首辅，对外态度强硬，力主以武力剿灭海寇，大力支持朱纨，使其得以一展身手。

七月初八，朝廷发布诏令。九月初一，朱纨接旨。此番朝廷给予朱纨极大权力，以方便行事，除事关重大者，凡文职五品以下、武职四品以下，如不用命应拿问者，径自拿问，应深究者深究，事关军机重大者，许以军法从事。为了备战，朱纨作了充分准备，一方面巡视地方，整顿吏治，严密海防；另一方面则选调精兵，训练军士，打造装备。在地方上，朱纨严格推广保甲制度，将地方豪族所有二桅以上船只，估价加以购买，充实水师实力。

嘉靖二十七年（1548）三月十五日，福建备倭都指挥使卢镗率领三十余艘船只及千余名士兵，至浙江海门（今浙江省台州市椒江区）集结。到了四月，天气回暖，大批走私船只汇集双屿港进行贸易，明军也在此月出动。

四月初二，卢镗、海道副史魏一恭、备倭指挥刘恩至，与海寇在九山大洋（今浙江省宁波市象山县东南韭山列岛附近）交战，大败贼众，俘斩倭寇稽天新四郎等。双屿港被明军水师包围后，对外交通断绝，岛上海盗依托堡垒坚守。

四月初六，明军攻入双屿港，次日占据全岛。岛上的海寇利用夜色逃遁，被官兵围攻，俘斩溺死者数百人，贼首许六、姚大总与大窝主顾良玉、祝良贵等被擒。明军进入双屿岛，将岛上天妃宫、营房、战舰全部荡平，中国海盗及葡萄牙人残部逃往福建浯屿。

双屿之战后，五月十七日，朱纨亲自至双屿巡视，岛上仍可见当日贸易的盛景。朱纨本意是在岛上设立兵营，派兵驻守，不想遭到参战的福建官兵反对。朱纨最后决定，采取更为费力的办法，用椿木、石块将双屿港堵塞，至六月二十六日，两港均被堵塞。

战后的五六月之间，"浙海瞭报，贼船外洋往来，一千二百九十余艘"[1]，平均每月六百五十余艘，每日十艘。这些船只在海上紧迫地寻找着港口，浙江入海之路断绝后，他们将眼光投向了福建，而朱纨在福建的行动也在紧锣密鼓进行中。

走马溪之战与朱纨之死

嘉靖二十七年（1548）六月二十一日，双屿之战两个月后，福

1　[明] 朱纨：《甓余杂集》卷四《三报海洋捷音事》，明朱质刻本。

建官兵捕获打劫黄崎（今福建省泉州市惠安县净峰镇东北部）地方的胡胜。胡胜，六十一岁，直隶徽州府歙县（今安徽省黄山市歙县）人。据胡胜交代，他在沿海招募千余人，私造二桅、三桅大船，盘踞双屿港内，从事海上贸易及海盗行为。

从其供词可见，活跃在双屿的中国人，兼具海商、海盗双重身份。据大明律法，只要出海从事海上贸易，就是违法行为；既然从事贸易是高风险的行为，在各处进行劫掠也是必然选择。团伙每年结伙收买丝、棉、绸、缎、瓷器等货物，运往满剌加等地售卖，同时接受葡萄牙人的封号，从葡萄牙人处，"领彼胡椒、苏木、象牙、香料等物，并大小火铳枪刀等器械"[1]。不进行海上贸易时，海商就转为海盗，时常调拨快马哨船，出港劫掳浙江、福建沿海居民，勒要赎银，杀人放火，不计其数。

在浙江获得胜利后，朱纨令福建备倭都指挥使卢镗率主力回军福建，与柯乔合兵，试图一举驱逐葡萄牙人及海盗。朱纨亲到福建督战，准备对浯屿发起总攻，不想遭到了巨大阻力。此前浙江双屿之战，侵害到福建诸多从事海上贸易的豪族的利益。各种谣言开始纷传，有传言说朱纨已被革职，官场上下观望，就连作战得力的卢镗也受到影响。

葡萄牙人从双屿逃出来后，在浯屿安顿下来，从事贸易，竟也兴盛无比，更对朱纨用兵清剿带来了巨大阻力。福建地方官员多数不赞成清剿葡萄牙人，他们认为葡萄牙人的意图只是为了开市舶贸易。福建官员劝告朱纨："须为善后之计，不然复命之后，难免身后之罪。"朱纨询问如何处置，福建官员回复："不过曰开

---

[1] ［明］朱纨：《甓余杂集》卷四《三报海洋捷音事》，明朱质刻本。

市舶耳。"[1]

嘉靖二十七年（1548）七月，御史周亮等上疏，以浙闽难以兼管为由，请削去朱纨兵权。地方官员对朱纨的号令，多阳奉阴违，加以观望。在福建官场上，朱纨得到的唯一支持乃是巡视海道副使柯乔。而就连柯乔，也再三劝告朱纨，不要轻易动武。就在福建官场成为用兵的羁绊时，在漳州浯屿，一名已故亚美尼亚人与中国人的财产纠纷，为朱纨用兵提供了借口。

据葡萄牙人记录，在宁波双屿被捣毁后，葡萄牙人以重贿在漳州得到了立足点。葡萄牙人苏萨蛮不讲理，贪婪成性，将一名已故亚美尼亚人的货物攫取过来。两名中国人断言这些货物是他们的，于是便告到官府。因此官府便下令禁止中国人再与葡萄牙人来往，同时切断了对葡船的粮食供应。饥饿的葡萄牙人便到乡村搜寻粮食，从而引起斗殴；所有的中国人都被激怒了，群起反对他们。

以此为契机，朱纨力排众议，下令用兵，令卢镗到漳州与柯乔合兵，攻击浯屿。嘉靖二十七年十月二十六日，卢镗亲自领兵船出洋，切断浯屿与外界联系，攻击接济葡萄牙人的船只，又派兵船到浯屿外挑战，葡萄牙人则坚守不出。十一月七日夜，卢镗出奇兵，遣兵上岛，将栅栏绳索之类拆去，又俘获番旗一面，葡萄牙人这才被发现，几被追获。十一月初八清晨，明军兵船全部出动，前去攻击，但葡萄牙人的船只并未出动，此时无风，明军顺潮退回。十一月初九，明军又出动大夹板船，鸣锣鼓助威，燃放大铳三十余个，其他各种铳不计其数。二十日夜，明军发起夜

---

[1] ［明］朱纨：《甓余杂集》卷五《旷官违众乞残喘以存大体献末议以图久安事》，明朱质刻本。

袭，因为风停止而告终。几番试探性攻击中，明军阵亡四人，损失轻微，也试探出浯屿易守难攻，明军遂不再强攻，而是采取围困封锁策略。

嘉靖二十八年（1549），被围困三个月的葡萄牙人及中国海盗，不得不放弃浯屿。正月二十五日之后，他们陆续乘船出洋逃跑，明军兵船一路跟随。此时正是风汛之际，葡萄牙人本可扬帆，返回满剌加。但船队中一部分人因商欠未得偿还，货物未曾全部售卖，留了下来，在走马溪（今东山岛）观望。

据朱纨奏报："内有夷船于二月十一日，复回至诏安县洪淡巡检司地方灵宫澳下湾抛泊。"[1]走马溪在诏安县东南五十里海滨，此地距离县城及各水寨较远，又有天然良港，成为中国海盗与葡萄牙人的首选。走马溪地处闽粤两省交界，内有东澳为海口藏风之处，凡寇舡往来俱泊于此。从东南亚至宁波再到日本，此地乃是重要中转站，可以补充水粮，葡萄牙人希望于此进行贸易。朱纨当即抽调各路兵马，共同围剿，"卢镗悬示千金重赏，离间夷心，柯乔委诏安典史陆铁抚谕梅岭田、傅巨姓，俱各效顺。出兵埋伏贼夷所泊山顶"[2]。

嘉靖二十八年（1549）二月二十日，明军兵船发走马溪；二十一日，葡萄牙人各持鸟铳上山，被梅岭伏兵乱石打伤，逃回船上。据朱纨的奏报称，卢镗亲自挝鼓督阵，"将夷王船两只，哨船一只，叭喇唬船四只围住"。此战葡萄牙人被伏击，不战而溃。据朱纨奏报，此战斩获"番贼首级三十三颗，通计擒斩

---

1 ［明］朱纨：《甓余杂集》卷五《六报闽海捷音事》，明朱质刻本。
2 ［明］朱纨：《甓余杂集》卷五《六报闽海捷音事》，明朱质刻本。

二百三十九名",其中"生擒佛郎机国王三名、倭王一名",生擒身材长大的黑人四十六名,李光头以下共中国人一百二十名,"死者落水,而生者就擒,全闽海防,千里肃清"。[1]

加斯帕尔·达·克鲁斯1556年底来到广州,曾在广州逗留了几个月,后来著有《中国事务及其特点详论》。据他记录,葡萄牙人将没处理完的货物,留在两艘中国船上,留下几十名葡萄牙人看守货物,保卫船只,准备完成贸易后再返回印度。中国舰队的官兵发现了仅留下的两艘船;通过中国商人之口,得知船上有大量货物,就发起进攻。中国官兵设下埋伏,在岸上布置一些中国人,携带武器好像要进袭船只,跟葡萄牙人打仗(因为船靠近陆地)。留下来看守船只的人被激怒,一些人冲出去跟岸上的中国人交战。见对方中计,埋伏的中国舰队士兵,直袭两艘船,杀了些被发现的葡萄牙人,杀伤另一些躲藏的葡萄牙人,占领了这两艘船。

不管是朱纨,还是卢镗,战后都有些膨胀,都想向朝廷展示战功的巨大,无疑,俘获敌酋是最大的功绩。加斯帕尔·达·克鲁斯记录:"卢都司神气活现,兴高采烈,他那得意扬扬的样子让人惊异。他马上对几个与葡萄牙人一起被俘的华人严刑拷打,逼迫四个模样姣好的葡萄牙人自称是满剌加国王。"这几名葡萄牙人被威胁之后,同意承认是国王,卢镗还特意差人制作了大袍与高帽,将这几人打扮起来。"为将此事办得万无一失,永远不

---

[1] [明]朱纨:《甓余杂集》卷五《六报闽海捷音事》,明朱质刻本。

被戳穿，他将与葡萄牙人同时被俘的华人一概正法。"[1]

战后朱纨即差千户刘铉，持令旗令牌前来，将所捕获贼首李光头等审认明白后，即于军前斩首李光头等九十六人。其余囚犯关入囚车，解送按察司收问，每车十余人，装满即走。囚犯颈露车上，车上另有二人持刀护卫，车前揭一牌示，上书"军门号令众欲近前者许登时斩首"[2]十四字，以警告试图劫囚者。至于被擒获的"佛郎机国王"，被朱纨描述为仪容俊伟，果非凡类，安置别室，优其食用，慰其忧疑，候旨施行。将九十六人诛杀后，三月十八日，朱纨向朝廷奏报闽海捷音，生擒"佛郎机国王"。

走马溪之战后，朱纨擅自斩首九十六人，存在问题。九十六人中，确实有海寇，但也有福建地方上的普通商人与民众。据葡萄牙人记录，被杀者中还有几名是小青年。此番斩首事件，引发了福建地方上从豪门望族到一般民众的强烈畏惧。朱纨也记录：走马溪之战后，漳州一带民心浮动，一时航海者数千家，群情汹涌，城中围观者，每日以万数，一时有激变之势。

激变未起，但私下各种小动作不断，乃至有人怂恿日本使团杀掉朱纨。早在嘉靖二十七年（1548）六月，日本国贡使策彦周良带领六百余人，驾海舟入浙江宁波，请求入京朝贡。巡抚朱纨上奏礼部，礼部指示："入贡旧例以十年为期，来者无得逾百人，舟无得逾三艘。"最后朱纨同意五十人入京朝贡，其余安置在宁波嘉宾馆。嘉靖二十八年（1549）三月，有人写匿名信投入嘉

---

[1] 金国平编译：《西方澳门史料选萃（15—16世纪）》，广东人民出版社2005年版，第200页。

[2] ［明］朱纨：《甓余杂集》卷六《奉行军令军法以安地方事》，明朱质刻本。

宾馆中，称："天子命都御史起兵诛使臣，可先发，夜杀都御史（朱纨）。"[1]

就在兵部准备议走马溪之战战功时，巡按福建御史陈九德上奏，弹劾朱纨擅杀。在陈九德看来，律有明条，生杀之权在朝廷，而非臣下。被杀的九十六人，"未必尽皆夷寇也，同中国姓名者，非沿海居民乎？又恐未必皆谋叛也。如有通番等项，岂无应分首从者乎？"陈九德认为，将近百人不经复审，不分首从，全数诛杀，乃是擅杀、滥杀。陈九德责问："臣不知纨何心而残忍如此也？""且其一面具题，一面行事，是不暇候命，而已自独断之矣？"[2]

此时朝廷中也发生变化，支持朱纨的首辅夏言已被杀，朱纨在中央失去了一个极大的支持者，这对他来说是极为不利的，新任首辅严嵩并不支持严厉的海禁政策。朝廷令兵科都给事中杜汝祯，前往调查此案。

调查之后，杜汝祯及御史陈宗夔认为：首先，葡萄牙人虽然贩卖货物，但并无僭号流劫之事。其次，从双屿被驱逐后，葡萄牙人复至漳州月港、浯屿等处，贿赂地方官，得以进行贸易。此事暴露后，朱纨等"乃始狼狈追逐，以致各番拒捕杀人，有伤国体"。再次，其后诸贼已擒，不分番民首从，擅自行诛，使无辜并为鱼肉。杜汝祯、陈宗夔认为，朱纨、卢镗、柯乔等官员乃是首罪。冒功坐视诸臣如通判翁灿、指挥李希贤等罪次之。指挥佥事汪有临、知府卢璧、参将汪大受又次之。

---

[1] 《明代基本史料丛刊·邻国卷》53，线装书局2006年版，第211页。
[2] ［明］朱纨：《甓余杂集》卷六《兵部一本为六报闽海捷音事》，明朱质刻本。

兵部三法司审议后，同意了杜汝祯、陈宗夔的处理意见。"纨、镗、乔遂得罪，翁灿等下巡按御史提问，汪有临等夺俸有差"[1]。拒捕的四名葡萄牙人被处死，其余五十一名葡萄牙人则被送去广西安置。

嘉靖二十九年（1550）七月，朱纨服毒自杀，终年五十八岁。"纨为人清廉，勇于任事，开府闽浙，首严通番之禁，海中为之肃清。走马溪之役，虽张皇太过，然勘官务入其罪，功过未明。纨竟坐忧恐，未就讯，仰药而死，公论惜之。"[2]朱纨自杀后，卢镗、柯乔被关押入狱，定以死罪。嘉靖三十一年（1552），倭乱从沿海蔓延至闽、浙、粤等省，卢镗、柯乔被释放，至前方剿倭立下战功。

走马溪之战后，葡萄牙人折回广东，委托其他国家商人前往广州贸易，或在附近海面从事走私贸易。在与大明官方的接触中，葡萄牙人改变了策略，经由贿赂及附加条件，得以在澳门安顿下来。而大明朝廷之所以默许葡萄牙人在澳门居住，部分原因是葡萄牙人手中有嘉靖帝所急需的龙涎香。

龙涎香与租借澳门

在明代，嘉靖帝对龙涎香极为热衷，曾倾举国之力在四海之内搜罗，生出无数是非，耗费民脂民膏。

1　[明]王士骐：《皇明驭倭录》卷五，明万历刻本。
2　《明世宗实录》卷三百六十三。

嘉靖帝登基后，频繁进行各类宗教活动。这些宗教活动，既有为公的一面，如祈雨，祭告天地、社稷、山川之神，更有为私的一面，即为自己祈福延寿，多得子嗣。嘉靖帝很长时间没有子嗣，内心焦虑无法言表，就想通过斋醮，求神灵保佑，以期得到子嗣。为了感动上苍，嘉靖帝挥霍千金，在所不惜，"每一举醮，无论他费，即赤金亦至数千两"[1]。

嘉靖二十九年（1550）秋，蒙古俺答汗进犯古北口、蓟镇，明军一战兵溃，京师戒严。在花费重金，送走了俺答汗这尊大神后，嘉靖三十年（1551），嘉靖帝下令："命户部进银五万为内供，购龙涎香。"[2]这些采购的龙涎香被用于太庙祭祀，一方面祈求祖宗保佑，早日消灭鞑虏；另一方面则祈求保佑皇帝，早登仙道。

葡萄牙人被从福建驱逐后，再回广东，改变了往日粗暴的武力策略，小心翼翼地与中国官方交往，并馈以厚礼。官方得了厚利，于是乎，对葡萄牙人在广东沿海的走私贸易，只要不靠近广州，就视而不见。随着贸易的拓展，葡萄牙等国商人缴纳一定税费后，即可与中国商人进行非公开贸易，而上川岛、浪白澳成为双屿、浯屿之后新的贸易地。

嘉靖三十二年（1553），葡萄牙苏萨船长与广东海道副使汪柏商谈，以纳税为条件，得以暂住澳门，进行贸易。而在此前一年，未被纳入朝贡体系的国家，则不得进入中国贸易。贸易带来的巨大利润，海外香料的无上诱惑，使天朝的大门开了条缝隙。

1　[明]沈德符：《万历野获编》卷二，清道光七年姚氏刻本。
2　[明]何乔远：《名山藏》卷二十五《典谟记》，明崇祯刻本。

虽然葡萄牙人被要求伪装成朝贡体系之内的国家的人,以符合朝贡规则,可葡萄牙人懒得配合,为了皇帝所好的龙涎香,朝廷上下也视而不见。

中国当时及后世史料,多记录汪柏接受葡萄牙人贿赂,容许葡萄牙人以遇难船只须晾晒货物为由,在澳门留居。汪柏是同意苏萨停留,但也提了两个条件。一是纳税,汪柏提出要纳20%的关税,苏萨则争取到只纳10%的关税——苏萨将带来的货物,一半依照20%缴税,另一半则私下贸易,平均下来只缴纳了10%的税。二是葡萄牙人身份改变,葡萄牙人被当作暹罗人,或是被纳入朝贡体系的他国人。

此前葡萄牙人多在上川岛、浪白澳进行贸易,这些地方处于外洋,饮水粮食补充困难,而澳门则是上佳选择。此年获准进入澳门后,葡萄牙人开始在此建筑房屋,以便交易。1554年,广东官方封锁上川岛,禁止互市,葡萄牙人转而到浪白澳进行贸易,浪白澳很快发展起来。1555年,居住在浪白澳的葡萄牙水兵、商人已达四百人之多,另有耶稣会神父五人,建有一座教堂,此后人数不断增加。浪白澳处于外海,各种条件都不如澳门;1562年后,在浪白澳的葡萄牙人转移到澳门,澳门成为葡萄牙人在华唯一居留地。

葡萄牙人租借澳门,使用港口,每年向明廷官员缴纳商船停泊税,此外还有五百两租金,但这笔租金不纳入国库,而是海道的灰色收入,也称"海道贿金"。在隆庆六年(1572)或者万历元年(1573),葡萄牙人照例来缴纳停泊税和"海道贿金"。在场的翻译把"海道贿金"称为"澳门租金",当时有其他官员在场,海道无奈,只好将错就错,将五百两银子当作地租银上交司库。

此后，每年五百两租金就成为定则。[1]

葡萄牙人在中国站稳脚跟后，曾在广州居住过的阿拉伯人被葡萄牙人排挤出这条贸易航线。暹罗人及其附近其他国家的人，虽然可以到中国来贸易，但是他们的船舶太小，在国际贸易中已不再具有重要性。原先朝贡国与中国的贸易，或被阻隔，或受到削弱。

嘉靖三十二年（1553）之后，广东地方官员默许葡萄牙人租地贸易，这在之前是不可思议的。之所以能如此，重要原因是，嘉靖帝逼迫大臣们四处寻觅龙涎香。此时手中拥有大量龙涎香的只有葡萄牙人。从中枢到地方，为了满足皇帝的需要，也就默许了葡萄牙人的存在。

嘉靖三十四年（1555），嘉靖帝狮子大开口，令户部采购龙涎香百斤。户部行文广东，悬赏每斤银一千二百两，仅买到了十一两龙涎香。送入宫中鉴定，却是假货。此年五月，由于寻访龙涎香十余年而不得，嘉靖帝脑子一转，命户部派出官员，到沿海各地与洋人接触，"设法访进"，看看能否买到龙涎香。最高指示是"设法访进"，语气虽缓和，却不能掩盖皇帝着急之心。

特派员至广州后，探听到关在大牢里的一名葡萄牙囚犯存有龙涎香一两三钱，就紧急征用了，进献给皇帝。京城来的特派员，四处寻觅龙涎香，在澳门的葡萄牙人也得到了消息。利用手中的龙涎香，葡萄牙人在与大明官员交涉时，获得了主动。葡萄牙人还用龙涎香作为筹码，将被关押在广东的葡萄牙人解救了

---

[1] 参见金国平编译：《西方澳门史料选萃（15—16世纪）》，广东人民出版社2005年版，第276—277页。

出来。

有葡萄牙人记录:"我与几个葡萄牙人曾到布政使衙门,商讨释放几名被捕在狱的葡萄牙人,为此我们带去了二盎司[1]多龙涎香","许久以来,他们(广东官员)向葡萄牙人求索此物,但他们不知道我们如何称呼龙涎香,直到前一年(1555)广东海道释放了一个葡萄牙人,得到少许(一两三钱)后,才知道龙涎香在我们语言中的称谓。"[2]由于皇帝急需,导致了龙涎香价格暴涨。此后来华贸易的外国商船上,多带有龙涎香,一两价百金。

嘉靖三十六年(1557)七月,福建地方官员进贡龙涎香十六两,广东地方进贡十九两有奇。此前嘉靖帝派遣主事王建,至福建、广东采购龙涎香,却一无所得。王建到沿海跑了一次,开了眼界,就建议,今后凡进入沿海城市进行贸易的外国船只,必须先投纳龙涎香,方准交易买卖。此建议一上,户部深以为然,立刻在沿海推行。

经过二十多年忙碌,到了嘉靖四十年(1561),宫内所积存的龙涎香,有了二十余斤。看着这些龙涎香,嘉靖帝心花怒放,既可以用来祭祀,又可以日常使用,长生不老梦的追求,就落在了这些龙涎香上。可好梦易醒,嘉靖四十年的一把大火,将嘉靖帝多年苦心搜罗来的龙涎香,烧了个干干净净。

龙涎香被烧光后,嘉靖帝又逼迫户部设法采购。户部还是老法子,派人到福建、广东去采购,又严令商人手中的龙涎香一律

---

[1] 盎司,英美制重量单位,1盎司约合28.35克。
[2] 金国平编译:《西方澳门史料选萃(15—16世纪)》,广东人民出版社2005年版,第238页。

不得抬高价格，以平价卖给官方。嘉靖四十四年（1565），眼看着嘉靖帝马上要过六十大寿了，需要使用大量的龙涎香。可大火过后，四年以来，户部寻访龙涎香，只得了三四斤。此年二月初七，嘉靖帝教训徐阶道："龙涎香是常有之物，你们务必用心寻访。"皇帝这一开口，徐阶自然紧张，立刻表态，要请广东、福建的官员千方百计采购。

虽然嘉靖帝再三严令，要求采购龙涎香，可最终所得甚少，"所进龙涎香仅数十两"[1]。龙涎香取自山川菏泽，自然所成，如此迫切追求，却是违背自然之道。虽然是天子之需，赏以天价，终究人不能胜天。嘉靖帝之后，万历帝对于龙涎香照样追捧。万历二十九年（1601），王临亨在广东时，广州官府库中有龙涎香数两，以备征用。结果被矿税使得知，全部征走，进呈皇帝使用。王临亨道："余闻是香气腥，殊不可近，有言媚药中，此为第一者。"[2]这句话，道出了皇帝追求龙涎香的真相。

---

1 ［明］黄景昉：《国史唯疑》卷八，清康熙三十年抄本。
2 ［明］王临亨：《粤剑编》卷三，明万历刻本。

第五章

开拓——中华的海外贸易与移民

宋元之际，中国商人已经开始走向海外，在东南亚各地开拓，并有了最早的移民。到了明代，虽有海禁政策，可海外贸易所带来的暴利，吸引着一批批中国商人，冒着巨大风险从事走海贸易。对商人私下走海，明廷屡屡打击，却不能制止，在海外各地出现了一批中国人定居区。至隆庆年间，明廷在月港开关，有限许可商人出海贸易，带来了海外贸易的繁荣。随着海上贸易的日渐发达，葡萄牙、西班牙出现在东南亚区域，导致了地缘格局的改变，原先的朝贡体系开始衰落。而中国商人在海外的开拓，是官方所禁止的，也得不到官方的庇护。中国商人在马尼拉遭到西班牙殖民者屠杀，明廷的反应却是"商贾最贱"，认为他们被杀乃是咎由自取。

宋元海贸与海外开拓

北宋立国后，在北方面临辽、西夏等政权的威胁，原先通过陆路与西域地区的贸易受到阻碍。为了扩大收入来源，宋王朝大力发展海上贸易，吸引了大批外商前来，如"又有摩逸国（即麻逸，今菲律宾民都洛岛），太平兴国七年（982）载宝货，至广州海岸。"[1]

宋太宗至道元年（995），大食国舶主蒲押陀黎来华，献上白龙脑、眼药、白砂糖、千年枣、五味子、蔷薇水、乳香等物品。宋太宗在崇政殿接见了蒲押陀黎。接见时，有翻译陪同。据蒲押陀黎称，其父蒲希密五年之前来华后未归国，其母担忧，令其来中国寻访。至广州之后，见到其父，云备受大宋皇帝圣恩，降书赐袍，为此特命儿子来京进贡方物。宋太宗询问了大食国的情况，答："与大秦相邻。"宋太宗问："你国有些什么特产？"答："犀牛、大象和香药。"

宋真宗咸平二年（999）闰三月，大食国派遣使者蒲押提黎来华，献上象牙四根、蔷薇水四十瓶以及其他各种特产，祝贺新帝登位。蒲押陀黎、蒲押提黎并不是同一人，只是发音相近而已。"蒲"乃是阿拉伯人名中常见的 Abn（Abou）的音译，中译常为"阿卜"，有时省去"阿"，则称"卜"或"蒲"。

---

[1] ［元］马端临撰：《文献通考》卷三二四《四裔考·阇婆》。

为了管理对外贸易，宋代设置有提举市舶。通过海上贸易，每岁经费充裕，民不惊扰，此举被视为爱民之仁政。在海外贸易中，宋代有抽解与博买两种方式：抽解，是对船舶征税；博买，是对获利较大的船舶货物，由官方按照一定比例以官价（低于市场价），强行收购，然后售卖。南宋时，官方投入大量资金，从事博买。博买制度不利于商人，导致海商抵制，来华贸易的船舶减少，香料供给时常不足。宋高宗绍兴十六年（1146）九月，三佛齐国王致信抗议，称近年来，该国商贩到广东贩卖乳香，颇多亏损。宋高宗指示："市舶之利，颇助国用，宜循旧法，以招徕远人。"[1] 为此，还将已经升官的市舶官，降了一级。

宋代对外贸易中，香料贸易占据了主要份额，而在香料之中，乳香又占据很大比例。在香料贸易之中，三佛齐国占据了主要份额。绍兴二十六年（1156）十一月二十五日，三佛齐国进奉使蒲晋等入朝，献乳香八万斤、胡椒万斤、象牙四十斤，各种名香宝器甚众。次日，宋高宗赐给使团众人官爵。

三佛齐之外，占城也是对华乳香贸易的大户。宋太祖建隆三年（962），占城遣使贡乳香一千两百斤。宋孝宗乾道三年（1167）十月，有占城一次对宋贸易两万斤白乳香、八万余斤混杂乳香的记录。占城在今越南中南部地区，此地本不出乳香，出口到中国的大量乳香，来自海上劫掠。乾道三年十二月二十八日，据市舶司报告，大食商人称："本国财主佛记霞、啰池各，备宝具、乳香、象牙等，驾船赴大宋进奉，至占城国外洋暂驻候风"[2]，结果却

---

1 ［宋］熊克：《宋中兴纪事本末》卷六十八，清雍正景抄宋本。
2 ［清］徐松：《宋会要辑稿》蕃夷七，清稿本。

被占城人骗入国中,尽夺乳香、象牙等物。最后,这批货物又被占城进贡到中国。乾道四年(1168),大食进贡方物,有象牙、乳香等物,至占城被其抢夺。大食使团跑去福建市舶上诉,请求大宋做主,严惩占城。大宋夹在中间,只能好言安慰,"以礼遣回"。

宋代朝廷奖掖海外贸易,既招徕外商来华贸易,也鼓励中国商人出海贸易。《萍洲可谈》记述"北人过海不归者,谓之住蕃",有的中国商人"住蕃虽十年不归"。此时华人已在占城、真腊、爪哇等地定居,在当地获得较高地位,乃至被推为王。北宋景德元年(1004),安南大乱,久无首领,其后国人共立闽人李公蕴为王。宋代的三屿地区,相对还是比较落后。《诸蕃志》载,中国商人至此贸易,不敢上岸,驻舟中流,鸣鼓以招之。当地人便划着小船,带了吉贝、黄蜡、番布等物,前来交易。

南宋末年,宋将张世杰在广东新会崖山抗击元军,失败后一部分将士转去东南亚各地。南宋灭亡后,沿海地方也有人逃去东南亚,如梅县松口人卓谋带领十多名战士逃难到婆罗洲(今印度尼西亚西加里曼丹)定居,此后,客家人源源不断地移居印尼。[1]

元代的海贸政策时紧时松,但整体上还是鼓励海外私商贸易。随着蒙古的征服,疆域的开拓,香料的来源已不单单限于中亚,更多的来自东南亚。为了满足国际市场的需求,成千上万的东南亚民众参与胡椒种植与销售,带来了胡椒贸易的持续兴盛。

元代《岛夷志略》的作者汪大渊,二十多岁时曾两次随商船,游历东南亚及非洲,每到一地便记载其山川、风俗、物产情

---

[1] 广东省地方史志编纂委员会编:《广东省志·华侨志》,广东人民出版社1996年版,第337页。

况。据汪大渊记载,下里国(今印度西南的坎纳诺尔)[1]地方数千余里,居民星罗棋布,家给人足。下里国所产胡椒,为各国之冠。椒木树漫山遍野,不可胜数,民众采摘曝晒,以干为度,"他番之有胡椒者,皆此国流波之余也"[2]。

元代时,就有林旺移民到了今菲律宾一带。林旺在当地,向民众传播耕种知识,开发山川,驱逐猛兽,使当地人由游牧渐入农业定居。当地的各种日用物品,此时也从中国传入,华人前往贸易者日多,促进了当地生产技术的进步。

元代海运贸易发达,除了广州、泉州外,又新开了多处市舶司,进行对外贸易。马可·波罗曾到达刺桐城(今福建省泉州市),他看到刺桐城沿海港口内,船舶往来如织,装载着各种商品,驶往世界各地出售。"刺桐城的每个商人必须付出自己投资总数的百分之十作为税款,所以(蒙古)大汗从这里获得了巨大的收入。此外,商人们租船装货,对于精细货物必须付该货物总价的百分之三十作为运费,胡椒等需付百分之四十四,而檀香木、药材以及一般商品则需付百分之四十。据估算,他们的费用连同关税和运费在内,总共占到货物价值的一半以上,然而就是剩余的这一半中,他们也有很大的利润。"[3]

宋元海外贸易兴盛,华商多至东南亚各地,活动范围遍及今马来西亚、印度尼西亚、印度等地。元代华人前往海外,除了从

---

[1] 在《中印文化交流》一书中季羡林认为,元代一定有许多中国人侨居印度,马八儿和俱蓝等地都会有的。也有印度人留居中国的。

[2] [元]汪大渊:《岛夷志略》,清文渊阁四库全书本。

[3] [意]马可·波罗:《马可·波罗游记》,陕西人民出版社2012年版,第145页。

事贸易获取暴利之外，更多的是因为在海外谋生相对容易。如在真腊，"唐人之为水手者，利其国中不着衣裳，且米粮易求，妇女易得，屋室易办，器用易足，买卖易为，往往皆逃避于彼"[1]。很多在国内无法娶妻的华人，到真腊后，首先娶上一房美妻。为了保护自身利益，在海外的华人联合起来，推举领袖，共同进退。元代时，有泉州人朱道山，"以宝货往来海上，务有信义。故凡海内外之为商者，皆推焉，以为师"[2]。

宋元之际发达的海上贸易，至明初一度遇到阻滞。为了靖安沿海，清剿海盗倭寇，朱元璋颁布海禁。可海上贸易带来的巨大利润，吸引了无数海商，他们不顾禁令，持续不断地走海贸易，更有大批华人至海外定居。

明代华人赴海外贸易定居

在明初，官方严行海禁，以禁止民间对外贸易，由官方垄断海外贸易。洪武四年（1371），朱元璋颁布诏令："禁濒海民不得私出海。"洪武十四年（1381），"禁濒海民私通海外诸国"。就私自出海，《大明律》中有严苛的处罚。《兵律》"私出外境及违禁下海"条载："凡将马、牛、军需、铁货、铜钱、缎匹、绸绢、丝绵，私出外境货卖及下海者，杖一百。若将人口、军器出境及

1　[元]周达观：《真腊风土记》，明新安吴氏刻本。
2　[明]王彝：《王常宗集》补遗，清文渊阁四库全书本。

下海者，绞。因而走泄事情者，斩。"[1]

《大明会典》载，沿海各地，凡下海船只，具有票号文引者方可出洋。若地方豪门及军民人等，擅自建造二桅以上违式大船，私自出海贸易，勾结海盗等，"将正犯比照谋叛已行律处斩，仍枭首示众，全家发边卫充军"[2]。正统十四年（1449），明英宗朱祁镇诏令："濒海居民私通外夷，贸易番货，漏泄事情，及引海贼劫掠边地者，正犯极刑，家人戍边，知情故纵者罪同。"[3]

明廷海禁虽严，沿海豪门势力与贫民，仍前赴后继，泛舟海外，从事贸易，以获取巨额利润。"其去也，以一倍而博百倍之息；其来也，又以一倍而博百倍之息。"[4] "片板不准下海，艨艟巨舰反蔽江而来；寸货不许入番，子女玉帛，恒满载而去。"[5]当时有谚云："若要富，须往猫里雾。"猫里雾，也称合猫里，地近吕宋，商船往来，渐成富壤，华人入其国，当地人不敢欺凌。

当时出海从事贸易者多属闽、粤、浙沿海居民，其中又以闽人居多。此外，在明代商业贸易中，占有极大势力的徽州人以及山西人，亦多经营海外贸易，江西商人也有至海外从事瓷器贸易。[6]当时贩海，以福建为最盛。福建漳州、泉州一带，山多田少，当地民众谋生艰难，只能走向海洋，到海外谋生。《五杂组》

---

1 《大明律》卷十五《兵律三》。
2 《大明会典》卷一六七《刑部九·律例八》。
3 [清] 嵇璜：《钦定续文献通考》卷二十六《市籴考》，清文渊阁四库全书本。
4 [清] 顾炎武：《天下郡国利病书》卷九十三《福建备录·洋税》。
5 [明] 谢杰：《虔台倭纂》上卷《倭原二》，明万历二十三年本。
6 胡寄馨：《明代国人航海贸易考》，《社会科学（福建永安）》，1946年第2卷第3/4期。

中记录了福建海外贸易的兴盛:"东则朝鲜,东南则琉球、吕宋,南则安南、占城,西南则满剌加、暹罗,彼此互市,若比邻然。又久之,遂至日本矣,夏去秋来,率以为常,所得不赀。"[1]

从事海上贸易,是一笔巨大的投资,仅造船就要耗费巨额资金。"造舶费可千余金,每往还,岁一修葺,亦不下五六百金。"此外还要备货,还要打点官方,还有各种生活开销,还得面临海洋与陆地上的未知风险。故而能从事海上贸易的,一类是沿海豪门势力之家,另一类则是散商。地方上的豪门势力通过投资海上贸易,获得更多财源。豪门势力作为船主,一般不出海贸易,而是由亲信出海,从事贸易,"其驾船之人名曰后生,各系主者厚养壮大"[2]。

一般商人从事海上贸易,则以合伙形式,共同出资,或是租船,或是造船,出海贸易,共担风险。"闽广奸商,惯习通番,每一舶推豪富者为主,中载重资,余各以己资市物往,牟利恒百余倍。"[3]出海船上还雇佣了大量的平民,从事各种工作。一般平民被暴利所吸引,也乐于投身此中,有钱者出资,无钱者出力,有门路四处奔走,于是海外贸易兴盛,大批民众投入海外贸易,乃至在他国停留,最后定居。

华人在海外定居,是一个渐进的过程,从暂时停留,发展到最终定居。福建、广东、浙江沿海居民至海外各地贸易,多有在爪哇、琉球、暹罗、安南、吕宋、日本、苏门答剌、真腊等地定

---

1 [明]谢肇淛:《五杂组》卷四,明万历四十四年潘膺祉如韦馆刻本。
2 [明]俞大猷:《洗海近事》卷上《呈总督军门张》,清抄本。
3 [明]周玄暐:《泾林续记》,涵芬楼秘籍本。

居者。出海贸易时，海商有时错过了每年七八月的风期还国，就在当地居留过冬，称为"压冬"。有时因为货物滞销，不得不停留在当地。有时贸易地希望华商继续前来贸易，留下几人作为人质，以待来年。华人至海外闯荡后，发现在海外更容易谋生，有更多的机会，于是开始定居，并在海外繁衍子孙，形成华人聚居区。

随郑和下西洋的马欢有记载，爪哇的杜板（今印度尼西亚爪哇岛东部北岸的尉闽）、新村（厮村）、苏鲁马益（苏腊巴亚）等地，均有大量华人聚居。杜板地方有华人居民约千家，主要来自广东及福建漳州一带。苏鲁马益地方上也有中国人聚居，并有村主，掌管番人千余家。新村在苏鲁马益以北二十里，原系沙滩之地，自中国人来此定居，遂更名为新村，"今村主广东人也，约有千余家"[1]。

在苏门答剌旧港，国人多是广东、漳州、泉州人逃居此地，人甚富饶，地土甚肥。在暹罗"有奶街，为华人流寓者之居，土夷乃散处水棚板阁，荫以茭草，无陶瓦也"[2]。在真腊，华商登岸贸易后，"篱木州以柴为城，华人率寓居，市道甚平"[3]。在吕宋，据《东西洋考》载："聚居涧内为生活，渐至数万，间有削发长子孙者。"[4]

大量的中国移民至海外，带来了通婚。如《闽都记》记载：

---

1 [明]巩珍：《西洋番国志》，清彭氏知圣道斋抄本。
2 [明]黄衷：《海语》卷上，民国景明宝颜堂秘籍本。
3 [明]茅瑞征：《皇明象胥录》四，明崇祯刻本。
4 [明]张燮：《东西洋考》卷五《东洋列国考》，清惜阴轩丛书本。

"永乐时，福州商人赴麻喇（即满剌加），有阮、芮、樊、郝等姓氏往麻喇国多年，娶番妇生子。"[1]华人与当地女性所生混血儿，被称为"峇（bā）峇"。满剌加当地人肤色黝黑，其间如有肤白者，都是与华人通婚所遗留。三佛齐地方上本无文字，但华人来了后，始用中国文字。华人在今马来西亚、印度尼西亚等地，也将闽南语传入，在当地词汇中融入大量闽南语。后世菲律宾所用的他加禄语中，也融入了大量的汉语词汇。

中国所产的各种物品改变了当地人的生活习惯，如瓷器等物，备受各地欢迎。文郎马神（今印度尼西亚加里曼丹岛南部一带），初以蕉叶盛食，及与中国开通贸易之后，渐渐开始使用各类瓷器。[2]在占城，中国青瓷盘碗、绫绢、纻丝等物，备受追捧，以淡金交易。在爪哇，当地人最喜中国青花瓷器，以及麝香、销金、纻丝、烧珠之类，用铜钱买易。

通过贸易，中国铜钱大量输往海外，成为当地日常使用的钱币。在爪哇，葡萄牙人皮列士观察到，海岸集中了大量商人进行贸易，其中不少是中国人，中国的铜钱在那里是通用钱币。爪哇人告诉皮列士，爪哇曾与中国联姻，中国皇帝曾把一位公主嫁给爪哇君主，并且送来了很多铜钱。[3]

明代华人出海，凭借着出色的经商技能，勤奋吃苦的精神，以及中国所产各类精良商品，在东南亚各地扎根下来。华人在当

---

1 ［明］王应山：《闽都记》，道光十一年求放心斋刻本。
2 ［明］茅瑞征：《皇明象胥录》四，明崇祯刻本。
3 ［葡］多默·皮列士：《东方志：从红海到中国》，何高济译，江苏教育出版社2005年版，第134页。

日的东南亚各地,具有较大影响力,地位超群。如在三屿(今菲律宾北),凡男子到过中国者,地位崇高,备受父老赞美。在渤泥,见唐人到来,敬爱有加,华人醉酒者,则扶至家中,待如故旧。在真腊,有中国瓷器甚多,称华人为唐人。番人杀唐人,死罪;唐人杀番人,罚款,无款者鬻身。在暹罗,妇人以通华人为荣。

明代的海外贸易,带动了国内的生产,开拓了海外市场,至海外各地贸易、滞留乃至定居的华人,将中国的文化与各类生产技术传播到各地,带动了各地生产技能的改善,提升了生产力。菲律宾华侨陈台民先生充满感情地写道:"当三屿人认为,到过中国是无上的光荣时,台湾还只是一个洪荒的岛屿。"[1]

明代中期之后,随着贸易的繁盛,至海外各地定居的华人日益增多。不过明廷官员对于这些前往海外的民众,持极大恶感,将其描述为"奸民""无赖"之类。如"我民往贩吕宋,中多无赖之徒,因而流落彼地,不下万人"[2]。对这些在海外的华人,明廷将其视为无赖之徒,不时加以打击,更遑论给予保护乃至扶持了。

明中叶以后,海商贸易多带有武装贸易的性质,因出海贸易本就是犯禁之事,为了对抗官府与海盗,商船多携带武器。嘉靖二十六年(1547)前后两年中,泛海前往日本从事走私贸易的福建地方的船只,受风向影响,漂至朝鲜,被解送回国的就有千人以上。这些去日本从事海上贸易的福建人,一旦被明军追捕,则

---

[1] 陈台民:《中菲关系与菲律宾华侨》第一册,香港朝阳出版社1985年版,第2页。

[2] [明]张燮:《东西洋考》卷五《东洋列国考》,清惜阴轩丛书本。

逃亡海外定居，天高水远，大明也无可奈何。此类因为逃亡而定居者颇多，如嘉靖四十五年（1566），林道乾为逃避官军追捕，逃亡渤泥，占据一地，号为"道乾港"。嘉靖末年，广东大盗张琏作乱，官军已报克获。但到了万历五年（1577），有中国商人抵达旧港，却看到张琏在当地如鱼得水，"为蕃舶长，漳、泉人多附之，犹中国市舶官云"[1]。

成化、弘治年间，中国沿海海防松懈，沿海豪门势家走私贸易更为猖獗，甚至太监也参与其中。海上贸易的繁荣，势力之家的参与，遭到反对海外贸易的大臣持续不断的打击，引发了朝廷内部的风波。在这些大臣看来，从事海外贸易的多是奸民，必须加以打击。如成化年间，辛访任福建按察司副使，奉敕巡视海道，重拳打击当地走海贸易的豪门势家。豪门势家鼓动御史，污蔑辛访激变良民。有人劝告辛访稍缓其狱，辛公奋然曰："吾宁执法而死，不忍卖法而生也。"[2]

当时的主流观点认为，私自出海逐利，乃是奸民所为，打击海外贸易者多为忠臣。在文人的记录下，经过辛访等忠臣的打击，"奸民屏息，海道肃清"。实际上，民间的海外贸易从来不曾停过。对于出海的中国民众，明廷一概视为非法之徒，宽松时则遣使招徕归国，严苛时则派兵围剿。

对于在海外的众多华人而言，其身份兼具矛盾。一方面，华人需要体现"中华"的身份，不时还要依托明廷为大旗，以此彰显文化与身份的高贵，在海外各地开拓，获得生存空间；另一方

---

1 ［清］阮元等：《（道光）广东通志》卷三百三十列传六十三，清道光二年刻本。
2 ［明］何乔新：《椒邱文集》卷三十一《墓表》，清文渊阁四库全书本。

面，则又面临母国明廷的持续打压，不得不以武力走海，不时还要用武力抗拒明廷。在这样的夹缝之中，海外华人艰难求生，在海外开拓，靠自身之力而获得大发展。

隆庆开关与月港贸易

正德十二年（1517），葡萄牙人出现在广州城外，引发了一系列风波。嘉靖帝登基之后，决定以武力驱逐在广州的葡萄牙人。明军与葡萄牙人在屯门交战，葡萄牙人战败之后转移到了福建、浙江沿海经商。在浙江双屿、福建月港等处，葡萄牙人的贸易得到了开拓，又与中国商人结合，兴盛无比。

沿海葡萄牙人的出现，给大明造成了巨大的冲击。在广东、浙江、福建等地，葡萄牙人的舰船与火炮，向大明展示了威力，也刺激了一批士大夫，乃至喊出了"师佛郎机以制之"的口号。葡萄牙人对贸易的执着与热情，在福建、浙江沿海得到响应，"漳闽之人与番舶夷商贸贩方物，往来络绎于海上"[1]。被巨大利润吸引而来的中国商民，不顾禁令，前赴后继投入到航海事业中去，这让大明王朝惊愕不已。

明中期之后，南方一带在经济上得到大发展，逐渐产生了一些与农业分离的手工业作坊。如江南、广东等地，对海外贸易的需求更为迫切。以常理论，海禁必然会进一步放宽。但恰恰相反，

---

1 ［明］陈子龙、徐孚远、宋征璧等选辑：《明经世文编》卷二百四十三，明崇祯平露堂刻本。

到了嘉靖年间，海禁政策反而加强了，对海外贸易的控制也更严格了。[1]嘉靖二年（1523），因日本大内氏和细川氏使臣"争贡"，在宁波引发暴乱。结果，祸及赶来阻止暴乱的明朝将领，几员武将被大内氏家臣所杀。

争贡事件后，嘉靖三年（1524）四月，明廷下令：福建、浙江、广东沿海，凡是与海外各国船只私下贸易、私代番夷收买禁物、私造违规海船、私将应禁军器出境的，都要论罪。嘉靖四年（1525），浙江巡按御史潘仿上奏，请严查漳州、泉州府军民私造双桅大船。兵部规定："查海船但双桅者，即捕之。所载虽非番物，以番物论。俱发戍边卫。"[2]嘉靖八年（1529）十二月，官方规定："势豪违禁大船，悉报官拆毁，以杜后患，违者一体重治。"[3]嘉靖朝虽不断打击沿海海外贸易，可海外贸易已无法遏制，而官方的打击则激起了进一步的反弹，诱发了嘉靖朝的倭寇之患。

此时的日本，由于吹灰法炼银技术的使用，白银供给充足，从事海外贸易的中国商人，则迫切需要白银。日本各大名领主对中国商品有着强烈需要，手中又有大量白银，争先恐后地对华贸易。当时日本国内的各类消费，离不开中国的商品，中国货品运至日本即能卖出高价。嘉靖朝时，昆山人郑若曾记录，如果船只不通，贸易不畅，则日本国无丝可织。日本生丝时常匮乏，每百斤值银二百两。针为女工之用，如果不进行走私贸易，一针值银七分。日本虽有铁锅，但无大锅，一锅值银一两。中国有商品、

---

1 张维华：《明代海外贸易简论》，上海人民出版社1956年版，第40页。
2 ［明］徐日久：《五边典则》卷二十四，旧抄本。
3 ［清］嵇曾筠等：《（雍正）浙江通志》卷九十五，凤凰出版社2010年版。

日本有白银，利润如此之惊人，任何禁令都不能阻止双方的走私贸易了。

争贡事件后，明朝对日本的合法贸易断绝，海上非法的武装走私开始猖獗，由武装走私又发展为劫掠沿海各地。嘉靖十八年（1539）、嘉靖二十六年（1547），日本两次遣出使团，试图改善与明廷关系，恢复贸易，最终无果。一些日本大名领主，在牟利之路断绝后，转而更加支持各地浪人与中国海商（寇）结合，从事海上劫掠，骚扰中国沿海。

中国南方各地所生产的丝绸、瓷器、铁锅等物资，需要广阔的市场。沿海各省经历长期稳定后，人口也在不断增长，人口与土地的矛盾也开始涌现，朝廷赋役逐年加重，各地民不聊生。嘉靖朝的海禁政策，影响了各地对海外的贸易，断了大量走海谋生的平民生计。从事海外贸易为明廷所禁，从豪门望族到一般平民，开始武装起来，对抗朝廷。沿海的大批中国海商，在朝廷持续不断的压力之下，逐渐与倭寇合流，共同从事武装劫掠，如"嘉靖十九年，贼首李光头、许栋，引倭聚双屿港为巢"[1]。

在嘉靖朝之前，倭寇一直存在，明廷对民间贸易的打压政策也一直存在，但嘉靖朝有了不一样的变数，那就是葡萄牙人的加入。葡萄牙人与中国海商、日本倭寇合流，共同冲击着朝贡秩序。浙江双屿港成为亚洲经济的中心，中国、葡萄牙、日本、琉球，以及东南亚各地商人于此从事贸易，直到嘉靖二十七年（1548），明廷大兵压境，驱逐双屿港各股海上势力，但海疆并未平定。

葡萄牙人提供了犀利的火器，日本提供了善战的倭寇，再结

---

[1] ［明］王士骐：《皇明驭倭录》卷五，明万历刻本。

合熟悉中国沿海情况的中国海寇，最终形成了嘉靖大倭寇。嘉靖三十一年（1552），漳、泉等地海贼，勾引倭奴，驾船千余艘，自浙江舟山、象山等处登岸，流劫台、温、宁、绍间，攻陷城寨，杀戮居民无数。嘉靖三十二年（1553）三月，王直勾结倭寇，大举入寇，连舰数百，蔽海而至，声势浩大，滨海数千里，同时告警，昌国卫等处被攻破。

在明廷内部，就实行海禁也存在较多争议，有严禁派与松弛派之分。葡萄牙人迁至福建、浙江从事贸易后，广东税收减少，广东巡抚林富高呼："番舶不至，则公私皆窘。"林富公开呼吁，应开通海外贸易，并列举了互市贸易的四利："抽分取余，足供御用；可充军饷，以备不虞；小有征发，可临时调剂；小民懋迁，以为衣食。"嘉靖四十三年（1564），福建巡抚谭纶上奏，请松弛海禁："闽人滨海而居，非往来海中不得食，自通番禁严，而附近海洋鱼贩一切不通，故民贫而盗愈起，宜稍宽其法。"[1]

隆庆元年（1567），新皇登基，福建巡抚都御史涂泽民上奏："请开海禁，准贩东西二洋。"[2]在涂泽民看来，东洋吕宋、苏禄诸国，西洋交趾、占城、暹罗诸国，素来与明廷友好，并无侵叛之举。因为对日本严行海禁，而将东西洋诸国牵连，大为不妥，不如在漳州海澄镇，开关贸易。

反对者则高举春秋大义、祖宗名分加以反对。如王忬认为："臣惟春秋之义，每严于华夏之限；而祖宗之制，尤重于倭寇之防。"归有光认为："元人有言，古之圣王，务修其德，不贵异

---

1 ［明］佚名：《嘉靖倭乱备钞》，清抄本。
2 ［明］张燮：《东西洋考》卷七《饷税考》，清惜阴轩丛书本。

物。今往遣使奉朝旨，飞舶浮海，以唤外夷互市，是利于远物也，远人何能格哉？"[1]

在嘉靖、隆庆二朝，北方边疆持续发生冲突，俺答汗实力雄厚，在与明廷的战争中丝毫不落下风。嘉靖二十九年（1550），俺答汗由古北口直扑北京，造成土木之变后明廷最大的危机，史称"庚戌之变"。处理俺答汗带来的危机，耗费了明廷巨大的财力与精力。至隆庆帝登基之后，为了早日平定北方边疆问题，明廷不希望再在南方海上出现波澜。

虽有反对的声音，但现实的利益，倭寇（海寇）的压力，势家豪门的运作，处理北部边疆的考虑，使明廷最终在隆庆初年，选择开关。隆庆开关，是明廷面对日益兴盛的民间走私贸易，海商（寇）集团武装逼迫的被动反应，它未从根本上改变明廷与民间海贸商人的冲突。开关之后，民间走私贸易依然繁盛，沿海各种冲突依然，只是不再称之为"倭寇"。

隆庆开关之后，船只出海贸易地定在海澄。海澄，史称月港，位于福建省南部，在漳州城东南五十里。嘉靖四十五年（1566），从龙溪县、漳浦县二县各分出部分区域，独立为县，此地"外通海潮，内接山涧，其形如月，故名"[2]。

月港地理位置较偏僻，也不是深水良港，船只出海时需要数条小船牵引，不受官府重视；此地山涧环绕，隐蔽性好，利于走私船隐藏。早在景泰年间，商船多在此进行走私贸易，中外商船

---

[1] ［明］陈子龙、徐孚远、宋征璧等选辑：《明经世文编》卷二百九十五，明崇祯平露堂刻本。

[2] ［清］《（乾隆）海澄县志》卷一《舆地志》，清乾隆二十七年刊本。

"皆往漳州府海面地方，私自驻扎"。由于海外贸易，成化、弘治年间，月港呈现繁荣景象，"浙人通藩，皆自宁波定海出洋；闽人通番，皆自漳州月港出洋"。自正德以后，月港豪门多私造双桅大船，泛舟洪波巨浪之中，从事海外贸易。[1]

隆庆开关，是朝贡体系的一次巨大改变。往昔朝廷牢牢控制下的贸易大门，至此打开了一道缝隙。隆庆开关之后，月港成为东达日本、西接暹罗、南通东南亚各地的重要港口。隆庆开关后，由督饷海防同知管理海外贸易。由此民间海外贸易，取得合法身份，不再是非法勾当。隆庆六年（1572），月港所收税饷仅数千金。四年之后，万历四年（1576），税饷溢额至万金。万历十一年（1583），累增至二万有余，万历二十三年（1594），"饷骤溢至二万九千余两"[2]。

明中期之后，与葡萄牙人控制的满剌加、西班牙人控制的马尼拉的贸易，占据了月港的极大比重。吕宋距离漳州最近，在月港对外贸易中占据了首位。1588年以前，马尼拉每年从中国输入总值二十二万比索（比索，主要在前西班牙殖民地国家使用的一种货币单位）的货物中，各种食物如面粉、糖、饼干、奶油、香橙、胡桃、板栗、菠萝、无花果、李子、石榴、梨、其他水果、咸猪肉及火腿等，一共只值一万比索，其余大部分为丝织品，包括花缎、黑色及带有彩色的缎子，金银线织成的浮花锦缎，及其

---

[1] 佚名：《嘉靖东南平倭通录》，《中国历史研究资料丛书·倭变事略》，上海书店1982年版，第3页。
[2] ［明］张燮：《东西洋考》卷七《饷税考》，清惜阴轩丛书本。

他丝织品。[1]

但月港的开放,仍然是有限的,存在着诸多先天不足。

首先,海商需要向官府申请文引,缴纳税饷。隆庆六年(1572),以海防馆为督饷公馆,海商先向海防馆申请船引(商引),海防馆在对出海商船的规格、载货、人员及目的地进行登记之后,才发给船引,据此征收税饷。海商缴纳一定税饷,即可合法出海,与各国互市贸易。船引有定额,初为八十八张,后扩大到二百一十张。引税之外,尚要缴纳水饷、陆饷和加增饷等。在海防馆改设为督饷馆后,官方收税日益加重,官吏从中贪污,最终造成了月港的衰落。

其次,只有特定地区的中国商人才能从月港出洋对外贸易。初期月港只允许福建漳州和泉州等地商人出海贸易,后来扩展到福州、兴化等特定沿海区域的海商出洋。且从事贸易的船舶,还要实施船引制度、船户保甲制、众船连坐制等,受到颇多限制。此外,不许外国船只进港贸易,海外各国朝贡船只能泊于广州。

再次,不许中国商人出洋与日本贸易。"许其告给文引,于东西诸番贸易,惟日本不许私赴。"[2]官方禁止前往日本贸易,可高额的利润,吸引着大批中国商船前往日本贸易,明廷又要加以打击,于是原本平息海寇的目标难以达成。

最后,月港的自然条件限制了它的发展。明廷在月港开关,重要的考虑是此地乃是内河港口,容易控制,船只尚需经过厦门港出海。到了万历年间,明廷在厦门直接设置督饷馆,月港商船

---

[1] 全汉昇:《自明季至清中叶西属美洲的中国丝货贸易》,《中国经济史论丛》第二册,中华书局2011年版,第529页。
[2] 《明神宗实录》卷三百一十六。

至厦门盘验，此后月港的地位日益下降。

至万历年间，荷兰人不断骚扰东南沿海，也影响了月港的出海贸易。天启二年（1622），荷兰占据澎湖列岛；天启四年（1624），占据台湾。荷兰人在福建沿海进行海上封锁，打击中国商船，绑架中国船员，切断中国与菲律宾群岛的贸易。沿海各处商民畏惧荷兰人的袭击，不敢出海贸易，洋贩不通，海运梗塞，月港逐渐萧条。

夷人之来与朝贡衰落

据明万历年间所编《明会典》记载，与明朝有朝贡关系的国家多达一百一十一个。实际上来华朝贡的国家并没有这么多。明代东南亚地区共有三十个国家（地区）来华朝贡，其中安南、占城、暹罗、爪哇、满剌加、苏门答剌、真腊、渤泥等朝贡国，与明廷保持着密切联系，来华朝贡次数较多。如溢亨、白花、淡目（今爪哇岛东北部）等国家，则是偶尔一朝。

在来朝贡的国家中，如安南、占城等国，政治目的大于经济目的，而爪哇、暹罗、满剌加、苏门答剌、真腊、三佛齐、渤泥、苏禄等国来华朝贡，经济目的大于政治目的。不论是前者还是后者，朝贡体系是明廷一厢情愿建立起来却又不愿承担责任的一个松散体系。

明前期，海外如暹罗、满剌加、安南、占城等国前来时，能获得优厚待遇。各国对钱财赤裸裸的渴望，使朱元璋也发出叹息：

"我待诸番国不薄,但未知诸国之心若何?"[1]但通过朝贡体系,明廷获得了宗主国的地位,东南亚各国接受册封,各取所需。明廷一度也能以仲裁者的姿态,调节各国纠纷,接受各国朝贡。

明中叶后,明廷对于海外各国前来朝贡,渐渐失去了兴趣。各国来华,目的不外是朝贡贸易,获得大量金钱,而其所提供的各类物资,大明通过各种渠道的海外贸易,也能源源不断地获得供给。当初就朱棣而言,海外各国来朝,能给他带来无上的心理满足感,可后世帝王被草原部落所困,财政吃紧,对朝贡体系兴趣索然。

正德三年(1508),满剌加使臣乘的船被飓风所坏,请广东布政司代造。明廷却加以否决,令其自行修理;如果无法修理,重造新船也由其自备材料,中方稍微出些力役即可。正德十年(1515),暹罗使臣奏请拨给银料,修补船只。礼部加以否决,只是让广东布政司拨些军匠帮助修补,修完即行回国。

直到成化朝之前,在招待各国使者时,光禄寺还不敢大意,必备下丰厚筵宴,"所以畏威感恩,蛮夷悦服"。成化朝之后,光禄寺对于办理筵宴,已不大用心,各种偷工减料。各国使臣到京,朝廷赐以筵宴,"每碟肉不过数两,而骨居其半;饭皆生炊,而多不堪用;酒多搀(掺)水,而淡薄无味"。各国使臣知道饭菜寡淡,甚至懒得举筷,对于大明朝的"款待",颇多怨言。弘治年间,吏部尚书马文升上奏,建议此后招待各国使者时,派御史监视,"饭斤数不许短少,饭食菜蔬俱堪食用,酒亦不许搀(掺)水"。如果有克扣,则将光禄寺官员拿问。[2]

---

1 [明]张燮:《东西洋考》卷十一《艺文考》,清惜阴轩丛书本。
2 [明]陈九德:《皇明名臣经济录》卷四《保治》,明嘉靖二十八年刻本。

此后虽有御史巡视,然而效果并不佳。《万历野获编》载,京师有谚语云:"翰林院文章,武库司刀枪,光禄寺茶汤,太医院药方,盖讥名实之不称也。"万历二年(1574),朝鲜使臣赵宪记录道:"至阙左门内光禄寺,以酒饭饷于树下。前设果肉甚盛,肉是生猪肉也。"[1]光禄寺设宴不用心,赴宴的人也不省心。正统九年(1444),光禄寺设宴款待海西女真,光禄寺官员、厨役怠惰偷闲,不在场亲督监视,以致被盗去碗碟等器五百八十三件,事后光禄寺还不知觉。

各国使团来华朝贡,已无往日的暴利,对朝贡逐渐失去兴趣,"今诸夷进贡方物,仅有其名耳,大都草率不堪"。至于明廷所赐缯、帛、靴帽之类,有时质量相当不堪。正德、嘉靖两朝,海外只有暹罗、安南、占城、满剌加四国来朝贡。隆庆朝以后,面对不断进逼的葡萄牙、西班牙、荷兰,海外只剩暹罗、安南两国来贡。海外各国中,原本与中国关系最为亲密的满剌加,也被葡萄牙给吞并。

满剌加本来只是一处贸易港口,位于印度洋和远东海上通道的交汇点上,是海上贸易的要道。满剌加通过对过境商船抽税而繁荣起来,邻国暹罗眼红,勒令"岁输金四十两,否则差人征伐"[2]。在北方,满剌加也面临满者伯夷的威胁。面对强邻暹罗、满者伯夷,满剌加试图寻找更为强大的靠山,而在整个东亚、东南亚地区,最为强大的是大明。恰在此时,明廷也伸出了橄榄枝。永乐元年(1403)时,明廷遣中官尹庆至满剌加,加以赏赐。永

---

[1] [韩]赵宪:《重峰集》卷十一《朝天日记》,《标点影印韩国文集丛刊》第54册,韩国民族文化推进会1990年版,第374页。

[2] [明]费信:《星槎胜览》卷二,明嘉靖古今说海本。

乐三年（1405），满剌加使臣随中官尹庆来华朝贡，明廷将他封为国王，给予印诰，又赐彩币、袭衣等物。

此后双方建立了朝贡关系，郑和下西洋时，携带满剌加使团来华朝贡方物。自永乐元年开始，至正德十六年（1521），满剌加先后三十二次来华朝贡，并且有三位国王亲自来华朝贡，在各朝贡国中，与明廷关系最为紧密。得了明廷加持，满剌加信心满满，开始了扩张步伐，在永乐十一年（1413），向爪哇索取旧港。满剌加还一度击败暹罗，吞并溢亨，征服苏门答剌海峡部分地区，有地区小强国的姿态。爪哇国王、暹罗国王、满剌加国王，每隔一些年就派遣使节，携带中国颁发的勘合，特选中国人喜欢的各类本地特产前来进贡，并获得明廷各种赏赐。满剌加的进贡物有胡椒、白檀香、木材、沉香、宝石戒指等。

1509年，四艘葡萄牙船首次抵达满剌加，其中一名水手就是麦哲伦。葡萄牙人被宽阔港口中停泊的船只给惊住了，满剌加、中国、暹罗的船只，舢板、四桨船、帆船密密麻麻地挤在一起，在这个集散地进行贸易。这里有来自马鲁古群岛的干丁香花芽、锡兰的红宝石、中国的瓷器、暹罗的象牙、帝汶岛的檀香木、大马士革的短剑、马拉巴尔的胡椒、婆罗洲的奴隶。

葡萄牙人的贪婪，被满剌加国王发现，他先是热情地招待了葡萄牙人，提供了足以装满船只的胡椒与其他香料。就在部分水手在码头上喝酒、品尝新鲜水果时，数百人乘着小舟，将食物送到葡萄牙人船上。一艘小帆船上的葡萄牙人发现，越来越多的当地人，借口送货，攀上软梯，登到船上。葡萄牙船长很快得到警告，号手吹起了集结号，船员们在甲板上列队，已上船的当地人被扔入水中。葡萄牙船只很快起锚逃跑，岸上的葡萄牙水手则陷于困境，多数人当场被杀，有十九人被俘。此次袭击中，葡萄牙人丧失了三分之一的水手，带着满心不甘暂时离去。

1511年，葡萄牙人再次出征。葡萄牙派遣驻印度总督亚伯奎率领十八艘船舰和大约一千四百人，杀气腾腾地驶向满剌加。在六周的围攻之后，满剌加失陷。控制了满剌加，就控制了印度洋与近东的海上贸易，原先伊斯兰世界控制的东方海上贸易的主动脉被切断。

满剌加王室成员被迫退至溢亨、柔佛一带。正德十五年（1520）十二月，满剌加王室遣使向明廷求援。此时明廷方才得知，满剌加已被葡萄牙人吞并。监察御史丘道隆认为："满剌加乃敕封之国，而佛郎机敢并之，且啖我以利，邀求封贡，决不可许。宜却其使臣，明示顺逆，令还满剌加疆土，方许朝贡。"礼部复议："宜俟满剌加使臣到日，会官译诘佛郎机番使侵夺邻国，扰害地方之故，奏请处置。"但此年正德帝去世，临终前下令，佛郎机等进贡夷人，俱给赏赐，令其归国。[1]

翌年满剌加流亡王室"遣使赍金叶表文及方物来贡"，再次向明廷求援。此时新皇嘉靖帝登基，一切求稳，哪里会出兵为满剌加讨个公道。兵部会议后，"请敕责佛郎机，令归满剌加之地。谕暹罗诸夷，以救患恤邻之义"[2]。明廷的态度，无异于和稀泥，葡萄牙人根本不在乎你明廷的斥责，暹罗也无心为了满剌加出兵，最终葡萄牙人牢固地占据了满剌加。

满剌加的失陷，明廷的无动于衷，是朝贡体制倒下的第一块骨牌。满剌加失陷后，葡萄牙人掌握了印度洋与近东贸易的通道，葡萄牙人在科伦坡、苏门答剌、爪哇、加里曼丹、苏拉威西和摩

---

[1]《明武宗实录》卷一百九十四。
[2]［明］徐日久：《五边典则》卷二十四，旧抄本。

鹿加等地,陆续建立商站,控制南海贸易。明廷置之不顾,威信急剧直下,葡萄牙人威逼利诱,于是原先属于明廷朝贡体系的国家,纷纷向葡萄牙人称臣纳贡。溢亨、监篦(今印度尼西亚苏门答腊岛东北岸兰沙)、英德拉基成为葡萄牙的朝贡国,米南加保、阿鲁、巴塞、勃固(缅甸地方政权)成为葡萄牙的友好属国,暹罗成为葡萄牙的友好国家,马鲁古、爪哇也向葡萄牙人表示臣服,以明廷为中心的海外朝贡体系开始逐渐瓦解。

1565年,西班牙远征船队占领菲律宾的宿务岛,在此建立了第一个据点。1571年,西班牙人攻占马尼拉。西班牙占据马尼拉之后,经由月港与马尼拉的贸易飞速上升,墨西哥出产的白银,中国的丝绸、瓷器,东南亚的香料,经由马尼拉中转,发往世界各地。随着葡萄牙、西班牙的出现,曾一度繁荣的朝贡贸易渐渐终止,朝贡体系演变为中西方的对峙关系。

此前经过几百年的经营,华人将中华文明传播到了东南亚;虽无明廷支持,可华人在东南亚各地有着无与伦比的影响力。奈何明廷对葡萄牙人、西班牙人的不断进击,乃至对华人的屠杀,全然置之不理,听之任之,丧失了对东南亚的影响力。朝贡贸易虽然瓦解,可民间的海上贸易却依然繁荣,造就了一个又一个活跃在海上的私商集团,而明廷又持续加以打击,在繁荣的贸易之中,伴随着血腥的杀戮。

马尼拉屠杀与"商贾最贱"

葡萄牙人、西班牙人的到来,标志着中西两个世界的相遇,此时双方的态度是迥然不同的。如前所述，明廷的态度，是高高在上的，冷淡地打量着这些新来的夷人，并不忘围剿贪图暴利出海泛舟的商民。与明廷相反，不论是葡萄牙还是西班牙，乃至后来的荷兰，对贸易都有着无与伦比的热情，并渴望能进入中华帝国。但中华帝国仅仅开了月港这一扇门，且只有获得许可者方可贸易，大部分海外贸易还得依靠私自走海的华人。

1565年5月，"圣巴勃罗"号航船满载肉桂从菲律宾宿务出发。10月，航船到达墨西哥的阿卡普尔科，开辟了从菲律宾直达墨西哥的航线。1574年，两艘满载中国丝织品及陶瓷的帆船，由菲律宾驶向墨西哥。随着中国、马尼拉、墨西哥、欧洲航线的形成，全球贸易体系开始构建。

世界各地区自给自足、闭关自守的状态，被贸易往来打破。在原先东方的国际秩序中，以中国为中心，形成了朝贡体系。海外各国携带贡品，前来中国进行朝贡。明廷则给予朝贡国封号、印信，并收购贡品，予以赏赐。

葡萄牙、西班牙人出现后，华人在海外贸易中，扮演了中转人的角色。华人私自走海，出售丝绸、瓷器等各种物品，换回巨量白银。通过华人的居中贸易，串联起了中国、欧洲与美洲。对华人前来贸易，西班牙起初也采取鼓励保护政策。1564年，西班牙宣称保护在菲律宾的中国商民。1565年，黎牙实比船队占领宿务岛，建立了在菲律宾群岛的第一个基地。1571年，黎牙实比将其总督府迁到马尼拉，因为此地人口最多最密，食物最为充足，金矿最为丰富。总督府设立后，鼓励华人前来贸易，对华船和华货给予特别的优待。

西班牙人对进入中国市场，始终充满了期待，甚至以为能轻易击溃东方的庞大帝国。1574年,西班牙人的一份报告称,通过华人掌握了中国的一些情况。"该国是很富庶而人口稠密的。由广州到北京有一年的路程。沿途有许多人口稠密的城市,但是如果(西班牙)国王乐意调度,只要不到六十名的优秀西班牙士兵,就能够征服和镇压他们。"[1]

万历二年(1574),马尼拉的西班牙人意图借助围剿中国海盗首领林凤这一事件,向明廷示好,并派遣马丁·德·拉达一行前往中国,试图与中国建立官方的贸易往来。对于西班牙的表态,中国官员表现出了无知与妄自尊大,甚至对西班牙完全没有概念:"不闻职方氏有吕宋也,奈何以小夷效小顺秽我。"[2]

最早来到东方的葡萄牙人占据满剌加,控制航海要冲,对过往船只,要求必须停靠缴税,获取通行证后放行。各国商队对此望而生畏,转而前往苏门答剌等港口进行贸易,满剌加的地位逐渐下降。《明史》对满剌加的兴衰也有生动记录:"(满剌加)俗淳厚,市道颇平。自为佛郎机所破,其风顿殊。商舶稀至,多直诣苏门答剌。然必取道其国,率被邀劫,海路几断。"1580年,西班牙国王菲利普二世继承葡萄牙王位,西葡两国合并。两国合并之后,马尼拉的地位上升,成为从霍尔木兹海峡到澳门贸易的中心,前往吕宋贸易、定居的华人不断增加。

隆庆五年(1571),马尼拉的中国人只有一百五十人左右。1584年这一年,由中国来马尼拉的大船有二十五至三十艘之多,

---

[1] 陈台民:《中菲关系与菲律宾华侨》第一册,香港朝阳出版社1985年版,第90页。
[2] 《泉州府志》卷三十。

至马尼拉的中国人有四千人。万历十六年（1588），菲律宾的中国人已超过一万六千余人。1590年，菲律宾第一任天主教大主教萨拉查在写给菲利普二世的信中，对华侨人数加以估计："住在八连中的'生理'（中国人）的数目，通常在三千人至四千人之间，不把在船上来来往往的两千或两千以上的人计算在内。这些，以及那些住在敦洛区的人，和那些在附近生活的渔人和园丁，根据负责这些人的道米尼干神甫的估计，数目在六千至七千之间。"[1]

贸易繁荣之后，马尼拉西班牙当局改变了初期招徕华商的政策，开始敲诈勒索中国人。中国商船抵达马尼拉，需要向马尼拉当局缴纳六十四里亚尔[2]或八比索，另付五里亚尔的贡礼钱和十二里亚尔的房屋税。除此之外，马尼拉征收官找出各种理由，对华商进行敲诈。

万历二十一年（1593），发生了潘和五事件，间接引发了马尼拉大屠杀。据《东西洋考》载，当年八月，西班牙人准备出征，强征在马尼拉的中国人二百五十人充兵助战。在船上，中国人日夜驾船，不得休息，动辄被殴打。潘和五鼓励船上中国人："叛死、棰死、刺死，等死耳，不然亦且战死；不若杀酋以泄吾忿，胜则扬帆故乡，即不胜，死未晚也。"当夜中国人在潘和五领导下，将在船上的总督雷氏敝里杀死，其他西班牙人或是被杀，或是跳船逃命。潘和五等人"驾其船以归"，但在海上迷航，行到了广南（今属越南），被当地人所掠，只有郭惟太等三十二人得

---

[1] 陈台民：《中菲关系与菲律宾华侨》第一册，香港朝阳出版社1985年版，第253页。

[2] 里亚尔，西班牙银币单位，又称八里亚尔，曾是世界通用货币。

以返回中国。

雷氏敝里被杀，其子路易斯临时担任马尼拉总督。当年12月及次年年初，路易斯两次派遣传教士来华交涉，"乞还其战舰、金宝，戮仇人以偿父命"[1]。对于此次事件，明廷认为是豺狼虎豹互相厮杀。福建巡抚许孚远认为："去秋，彼酋抽取我民二百余人为兵，刑杀惨急，遂致激成此变。夫以番夷豺狼之性，轻动干戈，不戢自焚，固其自取。而杀其酋长，夺其财宝，逃之广南，我民狠毒亦已甚矣。"[2]中方决定，将郭惟太处决，厚待西班牙使节，并想通过其侦探日本情况。潘和五得知消息后，留在广南，不敢回国。路易斯索人不得，日益仇视中国人。

万历朝，万历帝迫切想要金银，遣采金使，四出敛取财货。有男子张嶷诡称，吕宋有机易山，山上能出金豆，如遣人采取，每岁可得金十万两，银三十万两。此事被官员当了真，奏报给了万历帝，皇帝也动了心。万历三十年（1602），万历帝下诏，遣福建海澄县丞王时和、百户王成，携张嶷，前往吕宋查看金山情况。

西班牙人得知明廷使者前来后，很是惊骇，以为明廷也看中了菲律宾，想来抢夺地盘。西班牙设宴招待明廷使者，得知此行是来探访金山之后，笑问山上如何生金豆，王时和以眼色示意张嶷回答，张嶷竟无言以对。这场闹剧，让西班牙人大肆嘲笑，更加鄙夷明廷。此次事件，前后均是一场骗局，而欺瞒皇帝，回国之后必然要被惩戒。王时和在归国路上忧虑而死，张嶷回国之后，坐诛，传首海外。

1　［清］阮元等：《（道光）广东通志》卷三百三十列传六十三，清道光二年刻本。
2　［明］张燮：《东西洋考》卷五《东洋列国考》，清惜阴轩丛书本。

明廷遣官员至菲律宾查探能产金豆之山，虽然荒诞不经，可还是让西班牙人忧虑，担心明廷会到海外开疆拓土。在马尼拉的华人，借助此次县丞王时和、百户王成到来之势，想要对抗西班牙人，扬言："今日之事汝为政，一旦天兵下海门，汝辈宁为石人乎？"[1] 此事传到西班牙人耳中，更增疑虑。

万历三十一年（1603），西班牙人决定解决在马尼拉的中国人。事先西班牙人声称将要出征，高价将华人家中的刀全部购去，就连切肉的小刀也买走。解除华人武装后，西班牙人在此年八月初一，攻打马尼拉华人。华人突然被攻击，虽加以反抗，只是手中缺乏武器，被镇压后逃奔山谷之间。"华人群聚大仑山，饥甚，夷复击杀万余，横尸枕藉，存者三百人耳。"翌年，只有十三艘中国商船前往马尼拉，马尼拉当局征收的中国货物进口税，锐减了近四万比索。

屠杀事件传到明廷之后，明廷却认为华商被杀是咎由自取："张嶷等无端欺诳朝廷，生衅海外，以致三万商民尽遭屠戮，损威遗祸。"明廷更认为，在海外的中国商民，乃是"四民"中最贱者，又弃家出海，乃是众所不齿。"海外争斗，未知祸端，又中国四民，商贾最贱，岂以贱民兴动兵革？又商贾中弃家游海，压冬不回，父兄亲戚，共所不齿。弃之无所可惜，兵之反以劳师。"[2]

荒唐至极的是，明廷竟然表态："遣使传谕尔等酋长部落，令咸改悔，畏天守善，其海外戮杀，姑不究治。"明廷以天下之

---

1 ［明］张燮：《东西洋考》卷五《东洋列国考》，清惜阴轩丛书本。
2 ［明］陈子龙、徐孚远、宋征璧等选辑：《明经世文编》卷四百三十三，明崇祯平露堂刻本。

主的姿态,傲慢地告诫西班牙人:"尔等当思皇帝浩荡之恩,中国仁义之大,张嵲一诳口,辄不惮枭示,以谢尔等。"[1]

此次屠杀之后,到了崇祯朝,马尼拉西班牙当局又一次屠杀中国人。1639年,总督科丘拉突然要求马尼拉的中国人到城外的一片新田种植水稻,引起华人强烈不满,奋起反抗。总督以此为由,下令屠杀在马尼拉的中国人,又有数千中国人无辜殒命。此次屠杀发生后,明廷照例无视中国人被杀。郑成功对于中国人被屠杀,极为愤慨,曾一度要出动大军前往菲律宾,讨伐西班牙人,为中国人复仇。奈何未曾远征马尼拉,郑成功即身死。

就明廷而言,除了得到官方许可的少量出海贸易者外,多数在海外的贸易者都是民间走私者,是无法之奸民。至于往他国去定居的中国人,更是远离天朝教化,背弃祖先之地的刁民。无法无纪的奸民刁民,在大明朝廷眼中,被夷人杀灭乃是咎由自取,与天朝无干。于是乎,大明王朝听之任之。

在大明王朝的认知之中,自己乃是华夷秩序的中心,是天下共主,富有四海,文明开化。跨海而来的西方列强,虽然船坚炮利,不过是些器物而已;在天朝中心观念中,夷人文化落后,举止粗鲁,贪图浮利,是断然不会将其纳入天朝朝贡体系的。天朝的大门,在明面上,一直是关闭的,天朝无论如何是不会平等地与夷人进行交往的。

西方人到来之后,中西方之间,在文化上、在政治上,均表现出了一种对峙关系。在经济上,现实的利益,白银的诱惑,却

---

[1] [明]陈子龙、徐孚远、宋征璧等选辑:《明经世文编》卷四百三十三,明崇祯平露堂刻本。

使天朝紧闭的大门开了那么一条缝，开始了不可公开言于世人的或是合法或是非法的海上贸易。

西方人到来之后，明朝的对外关系开始由朝贡模式进入到中西对峙模式，这是前所未有的改变。往日中国历史上，宋朝曾经面临辽、金等国的挑战，虽然在军事上难以碾压之，可在文化上、在生产技术上是有绝对自信的。就文化层面而言，通过构建系统学说，以礼制规范政治与社会，辅以稳定农耕社会的秩序，在出色的手工艺制造下，中国有自信的本钱。相比较而言，辽、金、西夏、蒙古，都只是精于马上功夫，胜在武力，在文化上没有系统构造，在产品上也仰赖中国。哪怕在战场上一败再败，但在文化上中国也是自信的。

可葡萄牙、西班牙、荷兰、英国等国却不一样。他们有着强大的信仰支撑，有全套的产品制造体系。经历了宗教革命、启蒙运动，欧洲人走出了蒙昧，发展出了完整而成熟的、适应资本主义发展的信仰体系。一个个欧洲商业城市出现，各类出色产品销往世界，参与竞争。更重要的是，这个新的体系之下，欧洲有强大的自信，有对牟利的追求，有无畏的冒险精神，不论是器物层面还是精神层面，他们都可以与中国比肩。

此时的中国，在思想上仍然坚守着，未曾意识到外界改变，未曾意识到大航海时代的来临。自1517年葡萄牙人来到广州后，明廷对葡萄牙、西班牙，乃至对随后而来的其他西方列强的态度，一直延续到1644年明亡。之后的清廷，亦延续了明廷的思维，直至1911年。

第六章

泛海——海商与倭寇

在明廷所构建的朝贡秩序中,日本是不折不扣的异类。在与明廷的交往中,日本保持平等姿态,乃至敢于挑战明廷,这是明廷所不能接受的。双方虽存在分歧,但明廷希望日本能打击倭寇,日本则希望经过贸易获得各类商品,由此双方开展了勘合贸易。嘉靖二年(1523),日本大内氏与细川氏使团在宁波爆发冲突,斩杀中国军民颇多。此后中国与日本的勘合贸易渐渐终止,对日贸易被中国海商集团所垄断。中国海商集团与日本倭寇合流,又获得了葡萄牙人的犀利武器,形成了猖獗一时的"嘉靖大倭寇",给中国沿海各地带来了巨大冲击。

朝贡体系中的异类——日本

在明廷的朝贡体系中，以与日本的关系最为复杂，最为棘手。大明初创之后，将主要精力放在对付北元残余势力上，对沿海无暇多顾。对于频频骚扰中国沿海各地的倭寇，朱元璋希望通过外交手段来解决。

倭寇持续不断地骚扰明廷，陷入南北朝对峙中的日本，却希望与明廷进行贸易。明廷则希望通过朝贡贸易，扩大明廷影响，稳定海疆，遂出现了倭寇不断骚扰中国沿海，中日两国却保持朝贡关系的奇特状态。朱元璋虽被日本方面的傲慢无礼给刺激，多次发怒，但日本远在海外，不易用兵，所以还是没有兴兵讨伐。

洪武二十年（1387），因为胡惟庸"通倭"，朱元璋"怒日本特甚，决意绝之，专以防海为务"[1]。到了建文四年（1402），日本足利义满主动来华朝贡。建文帝此时困于内政，虽不欲往来，但以其表文恭顺，赐给锦绮二十匹。

永乐元年（1403）八月，朱棣特命左通政赵居任、行人张洪出使日本。足利义满遣天龙寺僧人坚中圭密为使，入明朝贡。在宁波府时查出，日本贡使船上私带刀枪，而明廷规定"凡番使入

1　[清] 龙文彬：《明会要》卷七十七《外蕃一》，清光绪十三年永怀堂刻本。

中国，不得私载兵器刀槊之类鬻于民"[1]。朱棣大度地表示，不必追究，以示朝廷宽大之意，将刀剑由明廷出钱买下。

十月，日使坚中圭密抵达南京。朱棣厚礼之，赏赐颇丰。朱棣下令："诏日本十年一贡，人止二百，船止二艘，不得携军器，违者以寇论。"[2]但实际上日本来华朝贡船队的船只、人数，远不止于此数。

永乐四年（1406）正月，根据明廷的要求，足利义满尽歼对马、壹岐等岛倭寇，献所俘倭寇魁首。朱棣派使者带玺书褒谕足利义满，赐白金千两等物，封其国之富士山曰"寿安镇国之山"，亲制御文立碑其地。此年明廷赐给日本"本"字勘合一百道及"日"字底簿一册，用于朝贡贸易。永乐六年（1408），足利义满死后，朱棣派使团去悼念，赐谥号"恭献"。

永乐九年（1411），受日本国内政局变动的影响，朝贡暂停。永乐十五年（1417）十月，倭寇侵袭浙江松门、金乡、平阳一带，明军俘获数十名倭寇。朱棣认为"威之以刑，不若怀之以德"，派刑部员外郎吕渊将被俘倭寇送还日本，并谴责足利义持（足利义满之子）纵民为盗。

永乐十六年（1418）夏四月，吕渊自日本返回，足利义持遣使奉表同来谢罪。朱棣既往不咎，特恕其罪，许其朝贡。不想到了次年，倭寇大规模入侵辽东，中日之间的朝贡告终。永乐十七年（1419），朝鲜遣使密报明廷，倭寇将大规模侵犯辽东，朱棣命辽东总兵官刘江加强防范。六月十四日傍晚，瞭望哨报告，东

---

1 ［明］王士骐：《皇明驭倭录》卷二，明万历刻本。
2 ［清］嵇璜：《钦定续文献通考》卷二十九《土贡考》，清文渊阁四库全书本。

南王家岛上有火光显现。刘江判断倭寇将要来进犯，当即调兵遣将，应对来袭。当时金州卫驻有步军一千七百五十六名，屯田军两千零二十名，其余煎盐军、炒铁军近百人。第二天凌晨，倭寇一千五百余人，乘船三十一艘，从马坨子出发到登沙河海口，弃舟登岸。倭寇登岸后，在望海埚遭到早有准备的明军打击，伤亡惨重，狼狈逃窜。望海埚之战，倭寇所受损失，大体是千余人和十余艘船。此后很久没有倭寇在中国沿海活动，可见其损失之大。

明初倭寇，主要来自对马岛、壹岐岛、平户岛三地，朝鲜史籍称之为"三岛倭寇"。倭寇没有稳固的基地，也没有牢固的组织与目标，在组织人手后，各自对中国、朝鲜等地发起小规模的骚扰。朝鲜世宗元年（1419）六月二十日，在已经退位的太宗李芳远主持下，三军都体察使李从茂率军登上对马岛，剿灭倭寇二百余人。七月初三，朝鲜撤兵，返回巨济岛。

望海埚之战后，朱棣不再谋求与日本接触，朝贡贸易中断，直到宣德八年（1433）才恢复。宣德八年，足利义教（足利义持同母弟）遣使龙室道渊等奉表，贡马及铠甲、盔刀等方物。宣德帝亲自接见龙室道渊，赏赐丰厚，"授以僧录司右觉仪之职"。宣德帝还派出近六百人的回访使团，分乘五艘船，载满货物，携带国书及勘合，前往日本。永乐朝定下日本朝贡规制，日本每十年一贡，人员二百，船二艘。到了宣德朝则定下，日本每十年一贡，人员三百，船三艘。

宣德九年（1434）六月初，中国使团抵达日本京都。足利义教第二次遣出使团，来华朝贡。宣德十年（1435）冬，日本使团来华，共有船六艘，贡马及方物。此时新帝英宗朱祁镇登基，也未理会日本违背十年一贡、船三艘、人只三百的决定，反而颁赐新的正统勘合，要求日本交回宣德勘合。

景泰二年（1451）十一月，幕府派出以东洋允澎为正使的朝贡贸易团，船队共九艘船，成员近千人，规模浩大，是中日朝贡贸易的巅峰。明廷一直是高价收购日本货物，可货物激增，明廷也吃不消。如景泰四年（1453），日本船只一次运来硫黄三十六万斤，刀剑一万把，苏木十一万斤，铜十五万斤。如果参照宣德八年赐例给价，其铜钱总值二十一万七千七百三十二贯一百文。

此时北方蒙古各部也忙着前来朝贡，朝廷财政吃紧，只好重新议价。礼部议定，苏木不分大小俱给银七分，硫黄不分生熟俱五分，生红铜六分，刀剑今每把给钞六贯。虽在朝贡物品的价格上有争议，但在朝贡体系之下，日本还是与明廷保持着接触。

此期间，日本国内战乱不断，幕府与各地大名为了开辟财源，遂将明廷颁发的勘合卖给商人牟利。正德朝以后，商人缴纳银钱一千贯及关节费后，获得勘合一道，即可来华贸易。但勘合多被大内氏与细川氏所控制，双方爆发冲突。

日本对中国商品有着巨大需求，特别是在上层社会中，离不开中国的丝绸、书籍、瓷器乃至铜钱。成化四年（1468），将军足利义政（足利义教之子）在给成化帝的国书附件中云："书籍、铜钱仰之上国，其来久矣。今求二物，伏希奏达，以满所欲。书目见于左方。永乐年间多给铜钱，近无此举，故公库索然，何以利民？钦待周急。"[1]

成化四年（1468），日本正使天竺清启率领三艘勘合船（幕

---

[1] 郑天挺主编：《明清史资料》上册，天津人民出版社1980年版，第418页。

府船、大内船、细川船各一艘）来贡，以宣德勘合和底簿换得成化新勘合和底簿。次年回国，天竺清启担心在濑户内海可能会遭到抢劫，特地改走南海路，不想还是遭到大内氏的袭击，成化新勘合和船货均被劫走。此后围绕勘合及来华贸易，在日本对峙的大内氏、细川氏不断冲突，乃至在中国宁波大打出手，爆发了宁波争贡事件。

宁波争贡事件及其影响

有明一代，先后颁给日本六种勘合，分别是永乐、宣德、景泰、成化、弘治、正德勘合，日本使团来华进行朝贡贸易，必须携带勘合。在15世纪下半叶的应仁之乱（1467—1477）后，各路大名崛起，幕府衰退。通过对外贸易，大名可以扩张势力，于是至明廷进行朝贡，成为实力大名争夺的中心。

成化四年（1468），明廷颁发成化勘合给日本朝贡团。不想使团返回日本途中，勘合被大内氏抢走。此时大内氏控制了由北九州、经朝鲜至中国的海路，即中国路；细川氏则控制了九州南部、经琉球到中国的海路，称南海路。对大内氏抢走勘合，细川氏极为不忿，另谋他策，来华贸易。

此后的朝贡贸易中，日本新旧勘合并用。如弘治八年（1495），日本朝贡团来华，其中有幕府船一艘，细川氏船三艘，大内氏船两艘，幕府与细川氏携带景泰勘合，大内氏携带成化勘合。

正德四年（1509），日本派遣船队来华朝贡，船队由大内氏与细川氏联合组成，但两家都想将对方排挤出去，独享朝贡之利。细川氏贡船中,有一个名叫宋素卿的人,他一生很有戏剧性。宋素卿原名朱缟,浙江鄞县人。弘治八年(1495),日本商人汤四五郎向朱漆匠购买漆器,预付定金。到期之后,朱漆匠不能交货,朱缟被其父抵债,由日商带去日本。当时日本来华朝贡,幕府出表书,五山十刹出使者,大内、细川两家出贡物。五山十刹僧人势力巨大,对幕府的内外政策有重要影响。朱缟才华出众,得到了五山十刹欣赏,进而被细川氏重用,改名宋素卿。此次他是作为细川氏使者来华朝贡。

正德四年四月,宋素卿被赐宴给赏,又赏下飞鱼服。"素卿私馈(刘)瑾黄金千两,得赐飞鱼服。陪臣赐飞鱼,前所未有也。"[1]宋素卿此番充日本正使来贡,走了太监刘瑾的门路,得了飞鱼服,一时扬眉吐气。族人纷纷与他交往,馈以金银,托其帮忙办事。地方上有人不满,跑去官府告发。浙江守臣得知,奏报礼部。礼部议:"素卿以中国之民,潜从外夷,法当究治。但既为使臣,若拘留禁制,恐失外夷来贡之心,致生他隙,宜宣谕德威遣之还国。若素卿在彼,反复生事,当族诛之。"[2]

正德八年(1513),日本入贡使者了庵桂梧一行回国时,携带有明廷颁发的正德新勘合。但这批新勘合没有送到京都足利幕府手中,在半途又被九州的大内氏夺去。得到博多商人支持的大内氏,在取得这批新勘合后,准备独占对明贸易。得到了堺商人支持的细川氏也想介入朝贡贸易,对大内氏的独占自然不满,虽经幕府调解也未能化解。

---

1 [明]王士骐:《皇明驭倭录》卷五,明万历刻本。
2 [明]俞汝楫:《礼部志稿》卷九十二,清文渊阁四库全书本。

正德十一年（1516）四月，获得了足利幕府许可之后，大内氏派出入明朝贡船三艘，由宗设谦道率领，携带第一、二、三号正德勘合到中国，于嘉靖二年（1523）四月抵达宁波。

盘踞堺港的细川氏，一直向足利幕府要求分享对明贸易。细川氏在当时不仅拥有强大实力，其领地又紧邻京都朝廷和幕府所在地，幕府不敢拒绝。但正德新勘合又没有送到京都，足利幕府只好将旧弘治勘合交给细川氏。

细川氏遂派出朝贡船，以瑞佐鸾冈为正使，宋素卿为副使，携带弘治勘合，于正德十五年（1520）春由堺港启航。因航线经过土佐、日向等地绕行，途中多有耽搁，直到嘉靖二年（1523）闰三月十八日，始从萨摩藩山川港启航，比宗设谦道一行晚十天左右抵达宁波。

早在永乐元年（1403），宁波复立市舶司，设在府治西北的方国珍旧宅。永乐四年（1406），在市舶司内置安远驿，招待日本来贡使团。存放贡品的市舶提举库，俗称"东库"，设在宁波府治东灵桥门内。大内氏所遣使团三百余人，由宗设谦道带领，持正德勘合至宁波。宁波府海道副使张芹、分守朱鸣阳、太监赖恩、都司张浩，查验勘合之后，许可船入港，所进贡货物，查点后存入东库。宗设谦道被安排在嘉宾堂暂住，由安远驿供给生活物品。

四月二十五日，细川氏使团抵达，共有进贡船五只，另有一船"大四"号随行而来，满载商贾，准备做生意。对"大四"号船上的日本商人，大内氏使臣宗设谦道云："非是我类。"船上日商只好放弃细川氏，而投宗设谦道，方得以入港。

四月二十七日，宋素卿持弘治勘合，请求入贡。分守朱鸣阳、太监赖恩等,将其货物查点后,存入东库,宋素卿被安排住在东寿昌寺,其从人及随行的日商,被安排住在天宁寺。细川氏携带的是弘治勘合,来得又晚,处于不利地位。但细川氏的副使宋素卿,知晓大明官场规则,就贿赂宁波市舶司太监赖恩,为携带弘治勘合的细川使团,先行验货。

五月初一,在举办欢迎酒席时,中方将瑞佐鸾冈的座次,设在宗设谦道之上。宗设谦道大怒,其带来的人较多,且多是海盗出身,素来横行无忌,当即发动骚乱。当日,宗设谦道杀死瑞佐鸾冈,纵火焚烧嘉宾堂。乱起之时,宁波推官高迁正在东库收货,宗设谦道领人持兵刃冲入,高迁越城逃走。东库在东渡门内城下,宗设谦道将一应贡物,俱搬上"大四"号船,截断灵桥门,不容居民往来。

五月初三黎明,宗设谦道披甲挥戈,将宋素卿带来的商贾二十四名,绑缚到灵桥门江边斩首,投尸于水。另外又遣一批人马,杀出盐仓门,将宋素卿属下通事等人杀害,内有一少年乃宋素卿妻弟。

宋素卿闻讯之后,领七十余人,从慈溪一路逃入绍兴府。宁波卫指挥袁琎,得了宗设谦道厚贿,为其领路,乘船一路追杀宋素卿。追至钓鱼山,双方进行拼杀,宋素卿败阵,只剩疲卒二三十人,又是一路狂奔逃命。逃至余姚,双方又大杀一场,连带着杀伤中国居民二三十人。宋素卿再逃至绍兴,不想有一人在绍兴城内,乃是王阳明,闭城不纳。宋素卿无奈,再回宁波。

事变之后,太监三司仓皇逃避民家。日本使团在宁波厮杀,沿途骚扰中国民众,明军却畏惧不战。宁波城为之一空,民众纷纷躲避于村落,谚云:"徐倭杀朱倭,乡下人苦了多少鸡鹅。"

又云"六郭门头插黄旗,十八指挥作乌龟",骂明军畏缩不敢出头。[1]

此时宁波各处,尚有百余日本人。城外有水手献策于三司,请尽数捕杀。三司官畏怯过甚,闻言震色,不敢动手。宁波城内民情沸腾,甚至出言辱骂官府。官府遂在当日,遣推官高迁、指挥刘文,将各处日本人擒获,斩戮殆尽,中国军民也有牵连被杀的。

宗设谦道回至宁波湾头时,见城内鼓噪防备,知无法攻城,遂抢夺民船三艘,带指挥袁琎,顺流出海,扬长而去。其间往返追杀二百五十里,一路烧杀抢掠,杀明备倭都指挥刘锦、千户张镗、百户刘恩等朝廷命官,带走指挥袁琎。宗设谦道及其党羽乘舟逃亡海上,被暴风所卷,有一艘船漂流至朝鲜,被朝鲜人击杀三十人,生擒二人,献给明廷。

事件之后,太监赖恩自然偏向于细川氏,而嘉靖帝又听信太监赖恩,最终由礼部部议:"素卿言未可信,不宜听入朝。但衅起宗设,素卿之党被杀者多,其前虽有投番罪,已经先朝宥赦,毋庸问。"[2]经过御史抗辩,始定宋素卿等罪,赖恩未被问罪,反获升迁。至于宋素卿,据《明实录》载,嘉靖四年(1525)四月,宋素卿被判斩监候,关入狱中,属下三四十人送还日本。明廷还利用琉球向日本传达信息,令将元凶宗设谦道等人抓捕,送至中国,听候天讨。

嘉靖九年(1530),琉球国王世子尚清,遣陪臣蔡瀚携带方物、马匹前来进贡。日本通过琉球使臣,向明廷表达了重新朝贡

---

[1] [明]李开先:《李中麓闲居集》卷九《宋素卿传》,明刻本。
[2] [清]王先谦:《日本源流考》卷十五,清光绪二十八年刻本。

的愿望,并希望将宋素卿恕罪遣还。礼部查验后,认为所进表文俱无印篆,不可轻信。但通过琉球使臣,明廷传谕日本,令其将罪魁祸首宗设谦道擒拿,再送回指挥袁琎,然后考虑是否同意朝贡贸易。

宁波争贡事变后,嘉靖帝下令中断与日本的贸易,可此时的日本,在白银生产上发生了巨大变化。嘉靖初期,日本博多商人神谷寿祯发现了石见银山。嘉靖十二年(1533),朝鲜技师从博多前往石见银山,传入"灰吹法"冶炼技术,大幅度提高白银产量。博多商人控制了石见银山,又支持手握勘合的大内氏,渴望着来华进行朝贡贸易。

嘉靖十八年(1539),大内氏击败细川氏,遣湖心硕鼎为正使、策彦周良为副使入贡。明廷继续追索当年的宗设谦道及袁琎,日本则含糊回复,称二人已死。嘉靖帝指示:"夷性多谲,不可轻信。"令严加防范,且只准五十人进京,船中所有剃刀、小刀类铁器,皆以兵器例,缴藏东库。此番入贡时,日本请求颁发新的嘉靖勘合,明廷则令将旧勘合全数缴纳后,才可颁发新勘合。

据严嵩《议处日本朝贡事宜》载,嘉靖十八年,日本贡船上还有宋素卿二子,请求将其父释放。"其宋素卿等,已经问拟斩罪,见在监候处决。"[1]嘉靖帝认为"这夷情谲诈,难以凭信",令将一直关在狱中的宋素卿从速处决,加以警告。据李开先《宋素卿传》所载,嘉靖二十三年(1544),宋素卿与宗设谦道的两名属下一起被处决。[2]

---

1 [明]严嵩:《南宫奏议》卷三十,明嘉靖二十四年刻本。
2 [明]李开先:《李中麓闲居集》卷九《宋素卿传》明刻本。

嘉靖二十六年（1547），日本大内氏遣贡船四艘，由策彦周良为正使，共六百人前来，欲停泊等待明春贡期。浙江地方官拒绝其靠岸，令其在附近岛屿停泊等待。此前明廷再三重申，日本十年一贡，船不过三，人只三百，此番十年之期未满，人员、船只均过规定。嘉靖帝批示，浙江沿海官员容许日本船队停留港外，容易引起事端，令不许贸易。

嘉靖二十七年（1548），策彦周良率船队再次前来，请求入境朝贡。此番人数、船只也都超过规定，且十年一贡之期未到，明廷议定之后，认为此番"表词恭顺，且离贡期不远，若概加拒绝，则航海重役之劳可悯"[1]。于是同意入贡，但只许五十人入京，其余人留在嘉宾馆。此后经过商议，最后礼部同意，使团入京人数增至百人。

日本原有弘治、正德入贡勘合，共二百道。此番入贡时，策彦周良手上尚有弘治勘合十五道，云其余七十五道，被宋素卿之子宋一盗走，捕之不得。正德勘合，留五十道为信，以待新者，而以四十道来还。礼部查验后，认为勘合多未缴清，未曾发给新勘合，令下次入贡时，将尚存的正德勘合缴纳四十道，保存十道为信，始发给新勘合。而宋一所盗，责令日方捕索以献。

嘉靖三十年（1551），手中握有正德勘合的大内义隆被家臣所杀，勘合全部遗失。此后，倭寇猖獗，剽掠无阻，日方手中再无勘合，朝贡贸易断绝，中日之间以民间武装走私贸易为主。此时的日本，能出产大量白银，并急切地需要中国的丝绸、布、锦绣、红线、针、铁锅、瓷器、铜钱、药材、毡毯、醋等物。

---

1 ［清］王先谦：《日本源流考》卷十五，清光绪二十八年刻本。

大批中国商人从事海上走私贸易，既要面临明廷的清剿，又有倭寇、海盗的威胁，于是商人们武装起来进行航海。渐渐武装海商开始与倭寇、海盗合流，有生意时就从事贸易，没生意时就进行劫掠，此时不论倭寇、海盗或是海商，统一被称为倭寇，其声势浩大无比，能威胁到中国沿海各省。嘉靖三十一年（1552）四月，漳泉海贼勾连倭奴万余人，驾船千余艘，自浙江舟山、象山等处登岸，流劫台、温、绍诸府，攻陷城寨，杀掳居民无数，由此进入了"嘉靖大倭寇"的时代。

海商集团与王直之死

在航海大发现推动全球联成一体之前，阿拉伯海、印度洋和南中国海已形成三大贸易圈，西边是穆斯林贸易圈，中间是印度区贸易圈，东边是中国朝贡贸易圈，各方往来频繁，各路华商纷纷泛海。随着航海的开拓，葡萄牙人一路向东，从果阿来到了满剌加，再来到了广州。此时的中国广东、福建沿海，海上走私贸易已是极为繁盛，官方所描绘的各路"奸商豪民"纷纷私造巨船，扬帆出海，至吕宋、暹罗、满剌加等处贸易。

正德四年（1509），葡萄牙人首次抵达满剌加时，就目睹了海外中国商人贸易的兴盛，进而试图通过他们，进行对华贸易。正德八年（1513），葡萄牙人派出商船，至广东屯门寻求贸易，之后葡萄牙人的船只出现在广州城外，并获得了一块贸易之地。正德十六年（1521），明军将占据屯门的葡萄牙人驱逐，在中国商人的带领之下，葡萄牙人转而前往福建沿海贸易，以月港、浯屿作为基地。

嘉靖五年（1526），邓獠（佬）由福建越狱，逃至海上。邓獠联系葡萄牙人，前往浙江双屿港进行贸易，此后双屿吸引各路海商前来。嘉靖九年（1530），福州监狱中发生暴动，逃脱的囚犯有闽人林碧川、李光头，歙人许栋，他们出海后"勾引番倭"，结巢于双屿岛。此后各路海商，纷纷涌向宁波双屿港贸易，葡萄牙人、中国人、日本人，共同组成海商集团，贩卖货物，往来于海上。

由双屿岛出发，可以抵达日本。葡萄牙人第一次出现在日本是日本天文十二年（1543）八月二十五日。据《铁炮记》记载，当日在九州东南的种子岛西村小浦，突然一群奇怪的人造访。这群人搭乘一艘大船而来，船上百余人，形貌怪异，语言不通，让当地岛民很是好奇。

在这群奇形怪状的人之中，有一名大明儒生，名五峰。西村织布丞懂得汉字，遇到五峰，二人遂以杖在沙上书写交流，这才得知船上的奇形怪状者"是西南蛮种之贾胡也"。五峰，便是海商集团的头领王直；西南蛮种贾胡，是指葡萄牙人。

葡萄牙人中，有二人名字被记录下来，"一曰牟良叔舍，一曰喜利志多侘孟太"。葡萄牙人携带的物品，也吸引了日本人的关注，"手携一物，长二三尺，其为体也，中通外直，而以重为质"[1]。此即铁炮。两名葡萄牙人展示了铁炮的威力，种子岛主时尧花重金将铁炮买下，命家臣篠川小四郎、铁匠八板金兵卫，分

---

[1] ［日］大槻如电著、佐藤荣七增订：《日本洋学编年史》，锦正社1964年版，第2页。

别学习火药与铁炮制法,最终仿造成功。此次偶遇使火铳传入了日本。

葡萄牙驻摩鹿加殖民地总督安东尼奥·加尔文著有《诸国新旧发现记》,其中记录了中国人与葡萄牙人前往日本种子岛一事。据其记载,天文十一年(1542),三名葡萄牙人搭乘一艘中国船只,从暹罗前往中国宁波双屿时,途中遭遇暴风雨,偏离航道,只好继续向东行驶,结果到了一处小岛。该岛与附近的一些岛屿产有黄金、白银和其他一些财宝。

三名葡萄牙人名字分别为:Antonio da Mota、Francisco Zeimoto、Antonio Peixoto,与《铁炮记》中所记录的喜利志多侘孟太、牟良叔舍二人之名类似,可证葡萄牙人前往种子岛一事无误。《诸国新旧发现记》一书虽未记录火铳传入日本之事,但王直与葡萄牙人,却是将火铳传入种子岛之人。

中方记录中,多有"王直,号五峰"的记录,如"王直,号五峰,结林人,母汪梦大星,从天顺入怀""王直,名锃,即五峰。初以游下海,于岁庚子,许二、许三、许四,诱引番夷,来市浙海"。[1]嘉靖十九(1540)年,王直等将被从广东驱逐的葡萄牙人,引入浙江沿海,从事贸易。

另据记载,嘉靖十九年,海禁尚宽,"直遂与宗满等之广东,造巨舰,买违禁物,抵日本、暹罗诸国,互市数年,致富不赀,夷人大信服之,称为五峰船主"[2]。当时海禁尚不严,王直、叶宗满在广东私造海船,运送硫黄、丝绵等违禁物品出海贸易,成为巨

---

[1] [明]郑舜功:《日本一鉴·穷河话海》卷六,文物出版社2022年版。
[2] [明]胡宗宪:《筹海图编》卷九,清文渊阁四库全书本。

富,并获得海外夷人(葡萄牙人)的信任。

双屿岛日益繁盛,各股中国海商集团齐集于此,虽然他们没有统一的组织与目标,但有共同的威胁,那就是明廷的进剿,于是他们武装起来,成为武装集团。既然从事走私贸易有巨大风险,于是劫掠沿海也成了常态,武装集团成了海盗。此时,盗商集团又遇到了急于从事贸易的葡萄牙人、日本人,双方以双屿为中心,共同在东南沿海进行海上活动。

嘉靖二十六年(1547),朱纨巡抚浙江,大力清剿浙江沿海海商势力,王直等成为主要目标。在嘉靖二十八年(1549)的奏本中,朱纨认为:"按海上之事,初起于内地奸商王直、徐海等,常阑出中国财物,与番客市易,皆主于余姚谢氏。"[1]

在沿海各地的豪门望族,其中有相当部分是致仕之后,返乡居住者。在乡村,豪门望族具有相当大的影响力,可以左右地方上的各类事务;他们购买土地,培养子弟,追求家族的兴盛。当发现海上贸易的巨大利润之后,豪门望族纷纷将资本投入其中,以获得回报。成化、弘治年间,豪门巨室,偶有乘巨舰到海外贸易的。正德年间,豪民私造巨舶,扬帆外国交易已是常态。他们与官方有着各种联系,能够左右当地事务,海商集团要在陆上活动,不得不与这些豪门望族打交道,由此也带来了各种冲突。

王直、徐海等海商集团,与余姚豪门谢氏保持联系,通过谢氏销售走私来的各类货物,谢氏则拖欠货款。"久之,谢氏颇抑勒其值,诸奸索之急。"谢氏持续拖欠货款,款项越来越多,导致中国海商与葡萄牙人不满。谢氏是正德年间大学士谢迁之后,

---

[1] [明]王士骐:《皇明驭倭录》卷五,明万历刻本。

在朝野都有影响力，想赖掉这笔账，扬言要去官府告发王直、徐海等海商。王直、徐海等既恨且惧，于是纠合徒党与葡萄牙人，在嘉靖二十六年（1547），于夜间劫掠谢氏，将其房宅纵火焚毁，杀男女数人，大掠而去。

此事葡萄牙人也有记录："他们将价值几千克鲁多的货物交给某个中国人（谢氏），但交货之后中国人却杳如黄鹤。葡萄牙人决心为自己损失的货物取得补偿，他们劫掠了十一至十二户人家，掳走了他们的妻子儿女，并毫无道理地杀害了大约十个人。"[1]

案发之后，余姚县官仓皇上报，云倭贼入寇。巡抚朱纨下令捕盗，又令沿海居民凡是有与番人交往的都要赶紧自首，民众要相互告发。一时间人心汹汹，诬告四起，导致无辜者锒铛入狱，官兵又四处搜捕不断。于是地方人士勾结海中各股团伙，以倭寇之名，乘汛登岸劫掠。朱纨对此洞若观火，"以倭寇为名，其实真倭无几"[2]。此时明廷承平日久，人不知兵，一闻寇至，即作鸟兽散，官兵毫无战力，望风崩溃，于是倭患蔓延于闽浙沿海。

嘉靖二十七年（1548）四月，朱纨遣明军，清剿双屿岛。盘踞在双屿岛上的海商集团头目，如李光头、许六等人被擒，许栋逃到东南亚。其后在九山洋，许栋被明军擒获。许栋被擒杀之后，王直吞并了各股势力，成为首领，"由是海上之寇受直节制者不得自存，而直之名始振聋海舶矣"[3]。王直在烈港建立起了新据点，

---

1 ［瑞典］龙思泰：《早期澳门史》，吴义雄等译，东方出版社1997年版，第5—6页。
2 ［明］王士骐：《皇明驭倭录》卷五，明万历刻本。
3 ［明］胡宗宪：《筹海图编》卷五，清文渊阁四库全书本。

纵横大海之上。烈港在宁波府定海县西北五十里，地形曲折，王直移泊于此，进剿困难。但在嘉靖三十二年（1553），烈港被官兵剿平，王直退到日本沿海活动。

王直一度帮助明廷靖海，剿灭倭寇，借此提出通番互市。在给明廷的上疏中，王直请求开海禁，放开对日贸易。王直称，自己奔走于福建、浙江沿海，与人同利，为国捍边，绝无勾引倭寇侵扰的事情。王直请明廷开放浙江定海外长涂等港，通关纳税。但明廷置之不理，出兵加以围剿，"参将俞大猷驱舟师数千围之"[1]。王直靠火箭突围而去，更加怨恨明廷，于是以日本萨摩藩之松浦津为基地，自称徽王，手下部属都有名号，控制各处要津，称霸于海上。

王直集团不时出没沿海各地，洗劫濒海郡县，焚烧当地庐舍，掳掠子女财帛无数，福清、黄岩、昌国、临山、崇德、桐乡诸城，都被攻堕。各地武备松懈，望风披靡，嘉靖三十四年（1555）二月初六，某地有一报事者从西门飞走入城，认识他的人问其何来，报事者喘息随应："我来了。"有人误听，以为是"倭来了"。一时间满城男女奔窜，市户不扃，担负杂物而遁，全城鼎沸，乱成一片，更荒唐的是，守城兵将，皆弃戈逃走。

面对强大的王直集团，胡宗宪使出一贯的招数"招安"。嘉靖三十五年（1556）四月，胡宗宪遣生员蒋洲、陈可愿充正、副使，前往日本招安，并给出王直一直期待的条件，"悉释前罪不问，且宽海禁，许东夷市"。为了招安王直，胡宗宪使出各种手段，特意将王直老母妻儿从狱中放出，安置在杭州，加以优待。从一开始，胡宗宪就没有诚意进行和谈，当他得知王直决定回国

---

[1] ［明］胡宗宪：《筹海图编》卷九，清文渊阁四库全书本。

谈判之后，喜曰："虏在掌中矣。"[1]

嘉靖三十六年（1557）十月，王直率领千余骁勇，抵达岑港。王直曾与俞大猷交战，二人关系不睦；为了达成诱捕王直的目标，胡宗宪事先将俞大猷调往金山，以卢镗取代他。卢镗往日领兵时，曾与王直等打过交道，虽处于不同阵营，但二人私交甚好。得知是卢镗领兵后，王直便没有了戒心。十一月，王直携带助手叶宗满、王汝贤上岸，与徽州同乡胡宗宪谈判。此后胡宗宪又与王直一起返回杭州，继续谈判。

嘉靖三十七年（1558）正月，胡宗宪在杭州诱捕王直，交付按察司狱。王直被捕后，表示自己从事海上贸易，只是使沿海各处受益，又曾剿灭倭寇，平定海疆，并无勾结倭寇之事。他念念不忘，请明廷通关纳税，宣谕各岛，如此"倭奴不得复为跋扈，所谓不战而屈人之兵者也"[2]。

明廷不为所动，决定处死王直。所议之罪为："始以射利之心，违明禁而下海，继忘中华之义，入番国以为奸，勾引倭夷，比年攻劫，海宇震动，东南绎骚。虽称悔祸以来归，仍欲挟倭以求市，上有干乎国禁，下贻毒于生灵，恶贯滔天，神人共怒。问拟斩罪，犹有余辜。"[3]

嘉靖三十八年（1559）十二月二十五日，王直在杭州被处斩，传首海滨示众，妻、子给功臣之家为奴。王汝贤、叶宗满俱发配

---

1 ［明］胡宗宪：《筹海图编》卷九，清文渊阁四库全书本。
2 ［明］采九德：《倭变事略》卷四《王直自明疏》，丛书集成初编本，中华书局1985年版。
3 ［明］采九德：《倭变事略》卷四《王直自明疏》，丛书集成初编本，中华书局1985年版。

边远充军。王直被杀后，其余部奔聚山谷。经戚继光、俞大猷等全力围剿，至嘉靖四十五年（1566）前后，福建沿海明面上的倭患基本平息。可海洋中的暗潮从未平息，各路亦盗亦商的海商集团不断涌现，只是他们不再被冠以"倭寇"之名。

王直死后，各股海商集团陆续崛起，著名者如洪迪珍、许栋、许朝光、谢老、严山老、张琏、林国显、吴平、林道乾、曾一本、林凤等。民间贸易船只照样航行在各条航道之上，时商时寇，一直延续到明末。

商寇合一与嘉靖大倭寇

嘉靖二十八年（1549）十二月十六日，朱纨饮毒自尽。朱纨之死，是海禁史上一个标志性的事件。朱纨所代表的是明廷内部严厉推行海禁、封锁海洋的声音，而这势必侵害到沿海各地势家豪门的利益。在豪门势家反击之下，朱纨最终被迫自杀。朱纨虽死，明廷却处于一个极为尴尬的局面。明廷没有了主张海禁的大臣，却仍推行海禁政策，"凡违禁私贩出入海上者，官府皆以海盗视之，严予剿除"[1]。而朱纨一死，走私势力更加猖獗，走私贸易更为兴盛。

在走私贸易过程中，中国海商深受葡萄牙人的影响，开始走向集团化。在早先的南中国海、印度洋区域的海上贸易中，中国商人

---

[1] 陈文石：《明嘉靖年间浙福沿海寇乱与私贩贸易的关系》，《"中央研究院"历史语言研究所集刊》，1965年第1期。

占据了绝对的主角。郑和下西洋,本意是建立朝贡体系,而不是为中国商人去开辟商路,但郑和船队与各国的交往,宣示了国力,中国商品得到了广泛认可。虽无明廷的扶持,甚至还被持续打压,可在南中国海、印度洋等区域内,中国商人的地位是难以撼动的。葡萄牙人控制满剌加后,开始挤压中国海商的活动空间,将中国海商逐出印度洋,中国商人此后主要活动在南中国海区域。

葡萄牙以一介小国,能成为世界性的海洋帝国,与其在扩张中有着精明的战略有密切相关。葡萄牙人每至一地,往往占据关键地段,如非洲北部的休达城,亚洲的果阿、满剌加,通过几处要地,进行全球贸易。来到中国沿海之后,葡萄牙人最初占据了屯门,此后被驱逐到了福建,又前往浙江,寻到了良港双屿。葡萄牙人的海上战略,影响到了中国海商集团。

在葡萄牙人到来之前,浙江、福建沿海海商走海,是低调的、散沙化的。葡萄牙人来到浙江之后,以双屿为中心,吸纳中国各路海商聚集。各路海商在双屿岛上不断合并,发展成海商集团。他们推选强者一人为船头,或五十只,或一百只,成群结党,纷然往来海上。中国海商集团在此后的行动中,多效法葡萄牙人,或占据一岛,或占据一地,进行贸易与劫掠。

葡萄牙人的到来,也为中国海商集团提供了武力支援。最初崛起的许栋海商集团,就是通过满剌加获得了火铳,增强了军事力量。冷兵器时代的战争,需要人数的优势,需要严格的训练来培养优秀的战士。简单易操作、威力巨大的火器则改变了战争格局,使得海商集团面对官军时,可以与之抗衡。

葡萄牙人和日本的真倭,为中国海商集团提供了武力支持。葡萄牙人劫掠加贸易的行事方式,真倭常年入侵中国、朝鲜沿海的历史，为中国海商集团提供了可供效法的样板。与葡萄牙、日本进行商品贸易所带来的巨大利润，为中国海商集团从事劫掠提供了巨大诱惑。于是，中国海商集团的行事风格开始发生改变，武装不再是为了保护自己，而是为了袭击，暴力劫掠与寻常贸易成为其行事的两面。"寇与商同是人，市通则倭转为商，市禁则商转为寇。"[1]

明代的海外走私贸易，自永乐朝开始，一直呈现持续上扬的态势，并在嘉靖朝达到顶峰。嘉靖年间，万千海商以武力为依托，时而扬帆海外，时而劫掠中国沿海，既能获得财物，又能威胁明廷，实现开海贸易的目标，而其活动被描述为"倭患"。《筹海图编》卷五《浙江倭变记》中，记录了浙江各地"倭患"的次数，洪武年间共有七起，永乐年间三起，正统年间两起，景泰、成化年间各一起。成化二年（1466）之后，七十余年之间，沿海基本无事。嘉靖三十一年（1552）后，浙江年年、月月有倭患，有时一月数起。沿海各地倭寇愈演愈烈，其人数初以十计，渐至数百、数千，最后发展到万人聚集出动。初始不过骚扰偏僻乡野，后来则敢于攻城略地，遍布浙之东西，江之南北。

海寇集团初期不过是在沿海抢劫财货，绑架人质。在此过程中，海寇集团势力不断壮大，明军又不堪一击，于是乎，海寇集团日益猖獗，杀将攻城，几乎不可收拾。嘉靖三十一年四月二十日，黄岩被攻陷，这是首次有县城被倭（海）寇攻陷城池，"至三十一年破黄岩县治，而势日炽"[2]。

---

[1] ［明］胡宗宪：《筹海图编》卷十一，清文渊阁四库全书本。
[2] ［明］王士骐：《皇明驭倭录》卷五，明万历刻本。

嘉靖三十二年（1553），王直出动舰队，骚扰中国沿海，一时间连舰数百，蔽海而至，滨海数千里，同时告警。三月，破昌国卫。四月，犯太仓，破上海县，掠江阴，攻乍浦。八月，劫金山卫，犯崇明及常熟、嘉定。同年，萧显率海寇掠松江府。

嘉靖三十三年（1554）正月，海寇自太仓掠苏州，攻松江，复趋江北，掠通、泰等地，四月陷嘉善，破崇明，复至苏州，入崇德县，六月由吴江掠嘉兴，还屯柘林，纵横往来，如入无人之境。此后的数年时间，是嘉靖朝倭患的鼎盛时期。

明人记录，海寇主要来自浙江温州、台州、宁波一带及福建，其中也有徽州人，而福建人在其中占据了十之六七。"所谓倭而椎髻者，特十数人焉而已。"[1]嘉定县民倪淮于嘉靖三十三年五月，被倭贼绑架上船，到其巢穴之中，只见漳州、温州两处之人无数，说此地乃日本国所管，地名五斗山。福建一省，漳州、泉州二地，将冒充倭寇出外劫掠视为日常，出则为寇，归则为民。"至一村，约有万家，寇回家云做客回，邻居皆来相贺。又聚众数千，其冬复至柘林。今者满载，仍回漳州矣。"[2]

明季政治黑暗，朝纲不清，民众为贪酷之吏所迫，纷纷入海为盗，其中掺杂了各类人员，如凶徒、逃犯、罢吏、黠僧及书生不得志者。此等民众入海后，利用其对沿海地形的熟悉，伏匿奔窜，出没无常。明廷所调围剿将兵，多不熟地形，常被其所败。

中国海寇（商）是嘉靖大倭寇的领导力量。各股倭寇集团的

---

1 [明]陈子龙、徐孚远、宋征璧等选辑：《明经世文编》卷二百五十六《条上李汲泉中丞海寇事宜》，明崇祯平露堂刻本。
2 [明]王文禄：《策枢》卷四《截寇原》，明百陵学山本。

大头目与主要头目，都是中国人，日本著名的倭寇头目辛五郎，不过是徐海麾下一个"偏裨"而已。石原道博在《倭寇》一书中认为："倭人的贼首虽然也有，但是如用旧军队组织来说，大概一般是分队长、小队长一级，充其量不过到中队长、大队长一级为止。而联队长一级以上，几乎全部都是中国人。"[1] "后期倭寇实际上许多是由中国海盗商人与日本海盗商人联合组成，以海盗掠夺兼行贸为目的，得到中国沿海不少的民众、流贼、山寇的参与、支持、配合，互不统属的国际性海盗集团。"[2]

将沿海海寇集团掠夺，描述为倭寇犯边，乃是明廷沿海地方官吏的推动。在明廷看来，倭寇犯边，乃是朝贡体系下的问题，是朝廷层面，是中国与日本之间的问题，要在朝贡体系下加以处理。而中国民众出海，纠集成众，骚扰各地，则是叛民大恶之举，断不可忍。一旦出现，乃是地方官员的治理问题，在严加清剿之外，各地相关官员也要被严肃处理。于是乎，明廷官员，私下在书信之中，称海贼、称海寇，但在朝廷的奏报中，则一律称之为"倭寇"，王直集团就被称为"倭寇"。

此外，明廷又规定，凡是斩获倭寇首级，上报之后，予以重赏。遭遇五百人以上倭寇时，兵数相当情况下，如果能冲锋陷阵，一举荡平，议功之时"内擒斩有名真倭贼首一名颗者，升实授三级；不愿升者，赏银一百五十两。获真倭从贼一名颗者，止赏银

---

[1] ［日］石原道博：《倭寇》，吉川弘文馆1996年版，第305页。
[2] 杨翰球：《后期倭寇成员剖析》，《十五十六世纪东西方历史初学集续编》，武汉大学出版社1990年版，第354页。

十五两"[1]。而抓获汉人从贼一名者，不过赏给银五两，各不必议升。

因为倭寇的头颅更值钱，明军官兵多杀平民，以头颅冒功领赏。归有光曾云："尝闻吾军斩首百余，其间止有一二为真贼者。"[2]因而，在战争中，明军自然就会报告是赏格丰厚的倭寇入侵，而非廉价的海寇劫掠。

为了让成员死心塌地，海寇集团常将成员头发剃成倭国样式。嘉靖三十五年（1556）八月，徐海设宴将地方壮丁骗来，酒宴行至一半时，壮丁们的头发被剃成倭人式样，从此他们只好参与劫掠。冯梦龙在小说《喻世明言》中也有描述："其男子但是老弱，便加杀害。若是强壮的，就把来剃了头发，抹上油漆，假充倭子。每遇厮杀，便推他去当头阵。"每外出劫掠时，海寇都要打上倭寇旗号，穿上倭人外衣，以震慑明军。

宋元之际，就有倭寇从日本扬帆而出，骚扰中国、朝鲜（高丽）沿海，大肆劫掠。高丽高宗十年（1224），有记录"倭寇金州"。元至大元年（1308），"日本商船焚掠庆元，官军不能敌"。到了明开国之后，倭寇持续不断在各地骚扰。此时的倭寇，以日本人为主，主要目标是劫掠，抢夺人口与各类物品。嘉靖朝之前的倭寇入犯，多以小股为主，"皆三四十人作一伙"，"队不过三十人，每队相去一二里，吹海螺为号"。像永乐朝望海埚之役那样的大股倭寇来犯，则相对较少。早期的倭寇团伙中，也有部分中国人参与，主要负责带路、通事等。如正统八年（1443）七

---

1 ［明］应槚辑：《苍梧总督军门志》，岳麓书社2015年版，第320页。
2 ［明］陈子龙、徐孚远、宋征璧等选辑：《明经世文编》卷二百九十五《论御倭书》，明崇祯平露堂刻本。

月,"浙江黄岩县民来保、福建龙溪县民钟普福,洪熙间俱困徭税,叛入倭。倭每来寇,辄为乡导"[1]。

到了嘉靖三十年(1551)之后,活跃在中国沿海各处的倭寇,以中国人为主,混杂有日本人,其规模已较大,多时能有上万人出动。他们通过劫掠,给明廷施加压力,以达成开放海禁的目的。各股海寇集团以中国人为主力,其间也充斥着真倭。嘉靖二十八年(1549)之后,中国与日本朝贡贸易断绝。此时的日本,处于战国时代,各地大名彼此争雄,互相厮杀,民生凋敝。落魄的日本浪人与贫民聚集起来,至中国沿海出卖武力,从事劫掠。"擒到倭贼审称,俱系各岛倭夷,因连年荒旱,食米腾贵,专恃四外卖买为生。因此入寇贼众,各自造船合伙,并无统领头目。"[2]

倭寇的勇悍被中国海商集团看中,王直以财物雇佣勇悍倭奴,增强战力。在海商集团中,真倭乃是核心战力,"每战辄赤体,提三尺刀舞而前,无能捍者。其魁,则皆浙、闽人,善设伏,能以寡击众。大群数千人,小群数百人,而推王直为最,徐海次之。"[3]

嘉靖大倭寇包含了南中国海的各股势力,就连葡萄牙人也不甘寂寞,加入其中。平托《远游记》记载,航行到南澳(今广东省汕头市南澳县)地区时,遇到一个叫作甲·番让平的中国海盗,他手下有三十名葡萄牙人,个个都是经过精挑细选的,他们在海上与平托的船只相遇,并且达成了交易。[4]毫无疑问,葡萄牙人的

---

[1] 《明英宗实录》卷一百六。
[2] [明]赵文华:《嘉靖平倭祗役纪略》卷三《论日本疏》,江苏人民出版社1961年版。
[3] [明]王士骐:《皇明驭倭录》附略卷一,明万历刻本。
[4] [葡]费尔南·门德斯·平托:《远游记》上,金国平译,澳门东方葡萄牙学会1999年版,第163—164页。

加入，极大地提升了中国海寇集团的火器技术与作战能力，在与明军的交锋中，具有一定优势，也能席卷各地，攻城掠寨。

至嘉靖帝去世，隆庆帝登基，月港开关对外贸易后，罕见有关倭寇的奏报，但大明的海疆却不平静，各股海寇集团频频出没。只是往日被冠以"倭寇"之名的各股中国海寇，此时在明廷的奏报之中，成了"海贼""海寇""海盗"。如隆庆三年（1569）奏称，海贼曾一本勾结倭寇进犯广东破碣石。可见此时海贼、倭寇已被明确分开。

隆庆开关之前，出海贸易被视为是叛民，乃是大恶，官府必须以雷霆手段，加以打击。而为避免被追究责任，地方官员将海寇称为"倭寇"，以减少自身责任。隆庆开关之后，各股海寇仍此起彼伏，发动袭击，只是不再被称为"倭寇"。其原因，一则此时朝廷已许可月港开关贸易，福建地方商人可以出海贸易，此时再有海寇闹事，那已不是地方官员的责任问题，而是朝廷层面，互市贸易中的问题；二则将倭寇与海寇明确区分，也是恩威并施，警告海寇集团——恩，乃是有条件许可海上贸易；威，是不许海商再行寇掠，更不能容忍将寇掠沿海之举转嫁于倭寇了。

林道乾及林凤的海外进击

王直之后，一大批亦盗亦商的华人海盗集团，纵横于大海之上，其中势力较大的头目有许栋、许朝光、林道乾、林凤等。李贽盛颂海盗头目林道乾："称王称霸，众愿归之，不肯背离。其才识过人,胆气压乎群类,不言可知也。"[1]李贽自称,才识不及林道乾万分之一。

林道乾是澄海(今广东省汕头市澄海区)人,少时曾为县吏,嘉靖朝末期投身海上事业。他机变险诈,智虑超于诸寇,性嗜杀,所过无不歼灭。林道乾与当时海商(寇)势力吴平,彼此配合共进退,"道乾亦树党援,与平为犄角"[2]。嘉靖四十四年(1565),吴平老巢南澳被明军攻破,林道乾整合了其余部,雄踞潮州,威行内地十年。

林道乾是嘉靖大倭寇的余势,在戚继光、俞大猷等名将的打击下,嘉靖四十五年(1566),他一度远走海外,不久之后又返回东南沿海。隆庆元年(1567)底,林道乾率众攻打澄海溪东寨城,此地累石为城,环城皆水,易守难攻;林道乾率众攻打,炮声震天,矢石如雨,至次年三月寨中粮尽,才攻破此城。城破之后,城中九百余人被杀,逃脱者仅百余人。林道乾威势所在,"诸寨风靡,于是拟饮马鳄溪,心窥府城"[3]。

隆庆二年(1568),海盗曾一本领兵攻掠,明军屡战屡败,无奈之下,明廷只得招抚林道乾。此后林道乾领兵为官兵助战。张翰云:"本道督率抚民林道乾部兵,于隆庆二年八月初四日,驾船八十只,至磊口遇贼,争锋大战。曾贼败走,退遁溪东,被道乾追白哨船一只,前后生擒贼人四名,斩首十三颗,余众落

---

1 [明]李贽:《因记往事》,《焚书·续焚书校释》,岳麓书社2011年版,第259页。
2 [清]《(乾隆)潮州府志》卷四十《上谷中丞书》,清光绪十九年珠兰书屋刊本。
3 [清]《(康熙)澄海县志》卷十二,清康熙二十五年刻本。

水。"[1]隆庆三年（1569）二月初七，俞大猷在给友人的书信中云："况林道乾累有大功，见今又欲助官兵立功，其志可知。"[2]就在此年六月，曾一本被明军擒获，林道乾于此战出了死力。

战后，就如何处置林道乾，明廷之中存在分歧。两广福建总督刘焘称："抚贼林道乾叛服不常，固有养虎贻害之忧。然业已听抚，又立功海上，宜察其果无异志，即当推心置腹，勿使自疑。"广东巡按杨标认为："林道乾最号黠狡，宜乘胜荡平，勿贻将来之患。"林道乾也知明廷猜疑，又出兵剿灭潮州山贼，这才得到明廷信任。林道乾拥兵坐镇一方，自行开辟港口，出海贸易，又招募各处亡命之徒，势力日振。

万历元年（1573），两广提督殷正茂，准备督兵剿灭林道乾集团。林道乾见机，扬帆出海。林道乾出逃之后，至真腊甘蒲寨（今柬埔寨），出金五百、帛五十，送给寨主，得以安顿下来，担任"把水使"。林道乾远走海外，尚有大量手下留在中国沿海，被林凤集团所吞并，实力迅速扩张。

林凤是广东潮州饶平人，生在嘉靖朝中叶，祖上也是海商。西班牙人称林凤为Li Malang，日本人称之为李马奔。门多萨在《中华大帝国史》中称："这个海盗（林凤）生于广东潮州城。他出身卑微，自小就在放任和邪恶中长成。他天生好战，本性凶恶，不愿意学行业，而在道路上抢劫。因此变得十分有经验，很多人前去跟他干那种勾当。他自己成为二千多人的头目，强大到使他

---

1 [明]张瀚：《台省疏稿》卷六《请行闽省并力夹剿海贼疏》，明万历二年吴道明刻本。

2 [明]俞大猷：《洗海近事》卷下《书与郭宝山》，清抄本。

所在的省份都恐惧。"[1]

关于林凤最早的活动记录，出现在隆庆二年（1568）冬十月，据《潮州府志》载，此月林凤攻陷神泉镇。[2]此后林凤活跃在海上，与林道乾、莫应敷、朱良宝等海盗集团，不时骚扰广东各地。隆庆六年（1572）八月，巡按广东御史杨一桂上奏认为，广东之弊在于招安，招安之说，今当禁止。杨一桂特别提到了林凤："今又有议招海贼林凤于惠州者，凤党不过五六百人，非有大声势难以扑灭。"可见此时林凤集团，实力尚不够强大，还不足以达到让朝廷招安的规模。

林道乾出走海外，明廷调兵，重点围剿朱良宝、林凤等海盗。面对明军的进逼，林凤泊舟钱澳湾，请求招抚。明廷不许招安，令两广提督殷正茂、福建巡抚刘尧诲，严督官兵会剿。明军首先围剿朱良宝，朱良宝据险为巢，属下海盗拼死抗拒，明军无法迅速剿灭。

万历二年（1574）四月，朱良宝老巢被攻克，朱良宝自焚而死。明军合兵，围剿林凤。"击逋贼林凤，于碣洲大破之。"[3]六月，据福建巡抚刘尧诲奏报："林凤鸣拥其党万人东走。"福建总兵胡守仁领兵追逐，又令渔民刘以道，带了布匹等物，前去传谕东番（台湾）当地土人，请一起合剿远遁的林凤。

五月时，林凤带领属下，驾巨舰一百二十艘，突入琼州府清

---

1 [西]门多萨：《中华大帝国史》第二部，何高济译，中华书局1998年版，第159—160页。
2 [清]《（乾隆）潮州府志》卷三十八《征抚》，清光绪十九年珠兰书屋刊本。
3 [明]方孔炤：《全边略记》卷八，明崇祯刻本。

澜港（清栏港，位于今海南省文昌市），登岸大肆抢掠一番。林凤在海上逃窜，明军一路苦追。六月，林凤自澎湖逃往东番魍港。此时明廷先期遣去的渔人刘以道已与当地土人联系，配合官兵，共同围剿林凤。明军"传谕番人夹攻，贼船煨烬，凤等逃散"。此番作战，明军、番人、土人联合作战，将林凤三艘船焚毁。此次配合明军作战的番人，当为葡萄牙人。

林凤战败之后，在海上徘徊再三，选择去处。船队至澎湖时，林凤将沿海俘获的民众丢弃于澎湖岛上，导致民众全部被饿死。也正是在澎湖，林凤俘获了两艘从马尼拉返回的中国船只，得知马尼拉防守空虚，遂决定南下马尼拉，寻求生路。

万历二年（1574）十一月，林凤带领两千余中国海寇，船六十二艘，前往马尼拉。在吕宋近海，林凤与一艘西班牙木船遭遇，将该船焚毁，歼灭西班牙人，并缴获一门青铜炮。

十一月二十九日，林凤抵达马尼拉外科雷希多岛。当夜林凤遣日本人庄公，领了四百名精锐，试图偷袭马尼拉，但小船因风向所阻延误。第二日登岸后，在当地人带领下，庄公等直扑西班牙大炮所在地。途中因为意外，攻打了一处西班牙人住宅，杀死西军守将戈蒂。此处的交火使行动丧失了突然性，西班牙人得到来袭的消息，很快组织起来，击退林凤。

林凤撤退后，马尼拉的西班牙人迅速动员起来，构建栅栏，增设大炮。十二月初二，林凤从三个方向发起进攻，有八十名手下冲入城内，但被西班牙人全歼，日本人庄公战死。林凤第二次攻城不克后，全军撤退。此次作战也暴露了林凤集团的问题，即长期的流动作战，使其缺乏训练，组织混乱，也无战法；虽然人数上占据了绝对优势，却无法击败组织良好、训练有素的西班牙军队。

　　林凤大军到来的消息传开后，菲律宾群岛上的居民，闻讯纷纷响应，各地民众划着无数小船，从各条水路汇集至马尼拉，上万人手持武器，准备驱逐贪婪的西班牙人。在菲律宾人看来，中国人来到菲律宾，是带来贸易，带来繁荣，并不压迫，也不勒索。中国的强大，也是毋庸置疑的，他们期待将西班牙人驱逐后，回归到朝贡体系，一切如常。奈何明廷对于海外毫无兴趣，前来的并非明廷官兵，而是海盗林凤。林凤一战不下之后，即行撤走。马尼拉城外汇集的人流，失去了方向，各自退回原部，西班牙人统治依旧。

　　林凤未能占领马尼拉，便退到彭加丝兰（玳瑁港，即今菲律宾林加延湾）河口，筑寨建堡，作久居之计。林凤并无开疆拓土的目标，至马尼拉只是为了寻得活路而已。西班牙人则不这么认为，视林凤集团为大敌，将散布在宿务、甘马仁等地的西班牙士兵集中起来，凑到了两百五十人，准备消灭林凤。

　　万历三年（1575）三月，两百五十名西班牙士兵，两千名菲律宾本地辅兵，分乘五十九艘小船，从马尼拉出发。林凤及其手下以为天高皇帝远，并没做什么防范。西班牙人兵分两路，水路由九艘小船组成，每船搭乘了八名士兵，准备夺取船只，将河口堵住。另遣一路士兵，由陆路佯攻林凤要塞。

　　水路的西班牙船队，遇到了三十五艘装载物资的林凤船只，林凤船上人员缺乏战意，逃跑一空，船只被焚。林凤得知西班牙人来袭后，立刻布置防御工事，俘获的一门西班牙青铜炮也被用上。西班牙士兵的攻势，在林凤的坚守下被击溃，西班牙人只好改强攻为围困。

林凤被围困之时，明廷潮州把总王望高，一路追寻林凤，赶到了马尼拉。据西班牙人的记录，当日一名西班牙神父，乘船赶到了彭加丝兰，恰好与一艘中国船只相遇。西班牙人将这艘船捕获，经过通事交流，得知乃是明廷所遣船只前来追索林凤踪迹，船上有把总王望高。

王望高得知林凤被围困之后，大喜过望，当即前去彭加丝兰，拜会西班牙军队总指挥。西班牙总指挥对王望高很是客气，告知林凤已陷入绝境，保证将移交林凤，不管是生是死。王望高随后被送到了马尼拉等待捷报，西班牙驻菲律宾总督加以盛情款待。

王望高等了些日子，未曾等到林凤被擒，遂提出返回中国。西班牙人热情地为王望高提供了返回的必需物资，又派出六名西班牙军人护送。这一切只是为了派出两名神父，即拉达、马连前往中国。但让西班牙人失望的是，神父与西班牙军人抵达中国后，被严密监视，不许离开住所，到了此年十月，一行人失望地返回马尼拉。为了刺探林凤的情况，王望高同返马尼拉。

值得注意的是，明廷将西班牙人的到来，视为了朝贡体系的一个部分。刘尧诲在奏报中说："把总王望高等以吕宋夷兵，败贼林凤于海，焚舟斩级。凤溃围遁，复斩多级，并吕宋所赍贡文、方物以进。"大明官员总爱编织一个朝贡体系的幻梦，以营造盛世的幻境，取悦皇帝。

在被围困的六个多月中，林凤手下的能工巧匠，造出了三十艘船，弥补了此前的损失。八月初四中午，林凤带着他的手下，冲破西班牙人的拦河工事，扬帆而去。王望高第二次前往马尼拉，得到的消息却是林凤已突围。

此后王望高的表现，让西班牙人目瞪口呆。他请求西班牙人写一封信给中国官方，声明林凤已死。王望高设法购买了岛上住民收藏的许多人头，声称是林凤及其手下的首级。为了让一切看起来更真实，他甚至伪造了一枚林凤的印章。但西班牙人拒绝写信。

万历四年（1576）五月初四，王望高携带着大量首级及两名西班牙神父，返回中国。因为此次西班牙人没送上大量的被视为是贡品的礼物，两名神父被丢在了吕宋岛西部的三描礼士岸边。

在林凤攻菲律宾和拉达神父出使中国失败之后，西班牙驻菲律宾新总督桑德建议西班牙国王出兵征服中国。在桑德看来，与中国的战争是最公义的，只要出动四千至六千人的兵力，配以一些长矛、火枪、船舰、火炮和所需的弹药，就可以征服中国。有两千或三千人，便足以占领重要的省份。征服一省之后，便可以征服全国。桑德认为，因为普通中国人受到朝廷很恶劣的待遇，他们会反叛，与西班牙人站在一起。[1]桑德一度想联盟日本，共同出兵，征服中国。桑德的宏大计划未得到菲利普二世的重视，此时的西班牙在欧洲陷入持续的争霸战争中，国王手头财政窘迫，无暇顾及遥远的东方。

林凤逃出之后，仍然活跃在中国南方沿海，从事劫掠活动。万历四年（1576）十二月，林凤率党羽返回广东，先犯潮州海门港踏头埔，继犯惠州碣石，甚至有他与海盗前辈林道乾合作的记录。与林凤一起纵横海上的海盗头目林道乾，早就出逃，落脚于甘蒲寨。明廷以为他逃入安南，遣使前去索要，但安南人称，国内并无此寨。就林道乾的下落，俞大猷认为："海贼林道乾，逃去西南番柬埔寨，上山居住，似无复回之理。若回，势亦不大，

---

[1] 陈台民：《中菲关系与菲律宾华侨》第一册，香港朝阳出版社1985年版，第132—134页。

容易灭也。"[1]

林道乾虽在海外,却也复回。万历三年(1575)二月,福建有林道乾来攻警报。万历六年(1578)七月,林道乾自甘蒲寨返回潮州老巢,居住月余,将往日所藏金银尽数挖掘而出,又募集了一百余人南行,往暹罗而去。此年返回时,林道乾一度率领舟师六百,突至惠州碣石卫,一时明军将士惊骇。但林道乾并未发动攻势,将明廷前后授予的招安文书,委之泥沙而去。[2]林道乾至暹罗后,声称要联合大泥国(今泰国南部北大年一带),攻打暹罗。暹罗王无奈,只好加以招徕,林道乾请双方歃血为盟誓,保证不将其送回中国,暹罗只好遵从。

万历八年(1580)八月,暹罗使者遣使来华,告知正在围剿林凤的刘尧诲云:"道乾今更名林浯梁,居在臣国海澳中,专务剽掠商贾,声欲会大泥国,称兵犯臣国。"[3]据暹罗人的情报,此时林道乾已行至头关。香山澳人吴章、佛郎机人沉马罗殊及船主罗鸣冲文氏奴、通事蔡兴全等二十余人,自告奋勇,向刘尧诲请命,要去攻打林道乾。刘尧诲赏赐银牌等物,加以鼓励。葡萄牙人自告奋勇,请剿林道乾一事,传教士庞迪我、熊三拔也有记录:"颇闻林道乾之乱,有在澳商人等自备舡粮器械,协力攻击,督府曾上其功。"[4]此次截击,并无效果,林道乾照样活跃在海外。

---

1 [明]俞大猷:《与凌洋山书》,《正气堂全集》,福建人民出版社2007年版,第545页。
2 [明]宋懋澄:《九籥集》文集卷七《叔父参知季鹰公行略》,明万历刻本。
3 [明]瞿九思:《万历武功录》卷三《林道乾传》,明万历刻本。
4 [明]《庞迪我熊三拔具揭》,《徐家汇藏书楼明清天主教文献》第1册,方济出版社1996年版,第71页。

万历九年（1581），制置使刘尧诲遣使赏谕柬埔寨，令其与暹罗并攻。暹罗与柬埔寨联手，抓捕林道乾。"于是，暹罗番王授计郭六观，令擒乾。乾觉，乃格杀番众，略其舳舻，往佛丑海屿而去。竟莫知所终。"[1]佛丑，即孛丑，其地在今泰国曼谷至萨木伊岛航道之间，当时属北大年（大泥，今泰国南部）。万历八年，林道乾曾联合大泥，进攻暹罗。

据许云樵《北大年史》所载，林道乾在北大年以冶铁为业，曾为北大年女王铸青铜炮三尊。女王为三门炮命名，第一尊为北大年女王，第二尊为吉祥城，第三尊为大炮。在试炮时，第一尊、第二尊均无问题，第三尊突然炸裂，"道乾以炮炸暴卒"[2]。

至于林凤，在万历十七年（1589）四月，会同广东琼州李茂、陈德乐等，占据海岛，出没劫掠。明军水师发动攻势后，李茂、陈德乐被擒获，林凤逃亡海外，不知所终。

有明一代，有林道乾、林凤等纵横于海上，为一时之雄杰，若是能得到明廷的支持，则葡萄牙、西班牙、荷兰等国，亦非其敌手。奈何这些海上力量，并未成为明廷向海外扩张的利刃，反成为持续困扰明廷的寇盗，劫掠于沿海各地。

当中国海商集团纵横四海时，明廷却成了正在崛起的中国民间海上力量的主要扼杀者。明廷官方动用一切力量，对海商集团进行打压，以免其发展壮大，而对海商集团的持续打击，间接影响到了内陆的商业发展，商贾地位更低，商业成长的环境更加恶劣。不论是海商还是内陆商人，都要面临官方的层层盘剥，商人

---

1 ［明］瞿九思：《万历武功录》卷三，明万历刻本。
2 许云樵：《北大年史》，新加坡南洋编译所1946年版，第121页。

们无法指望得到外界的保护（如欧洲的商会与法律）。商人们为了保证自己财产的延续，或是培养子弟，进入仕途，或是四处贿赂，寻找政治上的庇护者。在这样的社会中，商人们最终成为官僚阶层的附庸，而不是推动社会变革的新力量，也无法推进行政制度的变革、私有财产的保护、法律制度的完善。

第七章

边衅——朝贡秩序的挑战者

　　明廷所构建的朝贡秩序，一度稳定了海陆边疆，也带来了朝贡贸易的繁荣。也正是由朝贡贸易引发的纠纷，冲击了朝贡秩序，引发了土木之变与明英宗被俘。此后围绕朝贡贸易，明廷与草原部落多次爆发冲突，乃至出现了俺答汗兵临北京，临城胁贡。至隆庆朝，在明廷与俺答汗达成贸易协议后，与草原的冲突暂告终结。随着丰臣秀吉完成日本的统一，他也想建立一个以日本为中心的朝贡体系，为此引发了持续多年的壬辰战争，战后中日关系断绝，日本无法与华贸易。壬辰战争之后，日本控制琉球王国，此后数百年，琉球王国处于对中国、日本两属朝贡的特殊状态之中。

也先入贡与土木之变

曾经雄霸天下、冲垮无数城池的蒙古铁骑，入主中原八十余年后，退回了草原。朱元璋时期，经过明廷对北元持续不断的打击，北元汗权被极大削弱，东西蒙古分为三大部，即鞑靼、瓦剌及兀良哈三卫。在各部之中，以东蒙古鞑靼部实力最强，由黄金家族直系后裔控制。西蒙古瓦剌部实力次之，兀良哈三卫又次之。

永乐元年（1403），鞑靼权臣太师阿鲁台废掉坤帖木儿汗，立鬼力赤汗。鬼力赤多次与瓦剌作战，以争夺和林（即哈拉和林，北元政治中心，位于今蒙古国前杭爱省西北角）。永乐六年（1408），鬼力赤汗再被废，本雅失里被立为汗。永乐朝，蒙古可汗本雅失里和太师阿鲁台实力最强，威胁最大。遵循分而治之的策略，明廷大力扶持瓦剌，双方建立了朝贡关系。

瓦剌首领猛哥帖木儿死后，瓦剌分裂为马哈木、太平、把秃孛罗三部，或是联合，或是单独，遣使至明廷朝贡。永乐七年（1409），明廷册封马哈木为特进金紫光禄大夫顺宁王、太平为特进金紫光禄大夫贤义王、把秃孛罗为特进金紫光禄大夫安乐王，并赐印诰。

永乐十年（1412）五月，瓦剌用兵，击杀本雅失里。永乐十一年（1413），面对瓦剌压力，阿鲁台遣使来朝，被明廷封为和宁王，双方在边境进行互市贸易。永乐十二年（1414），明廷以朝贡不至为由，对瓦剌用兵。朱棣亲自率兵，北征瓦剌，一直打到土剌河边，迫使马哈木遣使谢罪。

马哈木死后，永乐十六年（1418）四月，明廷许可马哈木之子脱欢袭顺宁王爵。脱欢雄才大略，善于把握机会。永乐二十一年（1423），阿鲁台与明廷的朝贡关系破裂，被明廷击败。脱欢乘机发兵，在饮马河击败阿鲁台，抢夺大量人口牲畜。脱欢统一瓦剌部，又联合兀良哈三卫，消灭了阿鲁台部，收其部众。脱欢实力虽强，却不是黄金家族后裔，遂立黄金家族后裔脱脱不花为可汗，又将女儿嫁给他。

明廷与蒙古各部建立朝贡关系，并规定了贡期、贡道和贡品。贡期根据亲疏关系而定，鞑靼部一年一贡或两贡，瓦剌部一年一贡，兀良哈三卫与明廷关系最为亲密，故而一年两贡。入贡时，鞑靼、瓦剌两部皆由大同入居庸，兀良哈三卫则由喜峰口入。

正统三年（1438），脱欢去世，长子也先继承太师之位。也先强大之后，与明王朝保持朝贡关系，以交换丝绸、铁锅等物品。瓦剌部前来朝贡，初时只有数十人，之后增至数百人，再增至数千人，最多时达两三千人，携带各种货物前来贸易。瓦剌使团动辄两千余人，往来前后数月，其间明廷要提供大量牛羊、酒水、米麦、鸡鹅、花果等物，不计其数，花费巨大。如正统六年（1441），瓦剌使团两千四百人，在大同府三十余日，消耗羊五千余只。大批瓦剌人来朝贡，明廷也是叫苦不堪。正统七年（1442）正月，明英宗朱祁镇劝说蒙古各部，今后可汗及太师遣使不可过多，每次一二百人即可，如此双方都方便，可也先哪里肯听。

正统十年（1445）十二月，瓦剌派使臣皮儿马黑麻朝贡，"贡马八百匹、青鼠皮十三万张、银鼠皮一万六千张、貂鼠皮二百张。上以其过多，命马收其良者，青、银鼠皮各收一万，惟貂鼠皮全收之，余悉令其使者自鬻。"[1]

正统十一年（1446）正月，明英宗朱祁镇命马云、马青为正使，赍敕书、财帛等物，往赐脱脱不花可汗及太师也先等。马云、马青一路西行，取道大同出塞，直奔也先大营而去。在也先营中，马云、马青饮酒大醉，许也先细乐妓女，又许与中国结亲。这二人本是酒话，不想也先当了真，还送了好马作为聘礼。

正统十三年（1448）十月，也先遣送两千余人驱赶了大量马匹，浩浩荡荡往北京来贡。此番也先使团到了京师，住进会同馆。各处使团来京朝贡，领取赏赐后，可在会同馆开市三日或五日，但朝鲜、琉球不受限制。

也先使臣入京后，在会同馆出售马、兽皮等物品，购买铁锅、丝绸等物资。会同馆每隔五天，根据人员多少，向光禄寺申领酒、肉、油、酱、盐、茶叶等物，用以招待。会同馆向礼部汇报，其使团进京共三千人，进献良马三千二百余匹，貂鼠皮、青鼠皮、银鼠皮一万五千余张。礼部仔细查点之后，发现使团人数只有一千四百余人，虚报了一千六百多人，据此礼部只给使团赏赐了一千四百余人的礼物。

草原使团进贡，所贡马分为四个等级，由明廷分别予以赏赐，等于是折价买下，所赏赐的主要是绸缎、纱绢等。王振不喜也先使团，身边心腹便出了个主意，将赏赐的绸缎、纱绢，一剪刀下去，一匹分为两匹。待赏赐发下来后，也先使团发现所得绸缎之类，明显比往年少了一半，心中大为恼恨。至购买铁锅时，

---

[1] 《明英宗实录》卷一百三十六。

又发现铁锅价格暴涨，更为不满。

朝贡贸易中，进贡的贡品只是小部分，称"正贡"。各部首领、使团使臣会携带各类货物，入京进行贸易，其数量往往是正贡的十余倍乃至更多，称为"附进货物"。过了正月，会同馆开贡市五日，附进货物进行贸易。也先使团携带的货物以皮类为主，如狐皮、羊皮、狼皮、豹皮、猞猁皮之类。因为去年卖了高价，今年使团特意运来了大批皮子。交易时，京师内外的商人，均可到会同馆进行贸易。使团来时，带了瓦剌部贵族的大批私货，包括也先交付的皮子，希望能卖出高价。不想此年，兀良哈、女真等部也带来了大量皮子，一时间，京师的皮子数量暴增，价格跌了一半。此番明廷下令不准冒领"廪饩"，礼部又将运来贸易的马匹价格减去五分之四，结果也先所得，仅为奏请的五分之一。

也先正指望着这次贸易，带回各类急需的日用品。不想明廷此番没有大度地赏赐，双方又未曾达成和亲，也先怒了。正统十四年（1449）七月初八，瓦剌太师也先兵分四路，对大明发动攻势。也先亲自率领所部，进攻大同，阿剌知院率部进犯宣府，围攻赤城（今河北省张家口市赤城县）。脱脱不花可汗率所部及兀良哈三卫，进攻辽东，另遣一支人马，进攻甘州（今甘肃省张掖市）。

七月十五日，中元节当日，明英宗朱祁镇决定御驾亲征。十六日，朱祁镇统率官军二十余万人，从德胜门出。八月初二，朱祁镇领全军驻扎大同。至大同后，朱祁镇召集镇守太监郭敬及镇守诸将到行辕，商讨下一步北进事宜。此时朱祁镇方才得知，前军西宁侯宋瑛、武进伯朱冕，已全军覆没。朱祁镇闻言大惊，当即对群臣宣布，将班师回京。初十，明军到达宣府，十一日，到达宣府东南,十二日,到达雷家站(今河北省张家口市怀来县新保安镇),十三日,也先大军追来。

朱祁镇带了大军,在八月十四日狼狈逃至土木堡。抵达土木堡时,已是下午,此时距离怀来,不过二十余里。八月十五日,也先全军至土木堡,将缺水的明军合围。极度干渴之下,明军一度想冲出抢水,可看着也先铺天盖地的骑兵,明军顿时失了胆气,不敢动弹。中午过后,瓦剌军全线撤退,明军阵前突然有瓦剌人骑马举白旗,过来求见。也先使者表示,也先已退兵,希望与明廷交好,朱祁镇闻言自然是大喜过望。待也先使者一走,王振判断,有机会可以甩脱也先大军,传令全军移营南行。从土木堡出来,行不到三里,也先纵兵来追。瓦剌军此前二日休整充沛,兵强马壮,呼啸着冲杀过来。明军人数虽多,却无丝毫战意。在一片混乱之中,王振被随军将领樊忠所杀,朱祁镇被俘。土木堡之役,明军溃败,死者数十万。

土木之变前,朱祁镇执政的十四年间,蒙古各部朝贡约三十次。除正统五年(1440)、七年(1442)、十一年(1446),每年朝贡一次外,其他各年,每年都要朝贡两次或两次以上。蒙古各部尝到了朝贡贸易的甜头,不断增加入京的人数,从最初的十余人,增加到几十人再到一两千人。蒙古各部使团频频来贡,对明廷来说乃是巨大的负担。

故而在正统十四年(1449),明廷减少给予也先使团的赏赐。又因为此前明廷所遣使者马云、马青,擅自许诺也先"与中国结亲",结果却不成,导致也先颜面大失。而此时的也先,正是实力最为强劲之时,故而领军入寇。也先不曾想到,起兵之后,势如破竹。而朱祁镇年轻气盛,一怒轻征,又被也先轻易击溃。

也先虽击溃明廷大军，也自知实力不足以彻底击溃明廷，重建元室。在俘获明英宗朱祁镇后，也先先后遣使六次，试图与明廷建立联系，遣回朱祁镇。明廷对与也先联系、迎回朱祁镇，态度冷淡。景泰元年，朱祁钰遣杨善出使也先部。杨善自作主张，甚至没有付出任何赎金，就将朱祁镇迎回。

景泰元年（1450）八月初八，也先大会诸部，杀牛设筵，作乐吹唱，与其妻及众头目依次进酒，送明太上皇朱祁镇返回京师。八月十五日，明代宗祁钰于东安门迎接太上皇。新帝朱祁钰快刀斩乱麻，将朱祁镇送入南宫（洪庆宫），作为太上皇供养。

土木之变，并未动摇朝贡体系。土木之变后，瓦剌遣送的使团，每次仍有两三千人，携带上万马匹入京。在景泰一朝，短短几年间，就有二十五个朝贡使团前来。如景泰元年（1450）十月，也先遣两千五百人来朝，贡马驼四千四百匹，貂鼠皮、银鼠皮五百张，赐宴及财帛等物有差。蒙古各部频繁来贡，导致明廷财力吃紧；景泰六年四月（1455），迤北王子麻儿可儿遣使进贡马驼，礼部建议减其赏例，景泰帝朱祁钰却认为："胡虏艰难，姑从旧例赏之，以慰其心。"

景泰二年（1451），也先打败大汗脱脱不花，脱脱不花出逃之后被杀。景泰四年（1453）夏，也先决定称汗，自称"大元田盛（天圣）大可汗"，年号添元（天元）。十月，遣使至明朝，宣告登基，并表达了两家交好的愿望。也先的崛起与称汗，打破了草原上原有的秩序，即只有黄金家族、成吉思汗后裔方可称汗的正统观念。此后纷争不断，拘泥于传统观念者，不满也先坐大者，雄心勃勃的臣下，纷纷发起挑战。

景泰五年（1454），瓦剌右翼阿剌知院举兵，也先战败被杀。

瓦剌部分裂之后，喀喇沁部领主孛来趁机而起，击杀阿剌知院。当初脱脱不花汗被杀后，留下二子，长子摩伦台吉，次子马可古儿吉思。景泰五年，孛来立马可古儿吉思为可汗（乌珂克图汗），此即明代文献记录中常见的小王子。明代蒙古部，先后出现了三个小王子，马可古儿吉思乃是第一个。

景泰七年（1456）正月十四日，朱祁钰的病情加重，已无法上朝。十六日当夜，石亨、张軏、曹吉祥、杨善、徐有贞等密谋，斩开东华门，至南宫请出朱祁镇。正月十七日，朱祁镇登基。朱祁镇南宫复辟后，蒙古实力人物孛来，立刻遣使来贡。天顺年间，蒙古各部与明廷的来往更为密切，如天顺七年（1463）时，各部先后朝贡五次。

成化元年（1465），孛来杀马可古儿吉思，摩伦被立为汗。成化二年（1466），翁牛特部首领毛里孩王杀死摩伦汗，此后汗位空达十年，蒙古各部陷入混战之中。在血腥厮杀中，黄金家族的后裔，还有一支偷偷留存了下来，这就是也先的亲外孙。在脱脱不花、也先二人的"蜜月期"内，也先将女儿齐齐克嫁给了脱脱不花之弟阿噶巴尔济之子哈尔固楚克为妻。

哈尔固楚克被也先所杀时，其妻齐齐克已怀胎七月，此后生下巴延孟克。成化十年（1474），巴延孟克的儿子巴图蒙克出生，即后来的达延汗。成化十二年（1476），巴延孟克在内讧中被杀，儿子巴图蒙克只有三岁。

蒙古各部内讧厮杀不断，是故成化、弘治年间，蒙古各部虽保持朝贡，但次数、规模都不及往昔。此期间瓦剌部势衰，鞑靼部崛起，蒙古各部分分合合，彼此厮杀。至达延汗统一蒙古各部后，朝贡贸易的规模开始扩大，弘治十一年（1498）二月，达延汗遣使臣六千人入贡。明廷许可两千人入关，其中五百人可以入京。朝贡贸易对于明廷乃是沉重负担，到了弘治朝后期，随着双方关系的逐渐恶化，与草原各部的朝贡贸易告终，又引发了新的冲突。

庚戌之变与临城胁贡

成化十年（1474），达延汗诞生，属成吉思汗的黄金家族、元朝皇室的后裔，号为小王子。达延汗之父巴延孟克被杀后，他成为黄金家族的唯一血脉，理所当然地继承了汗位。达延汗贤智卓越，雄才伟略；他击败瓦剌，统一蒙古各部，废除了太师、宰相之类职衔，要职全由黄金家族成员担任。达延汗将所部分为六万户，自掌察哈尔、喀尔喀、乌梁海左翼三万户，第三子巴尔斯博罗特掌鄂尔多斯、土默特、永谢布右翼三万户。达延汗第三子巴尔斯博罗特的次子，乃是大名鼎鼎的俺答汗。

中原王朝对北方游牧部落的军事行动，多半是出于政治上的考量，如明初对草原的持续用兵；北方游牧部落南下对中原发动的军事行动，则多半是出于经济上的动机，如土木之变。就蒙古各部而言，与中原王朝的贸易是不可或缺的，生活中的各种物资，从丝绸到瓷器再到铁锅，都依赖于中原提供。如铁锅，草原各部必须依赖中原输出，"生锅破，百计图之，不得已，至以皮贮水煮肉，以为食"[1]。通过朝贡贸易，草原各部可以获得各类物资

1　［明］瞿九思：《万历武功录》卷八《中三边》，明万历刻本。

的供给，且还能将草原上的物品出售，换取银两与物资。

达延汗与明廷一度保持了贸易往来，至弘治十二年（1499）时，"三年三贡，每贡多至三千人，少不下二千人"。弘治十三年（1500），达延汗移驻鄂尔多斯，未向明廷遣出贡使。明廷误以为达延汗将要纵兵掠夺，乃在次年分兵五路，突袭鄂尔多斯。达延汗不甘示弱，以大兵进攻固原、宁夏等地，双方朝贡贸易逐渐停止。

弘治十七年（1504）之后，明廷与蒙古各部的朝贡贸易全面停止。达延汗死后，他的孙子俺答汗以卓越手段，控制了右翼三万户，此后经略蒙古各部，所向披靡。可朝贡贸易长期停止，是蒙古各部无法忍受的，俺答汗更无法忍受，他喜欢中原的物品，到了痴迷的地步。

在给明廷的表文中，俺答汗表白，自己不喜欢草原上的皮衣毡裘，而喜欢中原的绸缎。他自述："毡裘不耐夏热，缎布难得，每次受人引诱，才去抢夺，常被杀害。"[1]为了换得绸缎，他愿意进贡黑头白马一匹、白骆驼七头、骟马三千匹。

嘉靖十一年（1532）春，俺答汗请求朝贡。兵部议后认为："小王子进贡虽有成化、弘治年间事例，但其情多诈，难以轻信，宜命总制、镇、巡官察其真伪。"[2]朝贡不通，俺答汗以不得请为憾，遂拥众十余万入寇。嘉靖十三年（1534）四月，俺答汗领兵至边境，欲图入贡。

嘉靖二十年（1541）秋，俺答汗遣使者石天爵至大同，请

---

[1] 土默特左旗《土默特志》编纂委员会编：《土默特志》上卷，内蒙古人民出版社1997年版，第329页。

[2] 《明世宗实录》卷一百三十六。

求朝贡。俺答汗保证："令边民垦田寨中，夷众牧马寨外，永不相犯。"巡抚大同都御史史道将俺答汗请求上奏明廷。史道认为："虏自弘治后不入贡且四十年，而我边岁苦侵暴。今果诚心归款，其为中国利，殆不可言。"[1]

史道认为恢复朝贡贸易，对明廷有利。但嘉靖帝认为，虏情叵测，不可轻信，不但不能恢复贸易，反而要选将练兵，出边追剿，数其侵犯大罪，绝彼通贡之路。俺答汗为了能恢复朝贡，表现了足够诚意，甚至约束将士不可挑起边衅，却无成果。明廷又悬以重赏，能杀俺答汗者，赏以千金及都督爵。面对明廷的冷淡与轻慢，俺答汗虽然恼怒，可还是希望能恢复朝贡贸易。

嘉靖二十一年（1542）闰五月，俺答汗再派石天爵到大同，试图恢复朝贡。俺答汗给予使者令箭二枝，令牌一面，请求入贡，并明言，如果三请不得，将领兵进攻山西各镇。石天爵入大同后，被新任大同巡抚龙大有诱杀，传首九边示众。俺答汗此番不再容忍，六月举兵攻伐山西。此时明廷军备松懈，面对俺答汗大军，各地守军消极避战，致俺答汗如入无人之境，杀掠无数。

嘉靖二十五年（1546）五月，俺答汗再次遣使，携带白骆驼九头、白马九匹、白牛九头；九白之贡，乃是蒙古部最贵重的礼物，然而此番请求通贡，依然无果。嘉靖二十六年（1547）四月，俺答汗第五次遣使，请求通贡。嘉靖帝的回复是："逆寇连岁为患，诡言求贡，勿得听从。其各严边兵防御，如有执异，处以极典。"[2]嘉靖二十七年（1548），俺答汗第六次请求通贡被拒。明廷

---

1 ［明］徐日久：《五边典则》卷七，旧抄本。
2 ［清］谷应泰：《明史纪事本末》卷六十，清文渊阁四库全书本。

之中，虽有支持通贡者，奈何只是微弱的声音。

嘉靖二十九年（1550）六月，俺答汗领兵十万，进攻大同。大同总兵张达出战中伏，苦战至死，副总兵林椿出援后阵亡。七月，俺答汗在断头山立大营，传召各部，准备再攻大同。大同总兵仇鸾乃是严嵩亲信，靠溜须拍马爬了上来，哪有能耐戍边，遂重贿俺答汗，请他另寇他塞。

秋八月，俺答汗进犯蓟镇、古北口，明军一战即溃，逃窜山林。俺答汗率兵掠怀柔，围顺义，逼通州，分兵四掠，京师震动。嘉靖帝大惊，令各地将领入京勤王。俺答汗此次出兵，目标就是恢复朝贡。他将在城外俘获的东直门御马房宦官杨增等人释放，令其携带书信入城。

嘉靖帝看了俺答汗的书信后，心中犹豫，召集严嵩、徐阶等商量对策。严嵩认为："此抢食贼耳，不足患。"徐阶则认为，此时答应通贡，俺答汗开出的价码可能太高。嘉靖帝一心修仙，只求俺答汗早日退兵，当即表示："苟利社稷，皮币珠玉，皆非所爱。"[1]

八月十八日，各边镇军队先后赶至京师。大同总兵仇鸾领兵两万入京，被封为"平虏大将军"，统领各路援军。援军入京后，朝廷没有粮饷可发，各军四处劫掠，民苦之甚于贼。就如何应对俺答汗，仇鸾问计于严嵩。严嵩老奸巨猾，指点他："败于边可隐，败于郊不可隐。饱将自去，惟坚壁为上策。"[2]仇鸾心领神会，当即不出城交战，任由俺答汗在境外四处劫掠，只待其抢够了自行退去。

1　[明]王士琦：《三云筹俎考》卷一，明万历刻本。
2　[清]谷应泰：《明史纪事本末》卷五十九，清文渊阁四库全书本。

仇鸾惧战，秘密派遣使者出城，联络俺答汗义子脱脱，允诺贡马互市，请俺答汗退兵。最终明廷回复，俺答汗先退兵，再议通贡之事。俺答汗抢掠一番，这才率军徐徐由古北口出塞。明军虽然尾随，却不敢追击。俺答汗一退走，嘉靖帝心情放松，下令户部进银五万，采购龙涎香。这些采购的龙涎香，被用于太庙之中的祭祀，一方面祈求祖宗保佑，早日消灭鞑虏，另一方面则祈求保佑皇帝早登仙道。

嘉靖三十年（1551）四月，明廷"开马市于大同镇羌堡"。五月，"宣府设马市于新开口堡"，派兵部侍郎史道赴大同主持马市。马市贸易兴盛无比，双方各自获利，眼看着局面是一片大好；到了十二月，双方出现纠纷。俺答汗提出，希望能扩大马市贸易的范围，盖富裕牧民，有马可以入市贸易，换取布帛。可穷苦牧民手头只有牛羊，无法入市贸易，俺答汗希望能以牛羊入市贸易，换取粟豆米麦等食物。这本是合理请求，主持马市贸易的史道也表示同意，提请朝廷批准。

不想明廷内部，兵部员外杨继盛等大臣，大力反对通贡，甚至列出互市十不可，更以天朝的傲慢姿态，对待俺答汗的通贡请求。"今以堂堂天朝之尊，而下与犬羊为此交易之事，是天壤混淆，冠履同器，将不取笑于天下后世乎。"[1]原本支持互市的内阁大学士严嵩，也转而反对开市通贡。

嘉靖三十一年（1552）二月，明廷罢大同马市，九月停宣府马市。俺答汗遣使者丫头智，至大同请求互市，被嘉靖帝下令斩杀。

---

[1] ［明］陈子龙、徐孚远、宋征璧等选辑：《明经世文编》卷二百九十三，明崇祯平露堂刻本。

丫头智临死前道："杀我易耳，第恐中国自是无宁期矣。"[1]明廷出尔反尔，俺答汗再次出兵，威胁边境，此后十余年间，边疆战乱不断。

却说严嵩党羽仇鸾戍边无能，为了讨好蒙古人，私自在边境线上开设马市，与蒙古人大做生意。杨继盛得知后，上奏弹劾仇鸾不成，反被打了一百棍，赶去甘肃做了个小官吏。嘉靖三十一年（1552）八月，仇鸾病死，私通俺答汗之事被揭发，以谋反罪处以戮尸之刑。杨继盛复被起用，此番他准备拼死一搏，弹劾严嵩父子。杨继盛作好了赴死的准备，上《请诛贼臣疏》，洋洋洒洒数千言，历数严嵩罪状。无奈嘉靖对严嵩的宠信不可动摇，再加上杨继盛指责皇帝本人："甘受嵩欺，人言既不见信，虽上天示警，亦不省悟。"[2]嘉靖帝看了勃然大怒，下令将杨继盛收监。杨继盛在狱中受尽酷刑。

嘉靖三十四年（1555），杨继盛被处死。行刑当日，京师"满城争睹员外郎"，路上水泄不通，人山人海。反对通贡互市的忠臣死了，奸臣也死了，皇帝仍痴迷于修仙，通贡贸易之路依然关闭，草原各部对丝绸、铁锅的渴望依然，烽火照旧点燃边关。

把汉那吉与隆庆和议

隆庆四年（1570）九月十三日，发生了一件改变明廷与俺答

---

1 [明]瞿九思：《万历武功录》卷七《中三边》，明万历刻本。
2 [明]陈子龙、徐孚远、宋征璧等选辑：《明经世文编》卷二百九十三，明崇祯平露堂刻本。

汗关系的戏剧性事件——俺答汗之孙把汉那吉因为心爱的女子被夺，突然投奔明廷。

把汉那吉是俺答汗的孙子，其父铁背台吉是俺答汗的第三子。把汉那吉年幼时，其父去世，遂由祖父俺答汗抚养长大，备受喜爱。把汉那吉成人之后，娶妻比吉。过了一些年，把汉那吉看中了一名女子，准备迎娶为妾，不想被俺答汗所夺。把汉那吉大为愤怒，欲兴兵攻打俺答汗雪耻。俺答汗抢了孙子的女人，心中有些愧疚，另以美女补偿孙子。把汉那吉心中愤愤不平，不肯原谅祖父，带了妻子比吉及手下十余人，弃所部投奔大明。

大同巡抚方逢时得到消息后，立刻进行调查。确认果是来降之后，九月二十三日，方逢时设宴款待把汉那吉一行。方逢时将此事报告给总督王崇古，二人商量后，共同奏报明廷，提出处理此事的三策。其上策为："若俺答不忘，来边索取，则明行晓告，许其生还，谕以祸福，令将板升叛逆贼首赵全等生擒解送，被掠人口悉放南还，然后优加给赏，以礼送还。"[1] 此上策得到明廷支持，成为处理此事的基本策略。

得知孙子投明之后，俺答汗很受打击，竟致双目哭肿。俺答汗担忧孙子被明廷所杀，十月初领兵进逼平虏、镇城、威远一线，提出以俘获的一名明将交换把汗那吉。明廷遣使与俺答汗谈判，提出以赵全等八名板升头目交换把汗那吉，又说把汗那吉在明廷得到优待，一切待遇如同大明皇子。

这板升人，乃是投奔草原部落的大明百姓。为了混口饭吃，

---

[1] ［明］方逢时：《大隐楼集》，李勤璞校注，辽宁人民出版社2009年版，第269页。

或是逃脱明廷追捕,从内地逃亡草原者日多,在草原上聚集,建立村落,从事农、副、手工业生产,向俺答汗等领主交纳租税,被草原部落称为"板升人"。其中更有不少人为草原部落效力,在各部骚扰边境时充当向导,成为明廷大患。

俺答汗答应了明廷提出的条件,领兵撤回。在谈判之中,俺答汗趁机提出封王、互市等请求。明廷主政的大臣,如王崇古、高拱、张居正等,抓住此次机会,力主实现封贡。隆庆帝也表示支持。十一月十九日,俺答汗将赵全等八人,解送威远城。赵全等八人本是汉人,投奔俺答汗后,骚扰边境多年,乃是明廷大患,被解送京师处死。

十一月二十日,方逢时设宴为把汉那吉饯行,诏赐彩币及布等物,送其返回草原。当年十二月,俺答汗亲自迎接把汉那吉,祖孙二人再见时,抱头痛哭。俺答汗对明廷很是感激,表示:"不意今日又得相见,此圣天子恩也。"[1]

隆庆五年(1571)三月十八日,隆庆帝下诏,封俺答汗为"顺义王",封俺答汗之弟昆都力哈、长子黄台吉为都督同知,其余子侄、部下为指挥使、指挥同知、指挥佥事、千户、百户等官。俺答汗孜孜以求的朝贡贸易也达成,"岁许一贡"。

俺答汗每年向明廷贡马一次,每次不超过五百匹,贡使人数不超过一百五十人,其中六十人可进京,其余留在长城关口,由朝廷给予马价,另加赏赐。进献给皇帝的三十匹好马,每匹马给予丝缎二表里、生绢一纯半、金五两的赏赐。在大同、宣府、山西三镇长城附近,草原部落可以进行互市贸易,"虏以金银、牛

---

[1] [明]方逢时:《大隐楼集》卷十六,清乾隆四十二年滋元堂刻本。

马、皮张、马尾等项,各镇商贩以缎绢、布匹、锅釜等物"。[1]通过对草原各部首领及使臣的册封、赏赐及朝贡贸易,明廷希望减少边衅,稳定朝贡秩序。

此次双方对和议均表现了难得的一致。明廷内部,大臣们前所未有地一致赞成和议。隆庆帝则云:"我为天下主,南北百姓都一样爱惜,可且依他,与他官爵,许他通市。"[2]和议达成后,俺答汗给有功者授予"宰桑"或"岱达尔罕"职位,隆庆帝也升王崇古为兵部尚书、方逢时为兵部右侍郎。达成朝贡贸易之外,俺答汗还做了一件对于蒙古各部影响深远之事,即信奉藏传佛教。

早在1559年,俺答汗在青海时,俘获一支商队,商队中有喇嘛,由此开始与藏传佛教接触。此后俺答汗在青海、西藏等地,与藏传佛教接触增多,对藏传佛教有了一定了解,并产生了用佛教信仰稳定各部的念头。隆庆和议达成之后,1575年,在明廷支持下,俺答汗在青海湖东修建仰华寺。

蒙古各部皈依藏传佛教,原因复杂。以往的蒙古大汗,权力来自长生天所授。萨满教巫师扮演了长生天的代言人,赋予大汗权力。为了获得萨满巫师的支持,首领们必须用大量金钱填满巫师的贪婪胃口。萨满巫师仅仅贪财还不是问题,如果巫师利用自己的地位,呼风唤雨,与首领们争夺权力,那就是大患了。蒙古各部头领对萨满巫师,往往抱着利用与戒备的态度。

---

[1] [明]陈子龙、徐孚远、宋征璧等选辑:《明经世文编》卷三百十七,明崇祯平露堂刻本。

[2] [明]陈子龙、徐孚远、宋征璧等选辑:《明经世文编》卷三百七十三,明崇祯平露堂刻本。

信奉藏传佛教则没有这个忧虑，远在雪域高原的喇嘛，手还伸不到草原上来。且喇嘛并不是替长生天立言，自然不具威胁。再者，藏传佛教内部分裂，彼此争斗，有求于蒙古各部，也无心无力干涉蒙古内部事务。在合法性上，藏传佛教又满足了蒙古领袖们的需要。蒙古各部首领被达赖授予护教、奉经法王等称号，戴上了一圈光环，获得了正统地位。

从经济角度上考虑，信奉藏传佛教也更划算。萨满教的祭祀活动，需要宰杀大量牲畜，消耗巨大财富，对于长年征战、物资匮乏的蒙古各部来说，这就陷入了两难境地。要祈求战争打胜，就要献出祭品，献出了大量祭品，则后勤补给产生困难，难打胜仗。藏传佛教则劝告好生戒杀，不要求献出牲畜作为祭祀用品，藏传佛教也能通过祈祷、法事等形式，满足各部首领祈福求胜的心理需求。此外，藏传佛教领袖，一直努力调解蒙古各部的纷争，博得了各部首领的好感。

因藏传佛教内部的纷争，喇嘛们以更大热情向蒙古人传教，求得支持。噶举派是藏传佛教之一。藏语"噶举"中的"噶"字本意指口，而"举"字则意为传，"噶举派"即口传宗派。噶举派僧人的僧裙为白色，又称"白教"。噶举派开创于宋朝，在明代盛极一时。明代，青海藏人宗喀巴进西藏大雪山修行，破关而出后创立"格鲁派"，喇嘛均戴黄帽，故称"黄教"。

1578年，应俺答汗之邀，格鲁派索南嘉措由四川进入青海，双方在青海湖东面的仰华寺会面。此次盛会之中，有十万多人参加。俺答汗给索南嘉措的赠号为"圣识一切瓦齐尔达喇达赖喇嘛"，"瓦齐尔"是梵文的音译，意为执金刚，"达赖"为蒙古语，意为大海，"喇嘛"为藏语，意为上师。索南嘉措追认了前两代达赖喇嘛，自任第三世达赖喇嘛。此次盛会之后，格鲁派藏传佛教，成为蒙古各部的共同信仰。索南嘉措给俺答汗的赠号为"转千金法轮咱克喇瓦尔第彻辰汗"，"咱克喇瓦尔"意为转轮王，"第彻辰汗"蒙古语意为睿智的汗王。

在皈依藏传佛教之前，俺答汗屡屡请求朝贡，其交易的主要产品，不外是瓷器、丝绸、铁锅等，此后则有了新的大宗贸易产品，这就是茶叶。藏区很早就接触茶叶，并被茶叶所吸引。万历五年（1577）九月，俺答汗投书甘肃军门，请开茶市。俺答汗需要大量茶叶，用以礼佛及供奉喇嘛，对此明廷也知晓。但明廷也不肯给予大量茶叶，"惟量给百数十篦，以示朝廷赏赉之恩"[1]。

明廷用来与青藏地区贸易的茶叶"每七斤蒸晒一篦"，百数十篦，总共不到千斤，数量实是有限。明廷不肯多予俺答汗茶叶，自有考虑。"盖东夷有马市，西夷有茶市，江南海夷有市舶。"[2] 在明廷看来，西夷即青藏高原一带，以茶为命，每日不能少。与西藏开茶市，以此控制青藏高原，确保稳定，乃是明廷的一贯手段。现在若是俺答汗介入茶叶贸易，则西藏势必也要被俺答汗所影响，此点深为明廷所忌讳，自然不肯多给俺答汗茶叶。

万历九年（1581）十二月，俺答汗去世。俺答汗去世后，其妻三娘子，仍有一定权力，被封为"忠顺夫人"。万历十年（1582）三月，明廷遣使前去归化城（今内蒙古呼和浩特市）祭拜，同时携带了降真香七炷。俺答汗的妻子三娘子及儿子黄台吉，带了诸多手下前来迎接，并望阙叩头谢恩。四月时，三娘子奉表文

---

[1] 《明神宗实录》卷六十七。
[2] ［明］陈全之：《蓬窗日录》卷四，明万历十一年书林熊少泉刻本。

一通，献马九匹称谢。万历帝再赐给三娘子及黄台吉金币。对于俺答汗所享受的荣耀，明人评论道："若俺答者，跳梁于前，驯服于后，智哉。可谓变夷而享荣名者矣。"

俺答汗右翼蒙古在持续不断以武力进逼后，最终达成了互市贸易的目标。右翼蒙古通过互市贸易，可以持续不断地得到各类物资，此后北方边境平静。边境马市贸易恢复后，带来了繁荣；明廷通过马市贸易，获得大量的马匹，极大缓解了战马供给不足的问题。且边疆稳定后，明廷节省了兵马征调的巨额钱粮开支。"自是边境休息。东起延、永，西抵嘉峪七镇，数千里军民乐业，不用兵革，岁省费什七。"[1]

壬辰战争与朝贡秩序

嘉靖二年（1523），宁波争贡事件之后，嘉靖帝龙颜大怒，想要断绝日本来华朝贡。兵科给事中夏言认为，宁波争贡事件祸起市舶司，应罢市舶司。礼部都给事中张翀甚至认为，应该立刻断绝与日本来往，绝约闭关，永断其朝贡之途。出于各种考虑，明廷暂未关闭日本朝贡之门，而是重申十年一贡。嘉靖六年（1527），就日本来华朝贡，明廷强调："凡贡非期，及人过百，船过三，多挟兵器，皆阻回。"[2]

1　［清］夏燮：《明通鉴》卷六十五，清同治刻本。
2　［明］李东阳等撰、申时行等重修：《大明会典》卷一百五礼部六十三，明万历内府刻本。

朝贡贸易对日本有着巨大影响，大明的各类物产是日本上层社会的必需品，且朝贡贸易能带来暴利。"倭国服饰器用多资于中国，有不容一日缺者，安能待十年一贡之期，而限以三船所载之数哉？"[1]

此后，嘉靖十八年（1539）、嘉靖二十六年（1547），日本先后两次遣出贡使，请求朝贡。明廷反应冷淡，没有颁发新的勘合，朝贡贸易中断。明廷禁止对日贸易，朝鲜也积极配合。嘉靖四十四年（1565），朝鲜将每年前来贸易的日本商船，从五十艘减少到二十艘，又将每年出口到日本的大米减半，聚集在荠浦港（即乃而浦，今韩国庆尚南道镇海）的大批日本商人被驱逐。

至隆庆开关之后，明廷又特意限制，不得与日本贸易。"议止通东西二洋，不得往日本倭国，亦禁不得以硝黄、铜、铁违禁之物夹带出海。"万历朝前期，明廷继续对日断绝贸易，但民间贸易却是屡禁不止。为此，浙江巡抚庞尚鹏，请求解除禁令，恢复贸易："谓私贩日本一节，百法难防，不如因其势而利导之，弛其禁而重其税，又严其勾引之罪，讥其违禁之物，如此则赋归于国，奸弊不生。"[2]但明廷并未采纳庞尚鹏的建议。

万历元年（1573），织田信长杀死幕府将军足利义昭，室町幕府告终，此后织田信长进行了一系列统一日本的战争。万历六年（1578），尚为织田信长部将的丰臣秀吉提议，平定本州西部后，进军九州，进而图朝鲜，窥视大明国。万历十年（1582），织田信长即将统一日本时，家臣明智光秀发动本能寺之变，织田

---

1 ［明］胡宗宪：《筹海图编》卷十二，清文渊阁四库全书本。
2 ［清］姜宸英：《湛园集》卷四《论日本贡市入寇始末》，清文渊阁四库全书本。

信长自杀。丰臣秀吉击败明智光秀，继承了织田信长的衣钵。

万历十三年（1585）七月，丰臣秀吉被天皇任命为关白。万历十四年（1586），丰臣秀吉在大阪接见耶稣会传教士斯巴鲁·库廖时表示，自己已征服日本，成就今日之地位；在国内拥有无数金银财宝，也不奢求其他，唯希望在死后留名天下。在统一日本后，他将专心征服朝鲜和中国，现在正采伐木材，制造两千艘船只，供军队渡海，又托传教士代他购入欧洲大帆船两艘。

万历十八年（1590），丰臣秀吉消灭北条氏，朝鲜以黄允吉、金诚一为通信使，前往日本，祝贺丰臣秀吉统一日本。丰臣秀吉在回复朝鲜的国书中，提出侵明计划，要求朝鲜为前导。万历十九年（1591），丰臣秀吉平定九户政实之乱。此年，丰臣秀吉遣使致书盘踞在吕宋的西班牙人，以武力要求其入贡。丰臣秀吉想另外建立一个以日本为中心的朝贡体系，于是威胁琉球、吕宋、暹罗、佛郎机等国，向日本纳贡称臣。丰臣秀吉改元文禄，并欲侵略中国，吞并朝鲜。

万历二十年（1592），丰臣秀吉自任侵朝统帅，宇喜多秀家任前线指挥，入侵朝鲜。四月十二日，小西行长率军在釜山登陆。加藤清正、黑田长正分别进击庆州、金海。朝鲜承平日久，国王李昖沉溺酒色，兵不习战，武备松弛，不堪一战。而日军久经战阵，骁勇善战，在火枪战术上，采用了三排轮射方式。朝鲜则以冷兵器为主。开战之后，朝鲜军队在日军火枪之下节节败退，朝鲜人惊呼："我国人骤见而遇之辄死，宁不骇散。"

五月三日，朝鲜京都汉城（今韩国首都首尔）陷落。日军势如破竹，连下庆尚、忠清、咸镜、全罗、京畿多道。五月十日，明廷得到日军入侵朝鲜的消息。就是否派兵救援朝鲜，维持朝贡秩序，明廷内部存在分歧。部分大臣认为："朝鲜为国藩篱，在所必争"，"关白之图朝鲜，意实在中国"，"而我兵之救朝鲜，实所以保中国"。[1]

兵部都给事中许弘纲反对用兵："夫边鄙，中国门庭也。四夷，则篱辅耳。闻守在四夷，不闻为四夷守。朝鲜虽忠顺，然被兵则慰谕，请兵则赴援，献俘则颁赏，尽所以待属国矣。望风逃窜，弃国授人，渠自土崩，我欲一苇障之乎？"[2]

在朝贡秩序中，明朝作为宗主国，对各朝贡国采取"臣而不治"的方式，不追求实质上的控制，而只求形式上的臣服，一般不愿意干涉朝贡国内部事务。此次日本出兵，攻入朝鲜，对于朝贡秩序是极大破坏，是对大明朝廷的挑战，救朝鲜就是救朝贡秩序。经过多番权衡之后，明廷最终决定出兵，任命兵部侍郎宋应昌为经略、李如松为提督，率军支援朝鲜。

六月十五日，平壤失守。同日，明军副总兵祖承训领兵渡过鸭绿江，救援朝鲜。七月十七日，明军攻打平壤不克，大败而归。

当明军在朝鲜战场失利时，李如松尚在平定宁夏，大兵未曾集结，兵部尚书石星计无所出，招募能说日语者，前去查探敌情。有嘉兴人沈惟敬应募。石星即授予游击将军衔，送至朝鲜。

万历二十年（1592）八月底，沈惟敬进入朝鲜后，两次亲至日军中，与日将小西行长会谈。九月的会谈中，沈惟敬与小西行长讲和，约定双方停战五十日，为明军入朝争取了时间。

十一月，沈惟敬再至平壤的日军军营，要求日军撤出朝鲜，

---

[1] ［明］宋应昌：《经略复国要编》卷八，民国景明万历刻本。
[2] 《明神宗实录》卷二百五十。

《瑞应麒麟颂》

此画描绘了郑和下西洋时榜葛剌国进贡的麒麟，由明代儒林郎翰林院修撰沈度于永乐十二年（1414）作序，宫廷画家绘之，并将此序誊抄于画上，图中麒麟应为索马里网纹长颈鹿。现藏于台北故宫博物院。

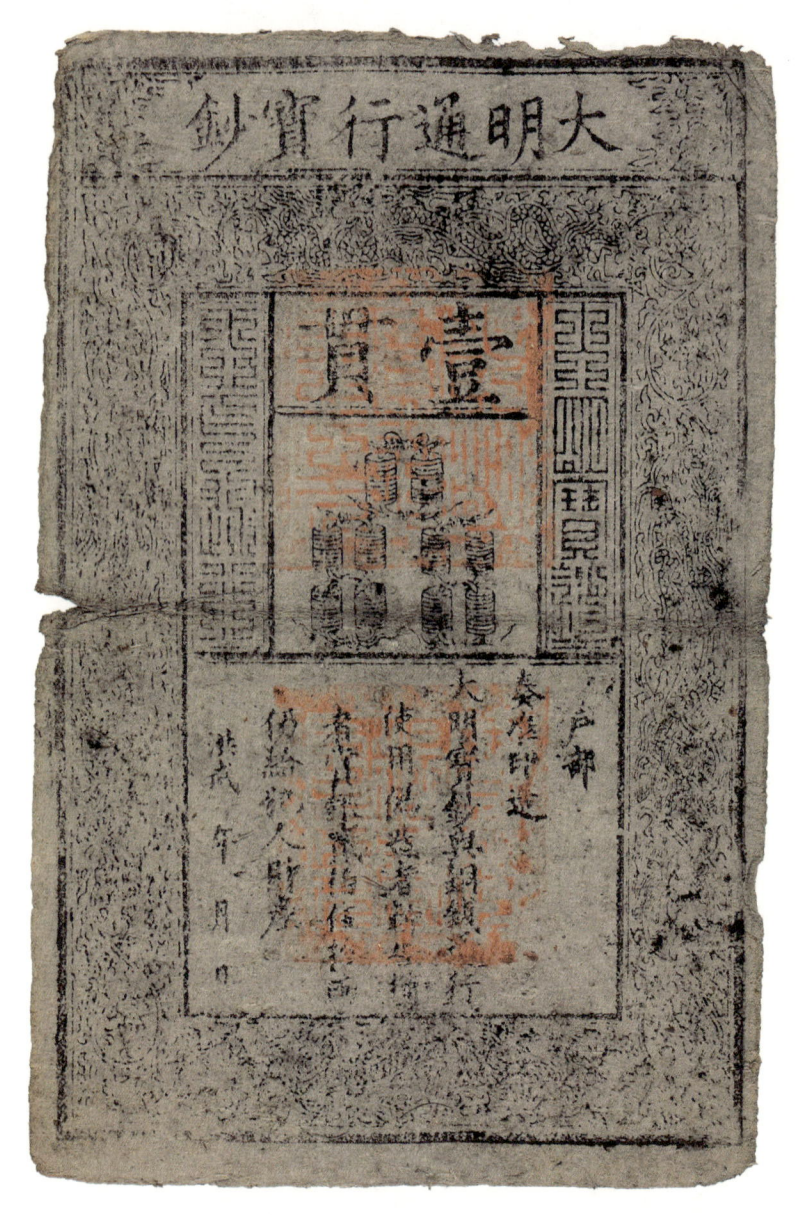

大明通行宝钞

洪武八年（1375）朱元璋效仿元制，发行大明通行宝钞。宝钞中间为钱串图样，钱串上为宝钞面额，横题"大明通行宝钞"，两边各有篆书"大明宝钞，天下通行"。因朱元璋没有设立准备金制度，宝钞无限发行，不断贬值，遭到民间排斥。

《毛罗世界地图》

这是一幅由威尼斯共和国的天主教修士、地图学家毛罗于1457至1459年间绘制的地图。地图涵盖了当时全部的已知世界,被誉为"中世纪地图学最伟大的记载"。现藏于意大利威尼斯的马尔恰那图书馆。

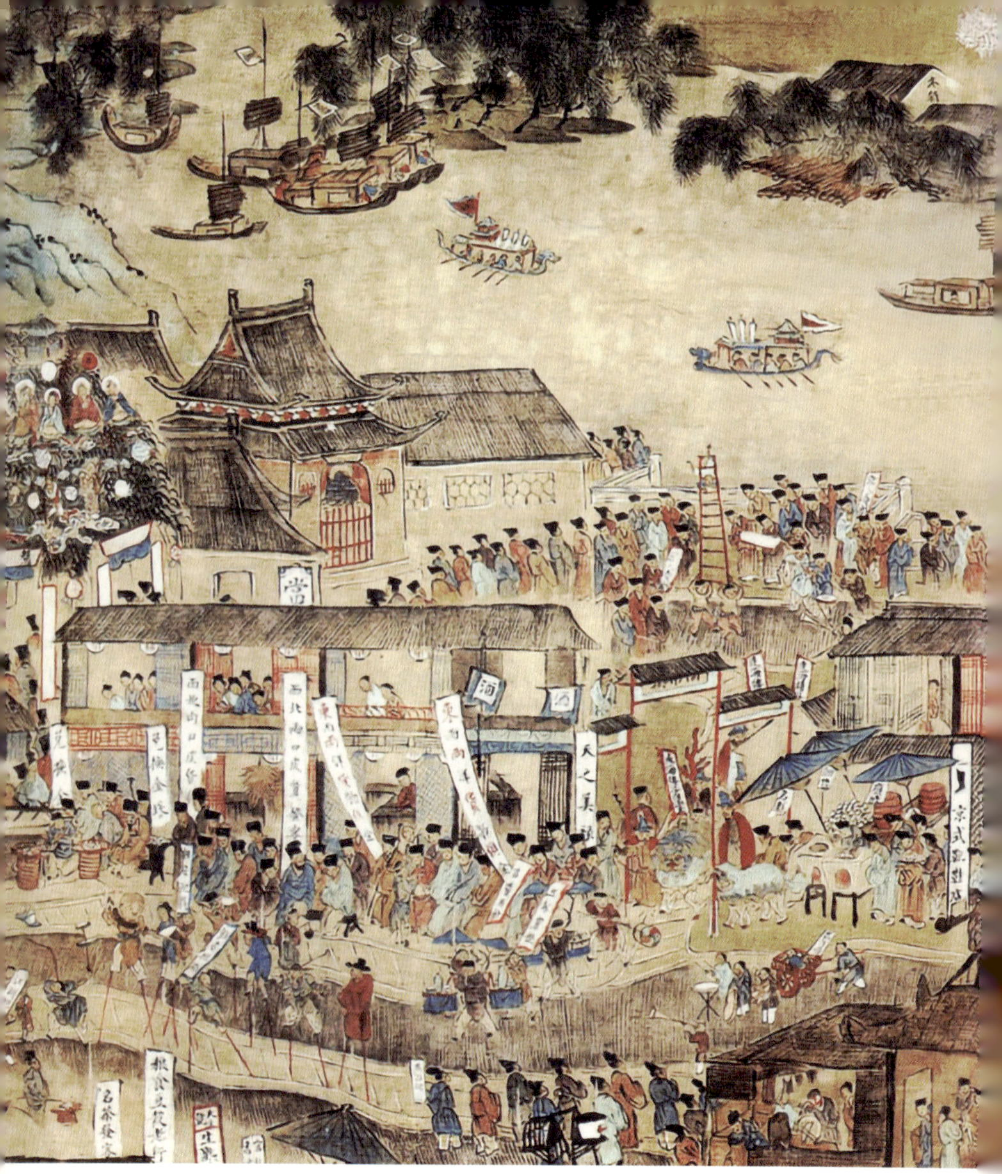
酒
酒

《南都繁会图卷》（局部）

此图卷描绘了明南京城市商业兴盛的场面。画卷内共绘有1000多个职业、身份不同的人物和109个商店的招幌牌匾，充分反映了明代城市经济和社会生活的深刻变化。画卷所绘的招幌"东西两洋货物俱全"隐约地透露出了明代中外贸易的发达程度。画卷上的人物，衣饰奢华飘逸、颜色鲜艳亮丽，暗示着明代中后期都市生活的奢靡之风以及对明初规定的各种等级制度的僭越。现藏于中国国家博物馆。

▲《倭寇图卷》（局部）旧题《明仇十洲台湾奏凯图》，描绘了明代靠海的长江沿岸的官军抗击倭寇的历史，是表现时代重大政治事件的历史画卷。现藏于东京大学史料编纂所。

▼《职贡图卷》(局部)明代仇英绘制。画卷描绘了边疆民族进京朝贡的场景。共描绘了11支朝贡队伍:九溪十八洞主、汉儿、渤海、契丹国、昆仑国、女王国、三佛齐、吐蕃、安南贺、西夏国、朝鲜国。卷后有文徵明、张大千、吴湖帆、张乃燕跋。现藏于北京故宫博物院。

《东西洋航海图》又名《塞尔登中国地图》，是一幅17世纪的地图，原作者不明，共标注105个地名，范围涵盖今日本、朝鲜半岛、东南亚与印度的一部分，其中清晰标注了明代港口月港。现藏于牛津大学博德利图书馆。

归还被俘的朝鲜王子，此后可以考虑允许日本与明朝通商。小西行长以自己无权决定为由，拒绝了沈惟敬的要求。十二月，李如松平定宁夏之乱，统率大军奔赴朝鲜。

万历二十一年（1593）正月初六，李如松抵达平壤城外，与日军交战，取得大胜。此战之中，日军以火绳枪防守，明军则以佛郎机火炮轰击，最终明军佛郎机火炮奏效，击溃日军。自葡萄牙人来到中国后，其佛郎机火炮技术，备受明廷重视，大量仿制装备，并直接影响了明军的战术。日军之中，少量装备火炮，更重视火绳枪。在近战之中，日军火绳枪占优，远战则明军火炮占优，能以火力覆盖日军。《惩毖录》记录了双方交战的情况："倭铳之声虽四面俱发，而声声各闻。天兵之炮如天崩地裂，犯之无不焦烂。"[1]

正月十九日，李如松收复开城，所失黄海、平安、京畿、江源四道并得。正月二十七日，有朝鲜人告知李如松，日军已经撤离王京。李如松轻骑直出，至碧蹄馆，距王京不过三十里，突然遇到日军大队，被重重围困。李如松督部下鏖战，遭到日军密集火绳枪打击，明军损失惨重。会天久雨，明军骑兵入稻畦中，行走困难。日军背岳山，面汉水，联营城中，占据地利，箭炮不绝，明军乃退驻开城。

此战失败后，明军主力退回国内，待机出击。李如松探到日军将领平秀嘉占据龙山仓，积粟数十万，乃挑选勇士，深入敌后，焚烧粮仓。此战之后，双方都有和谈意愿。日本对明廷朝贡，是双方谈判中的重要议题。

---

1 《朝鲜史料汇编》18，全国图书馆文献缩微复制中心2004年版，第291页。

作为日军前方指挥，小西行长了解中日两军实力情况。日军很难彻底击溃明军，至于深入明朝境内，占据大明江山，更是毫无可能，而丰臣秀吉又痴迷于此，不肯退兵。小西行长无奈之下，在此后的和谈中默许乃至纵容家臣小西如安（即内藤如安，明廷称其为小西飞）向明廷编造降表，向丰臣秀吉编造谈判已达成所求，加以欺瞒。而小西飞的谎言，又得到了明廷谈判代表沈惟敬的配合。

万历二十一年（1593）五月十五日，小西行长与明廷使节沈惟敬至名古屋会见丰臣秀吉。六月二十八日，丰臣秀吉提出"和议七条"：（一）纳明公主为日本后妃；（二）明、日两国恢复贸易，准许官船、商船来往；（三）明、日两国永远通好，交换誓词；（四）割朝鲜四道与日本；（五）朝鲜以王子、大臣各一人质于日本；（六）日本同意遣返俘获的朝鲜二王子；（七）朝鲜大臣宣誓永远不背叛日本。

沈惟敬没敢将丰臣秀吉提出的"议和七条"报告给明廷。十一月，沈惟敬至熊川会见小西行长时表示，丰臣秀吉提出的七条，明廷肯定不会答应。十二月二十一日，二人合谋，伪造了丰臣秀吉献给明廷的《关白降表》。表中云："伏望陛下廓日月照临之光，弘天地覆载之量，比照旧例，特赐册封藩王名号。""世作藩篱之臣，永献海邦之贡。"[1]

万历二十二年（1594），日本议和使者小西如安，与明朝使团同至北京，小西如安与沈惟敬事先已达成攻守同盟，共同欺骗明廷与丰臣秀吉。

---

1 ［明］张燮：《东西洋考》卷十一《艺文考》，清惜阴轩丛书本。

小西如安到北京后，与石星进行谈判，答应三项条款："日军在受封后迅速撤离朝鲜；只册封而不求贡；与朝鲜修好不得侵犯。"明廷提出的三项议和条件，与丰臣秀吉的七条，完全南辕北辙，可为了早日议和退兵，小西如安、沈惟敬一起向明廷隐瞒了实情。

在双方欺骗之下，议和达成，万历帝同意对日本册封，但不许朝贡。十二月，封议定，命临淮侯李宗城充正使，以都指挥杨方亨副之，同沈惟敬往日本册封。

万历二十三年（1595）正月三十日，册封使一行携带诰命、诏书、敕谕及金印、冠服等，从北京出发，前去日本册封。这是一场漫长的册封之路，册封正使李宗城行至朝鲜釜山，见倭兵甚众，为之胆怯，易服逃归。直到万历二十四年（1596），使团才抵达日本。

万历二十四年（1596）九月初二，丰臣秀吉在大阪得知明廷使者前来，极为喜悦，当日决定接见明使。接见之时，杨方亨在前，沈惟敬捧金印立阶下。良久之后，忽殿上黄帷开，一老叟曳杖，挟二青衣从内出，此即关白丰臣秀吉。随身侍卫呼呐，人皆悚栗。杨方亨本想摆出天朝来使的架子，可沈惟敬被丰臣秀吉气势所慑，先行匍匐，杨方亨只得随之拜倒。丰臣秀吉见杨方亨初见时不拜，大有责备之语。小西行长赶紧道："此天朝送礼人。"[1]丰臣秀吉这才罢休。

九月初三，丰臣秀吉大宴明使，诸大名身着明廷所赐冠服作陪。沈惟敬与小西行长，先在别室向丰臣秀吉解释朝鲜王子为何

---

1 ［明］茅元仪：《石民四十集》卷九十七考，明崇祯刻本。

不来为质，丰臣秀吉怒气稍消。宴毕，丰臣秀吉移至山庄，令德川家康等七大名跟随，命僧人西笑承兑译读明廷的诰命和谕书。

小西行长事先交代西笑承兑："书中恐有令太阁不悦之处，请略之。"但西笑承兑不敢欺瞒，如实译读。

当西笑承兑读至"特封尔为日本国王"时，丰臣秀吉将册书抛掷于地，怒道："大明封我为日本国王，岂有此理！我自然是日本王，何由明之来许？小西说大明国王求和，奉我为大明皇帝，是以我才答应和谈撤兵。而今却以封日本王来欺吾，把小西斩首！"[1]

小西行长慌忙解释，推脱称，自己依照三奉行（石田三成、增田长盛、大谷吉继）指令行事，并出示书信为证。西笑承兑等人帮忙说情，小西行长才免遭杀身之祸。

丰臣秀吉之前提出的七项条件，如割地和亲等，都未达成，朝鲜王子也未赴日本"谢再造之恩"，仅遣陪臣前来，丰臣秀吉顿觉被欺骗，大怒之下，驱逐明、朝使节，命各将领准备再征朝鲜。

万历二十四年（1596）九月，丰臣秀吉定于万历二十五年（1597）二月，为日军出发之期。至万历二十五年八月丁丑，日军发兵，攻入朝鲜。

九月初七，中日两军在稷山（今韩国忠清南道天安市稷山邑）展开大战，指挥提督麻贵、副总兵解生以及参将杨登山等击败了加藤清正，取得稷山大捷。万历二十六年（1598）正月，杨镐临阵脱逃，导致蔚山之战明军失败。

万历二十六年正月，总督邢玠请求征募江南水兵，增强中国

---

1 ［明］诸葛元声：《两朝平攘录》卷四，明万历刻本。

沿海防御。二月。都督陈璘率广兵，刘𬘩率川兵，邓子龙率浙、直兵，先后抵达朝鲜。邢玠分兵三路，加上水军一共四路，对日军展开进攻。

战争旷日持久，明军久攻无功，国力已无法承担此战，朝中有部分大臣建议撤兵，但多数大臣认为"朝鲜为我藩篱，势在必救"[1]，坚持继续用兵。

日军在朝鲜持续作战，无法突破，人力、物力消耗巨大，日军内部撤兵之议占据上风。十一月十七日夜，加藤清正发舟先走，麻贵遂入岛山、西浦，刘𬘩攻夺曳桥，获首一百六十。岛津义弘（鬼石曼子）引舟师救小西行长，陈璘统领舟船击之，得首级二百二十四。此战后，在朝鲜的日本各军扬帆尽归。

此战前后持续七年，明廷几举海内之全力，用兵数十万，费银八百万两。万历二十六年（1598），日本自朝鲜退兵。明廷于次年二月在福建复开市舶，东西两洋贸易方为合法。

就此场战事为何拖延七年，赵士祯在《恭进合机铳疏》中认为，日本拥有的三千"飞峦岛鸟铳手"威力巨大，乃是决定性力量。[2] 赵士祯认为，明军出动大兵十余万，加上朝鲜军民，何止三十余万。"倭奴止以飞峦岛鸟铳手三千凭为前驱，悬军深入，不劳余力，抗我两国。我以两国全力，不能制倭死命。"[3]

此战之后，担任明廷议和使，联合小西如安，共同欺瞒中日

---

1 [明]朱吾弼等辑：《皇明留台奏议》卷十四矿税类，明万历三十三年刻本。
2 飞峦岛，即平户，最早接触到葡萄牙火铳，之后大量装备。
3 [明]侯一麟、赵士祯：《龙门集神器谱》，上海社会科学院出版社2006年版，第389页。

双方的沈惟敬被处决。万历二十七年（1599）九月二十五日，诏刑部："所谳重辟，业经三覆，郑国锦、沈惟敬等十九人会官处决！"次年，即日本庆长五年（1600），小西如安的主君小西行长在关原之战中战败，被德川家康斩首。小西如安是天主教徒，后被德川幕府放逐，死在马尼拉。

万历朝援助朝鲜，与日本的长期交战，损耗明廷国力无数。《再造藩邦志》载："南北兵达二十二万一千五百人，费粮银约五百八十三万二千余两，交易米豆银又费三百万两，实色本色银米十万石。"明人王德完认为："朝鲜要兵，首尾七年，约费饷银五百八十二万二千余两，又地亩米豆援兵等饷，约费银二百余万两。"[1]谈迁《国榷》载："约费饷银五百八十三万两千余金，又地亩米豆援兵等饷费三百余万金。"万历三十年（1602），大学士沈鲤描述了战后的局面："天下之势，如沸鼎同煎，无一片安乐之地。贫富尽倾，农商交困，流离转徙，卖子抛妻，哭泣道途，萧条巷陌。"[2]

经过壬辰战争，明廷朝野上下，对日本极为厌恶。万历帝将天下各国分为"赤子"和"元恶"两类，对天朝恭顺的"赤子"，被纳入朝贡体系之内。至于日本，则被归入"元恶"，排除于朝贡体系之外，再三禁止与日本往来。

万历二十八年（1600）一月，德川家康将壬辰战争期间俘获的明军将领茅国科送回中国，同时希望能恢复朝贡贸易。为侦探

---

[1] ［明］陈子龙、徐孚远、宋征璧等选辑：《明经世文编》卷四百四十四，明崇祯平露堂刻本。

[2] ［明］沈鲤：《亦玉堂稿》卷五，清文渊阁四库全书本。

日本信息，明朝同意每年遣两艘商船前往萨摩藩贸易。然而万历二十九年（1601）初，从福州开往萨摩藩的明朝商船被日本海盗截击，货物被掠，船员被杀，朝贡之门再次关闭。至万历末年，明朝海防日益废弛，海道不靖，随着西班牙人、荷兰人的先后东来，横行海上，劫夺船货，明廷又出于海防安全考虑，再次严行海禁，大海之上，风波四起。

琉球失陷与两属朝贡

早在洪武五年（1372），朱元璋就遣行人杨载，携诏书出使琉球。琉球中山王察度，遣其弟泰齐，随杨载入明，此后琉球被中国纳入朝贡体系。此时琉球分为中山、山南、山北三国，得知中山王朝贡之后，其他两国国王也遣使入明朝贡。

至永乐朝，明廷与琉球继续保持朝贡关系。永乐二年（1404），中山王世子武宁，遣使告父丧，朱棣遣使至琉球谕祭，诏武宁袭中山王位。琉球三国之中，中山最强，"以其国富，一岁常再贡、三贡。天朝虽厌其烦，不能却也"[1]。

永乐四年（1406），巴志起兵，击败中山国王武宁，夺取中山王位。宣德四年（1429），中山王巴志统一琉球，以首里城为王城。宣德帝遣使赐诏，嘉赏其功，赐巴志尚姓，尚姓成为琉球王室国姓，此后琉球持续遣使来贡，双方保持稳定的朝贡关系。

琉球国力有限，渡海来华贸易困难，故而明廷给予了较多帮

---

[1] ［清］查慎行：《得树楼杂钞》卷九，民国适园丛书本。

助。洪武二十五年（1392），朱元璋令善于操舟的闽人三十六姓，移居琉球，帮助往来朝贡。闽人三十六姓入琉球后，均被授予要职，主持琉球的航海与贸易。明廷也不时赐给琉球船只，用于琉球来华朝贡及开展海上贸易。

对琉球入贡，明廷是极为大度的，永乐初年虽定下两年一贡，实际上并没有认真执行。哪怕琉球一岁再三朝贡，明廷也不加禁止。永乐朝规定，琉球朝贡每船百人，多不过一百五十人，也从未得到执行。其他各国入京后，只能在会同馆开市三日或五日，但琉球与朝鲜不受此限，足见其在朝贡体系中的地位。

琉球使臣中，有人私自携带货物进行贸易，明廷也大度予以宽宥。如永乐九年（1411），中山王遣使来贡，有人藏匿方物，没有全部进贡。监察御史得知之后，加以弹劾，朱棣以非其国王之意，宽宥之。永乐十三年（1415），琉球王遣直佳鲁为使，前来朝贡，明廷厚待之。返回途中，至福建，直佳鲁夺取海船，杀死明军，殴伤中官，夺其衣物。事发之后，明廷只是将直佳鲁处死，其他人一概不予追究，遣还琉球。虽犯下如此恶劣事件，明廷也只是告诫琉球，"自今遣使，宜戒约之，毋犯朝宪"[1]。

对琉球所进贡的各类方物，明廷给予厚赏，如各国贡苏木一般赏五百文，胡椒一般每斤赏三贯，琉球来贡苏木则赏十贯，来贡胡椒则赏三十贯。在朝贡体系之中，贡品赏赐之重，琉球当为第一。朝鲜对琉球在明朝朝贡体系中的独特地位，大为酸楚，曾云："中国亦贱待我使臣，不得与琉球使臣为比。"

琉球通过遣使朝贡、求赐冠服、使用明朝年号、遣子弟入学

---

1 ［清］汪楫：《中山沿革志》卷上，清康熙刻本。

等，事大以诚，心仪华夏，心向大明，博得大明好感。而琉球又是一介小国，对明廷的秩序不存在威胁，可加以扶持。通过明廷的扶持，琉球获得了航海技术与人员，得以从事海上贸易，成为海上贸易的重要中转站。至宣德朝之后，明廷停止下西洋，琉球在海外贸易中更加活跃，为明廷置办各类贡品。

琉球将日本的刀剑、屏风，东南亚的木材、香料等输入中国，以换取铜钱、丝绸、瓷器、药材等物。通过琉球，明廷可以获得各类海外物资，自然不限制朝贡次数，反加扶持。如正德十四年（1519），琉球使者率领贸易船，满载中国所产瓷器等货物，前往东南亚渤泥国贸易，收购当地所产苏木、胡椒等物，于次年返回中国，继续进行朝贡贸易。

明廷厚待琉球朝贡使团，不想日后琉球使团来华之时，却滋生出各类是非。如成化十年（1474），"琉球贡使至福建，杀怀安民夫妇二人，焚屋劫财，捕之不获"。此次事件发生后，明廷重申往日规定，要求琉球"二年一贡，毋过百人，不得附携私物，骚扰道途"。琉球财路被限制，很不死心，遣使请求"比年一贡"。明廷很是愤怒地指出，琉球近年所遣之使，多是福建逃亡之罪人，"杀人纵火、奸狡百端，专贸中国之货，以擅外番之利，所请不可许"[1]。

此后琉球持续请求恢复往日惯例，明廷一律予以否决。成化十八年（1482），明廷再次限制琉球入京人数，"止许五七人，不过十五人到京"[2]。正德二年（1507），趁刘瑾乱政，琉球再次请求恢

---

1 ［清］龙文彬：《明会要》卷七十七《外蕃一》，清光绪十三年永怀堂刻本。
2 ［明］周煌：《琉球国志略》卷三，清乾隆二十四年漱润堂刻本。

复比年一贡,得到正德帝许可,"令如旧,岁一入贡"。嘉靖帝登基之后,重申二年一贡,每船不过一百五十人,并加以严格执行。

由永乐朝至崇祯朝,琉球遣使至明廷朝贡一百七十三次,而暹罗朝贡五十七次、占城朝贡五十四次,足见琉球与中国关系之紧密。明廷共遣使十五次,前往琉球册封。因为海上风波难测,使臣出发之前,都要在船上备好棺椁,椁前刻"天朝使臣之椁"。一旦有难,使臣便躺入棺椁之中,将棺封牢;船只沉没之后,棺椁随波漂流,期待有机会被人发现,代为收敛。使团成员则随船携带有种子、农具等物,以便漂流到孤岛上可以求生。

在嘉靖朝中期以前,琉球航海贸易发达,商船频频航行于朝鲜、日本、交趾、暹罗、满剌加、爪哇等地,成为中国海外贸易的重要中转站。至嘉靖朝中期之后,中国民间海商集团崛起,极大地冲击了琉球与暹罗、柬埔寨、交趾等国的贸易。葡萄牙人到来之后,直接将满剌加、暹罗等国的物产,运到浙江双屿岛贸易,导致琉球中间贸易地位一落千丈。隆庆开关之后,琉球基本上断绝了与他国的海上贸易,只保持了与中国的朝贡关系。万历十四年(1586),琉球国致福建布政司咨文中,描述了琉球海上贸易的萧条:"迄今三十六姓,世久人湮,夷酋不谙指南车路,是以断贩各港。计今六十多年,毫无利入,日铄月销,贫而若洗。"[1]

而琉球的最大麻烦,则来自好战的日本萨摩藩。1570年,萨摩藩领主岛津贵久遣使至琉球,要求琉球向萨摩藩朝贡,被琉球回绝。岛津贵久煽动琉球国所属奄美大岛发动叛乱,并派兵支

---

[1] [日]小叶田淳:《中世日支通交贸易史の研究》,东京刀江书院1941年版,第193页。

援。琉球国王尚元领兵亲征，击溃萨摩藩军，平定叛乱。丰臣秀吉统一日本后，再三勒令琉球向日本朝贡。万历十九年（1591），萨摩藩致书琉球王尚宁，称丰臣秀吉将征伐朝鲜，要求琉球提供军粮及一万五千名士兵助战。萨摩藩又称，已帮琉球向丰臣秀吉说情，降低要求，琉球只需提供七千五百名士兵及十个月的军粮，但被尚宁拒绝。为此丰臣秀吉致书琉球，加以威吓："今特告尔，我将明春先伐朝鲜，尔宜率兵来会。若不用命时，先屠乃国，玉石俱焚之。"[1]在日本压力之下，为了息事宁人，万历二十一年（1593），琉球运送一半军粮至萨摩藩。此时日本忙于对朝鲜的战事，逼迫琉球出兵助战一事不了了之。

至丰臣秀吉去世，德川家康胜出，建立幕府之后，脱离了明廷朝贡贸易体系的日本，再次盯上了琉球，不断干涉琉球事务。万历三十四年（1606），至琉球进行册封的明廷使臣夏子阳，目睹了日本势力在琉球的跋扈。回朝后，夏子阳判断："日本近千人露刃而市，琉球行且折于日本矣。"[2]

萨摩藩先后参与了两次朝鲜之役和关原之战，花费无数，出现财政危机。控制琉球，以其为中介，进行朝贡贸易，可以帮助萨摩藩摆脱财政困境。万历三十七年（1609）二月，日本萨摩藩出兵进犯琉球。琉球对此毫无防备，四月，萨摩藩攻入琉球都城首里，俘琉球中山王尚宁。五月，萨摩藩将尚宁君臣百余人，挟持至鹿儿岛，再带往江户谒见德川家康，炫耀战功。

因明廷严行对日本贸易之禁，控制琉球之后，日本寻找到了

---

1 郑樑生：《明代中日关系研究》，台湾文史哲出版社1985年版，第536页。
2 ［清］谈迁：《国榷》卷八十，清抄本。

一条朝贡贸易的路径，即利用琉球使团，对明廷进行朝贡贸易。万历三十八年（1610）一月，在萨摩藩的威迫下，琉球遣使进贡，并奏报萨摩藩入寇一事。琉球方面为萨摩藩再三美言开脱，又称国王至萨摩藩乃是议和，明年将归国。明廷对此表示谅解，许可琉球继续入贡，但要求琉球详细汇报萨摩藩入寇之事。

万历三十九年（1611）九月，在承认了"琉球自古为萨摩岛津氏之附庸"、宣誓服从和忠于萨摩藩之后，尚宁被释放回国，此后琉球处于萨摩藩的控制之下。通过琉球，日本建立了一个以其为中心的小型朝贡体系。在此体系之内，日本乃是天朝中心，虽然只有琉球进贡，却也有声有色。

万历三十九年（1611），萨摩藩规定，琉球每年应贡米九千石、芭蕉布三千端（段）、琉球上布六千端、琉球下布一万端、唐苎一千三百斤等。此外萨摩藩还为琉球制定了系列管理章程，如不经许可不得输入中国商品，三司官由萨摩藩任用，使用日本度量衡，只可与持有萨摩藩颁发印判的商人贸易等。

万历四十年（1612）一月，琉球遣使来华进贡，报告尚宁王已被释放回国。琉球使团抵达福建后，当地官员察觉到琉球使团有问题，"四十年，琉球入贡者夹杂倭奴，不服盘验"。此外琉球所贡货物之中，夹杂了各类日本所产物品。大学士叶向高认为："臣闻琉球已为倭并，其来贡者半系倭人，所贡盔甲等亦系倭物。"[1]

此时明廷早已清晰掌握萨摩藩入寇琉球之事，兵部认为，如果琉球尚保持独立，则可以继续朝贡。如果琉球已被日本所控制，

---

[1] 《明神宗实录》卷四百九十七。

则断绝朝贡,加强福建沿海海防。但万历帝对如何处置琉球使团,一度迟疑不决。

最后礼部出主意,琉球情形叵测,如果断绝朝贡,恐非柔远之体。礼部建议,找个借口,云琉球新经残破,财匮人乏,当休养国力,待十年之后物力充足时,再来朝贡。此次的贡品,如果系琉球所产者,由明廷收购,日本所产者一律不收,由其携带回国,琉球朝贡团队"不必入朝,以省跋涉劳苦"。礼部所议,得到万历帝同意,令琉球使团立刻回国,不得入京。此年七月,在通倭贸易禁令基础上,明廷又增加了"通倭海禁六条"。

明廷定下十年一贡的规定,对缺乏钱财的琉球来说,乃是雪上加霜,"明年修贡如故,又明年再贡"。对琉球不按期朝贡,明廷一概谢绝。天启三年(1623),尚宁王去世,其世子尚丰遣使,请求封贡。明廷勉强同意改为五年一贡,"旧制琉球二年一贡,后为倭寇所破,改期十年,今其国休养未久,暂拟五年一贡,俟新王册封更议"[1]。

在明代的朝贡体系之中,琉球是个独特的存在。夹在中国、日本之间,琉球不得不左右逢源,形成了二重依附关系。萨摩藩则绞尽脑汁,想要隐瞒控制琉球一事。萨摩藩下令,不得对中国泄漏任何琉球相关事宜,琉球人保留其姓氏,不得穿着日本服饰,不得效法日本须发,如有模仿,则科以罪行。萨摩藩甚至为琉球船只准备了一套说辞,如果漂流到大明境内后,面对明廷询问时,该如何陈说琉球境内情况。

此后琉球在名义上保持了独立,经过萨摩藩同意后,琉球向

---

[1] [明]龙文彬:《明会要》卷七十七《外蕃一》,清光绪十三年永怀堂刻本。

明朝朝贡，奉明朝为正朔，使用明朝年号。琉球新王登基，都要寻求明朝册封。但实际上琉球也受萨摩藩控制，每年必须前往萨摩藩，向萨摩藩报告各种要务。如崇祯六年（1633），明廷遣使至琉球册封，岛津氏就要求琉球国王遣使者至萨摩藩谢恩。此外，每逢幕府新将军袭承官职，及岛津氏有喜庆之事，琉球王还要分别派遣谢恩使、庆贺使，前往祝贺。琉球前往明朝朝贡贸易，需要得到萨摩藩同意，并由萨摩藩提供本金。对于琉球发生的一切，不论是明王朝还是以后的清王朝，都心知肚明，但都不愿意揭开这层幕布，持续着琉球的朝贡，维系着天朝体系。

第八章

白银——帝国的富贵之源

大明开国之后，皇帝朱元璋大力推广宝钞，在宝钞贬值后，一度禁止使用金银及铜钱，导致整个财政体系混乱。当宝钞不行之后，白银逐渐成为流通货币，并最终得到了明廷的认可。在明中期以后，通过海外贸易，来自日本、南美的白银大量输入，为中国白银的货币化提供了条件，也带来了明中期之后的经济繁荣。至万历朝，白银供给充足，明廷推行了影响深远的"一条鞭法"。有明一代，朝廷缺乏财政理念，在官方宝钞退出市场之后，虽曾铸造铜钱，却始终没有对白银货币加以管控，造成了流通货币的混乱。

钞法为国家利源

元代建立了一个疆域广阔的帝国，在与各国的交往中，逐渐开始使用白银。如花剌子模，一直就使用银币。在取得对中原的统治之后，元代建立起了以纸币为主的货币体系。元代共发行了四种宝钞，分别是中统元宝交钞、至元通行宝钞、至大银钞、至正交钞。元中统元年（1260），忽必烈称帝，十月，发行中统元宝交钞。中统元宝交钞以银为本位，"每一贯同交钞一两，两贯同白银一两"[1]。因为以银为本位，纸钞也称银钞。

元至元十四年（1277）四月，元廷禁江南行用铜钱。至元二十二年（1285），在全国拒收铜钱，宝钞成为元廷国币。元代发行宝钞有相当基础，一则此前宋、金等国已经有纸钞推行；二则元朝疆域广阔，使用金属货币不易携行。就铸造铜钱还是发行宝钞，民间另有说法。此说以为，元主忽必烈曾经询问刘秉忠。刘秉忠曰："楮用于阴，钱用于阳。沙漠为阴，华夏为阳。国家起沙漠而临中夏，宜用楮币。不然四海不靖。"[2] 宜用楮币，也就是纸币；楮树皮是制造桑皮纸和宣纸的原料，古时亦作纸的代称。

终元之世，基本上只行钞法，很少铸钱。民间甚至认为，至正年间，脱脱为相，立宝泉提举司，铸至正铜钱，导致天下大

---

[1] ［元］苏天爵：《元文类》国朝文类卷四十，四部丛刊景元至正本。
[2] ［明］陈仁锡：《无梦园初集》漫集一，明崇祯六年刻本。

乱。实际上，至大三年（1310）、至正十年（1350），元廷曾两次铸铜钱。此两次所铸造铜钱数量有限，主要用于海外贸易。元代进行海外贸易时，初期多使用宋代所铸铜钱，日本就是中国铜钱的重要进口国。当时，日本国内铜产量低，而贵族阶层普遍迷恋佛教，需要大量用铜铸造佛像及各类用具。从中国进口大量铜钱到日本，部分用于市场流通，部分被用来铸造佛像及各类佛教用具。从中国进口铜钱回日本，能获得暴利，日本商人甚至使用金银来中国换取铜钱，如至元十四年（1277），日本商人"持金来易铜钱"。在此背景下，元廷铸造铜钱，用于出口，而不是国内市场。

宝钞轻便易携，流通极广，北逾阳山，西极流沙，东尽辽东，南越海表，通行全国。在蒙古、新疆、云南、西藏等地，后世曾有元宝钞出土。元代严禁伪造宝钞，宝钞票面上印有"伪造者斩，赏银五锭，仍给犯人家产"。元律规定，凡参与伪造宝钞者，一律处死，"诸伪造宝钞，首谋起意，并雕版抄纸，收买颜料，书填字号，窝藏印造，但同情者皆处死，仍没其家产"[1]。

流通一段时间后，宝钞磨损，文字不清，此类称"昏钞"。民众持昏钞，可以兑换金银，或是换取新钞。元廷还特意规定，如果表明宝钞数目的文字磨损，则不能兑换，如"壹贯文省"中的任何一个字磨损，则不能兑换。回收的昏钞，由官方统一加以焚毁。

元初发行中统元宝交钞时，汲取了金末通货膨胀的教训，发行的数额较小，以金银作为准备金，"稍有壅滞，出银收钞"。民

---

1 ［元］佚名：《元典章》户部卷六典章二十，元刻本。

众在各地可用中统元宝交钞兑换现银,每两收取工墨费三分。此后因为与南宋的战争,导致宝钞发行量增加,各地平准行用库的存银逐渐被元廷收回,导致宝钞贬值。至元二十四年(1287)发行的至元通行宝钞,价值为中统元宝交钞的五倍,二者通行使用,由于发行量过大,不断贬值。

大德八年(1304),平准行用库更名为行用库,等于变相放弃银本位制。"民间所行,皆无本之钞,以至物价腾踊,奚至十倍。"[1]至大二年(1309)发行的至大银钞,价值又是至元宝钞的五倍,带来货币混乱,发行了一年即废除。

元末时期,货币体系更加混乱,宝钞贬值严重。至正六年(1346),一两金值三百贯中统元宝交钞,一两银值三十贯中统元宝交钞。至正十年(1350),贬值为一两金值五百贯中统元宝交钞。元廷开始滥发宝钞,至正宝钞"每日印造,不可数计",乃至于"人视之若弊楮"。至元末,民间相传:"堂堂大元,奸佞专权,开河变钞祸根源,惹红巾万千。"[2]开黄河与变宝钞,被视为是元亡的两大原因。

至正二十一年(1361),朱元璋尚未夺取天下,已铸大中通宝。元廷用纸币,朱元璋铸铜钱,借此表示反叛元廷之意。但在朱元璋所控制区域,大中通宝与元宝钞及历代钱通行,"太祖初置宝源局于应天,铸大中通宝钱,与历代钱兼行。"[3]

洪武朝在铜钱的使用上,变动再三。洪武元年(1368)三

---

[1] [元]吴澄:《吴文正集》卷八十八,清文渊阁四库全书本。
[2] [元]陶宗仪:《南村辍耕录》卷二十三,四部丛刊三编景元本。
[3] [明]陈际泰:《已吾集》卷十议,清顺治李来泰刻本。

月，铸洪武通宝。洪武四年（1371），再铸大中通宝。洪武八年（1375），因为发行宝钞，停止宝源局鼓铸。洪武九年（1376），停止各省铸造。洪武十年（1377），恢复各省宝泉局。洪武二十年（1387）一度停铸，两年后又恢复鼓铸。洪武二十六年（1393），停止各省鼓铸。洪武二十七年（1394），因宝钞贬值，禁用铜钱。

在明王朝建立之后，元代所发行的宝钞仍然通行了一段时间，一度铜钱与宝钞通用，以纸币为主，铜钱为辅。但铜料紧张，官方鼓励民间毁铜器，输入官方，劳民颇多。此外，民间多有私造铜钱者，官方防不胜防。而铜钱携带不便，对于远途贸易的商贾极为不便。"而元时亦尝造交钞及中统、至正宝钞，其法省便，易于流转，可以去鼓铸之害，遂诏中书省造之。"[1]

洪武八年（1375）三月，"诏造大明宝钞"。大明宝钞共有六种，"曰一贯，曰五百文，曰四百文，曰三百文，曰二百文，曰一百文"。宝钞中间为钱串图样，钱串上为宝钞面额，横题"大明通行宝钞"，两边各有篆书"大明宝钞，天下通行"。此番所印大明宝钞，面额较大，使用不便。洪武二十二年（1389）四月，经户部奏请，印造十文至五十文，共五等小钞，以便利民间使用。

朱棣夺取天下之后，户部尚书夏原吉建议，宝钞提举司钞板岁久，篆文销乏，所用年号乃是洪武，明年改元永乐，可以连带将钞板年号改为永乐。朱棣则认为，钞板磨损自当更换，但年号不必改，"虽永用洪武可也"，此后二百余年，大明所用纸币，只有洪武宝钞一种，由此也产生了弊端。宋代每三年一界，界满发行新的交子。有明一代，宝钞只有一种，发行年份也无分界，从

---

[1] ［明］胡我琨：《钱通》卷一，清文渊阁四库全书本。

不改币名及形制，新旧钞一起混杂在市场。虽然朝廷有严令，禁止民间私造宝钞，可利润摆在那里，仿造的技术条件又不高，民间仿造的宝钞不断涌入市场。

在货币上，朱元璋很是自信，他放弃使用准备金，认为依靠强大的官方力量，就能推动宝钞的流通，就能保证宝钞的价值。他推行一系列措施，来促进宝钞的通行。民众可以用金银向官方兑换宝钞，但不能够用宝钞向官方兑换金银，又限定百文以下交易才可用铜钱。在税收上，钱钞兼收，钞七钱三。宝钞发行之后，被大量运用，如赏赐给皇亲贵族及朝贡使臣，支付百官俸禄，用作军队军费，采购大宗物资等。

宝钞虽不能兑换，但明廷制定了其与铜钱、白银的比价。洪武九年（1376），一贯宝钞当一千文，当一两银。此后宝钞不断滥发，不断贬值。洪武十三年（1380），明廷又出了个昏招。此前明廷曾有倒钞法，以回收磨损的宝钞。此年下令，凡是票面金额文字尚可识别的宝钞，都可以流通，于是旧钞大量积压，市面上宝钞越积越多。

洪武二十三年（1390），两浙地区宝钞大幅贬值。朱元璋无奈妥协，令两浙市肆之民，将铜料送京师，铸钱相兼行使。此后宝钞不断贬值，两浙、江西、福建、广州等地民众重钱轻钞，"有以钱百六十文折钞一贯者，由是物价翔贵，而钞法益坏不行"。朱元璋认为，宝钞贬值的原因在于民心奸诈，"乃以钱钞任意亏折行使，致令钞法不行"[1]。

洪武二十七年（1394），朱元璋下令禁用铜钱，军民人等要

---

1 ［清］顾炎武：《日知录之余》卷二，清宣统二年吴中刻本。

将手中的铜钱送到官府，兑换宝钞。朱元璋废除钱钞二元制，单行宝钞，希望能遏制宝钞的贬值。铜钱禁令颁布后，宝钞持续贬值，至洪武三十年（1397），一贯宝钞只能当七十一文钱。因为贬值惊人，此年朱元璋下令，禁民间以金银交易。可民间无视官方禁令，以金银、铜钱或者各类实物进行交易。

永乐元年（1403），朱棣进一步强化宝钞的地位，重申"禁金银交易"。朱棣努力解决宝钞流通不振、不断贬值的问题。永乐二年，左都御史陈瑛建议，在全国推行户口食盐法，以回收宝钞。据陈瑛估算，全国民一千万户，兵两百万余户，按一家五口人来计，大口每月吃盐两斤，缴纳宝钞两贯，小口每月吃盐一斤，缴纳宝钞一贯，则每一季可以收缴宝钞五千余万锭。朱棣采纳了陈瑛的建议，但将征税额减少了一半。

永乐二年（1404），明廷推行户口食盐法，"大口令月食盐一斤纳钞一贯，小口月食盐半斤纳钞五百文"[1]。通过人人每日都要消费的食盐，强制使用宝钞，增加宝钞流通，又可回收宝钞，缓解贬值。在全国范围内，凡征税、罚赃等，均规定收取宝钞，以此回收宝钞，保持其价值。经过不断努力，永乐朝宝钞被强行推广到社会经济领域中，贬值的趋势暂时放缓。但到了永乐末年，宝钞又不断贬值，致物价腾涌，无法抑制。

永乐朝延续了洪武朝的货币政策，照理说应该禁止使用铜钱，可永乐朝却铸造了永乐通宝。永乐六年（1408），铸永乐通宝。至永乐九年，又差官于浙江、江西、广东、福建四布政司，铸永乐通宝。永乐通宝用于对外贸易和赏赐，而非国内流通；郑

---

1 《明太宗实录》卷三十。

和下西洋时，就携带了大量永乐通宝。永乐通宝铸工精湛，精准划一，大量出口到日本，备受欢迎，成为硬通货。在日本争雄的各路势力如织田信长、黑田孝高、仙石秀久等的军旗、甲胄之上，均可见永乐通宝的图样。

永乐二十二年（1424），朱棣去世，其子朱高炽、孙子朱瞻基先后登基，是为仁宗和宣宗。此期间，二帝与民休息，为政宽和，慎用刑律，稳定边疆，国力恢复，史称"仁宣之治"。在货币政策上，仁宣二朝继续推行宝钞，通过停发新钞、违律罚钞、原有税目折钞、广开商税征钞等手段，维持宝钞在民间的主体地位，缓解了宝钞贬值。

仁宗一度曾对户部尚书夏元吉道："钞法阻滞，盖由散出太多，宜设法广敛之。"仁宗即位后，"命三法司军民犯笞杖者，定等第，令输钞赎罪"。当年十月，三法司定下"自今私宰牛者，十倍时值追钞，仍治私宰之罪"。盐钞法被推行，"沧州盐每引钞三百贯，河南、山东每引百五十贯，福建、广东每引百贯。输钞不问新旧，支盐不拘资次"[1]。

宣德三年（1428）六月，宣宗下令停印新钞，将旧钞焚毁。减少临时发放、赏赐公侯军士等的宝钞；所收宝钞可用者入库，不可用者烧毁。宣宗时期，明廷将宝钞推广到各种杂色收入中，如宣德七年（1432），令湖广、广西、浙江三省，商税鱼课，办纳银两者，"皆折收钞，每银一两纳钞一百贯""凡以金银交易及匿货增直者罚钞"[2]。

1　［明］雷礼：《皇明大政纪》卷八，明万历刻本。
2　李洵：《食货五·钱钞》，《明史食货志校注》，中华书局1982年版，第214页。

货币政策上，仁宣二朝有所改变，对违背钞法者，予以宽大处理。宣德元年（1426），有人上奏，请禁止民间以布帛米麦交易，如此宝钞可通行。宣宗认为"布帛菽粟，民所服食，不可一日无者。互相贸易，以厚其生，岂可禁绝"，加以否决。宣宗还特许，贵州民众不必折钞交纳盐税。往日明廷禁止民间以金银贸易，"凡交易银一钱者，买者卖者皆罚钞一千贯，一两者，罚钞一万贯，仍各追免罪钞一万贯"[1]。至宣德三年（1428），免追罚钞。

虽然仁宣二朝，官方持续努力推广，可宝钞不断贬值，被民间排斥。到了正统朝之后，宝钞在民间已不大通行。到了崇祯十六年（1643），为了应对财政危机，崇祯帝设立内宝钞局，再次发行宝钞，令商民以白银兑换宝钞。崇祯帝认为，只要法严，就可推广宝钞。可宝钞发行之后，无人前来兑换——"百姓虽愚，谁肯以一金买一纸？"[2]

钞法不通率用白银

洪武朝初期，一度铜钱、白银、元钞并行。如洪武五年（1372）六月，为鼓励捉拿倭寇，特以银为赏格："凡总旗军士弓兵生擒贼一人者，赏银十两；斩首一级，银八两。民人生擒贼一人，银十二两；斩首一级，银十两。"[3]在民间，更大量使用白银等进行

---

1 ［清］嵇璜：《钦定续文献通考》卷十《钱币考》，清文渊阁四库全书本。
2 ［清］陈鹤：《明纪》卷五十七，清同治十年江苏书局刻本。
3 ［明］王士骐：《皇明驭倭录》卷一，明万历刻本。

交易。至洪武宝钞推行之后，银作为流通手段，并未退出流通。

洪武九年（1376），户部命"天下郡县税粮，除诏免外，余处令民以银、钞、钱、绢代输今年租税"。由此以米麦为本色，而诸折纳税粮者，均为折色。[1]

一般情况下，明廷鼓励以宝钞折色，扩大宝钞流通，将赋税货币化。如永乐八年（1410）二月，浙江黄岩县遭到水灾，民众乏食，将此年税粮折钞。宣德十年（1435），湖广布政司所属州县受灾，田亩税粮俱请折钞。

有时也以金银折色，如洪武十七年（1384）七月，命苏松嘉湖四府以金银代输当年田租。在特殊情况下，可以实物折色代输。如永乐三年（1405），陕西乾州因为蝗灾，以麦豆代输。宣德四年（1429），应天、松江等府，以丝绵等物折色。

自洪武八年（1375）大明宝钞发行之后，白银的地位逐渐受到挤压。洪武三十年（1397），为打击杭州商人以银定价，朱元璋禁止以金银贸易。朱元璋禁以金银贸易，除了推广宝钞，亦有其他考虑。在争霸天下的过程中，朱元璋在江南一带遭到豪门望族的强力反抗。上海大富豪钱鹤皋"累世富厚"、"慷慨好施"，以义田为基础，凝聚地方民众，与朱元璋作战。杭州巨富马宣教，聚族而居，实力雄厚，屡与朱元璋对抗。在取得天下之后，朱元璋对江南豪门望族加以打击，而限制金银，推行宝钞，可以削弱豪门望族。此外，朱元璋出身寒门，不喜奢华风气，也禁止民间奢华；在他看来，将金银收归国库，可倡行简约，重本去奢。

---

[1] 中国历代封建王朝，政府赋税中原定征收的实物称本色，改征其他实物或货币，称为折色。明初，本色专指米、麦，折色范围则较广。

中国本身白银产量很低，朱元璋开国之后，又以体恤民力为由，限开银矿。洪武元年（1368）三月，朱元璋表示："银场之弊，我深知之，利于官者少而损于民者多。况今凋瘵之余，岂可以此重劳民力。"[1]洪武一朝，仅闽浙等地有少量矿场，如福建延平府"尝设场局，蒸炼银矿，置炉四十二座，岁办银二千一百两"[2]，所开银矿产量，对于整个大明来说，不过杯水车薪。

朱棣登基后，延续了朱元璋的政策。永乐元年（1403）四月，朱棣下令："以钞法不通，下令禁金银交易，犯者准奸恶论。"同时也规定，若置造首饰器皿，不在禁例。以金银交易即可处死，朱棣也觉得刑罚过于严苛，于永乐二年（1404）二月改为"免死，徙家兴州屯戍"[3]。

永乐九年（1411）四月，守聚宝门千户奏，在民众随身行李中，查到携带有金锡及银数锭，于法不合。朱棣问刑部尚书刘观该如何处理。刘观认为："法不得以银交易，百姓不得用金首饰。"朱棣道："禁民交易服用，何尝禁其藏蓄。"命全数归还，不加处置。永乐一朝，金银禁令虽然严苛，可民间私下以金银布帛之类交易，却是不可遏制。

洪熙元年（1425）正月，因为"钞法不通，民间交易率用金银布帛"。仁宗召集群臣商量，决定暂行禁止以金银布帛交易。宣德元年（1426）七月，户部再请禁金银贸易，"比者民间交易

---

[1] 《明太祖实录》卷三十一，洪武元年三月甲申条，第538页。
[2] ［明］王圻：《续文献通考》卷二十七《征榷考》六《坑冶》，明万历三十年松江府刻本。
[3] 《明太宗实录》卷二。

惟用金银，钞滞不行，请严禁约"。宣宗下令："以金银交易及藏匿货物高抬价直者，皆罚钞。"虽有禁令，但民间仍以金银贸易，如宣德四年（1429），"在外州郡城市，多有豪猾军民，居货在家，一如塌坊。或就船相与交易，俱要金银。"[1]塌坊，是供客商堆货、交易、寓居的行栈的旧称。

明初以宝钞为主，铜钱为辅，可铜钱的地位相当尴尬。洪武二十七年（1394），禁用铜钱。宣德八年（1433），铸造宣统通宝，解除钱禁。宣德十年（1435）十二月，正式弛铜钱禁令。正统十三年（1448），又禁止使用铜钱。景泰四年（1453），放开对铜钱的管制，"准钱钞听民使用"。天顺四年（1460），准许铜钱流通。弘治十六年（1503），孝宗朱祐樘恢复铜钱铸造。

明代货币制度的问题是，宝钞没有准备金，先天不足，而在实行过程中，又滥发过度，导致通货膨胀。从正统朝至成化朝，官方又一直没有铸造铜钱，导致民间货币严重不足，白银成为民间重要交易工具，以弥补货币不足。铜钱停铸，宝钞贬值，金银禁用，货币体系混乱，也造成了民间计价体系的混乱，布、米、帛等实物，与金银一起被使用。如宣德十年（1435），休宁县汪希齐卖田赤契（红契），议价纳官阔绵布六十匹，却用籼谷及首饰花银准还。[2]

朱元璋鼎定天下后，下狠手铲除武将集团，掀起一系列大案。如蓝玉案，武将们被震慑，纷纷退还赏赐的良田，改领禄米。

---

[1] 《明宣宗实录》卷五十六。
[2] 《明清徽州社会经济资料丛编》第一集，中国社会科学出版社1990年版，第29页。

武将集团们的禄米,要到南方去领取,这就是"北俸南支"。北俸南支带来了一系列问题,来回开销巨大,所得俸禄有时不够支付路费。宣德八年(1433),周忱巡抚江南时,一度曾进行改革,在江南推行赋税折银。周忱令江南重额官田与极贫下户的两税,准折纳金花银,每两当米四石,解京充俸,如此民出甚少,而官俸常足。

正统元年(1436),副都御史周铨上书认为:"行在各卫官俸支米,南京道远费多,辄以米易货,贵买贱售,十不及一。朝廷虚縻廪禄,各官不得实惠。"周铨提出改革方案,在南畿、浙江、江西、湖广等地将应收米麦,折收布、绢、白金,解京充俸。明廷最后议定,对南畿、浙江、江西、湖广等地征收金花银,"米、麦一石,折银二钱五分"[1]。南畿、浙江、江西、湖广等地应征米麦四百余万石,共折银百万余两。

正统元年(1436)后,每年将税粮中的四百余万石折成银,熔铸为锭送往京师。金花银解送到京师后,存入内廷承运库,除了折放武将俸禄外,皆为御用,成为皇帝的小金库。自正统元年,东南省份赋税改折金花银后,明初实行的实物赋税体制发生巨变,"其后概行于天下,自起运兑军外,粮四石收银一两解京,以为永例"[2]。

正统年间,白银交易不断增加,开始了白银货币化的过程。但在正统朝开放银禁之后,宝钞仍然流行,官俸仍是宝钞最主要的发放途径。洪武初年,官员俸禄以米发放。后来折成钱钞发放,

---

1 [明]毕自严:《度支奏议》新饷司卷十三,明崇祯刻本。
2 [清]《通鉴辑览》卷一百三,清文渊阁四库全书本。

钱一千、钞一贯抵米一石。官品高的支米十分之四五，官品低的支米十分之七八，其余以钱钞发放。[1]

宣德八年（1433），朝廷将官员的俸禄，改搭部分宝钞。正统中期之后，宝钞在俸禄中所占比例不断增加，面对宝钞贬值，官员叫苦不迭。景泰三年（1452）七月，代宗朱祁钰"命京官俸钞俱准时值给银"[2]。景泰七年（1456）二月，户部对京师官员上半年度折俸钞，改以银支付。正德三年（1508），明廷以太仓积钱给官俸，十分为率，钱一银九，此后官俸逐渐改为以银支付。

正统朝推行金花银，主要是在东南各省。到了成化、弘治年间，通过赋役折银，白银大规模推向全国。成化年间，李敏任大同巡抚时，因山东、河南转输困难，"乃会计岁支外，悉令输银"。担任户部尚书时，李敏又请将"畿辅、山西、陕西州县岁输粮各边者，每粮一石，征银一两"[3]。

弘治六年（1493），内府承运库告金银缺乏，乃定计理财，主要措施就是盐科折银，"天下户口食盐钱钞，今后每钞一贯，折征银三厘。钱七文，折银一分"。盐税是财政收入的大头，以此折银，影响巨大。弘治十六年（1503），明廷议准，此后各地解纳户口食盐钱钞，俱收价银解部。

白银在税收折纳、官俸发放、赋税徭役等各个领域，被官方广泛使用，逐渐取得了流通货币的地位。隆庆元年（1567），明

---

1 后改四品以上三分本色，七分折色，五品以下四分本色，六分折色，又改外官月支本色米二石，余皆折色。折色以钞为准，米一石，折钞十五贯或二十贯。
2 ［清］嵇璜：《钦定续文献通考》卷十《钱币考》，清文渊阁四库全书本。
3 ［清］陈鹤：《明纪》卷二十，清同治十年江苏书局刻本。

廷规定："令民间货鬻,值银一钱以上,银钱兼使。一钱以下,止许用钱。"[1]自此白银取得合法地位。明代白银,经历了官方禁止流通,再到合法流通的演变,推动演变的则是民间自下而上的商业力量。

嘉靖朝之后,中国货币是银钱通用,大宗用银,小额用钱,形成银钱双本位制。隆庆朝时,所铸造铜钱,每枚重一钱三分;万历四年(1576)铸造铜钱,每枚重一钱二分五厘,质量尚可。至万历朝晚期,财政吃紧,开始在各地设铸造局,大量铸造劣质铜钱,导致铜钱贬值。天启、崇祯朝,所铸铜钱质量更是低劣不堪。崇祯朝初年,千文铜钱可换白银九钱,到了崇祯朝末期,只能换到白银三钱。官方之外,民间也私自铸造铜钱,降低了铜钱的信用。

当白银流通之后,不但大宗贸易使用白银,白银也进入了日常生活之中。《宛署杂记》记载了万历年间北京地区的物价:猪肉每斤银二分,牛肉每斤银一分五厘,鲜鱼每斤银二分,大鹅一只银二钱,等等。万历九年(1581),推行一条鞭法后,在江南地方,白银成为佣工工资的支付货币。如万历年间,嘉兴等地"看缫丝之人",每日"庸金四分"[2]。

与铜钱相比,白银更易携带,更易交易;与宝钞相比,白银更具价值,更加稳定。白银的优势,使得它被官方与民间普

---

1 [清]孙承泽:《春明梦余录》卷四十七,清文渊阁四库全书本。
2 [明]徐光启:《农政全书》卷三十一《蚕桑》,明崇祯平露堂本。

遍使用。[1]而此时来自日本、南美洲的白银，源源不断地流入中国。据《明实录》所载，永乐、宣德年间，明朝每年全国开采白银在二十万至三十万两之间，此后开始下滑，每年十万两左右。据梁方仲研究，洪武二十二年（1389）至正德十四年（1519）的一百三十一年间，共产银一千万两以上。全汉昇认为，从洪武二十三年（1390）至正德十五年（1520），共产银一千一百三十九万五千七百余两。据此数据推断，在南美、日本白银流入中国之前，中国本土的白银产量并不高。

正德朝末期，随着葡萄牙人的到来，中国被卷入全球一体化的时代。此后整个中国经济呈现大繁荣，市场迫切需要大量白银，赋税制度改革又进一步推广了白银的使用，而来自南美、日本的白银，不断流入中国，带来了白银繁荣。

日本白银与朱印贸易

日本银矿储量丰富，欧洲人到来后，称之为"银岛"。日本列岛上银矿分布极广，考虑到运输方便，主要是沿海一带银矿被开采，如本州岛的岛根、鸟取、新潟、山行，九州的长崎等。

日本应仁元年（1467），日本幕府将军足利义政时期，各地大名爆发战乱，开启了战国时代。各路大名竭力壮大自己，以进

---

[1] 弘治年间，邱濬曾提出改革方案，以银为本位，白银、铜钱、宝钞兼行。"稽古三币之法，以银为上币，钞为中币，钱为下币，以中下二币为公私通用之具，而一准上币为权之焉。"

行争霸战争，这就需要大量的金银支撑。各地大名纷纷在自己领地之内勘测银矿，进行开挖，以获得白银。

1526年，博多商人神谷寿祯发现了石见银矿，日本大名大内义兴在当年就攻陷石见，在石见银山旁筑矢泷城，确保对银矿的控制。1533年，大内义兴之子大内义隆通过神谷寿祯，从海外学到了"灰吹法"，大幅提高了白银提炼的质量与白银产量。灰吹法提炼出来的白银，被加工为丁银，再加以流通。1543年，日本兵库县又发现了含银量极高的马生野银山，此后佐渡等地也有银山发现。

日本白银产量，最盛之时年产二百吨，占世界产量的三分之一。[1] 仅马生野银山每年交给丰臣秀吉的银课就有十吨。同时期岛根岩美银山，一个矿坑每年缴纳十二吨的银课给德川家康。日本在对外贸易中，以输出白银为主，此外还有漆器、扇子、刀剑等，至中国换取丝绸、瓷器、铜钱、中药等物，至东南亚换取香料、木材等。日本白银成色足，在中国及东南亚各地广受欢迎。

嘉靖三十七年（1558），明廷禁止日本来华贸易，可白银的魅力，吸引着中国和葡萄牙商人。葡萄牙人控制澳门之后，即派遣船只，前往日本进行贸易。此时的日本，迫不及待地想要对外进行贸易。两名欧洲传教士在1580年时写道："葡萄牙船每年从中国前去入泊的九州岛，日本大名们很穷，商船入泊他们的港口使他们得到巨额收益，所以，他们努力地吸引商船到他们的封地去。"[2] 各地大名都开出优惠条件，吸引葡萄牙人前来贸易。从1570

---

[1] ［日］浜野洁等：《日本经济史》，彭曦等译，南京大学出版社2018年版，第23页。
[2] C.R.Boxer.The Christian Century in Japan, 1549—1650. Oxford University Press, 1974.93.

年开始,日本在长崎设立会馆,负责与葡萄牙贸易。

1580年,葡萄牙人以每年一千杜卡特[1]金币的价格,取得了对长崎的租借权。葡萄牙通过澳门,可以获得日本所需的中国产品,是中日贸易的中间人,并取得了垄断地位。每年4月至5月间,由葡萄牙王室任命的船长率领大船,满载着毛织品、红布、水晶、玻璃制品、佛兰芒钟表、葡萄酒、印度棉花和棉布等,从印度果阿出航。在正常情况下,它将停靠在满剌加,把船上的部分货物换为香料、檀木、苏木、鲨鱼皮和鹿皮,然后再航行到澳门。在澳门,他们通常要等待十至十二个月,至第二年上半年在广州采购生丝和丝织品。第二年的6月底至8月初,满载生丝等货物的葡萄牙大船,乘着西南季候风前往日本贸易。在日本停留到10月底或11月初,再乘东北季候风返航澳门。从日本载运出来的商品除了大量的白银外,还有日本所产的各类物品。白银一般会在澳门被卸下来,用以购买明年运往果阿的中国生丝、丝织品、黄金、麝香、珍珠、象牙和瓷器。[2]

丰臣秀吉统一日本后,对海外贸易加以管控,于1592年颁发"异国渡海御朱印状"。凡日本出海贸易的船只,都须领取朱印状。朱印状由将军颁发,写明航行地点、贸易人,并有将军的红印章,证明持有者乃是合法商人。至丰臣秀吉去世时,只有九艘朱印船,故而后世也称朱印船为"九艘船"。日本朱印船出口到东南亚各国的物品主要是铜、铁、硫黄、樟脑等物,购入的主要是鹿皮、鲛

---

[1] 杜卡特,又称杜卡托,威尼斯金币名,是欧洲中世纪最通行的金币。
[2] C.R.Boxer.Fidalgos in the Far East 1550—1770.The Hague: Martinus Nijhoff, 1948.15—16.

皮等，制成武士所需的各种物品及包裹火绳枪的皮袋。

日本庆长五年（1600），荷兰船"利夫得"号漂流到日本，落到德川家康手中。这艘荷兰船只被秘密送到蒲贺，进行修整。"利夫得"号船上所装备的大炮与弹药，则被投入到关原之战中，为德川家康取胜立下功劳。关原之战后，德川家康派兵接管石见银山，此后还任命了"石见银山领"，主管银山。德川家康铸造金币、银币、铜钱，规范了三者之间的兑换比例，统一了国内货币，改善了流通环境，稳定了日本市场。

德川家康继续推行朱印符贸易，排斥异己大名，最终将朱印贸易权收归手中，独享贸易之利。德川家康也想打破葡萄牙垄断中日贸易的地位，希望恢复勘合贸易。庆长十五年（1610），德川家康接见中国商人周性如，赐给朱印状，托其致书明廷，希望赐给勘合之符，恢复朝贡贸易，但明廷对日本仍紧闭贸易的大门。

葡萄牙人垄断中国与日本的中间贸易，获取了巨额利润，也为中国输入了大量的白银。葡萄牙人每年派一至三艘船只前往日本，能获得六十万两左右的白银。这些白银使葡萄牙人再回到中国时，底气十足，可以采购更多高品质的中国货物。1588年，丰臣秀吉眼红贸易的暴利，强行以低价收购葡萄牙人运来的生丝。葡萄牙人于第二年停止了对日生丝贸易，丰臣秀吉被迫放弃强硬政策，由葡萄牙人继续控制中日贸易。

为了打破葡萄牙人的贸易垄断，德川家康时期，一度鼓励西班牙人前来日本贸易，且给出了更为优惠的条件。1609年，西班牙前吕宋总督罗德里戈因海难漂流到了日本，得以与德川家康进行会谈。罗德里戈提出，给西班牙通商港口、保护天主教、驱逐荷兰人，德川家康同意了前两个条件，但拒绝驱逐荷兰人。随着中国走私船与荷兰商船的涌入，德川家康对招徕西班牙人前来贸易失去了兴趣。

葡萄牙人对日贸易的兴盛，面临着新敌手的挑战，这就是荷兰人与中国的走私船。1602年，荷兰设立东印度公司，总部设在巴达维亚（今印度尼西亚雅加达）。1603年，荷兰军舰拦截航行在澳门与长崎之间的葡萄牙船只。1609年，荷兰东印度公司来到日本平户港（位于日本长崎县西北部），开设商馆，进行贸易。1624年，荷兰占据台湾大员（今台湾省台南市安平区），建立安平古堡（荷兰人称其"热兰遮城"），作为中国与日本、巴达维亚贸易的中转地。荷兰人控制了东南亚的香料、木材等产品，将之输往中国，转而从中国采购生丝、绸缎等物品，前往日本换取白银，再将白银运至中国购买货物，前往东南亚、日本销售。

徐光启谈及中日贸易时曾云："彼中百货，取资之于我，最多者无若丝，次则瓷。"[1] 在勘合贸易未断绝时，中国大量出口丝、纱、绢、锦等各类物品至日本。嘉靖二十七年（1548）之后，勘合贸易彻底中断，哪怕隆庆开关后，也禁止中国商船对日贸易。可日本的白银却是实在的硬通货，吸引着中国商人。中国商船常从月港出发，向着东南亚航行一段后，再暗中转往日本贸易。

德川家康推行丝割符制，由幕府统一定价，统一购买，统一分配，掌握了进口生丝的贸易主导权。丝割符制主要针对葡萄牙人，因此时中国商船，对日主要还是走私贸易，不受丝割符制

---

[1] ［明］陈子龙、徐孚远、宋征璧等选辑：《明经世文编》卷四百九十一《海防迂说》。

限制。葡萄牙人表示抗拒，在1606年、1608年，两次停航日本。1609年，葡萄牙人运来大量生丝，要求日本用现银交易，而此前均为赊账，这让日本人不满。此前日本以接近纯银的灰吹银交付，此时改为纯度只有百分之八十的丁银支付，这让葡萄牙人不满。此后葡萄牙人与德川家康摩擦不断，双方一度中断贸易，这为中国商船扩大对日贸易提供了契机。

日本庆长七年（1602），装载着二十余万斤中国生丝的中国商船和从东南亚返航的日本商船，共二十六艘，同时驶入长崎港，这是日本海上贸易极盛的一刻。葡萄牙人对日贸易的垄断地位被打破，1637年的一份报告称：澳门商人受到荷兰人、中国人日益激烈的竞争，每年大约有十二艘荷兰船开到平户，有五六十艘来自广州、福州、厦门和宁波等地的中国船驶入长崎。此时中国商船对日贸易的额度，远远超过了在澳门的葡萄牙人。

葡萄牙人在对日本贸易之中，又将贸易与宗教结合，天主教在日本迅速发展，引发了幕府的警惕。1614年，德川家康颁布全国禁教令，但没有限制澳门的葡萄牙商人前来贸易。1616年，德川幕府颁布"元和禁教令"，禁止外国人在日本从事商业活动，除中国和朝鲜商船外，其他外国商船只准停靠在长崎和平户两港。

1620年，荷兰人拦截了一艘从马尼拉返回日本的朱印船，在船上发现了两名传教士。荷兰人如获至宝，将此发现汇报给了幕府，又列数了朱印船贸易的种种危害。此事导致幕府极大反弹，开始严格限制朱印船出海。

日本宽永十二年（1635），随着幕府全面禁止日本人出海，朱印船贸易告终。从1604年到1635年，日本共有三百五十三艘次朱印船出海，前往东南亚贸易，带动了中国、日本、东南亚贸易圈的发展。朱印船每次出海贸易时，都要携带大量的白银，这些白银大部分都流入了中国，促进了中国的经济繁荣。

宽永十四年（1637），日本岛原地区信奉天主教的农民发动起义，幕府苦战无功，不得不求助于荷兰人。荷兰人出动兵船，开炮助战，又献上两门大炮，并传授铸炮技术。荷兰人的强力支持，使幕府无视葡萄牙、西班牙。

宽永十六年（1639），幕府第五次颁布锁国令，驱逐在日本的葡萄牙人，全面禁止"加莱奥塔船"（葡萄牙船）来日本，违背者斩首；禁止在海外的日本人归国。这次"锁国令"与前四次不同，前四次奉书是发给长崎奉行[1]，第五次奉书是直接出示给葡萄牙人。此外还向在长崎的荷兰人、中国人传递了奉书，禁止两国船只携带传教士来日本。

至第五次锁国令颁发后，葡萄牙、英国、西班牙等国船只被禁止入长崎港贸易，能与日本进行贸易的国家只有荷兰与中国。一时之间，中国丝织品价格飞涨，想要得到生丝与丝织品货源的日本商人，纷纷求助于中国与荷兰商人。锁国令颁布之后，中国生丝与丝织品对日出口并未缩减，反而由于价格的增长，为中国换回了更多的白银。

白银贸易为日本商人带来了巨大的财富，也提升了商人的地位，高贵的武士为了钱财，不得不向商人与高利贷者屈膝。白银的大量流出也让幕府感受到了压力。日本宽文四年（1664），幕府许可黄金输出。宽文八年（1668），幕府禁止对外输出白银。

---

[1] 长崎奉行是德川幕府负责管理长崎地方行政和对外贸易的行政首脑。

用黄金进行贸易让荷兰人兴奋无比,他们运走了大量的黄金。中国商人从黄金交易中不能获得较大利润,对日贸易开始下降,此后幕府不得不许可对华输出白银。

日本贞享二年(1685),幕府定下中国、荷兰每年与日本的贸易额,中国船每年六千贯目[1],荷兰船每年三千贯目,共计约合九千贯目,折合三万三千七百五十千克白银。中国船只每年由六千贯目贸易中,可以带回二万二千五百千克白银,虽然有所收缩,但加上大量走私贸易的船只,数额还是惊人的。围绕日本白银输入中国的数量,中日两国学界有不同看法,如日本学者静田岩男认为:"中国商船每艘约能从日本运返白银23500两,平均每年约能运回日本白银1292500两。"[2] 中国学者倪来恩、夏维中则认为:"1500年至1639年,仅葡萄牙人输入中国的日本白银高达165万千克,折合3300万两。"[3] 不论采用哪一组数据,日本白银流入中国的数量,都是极为惊人的。

马尼拉大帆船贸易

在西班牙人到来之前,吕宋群岛上分布着一个个以血缘凝结的"巴兰盖"体系。巴兰盖以村落为单位,土地公有,规模在

---

[1] 贯目,重量单位,1贯目约为3.75千克。
[2] [日]西川俊作:《江戸时代の政治と经济》,日本评论社1979年版,第155页。
[3] 倪来恩、夏维中:《外国白银与明帝国的崩溃》,《中国社会经济史研究》,1990年第3期,第49页。

三十户至一百户之间，从事农业耕作，处于自然经济状态。西班牙人的到来，改变了一切。

1565年，西班牙人黎牙实比率领一支船队，占领宿务岛，建立起了西班牙在东方的第一个据点。1565年6月1日，黎牙实比派出旗舰"圣巴勃罗"号，在乌达内塔神父带领下，从宿务岛返回墨西哥阿卡普尔科，开辟了从菲律宾直达墨西哥的北太平洋航线。

在宿务岛上，黎牙实比进行了商业规划，想要种植丁香树，不想丁香树在此无法成长。黎牙实比哀叹，"从菲律宾获得能赚钱的东西只有肉桂"。黎牙实比此时需要新的产品，而他发现当地土人在与华人做生意，他们用金粉、苏木、兽皮等换取中国的丝绸、棉布及瓷器，于是决定努力开拓与中国商人的贸易。

根据1494年的"教皇子午线"，中国被划入到葡萄牙人的势力范围，西班牙人不能直接与中国做生意，只能依赖于中国商人前来。1570年，西班牙船队在征服吕宋途中，遇到两艘中国船只，双方爆发冲突。"中国人不知道是因为听到西班牙人到来的消息，抑或是听到枪声，把前桅帆拉起，并排到外面来，擂着鼓，吹着笛，作出许多好战的姿态。其中有许多人在甲板上，荷着枪，由鞘中拔出短刀。"[1] 战斗中，中国商船有二十人被杀。在冲突之后，西班牙人表达了歉意，释放了被抓的中国商人，另外送给他们一艘船与生活必需品，希望中国商人不要受冲突影响，继续来吕宋贸易。

1571年，黎牙实比将大本营迁至马尼拉，由此迎来了与中国商船贸易的机会。早在1567年，明廷已在漳州月港有限放开对外

---

[1] 陈台民：《中菲关系与菲律滨华侨》第一册，香港朝阳出版社1985年版，第78页。

贸易。吕宋群岛"去漳为近,故贾舶多往"[1]。但当地所产价值不高,贸易并未打开。西班牙人将据点迁至马尼拉之后,贸易额急剧上涨,因为中国商人手中有丝类产品,西班牙人手中则有南美的白银。

1570年左右,秘鲁发现了波托西银矿。到16世纪末期,波托西银矿白银产量每年达200吨以上。美洲的白银产量,"在整个16世纪约为17000吨,到整个17世纪约为42000吨"[2]。将秘鲁生产的白银载运到马尼拉,换取中国的生丝和丝织品,其中所产生的高额利润,足够抵偿海上漫长航程的艰辛。1573年7月1日,两艘满载着中国丝绸、棉布、瓷器的大帆船,由马尼拉出发,前往美洲。同年11月,两艘大帆船抵达墨西哥阿卡普尔科港,此后中国商品大量涌入美洲。

中国所产的各种物品,特别是丝织产品,绚丽多彩,让西班牙人难以舍弃。如同西班牙人沉迷于丝织品一般,中国商人被白银所迷醉,"东洋则吕宋,其夷佛郎机也。其国有银山,夷人铸作银钱独盛"[3]。

最初西班牙人为了吸引华商前来贸易,出台了一系列税收优惠政策,并宣布给予华商保护。为了鼓励贸易,西班牙国王菲利浦二世指示,任何到马尼拉贸易的商人,不论是中国人、日本人、葡萄牙人,还是暹罗人,都不必纳税。在隆庆开关之后,明廷仍然禁止中国

---

1 [明]张燮:《东西洋考》卷五《东洋列国考》,清惜阴轩丛书本。
2 [德]贡德·弗兰克:《白银资本:重视经济全球化中的东方》,刘北成译,中央编译出版社2000年版,第8页。
3 [清]顾炎武:《天下郡国利病书》,清稿本。

商船直接与日本贸易，于是中日两国一些商人到马尼拉进行交易。

至于葡萄牙人，本来是不能进入大帆船贸易的。到了1580年，西班牙兼并葡萄牙，前后长达六十年。根据兼并时的条约，原葡萄牙各属地可自由与西班牙各属地进行贸易，但西班牙各属地不得与葡萄牙各属地贸易，以此作为兼并葡萄牙的补偿。葡萄牙人失去了王冠，换得了贸易的机会，于是葡萄牙人也得以进入大帆船贸易，澳门至马尼拉航线开通。

葡萄牙人从澳门将中国的生丝及丝织品运往马尼拉，换取白银，利润常高达百分之一百。白银运回澳门后，再到中国市场上换取更多的丝货和商品，继续赚取高额利润，这让西班牙人妒火中烧。1590年，西班牙船只抵达澳门，希望与在澳门的葡萄牙商人进行交易，被强硬拒绝，双方发生冲突。万历二十六年（1598）八月五日，西班牙船只再来，"径抵濠镜澳住舶，索清开贡。两台司道咸谓其越境违例，议逐之。诸澳番亦谨守澳门不得入"[1]。

1580年之后，每年前往马尼拉的中国商船有三四十艘之多，在前来贸易的各国船只中占据首位。除了得到官方许可经由月港出发的贸易船只之外，还有大量民间船只私自前往马尼拉贸易。这些民间私商的数量更多，为利所驱，四方奔走，也被明廷视为"奸民"。

海上丝绸贸易的兴盛，使马尼拉迅速发展起来，形成了城市，来自各国的商旅在此定居。在马尼拉形成了华人聚居区"八连"（Parian），成为马尼拉城市的中心枢纽，西班牙人、菲律宾人由此获得各类商品。中国商品大量涌入马尼拉，以至于西班牙

---

[1]《（万历）广东通志》卷六十九《番夷》。

人发现,房间里精致的物品都来自中国。菲律宾当地人从中国人这里学会了使用瓷器、雨伞、锣、银子和其他物品,菲律宾人穿的宽大服装、有袖子的上衣、布鞋等,都受到中国人的影响。

运到马尼拉的中国商品,大部分被当地人与西班牙人所消费,丝织品则被西班牙人购买,在马尼拉装上大帆船,运往南美,这就是"大帆船贸易"。大帆船贸易是以菲律宾为中转站,联系中国与南美乃至欧洲的间接贸易。

大帆船贸易带来巨大的回报,吸引着无数逐利者。1590年,航海家塞巴斯蒂安·维兹卡诺描述了大帆船贸易:"我随身带到那边(马尼拉)的,用二百杜卡特买来的西班牙商品和一些法兰德斯货物,在那里我赚到一千四百杜卡特。回航我同样赚了钱。我从那里带到墨西哥的丝绸和别的商品,赚了二千五百杜卡特,如果不是一捆精细丝绸被海水浸湿,那么赚得更多。"[1]

中国丝织品大量涌入南美,新西班牙总督蒙特雷伊于1602年描述,在秘鲁的西班牙人均过着极其奢华的生活,他们都穿着最精美、最昂贵的丝绸,妇女的节日盛装是如此之多,如此之过分,以至于世界上再也找不到第二个像这样的国家。大批丝绸涌入南美,以至于连流浪汉、印第安人都穿上了丝绸,神气活现地走着。在秘鲁,东方货物充满了利马的商店,利马人人都穿着精美的丝绸,秘鲁矿工则喜欢用结实耐穿的中国亚麻布缝制衣衫。

丝织品运到墨西哥西海岸的阿卡普尔科,有部分从阿卡普尔科再转运到秘鲁,但大多数被装车横跨墨西哥,运到韦拉克鲁

---

[1] 李永锡:《菲律宾与墨西哥之间早期的大帆船贸易》,《中山大学学报(哲学社会科学版)》,1964年第3期,第76页。

斯，再用船运到西班牙售卖。中国丝绸物美价廉，极大冲击了南美的市场，西班牙的丝织品在南美滞销，导致西班牙国内大批丝织厂倒闭。在美洲墨西哥、秘鲁的西班牙人，初期只能在墨西哥阿卡普尔科购买商品，此后为了利润，亲自到马尼拉采购商品。从墨西哥、秘鲁过来的西班牙人携带有大量白银，冲击了马尼拉市场，导致丝绸价格被抬高，这让在菲律宾的西班牙人极为不满，认为此举是在毁灭殖民地。

秘鲁市场在南美的地位一度超过墨西哥，中国商品在此大量销售，也引发了西班牙国内丝绸工业的不满。大量的白银流向了中国，中国也成为世界的白银输入地。此外，相当数量的白银流到了荷兰、热那亚、威尼斯，还有部分白银流到了波斯人、阿拉伯人与莫卧儿人手中。而荷兰等国乃是西班牙的最大敌人，西班牙无法容忍白银外流，开始限制大帆船贸易。

1589年，西班牙政府禁止秘鲁市场销售中国丝绸。1593年，西班牙人又发布一系列商业限令，推出各种措施，如许可额制度、货票制度、整批交易制度、货物检查和估价制度，对航行的次数、船只的规模、商品的数量、关税数额等加以限制，禁止新西班牙以外的西属美洲地区直接参与大帆船贸易。[1]但禁令的实际效果并不佳，西班牙人很难全面推行商业限令，如大帆船贸易的船只被限定在三百吨，但之后仍出现了一千吨乃至更大吨位的贸易船只。每艘大帆船登记运载的丝织品约三百至五百箱，实际上则超过一千箱。

---

[1] 西班牙在美洲有两个总督辖区，成立于1535年的新西班牙和成立于1542年的秘鲁，其首府分别为墨西哥城和利马。1574年，西班牙王室承认菲律宾为附属于新西班牙总督辖区的统治区域。

1602年，墨西哥城市政厅向西班牙国王菲利普二世抱怨，船只满载白银驶离墨西哥，前往菲律宾，再以每年五百万比索的速度流往中国，最高峰时的1597年，总数达到一千二百万比索。

　　由于走私贸易的猖獗，很难精确统计出从美洲流入中国的白银数量，只能作出粗略估计。1598年，由南美运到马尼拉的白银为一百万比索。1620年为二百万比索，1620年之后为三百万比索。后来西班牙政府限制，每年输出额为五十万比索，但实际数字远超于此。1590年至1644年，菲律宾输入美洲白银约一亿五千四百万西元（比索），共约合一亿一千万两，其中绝大部分被运往了中国。[1]

　　"明季由西属美洲流向中国的白银为一亿二千五百万两，由日本流入中国的白银为一亿七千万两，合计为两亿九千五百万两。所以，可能近三亿两。"[2]此数量是在明亡前一百年的时间内流入的，是同一时期中国国内产量的近十倍，对中国产生了巨大影响。白银流入不单单改变了货币体系，也改变了中国的赋役体制、消费习惯等，直接影响着大明王朝的走向。

一条鞭法与白银放任

　　在洪武朝、永乐朝，宝钞是普遍使用的支付货币。至正统朝，

---

[1] 全汉昇：《明清间美洲白银输入中国的估计》，《中国近代经济史论丛》第一册，中华书局2011年版，第38—39页。
[2] 李隆生：《明末白银存量的估计》，《中国钱币》，2005年第1期。

宝钞、白银及各类实物通行。到了成化朝、弘治朝，开始以白银作为支付货币。宣德朝以后，官方有五十余年未曾铸造铜钱，导致民间货币缺乏，白银进入各个领域流通。此后，官方一度铸造铜钱，但铜钱质量一般，又受民间私铸铜钱的冲击，导致铜钱不断贬值，让位于白银。

明人陆容一生经历了正统、景泰、天顺、成化、弘治五朝，目睹了洪武宝钞衰败的过程。据他记录，幼时曾在民间见过洪武宝钞，此后全不见一文，"今惟官府行之"。陆容也见证了宝钞渐渐退出交易，白银逐渐成为支付货币的时代。

弘治朝之后，宝钞作为货币已没有任何意义。白银作为货币，有其自身优势。相比宝钞，它更能保值，单位价值更高。相比实物、铜钱，白银更耐储藏，更容易携带。白银既适合大宗贸易的支付，小额贸易时也可以分割成碎银，进行支付。弘治朝之后的社会生活中，随处可见用银，甚至民间流行的瓦楞鬃帽，"价亦甚廉，有银四五钱，七八钱者"。

白银作为支付货币已是不可逆转的现实，万历朝主政的高官，对此都有清晰的认知。徐阶主张停止大量铸钱，其应给钱者，即以银代之。高拱认为，使用货币应听从民便。张居正则主持了影响深远的改革，将各类赋役采用白银折纳。

明初的田赋，延续唐宋以来的两税法，将田赋分为夏税和秋粮。夏税包括米麦、钱钞、绢三种，秋粮包括米、钱钞、绢三种，以米麦为主，其他为辅。明廷每年各项财政收入，分别为：麦，四百七十余万石；米，二千四百七十余万石；钞，四万五千五百余锭；绢，二十八万八千五百匹。此外民众还要承担里甲、均徭、杂役三种劳役。大明王朝的财政，主要来自农业税，这与欧洲截然不同。

  欧洲地形支离破碎，难以出现大一统的帝国，中世纪各国彼此竞争，政治形态上呈现多样，商业城市纷纷崛起。各国为了在竞争中胜出，需要稳定的税收，这就要借助商业力量，就需要保护商业，因而限定了任意专断的权力，商业得到发展，国家获得了稳定税收。中国则不然，大一统王朝从农业之中就能获得稳定的税收。商业税的征收成本高昂，也难以测算；与此相反，农业税便于测算，征收成本相对较低。历代王朝的中央政府很难稳定获得商业税，故而推行重农抑商。对商业的限制，减少商人的土地兼并，可以保证生产要素集中于农业，进而保障田赋和徭役。

  明代初期，赋税从宋代的货币体系退回到实物体系，整个国家赋税体系日益纷繁复杂，导致弊端丛生。负责图册攒造的里长、粮长，常与誊写图册的书手、算手及督造图册的官吏串通，通过各种手段对图册加以涂改，以隐瞒土地，导致与田地实际情况不符。负责税收征缴的官员，在豪强士绅的利诱之下，减免其税赋，转嫁到平民身上，导致其赋税加重。

  在实际运作过程中，实物赋税征收越发困难，需要政府对各地土地、人口进行测算，而现实中很难获得土地、人口的精确数据，瞒报人口、土地乃是普遍现象。嘉靖三十二年（1553）冬，经居乡的华察倡议，江苏无锡官员组织了丈量队伍，用了三个月的时间，查出漏税田十六万多亩，免去额外多征的无田粮七千多石。此后主持测量土地的官员，被无锡地方豪族诬告中饱私囊，均被调离无锡。

  明中期之后，整个赋税体系，百弊丛生，已是非改不可。万历九年（1581），首辅张居正推行"一条鞭法"，加以改革。所谓一条鞭法，就是总括一州县的赋役，量地计丁，丁粮毕输于官。凡额办、派办、京库岁需，与存留、供给诸费，以及土贡方物，全部并为一条，都按田亩征银。

简单而言，一条鞭法即赋役合一，按亩计税，用银交纳。"自从一条鞭法实施以后，田赋的缴纳才以银为主体，打破了二三千年来的实物田赋制度。"[1]户丁只要出钱，就可以免除力役，从而使户丁有了一定程度的人身自由。用银纳税，扩大了白银货币的流通。从理想状态上来讲，一条鞭法能降低民众负担，提高政府收入。

一条鞭法设计虽好，可执行中，折银的各个过程均存在弊端。如白银秤兑中，通过银秤上的砝码作弊，可以私吞银两。秤兑之后，在投柜[2]时地方官吏可以作弊。每个环节的作弊，苦了的是一般民众，肥了的是官吏私囊。

"一条鞭法"将赋役合一，立意虽好，但民众此后需要将粮食换成白银，缴纳赋役，于是小农被卷入商品经济之中。"顷来凡遇征输，动辄折收银两。然乡里小民，何由得银？不免临时展转易换，以免遗责。"[3]

明代苏、松、常、杭、嘉、湖、太等六府一州，承担着全国赋税的大头。叶梦珠认为松江府赋税负担全国最高："江南之赋税，莫重于苏、松，而松为尤甚矣。"江南地区素来重赋，民众"多种田不如多治地"，大规模"改稻种桑"，以获取经济上的收

---

1 梁方仲：《梁方仲经济史论文集》，中华书局1989年版，第36页。
2 投柜，即自封投柜，明清时期一种田赋征收方法。为杜绝吏胥中饱之弊，令纳税者将应缴钱粮注明姓名及银数，自己封好投入柜内，并收取收据。
3 《明宪宗实录》卷九十三。

益，好折银纳赋。作为中国粮仓重心所在的江南地区，粮食种植不断下降，又引发了全国性的粮食问题。

一条鞭法促进了白银的使用，但白银主要流通在南方区域。万历二十六年（1598），给事中郝敬指出："今海内行钱，惟北地一隅，自大江以南，强半用银。即北地，惟民间贸易，而官帑出纳仍用银，则钱之所行无几耳。"[1] 顾炎武在关中，就看到了为了折银而卖妻及子的惨剧："则岁甚登，谷甚多，而民且相率卖其妻子。"[2]

官方将银锭铸造成元宝状，主要是方便码放装鞘运输，而不是流通使用。万历四年（1576），为了防止地方官员侵吞解银，明廷令各省将所解银，铸成五十两一锭，装鞘解运。"每鞘二十锭，每锭五十两，以合一千两。"[3] 装鞘时，将一根木头剖成两半，中间掏空，将银锭放入后，用铁片或铜片将木头箍紧。铸造成元宝，既不利于流通，也不便于使用，但官方根本不考虑此点。

在市场上流通的白银形制众多，有银锭、银钱、银牌、银豆、银叶、银元等，整体比较混乱。在沿海漳州、泉州等地，已开始使用西方铸造的银元。"其曰番钱者，则银也，来自海舶，上有文如城堞，或有若鸟兽、人物形者，泉漳通用之。"万历二十九年（1601），昆山人王临亨在广州观察到贸易的繁荣，也看到了流行的西方银元："西番银，范如钱形，有细纹在两面。"[4]

白银迅速普及流通，明廷却未掌握铸币权，也没有形成统一

1　[清]孙承泽：《春明梦余录》卷四十七，清文渊阁四库全书本。
2　[清]顾炎武：《亭林诗文集》亭林文集卷之一，四部丛刊景清康熙本。
3　[明]赵世卿：《司农奏议》卷二，明崇祯七年赵濬初刻本。
4　[明]王临亨：《粤剑编》，《广东海上丝绸之路史料汇编》明代卷，广东经济出版社2017年版，第329页。

的白银价格体系，这等于将货币权放给市场。而在同时期的欧洲，银币的铸造权被国家牢牢掌握，有着统一精确的货币制度，能保证银币的质量，降低成本，减少贪腐的机会。相比之下，明廷放弃了国家铸币权，虽各地官方铸造银锭，但只是为了统一送交朝廷银库保管。

在张居正改革之后，就银锭的秤兑、收柜、辨色、倾煎和装鞘等有一系列规定，但在实际操作中，常出现各种贪腐现象。赋税银两熔炼中的"火耗"，演变成为官场的一种潜规则。最关键的是，官方铸造银锭是为了库存，而非铸币加以流通，这引发民间普遍效法，整个社会流行窖藏白银，而不是投入流通。

明代上流社会，喜窖藏白银，乃至成为一种陋习。严世蕃大肆纳贿，严嵩未能详知。严世蕃的妻子掘地深一丈，方五尺，四围及底砌以纹石，运银藏入其中，三昼夜始填满，尚有无数白银未能藏入。将用土掩埋时，严世蕃心血来潮，云："此等家财，靠着家翁方才积下，当令一见。"于是遣家奴请严嵩至藏银窖边。严嵩到后，银灿然夺目，延袤颇广，心中很是惊愕，再问银窖深度，左右以一丈对。严嵩掩耳，返身就走，口中嗫嚅："多积者必厚亡，奇祸奇祸。"至于江南地方，富家大户无不将白银窖藏，以为传家之宝。

除官宦与商贾之家窖藏了相当部分白银之外，每年还有大量白银被输往北镇，被描述为："白银北流，往而不返。"黄宗羲在《明夷待访录》中认为："二百余年，天下金银，纲运至于燕京，如水赴壑。"但文人的夸张笔调，并未道出白银北流的真相。

隆庆四年（1570）九月，俺答汗的孙子把汉那吉出逃，向明廷投降，利用此次契机，双方达成封贡通市。此后边境线安稳了一些年，万历十八年（1590），甘肃发生洮河之变，引发明廷内部争议，认为互市贸易政策失败，中国白银大量北流。有官员认为，草原各部以老弱之马牛，换取中国有用之金银，每年以四十万两计，互市贸易二十年来，已有八百万两流出，对明廷极不划算。九边贸易，初始以纻币，后以银帛，与蒙古各部换马。互市贸易中，草原各部以马换白银，又将相当部分白银用来购买明廷产品，白银又回流入内地，并非一去不回。真正导致白银流失的，是无法填补窟窿的九镇军饷，频繁战争的军事开销，尤其是万历朝三大征等重大战事，导致明廷国库严重匮乏。

整个大明的货币体系，是建立在海外白银源源不断涌入的基础之上的，这就需要持续不断地与海外进行贸易，而海外贸易掌握在民间海商手中，在国内的流通又掌握在各类民间机构如钱肆、当铺手中，这等于是由民间掌握了白银的流通，掌握了货币权。当时已有人看到了货币体系的问题，为此忧心忡忡。嘉靖年间，靳学颜认为，朝廷久不铸钱，钱益废而银益独行。朝廷将铸钱之权拱手相让，"钱者，权也；人主操富贵之权，以役使奔走天下，奈何废而不举？"[1]

忧虑尚难预料，欢乐常在眼前，白银的大量输入带来的繁荣，刺激了消费，改变了明中后期的社会生活风潮，一时间奔竞风尘，浮华一世，忘记了存在的忧患。正统朝后期始，奢侈之风兴起，至成化后期越发明显。成化十七年（1481）四月，御史官黄杰上疏："两京及都会之处官员、军民之家，衣服、饮食、器

---

[1] ［明］陈子龙、徐孚远、宋征璧等选辑：《明经世文编》卷二百九十九《靳少宰奏疏》。

用穷极奢靡，以至婚姻、丧葬越礼僭分。"[1]

官宦富豪们手中有大量的白银，转而开始买田、造园、纳妾，进行各种个人享受，由此带来明中后期江南造园、扬州瘦马、海盐小唱等现象。奢华之时，妓女所着面料以纱罗锦缎，色彩朱以碧红紫，工艺以织金绣彩，款式上异色花样，首饰上金玉宝石。"去船尽是良家女，来船杂坐娼家妇。来船心里愿从良，去船心已随娼去。"白银投入无穷的个人享受中，而不是社会再生产中，这也是私有财产无法得到保护、货币体系不健全之下的无奈选择。

---

[1] 《明宪宗实录》卷二百一十四。

第九章

盛世——有无资本主义萌芽

　　明代推行重农政策,大力压制商业,贬低商人地位,对于出海从事贸易者,更加严厉打击。就是在对商业的打压之中,明中期之后,江南地区出现了经济繁荣,涌现出了一大批市镇,乃至被后世称为"资本主义萌芽"。与商业兴盛相伴随的,是大量海外白银的涌入,使江南一地在各个领域呈现出繁荣状态。但明中后期涌现出的繁荣,只停留在社会层面,社会服务于朝廷,财富服务于权力,商人的社会地位低下,私人财产也无法律保护,盛世之中,却无资本主义的萌芽。

朱元璋的重农抑商

朱元璋出身贫苦,深知农民的疾苦。在重农政策的推行中,他是历代帝王中最为突出的。执政伊始,朱元璋就推行轻徭薄赋政策。洪武元年(1368),朱元璋下令:"不急之务,浮泛之役,皆罢之。"[1]洪武九年(1376),又下令免除河南、浙江等十余省赋税。为了防止劳役扰民,他禁止各地在农忙时节大兴土木,官吏无事不得下乡扰民。此外,移民垦荒、推行军屯、安置流民、扩大耕地面积等重农政策也被大力推行。

在推行重农政策的同时,朱元璋大力压制商业,贬低商人地位。徐达下山东时,近臣请开银场。朱元璋认为:"银场之弊,利于官者少,损于民者多,不可开。"其后有请开陕州银矿者,朱元璋又道:"言利之臣,皆戕民之贼也。"[2]洪武十五年(1382),广平府吏王允道请开磁州铁冶,以取其利。朱元璋大为不悦:"朕闻王者,使天下无遗贤,不闻无遗利。今军器不乏,而民业已定,无益于国。"[3]遂杖责王允道,将其流放岭南。

洪武十八年(1385),朱元璋谕户部:"人皆言农桑衣食之本,然弃本逐末,鲜有救其弊者。"在朱元璋看来,农桑才是国

---

[1] [明]陈舜仁:《(万历)应天府志》卷三,明万历刻增修本。
[2] [明]陈建:《皇明通纪法传全录》卷八,明崇祯九年刻本。
[3] [清]陈鹤:《明纪》卷四,清同治十年江苏书局刻本。

家之本，商业乃是微末。"朕思足食，在于禁末作；足衣，在于禁华靡尔。宜申明天下，四民各守其业，不许游食，庶民之家不许衣锦绣。"[1]由此可知，朱元璋的认知是，要实现丰衣足食，就要禁止商业流动，禁止民间奢华之风。

这也就能理解，为何朱元璋会颁发一系列奇怪的命令，对民众的日常穿戴，施以各类规定。如洪武十四年（1381），朱元璋下令："农家许着绸纱绢布，商贾之家，止许着绢布。如农民之家，但有一人为商贾者，亦不许着绸纱。"洪武二十二年（1389），朱元璋下令："乡村农夫许戴斗笠、蒲笠，出入市井不禁。不亲农业者不许。"[2]

由宋室南渡直到元末，江南一带经济发达，出现了一大批富户。朱元璋不喜言利，更对江南一带富户充满厌恶，此种情绪主宰了他的执政。

洪武初年，嘉定安亭有个人叫万二，是元朝遗民，富甲一郡。有人自南京返回，万二询问其见闻。此人道："皇帝近日有诗云，百僚未起朕先起，百僚已睡朕未睡。不如江南富足翁，日高丈五犹披被。"万二闻言大惊，叹道："兆已萌于此矣。"万二于是将家财全部交给能干的家仆代管，自己则买了巨舟，载了妻儿，泛湖而去。不二年，江南大族，陆续被朱元璋籍没，独万二见机早，得以独存。

洪武三年（1370）二月，某日朱元璋心血来潮，突然询问"天下民孰富产孰优"。户部认为："以田税之多寡较之，惟浙西

---

[1] ［明］陈建：《皇明通纪法传全录》卷八，明崇祯九年刻本。
[2] ［明］雷礼：《国朝列卿纪》卷三十九，明万历徐鉴刻本。

多富民巨室。"朱元璋道:"富民多豪强,故元时,此辈欺凌小民,武断乡曲,人受其害。宜召之来,朕将勉谕之。"于是诸郡富民被招来接受教育。朱元璋看着这些富户,恨在心里,先作了一番慷慨激昂的训斥。朱元璋又表示,天下无主,则民间必乱,"富者不得自安,贫者不能自存矣"。接着,朱元璋道:"今朕为尔主,立法定制,使富者得以保其富,贫者得以全其生。"此语意在警告富户,无朕则无你等之今日富裕。最后,朱元璋又警告富户:"尔等当循分守法,能守法则能保身矣。"[1]

明初沈万三的故事,则是江南富户命运的最好写照。

沈万三之父沈祐,原居湖州路乌程县南浔镇,后迁居平江路长洲县东蔡村。沈祐有二子,为沈万三、沈万四。在元末,沈万三因经商而成巨富。围绕沈万三,民间多有传说,云沈万三家有聚宝盆、点金术之类,实际上沈万三是从事海上贸易而发家的。

洪武元年(1368),朱元璋将曾为张士诚献金输粮的江南富商顾瑛等发配到临濠,让沈万三等富户大为惊骇。此年九月,恰逢朱元璋四十寿辰,沈万三联合吴江富室莫礼、葛德昭等,进厚礼祝寿。此后,沈万三又联络江南大户,"输税万石,仍献白金五千两以佐用度"[2]。但朱元璋雄踞一方,对这些钱粮已经看不上了。沈万三不得已,自请为朱元璋"助筑都城三之一",可谓下足血本。

沈万三积极表现,朱元璋不得不有所表示,加以安抚,乃任命沈万三长子沈茂为广积库提举、侄孙沈玢为户部员外郎。洪

---

[1] [明]陈建:《皇明通纪法传全录》卷五,明崇祯九年刻本。
[2] [明]黄瑜:《双槐岁钞》卷二,清岭南遗书本。

武三年（1370），沈万三由周庄迁居南京，以高龄督促筑城。沈万三以为，如此卖力为朱元璋效力，定能保子孙后世富贵太平了。帮助筑城完毕，沈万三表现过头，主动请求输金银犒军。朱元璋怒道："匹夫犒天子军，乱民也，宜诛。"[1]经马皇后说情，改为发配辽阳。

洪武十九年（1386），沈万三之子沈茂被沐英看中，从辽阳调拨云南总兵府。据《三迤随笔》载，洪武十九年，辽阳拨来军犯四人，并附牒文。沐英附书于后云："此乃江南第一巨富。因修南京城，出资可敌国。因犒军事而动帝怒，而没其家，并发配辽阳十二年。"沐英知道沈万三父子善于理财，乃请求将二人调入麾下。入明之时，沈万三已是高龄老翁，此时当已故去，只是沐英不知。沈万三的儿子沈茂则到了云南，并于此安家落户。

在与张士诚的争霸战中，江南大户站在了朱元璋的对立面，朱元璋胜出之后，加以狠辣报复。朱元璋令将江南豪族富户的私田没收，改为官田，耕作官田的农民，以原租额作为税额。而明代各地所缴纳田赋，大抵苏州最重，松江、嘉兴、湖州次之，常州、杭州又次之。而在朱元璋发动的一系列政治大案——如胡惟庸案、蓝玉案中，颇多江南富户受到牵连，遭到残酷打击。

苏、松、嘉、湖、杭五郡素来富裕，民众往往投身商业，多轻视农业，深为朱元璋痛恨。吴元年[2]（1367），朱元璋令迁苏州富

---

[1] ［明］何乔远：《名山藏》卷三十《坤则记》，明崇祯刻本。
[2] 吴国（1364—1368）是朱元璋在中国东南地区称王时建立的政权，史称西吴。朱元璋从军之后一直用的是韩林儿的龙凤年号，1366年龙凤政权灭亡，朱元璋将1367年定为吴元年。1368年朱元璋称帝后，改用洪武年号。

民至其老家濠州。但此次所迁人口不多，并未惊动苏州市面，苏州知府何质"雍容裁处，民若罔知"。洪武三年（1370），朱元璋令苏、松、嘉、湖、杭五郡"民无田产者往临濠开种，以所种田为世业"[1]。此次迁徙的乃是民无田产者，江南并未伤筋动骨。

洪武七年（1374），朱元璋再迁江南富民十四万至临濠。此前，朱元璋曾对李善长云："吾往濠州，所经州县，见百姓稀少，田野荒芜。"朱元璋想将老家濠州改为中都，需要人口加以充实，故而大规模迁江南富户。十四万富民徙至凤阳，多数耕地不足，生活艰难，其中多有逃归者。明廷颁布禁令，严惩私自返乡者，故而以其乞丐身份掩护，潜回原籍扫墓探亲。也正因在凤阳生活艰难，往日的富民抱怨："家在庐州并凤阳，凤阳原是好地方。自从出了朱皇帝，十年倒有九年荒。"[2]洪武二十四年（1391），朱元璋又命户部，籍浙江等九布政司及应天十八府州富民一万四千三百余户，"悉徙其家，以实京师，谓之富户"[3]。

对于富户不听命迁徙的，朱元璋手段极为残暴，认为乃是不服教化之徒，"诛其身而没其家，不为之过"。洪武十三年（1380），苏州人姚润、王瑛被征不至，皆被诛杀，籍没其家。朱元璋在位三十年，江南一带的大家富户多亡家破户。"洪武之世，（苏州）乡人多被谪徙，或死于刑，邻里殆空。"也有大家富户，在朱元璋高压残酷政策之下能够生存下来的。如吴宽祖父，家资丰裕，有奴仆千余，但"平生畏法，不入府县门，每戒家人闭

---

[1] ［明］雷礼：《皇明大政纪》卷二，明万历刻本。
[2] ［清］赵翼：《陔余丛考》卷四十二，清乾隆五十五年湛贻堂刻本。
[3] ［清］龙文彬：《明会要》卷五十《民政一》，清光绪十三年永怀堂刻本。

门,勿预外事"[1]。靠着小心翼翼,低调做人,当乡人多被谪徙时,吴家却能独存无事。

朱棣当了皇帝后,也几度迁徙富民。永乐元年(1403),一度大规模迁徙各地富户至北京。永乐二年(1404),迁山西民万户至北京。永乐三年(1405),再迁山西民万户至北京,另迁浙江民万户至京师充脚夫。以富户实京师,可以打压控制各地豪强,同时充实京师力量,"夫至尊所居,根本之地,必使百姓富庶,人心乃安,而缓急亦有可赖"[2]。

仁宗、宣宗二朝时,明廷不再强行迁徙富户。随着政策放松,早年被强迁的民众,"至成、弘间,徙归者日众"。原先明廷规定,徙居的富民一旦逃亡,须在原籍选其他富民替补,逃亡者被抓获即发边充军,邻里隐匿者俱坐罪。弘治五年(1492),明廷废除此规定,往日迁徙而去的富民们此时已在他乡定居百年,也无心逃回故土了。

元末明初,在江南地方上,确有豪室富户在地方上为非作歹,鱼肉小民。但多为敦本务实,不事汰侈,崇尚诗礼,教训子孙者。就国家与富户之间的关系,后世王夫之认为:"大贾富民者,国之司命也。"魏源则认为:"故土无富户则国贫,土无中户则国危,至下户流亡,而国非其国矣。"[3]朱元璋由一己之偏见,打压富户,一度阻滞了江南经济的发展,而在后世的历史长河中,

---

1 [明]吴宽:《匏翁家藏集》卷五七《先世事略》,清文渊阁四库全书本。
2 [明]余继登:《典故纪闻》卷十八《记隆庆朝事》,中华书局1981年版,第336页。
3 [清]魏源:《古微堂集》内集卷二《默觚》,清宣统元年国学扶轮社本。

江南经济的发展，却不由朱元璋的心意而决定。

极盛之世与力农致富

随着时间的推移，被朱元璋重点打压的江南，又开始逐渐兴起，繁华至盛。明代江南社会经济，在嘉靖、隆庆、万历三朝飞速发展，被称为"圣明极盛之世"。经济学家傅衣凌提出疑问："为什么嘉靖以后，江南经济会有这样迅速的成长呢？这不是偶然的现象，而是有一定的历史条件为依据的。"[1]

第一，白银货币经济勃然兴起，是江南经济发展的经济条件。

朱元璋将大明王朝视为一个大农村，整个经济面貌也体现为自然经济。在自给自足的自然经济中，国家赋役主要采取实物与力役。实物的交换落后缓慢，力役的征用占据了大量民力，整个国家经济落后，货币体系混乱。

至正统朝，南方各省漕粮改为金花银后，白银之禁松弛。赋役之外，盐税、商税、班匠（代役金）等陆续发生变革，改为用银。嘉靖朝以后，来自日本、墨西哥的白银，通过海外贸易大规模流入中国，南方各地普遍使用白银，冲击了自然经济。充足的货币与频繁的流动，带动国家的财政转型，将人从繁重的劳役中解脱出来，促进了商品的流动，带来了经济的快速发展。万历朝一条鞭法施行后，虽有诸多不便，但以白银纳赋税，免除劳役，加速了白银的货币化，使一般手工业者可以免除徭役负担，这有

---

1 傅衣凌：《明代江南市民经济试探》，上海人民出版社1957年版，第2页。

利于江南地区手工业与商业的发展。

第二，政治环境上的相对宽松，为江南经济的发展创造了政治条件。

明前期，朱元璋试图营造出"辨贵贱、明等威"的社会，通过一系列烦琐的法令条例、教化宣谕等，对社会生活的各方面加以控制。对各级官员，朱元璋也推行了一系列严格的管理，颁发了《辨奸录》《臣戒录》《御制大诰》《昭示奸党录》《逆臣录》《永鉴录》等训令，敲打文武百官，提出为臣不得好死十七事，"非仁、非忠、非三报一祀（报君、父母、民，祀鬼神）、假公营私、代报、非孝、非亲亲、侮、瞒、欺、诳、虐、诈、自高"[1]。

朱元璋又发动了一系列政治大案，血腥清洗，使得各级官员战战兢兢，小心翼翼，不敢逾越雷池。朱棣登基之后，采取高压手段，打击忠于建文帝的势力，也是一番血雨腥风。有人说，明前期做官如同"还债"，"洪武间秀才做官，吃多少辛苦，受多少惊怕，与朝廷出多少心力，到头来小有过犯，轻则充军，重则刑戮，善终者十二三耳"。仁宗、宣宗二帝时期，三杨辅政，对明初政策加以调整，由严转宽，力求宽和，气氛逐渐改变。至明中期之后，做官被比作"讨债"，"近来圣恩宽大，法网疏阔，秀才做官，饮食衣服，舆马宫室，子女妻妾，多少好受用"。至成化以后，国家太平无事，官员更是如鱼得水。[2]

政治环境的宽松，活跃了社会氛围，带动了消费，促进了手工业与商业的发展。江南地区，苏、松、常三郡，被描绘为"市

---

[1] ［明］何乔远：《名山藏》卷三《典谟记》，明崇祯刻本。
[2] 参见［明］何良俊：《四友斋丛说》卷九，明万历七年张仲颐刻本。

浮于农，文胜于质"。社会风气为之改变，开始追求奢华，如浙江《太平县志》载，明初地旷人稀，亩田不过一金，缙绅士庶衣不过细布土缣，非达官贵人不得辄用纻丝。至宣德、正统年间，奢侈之风竞起。成化、弘治年间，亩田已涨到十金，人人衣着华丽，广筑豪宅。

第三，江南地区发达的水利航道，为经济的发展提供了地理条件。

在传统社会之中，水道是最为便捷的通道，江南地区濒临长江，环绕太湖，又有大运河串通，是中国交通最为便捷的区域。

苏州地形四达，水陆交通，浮江达淮，倚湖控海。松江"雄襟大海，险扼三江，引闽越之梯航，控江淮之关键"[1]。杭州"左浙江，右具区（太湖），北大海，南天目。四川之所交会，万山之所重复"[2]。嘉兴"旁接三江，大海环其东南，震泽汇其西北"[3]。

经由水路，一个个城市与小镇发展起来。元时郭畀搭乘船只，沿运河直达无锡："十八日早发平江，午后抵无锡城。河中米船塞拥，舟子喧争，至昏黑方得通行，就泊无锡州门外。"[4]可见当日无锡城的米业贸易，已是极为繁盛。明代在华的西方人就观察到，这个国家有大量的木材，十分便宜，又有很多铁，价格低廉，质量好，所以有许多的船舰。全国生长着数不清的树木，哪怕没有什么资财的人也容易制造一艘船，拥有一艘艇。《天工开物》中

---

1 [清] 顾祖禹：《读史方舆纪要》卷二十四，清稿本。
2 [明] 沈朝宣：《（嘉靖）仁和县志》卷一，清光绪刻武林掌故丛编本。
3 [明] 李贤等：《明一统志》卷三十九，清文渊阁四库全书本。
4 [元] 郭畀：《云山日记》卷上，清宣统三年横山草堂刻本。

记载,浙西、平江纵横七百里内,"浪船最小者名曰塘船,以万亿计"[1]。

无数船只航行在运河、太湖、长江的各个航道上,利玛窦从苏州经过时,对其繁华留下深刻印象:"经由澳门的大量葡萄牙商品以及其他国家的商品,都经过这个河港。商人一年到头和国内其他贸易中心在这里进行大量的贸易,结果是在这个市场上没有买不到的东西。"嘉定娄塘镇,"虽系弹丸,而所产木棉布匹,倍于他镇,所以客商鳞集,号为花布码头。往来贸易,岁必万金,装载船只,动以百计"。

第四,明开国以来一直推行的经济作物政策,为江南经济发展提供了农业基础。

明初朱元璋规定:"凡民田五亩至十亩者,栽桑、麻、木棉各半亩,十亩以上倍之。""不种桑,出绢一匹。不种麻及木棉,出麻布、棉布各一匹。"[2]此后朱元璋多次鼓励,多种棉花者概蠲其税,不种者究治。在明廷持续重农政策鼓励下,桑、麻、棉得到广泛种植。

江南地方人口众多,土地紧张,杭、嘉、湖三府所属地方,地窄人稠,民间多以育蚕为业,田地大半种桑。明开国之后,一直对江南征收重税。农民只能通过种植棉桑,从事手工业,来增加收入。种植经济作物带来了民间经济的发展。如嘉靖年间,昆山魏氏父子"以力农致富"。无锡邹氏原是佃农,由从事农桑而发家致富。

---

1 [明]宋应星:《天工开物》卷中,明崇祯初刻本。
2 [清]万斯同:《明史》卷九十五志六十九,清抄本。

江南地方，土地肥沃，水量充沛，适合此类经济作物的种植，种植棉桑能带来较高收益，更刺激了民间普遍种植棉桑。嘉靖年间，湖州府属良田种桑，所得倍于种稻谷。叶梦珠记录，明末松江地方，高产田一亩可得粮三石，一般亩产约两石。以高产稻田亩产三石计算，"米价以二钱为常"，所得稻谷值银六钱左右。改种棉花，则亩产八十斤，约值银一两三钱左右，所得胜过种稻一倍。

到了明末，丝绵日贵，治蚕利厚，植桑者益多，乡村间殆无旷土，春夏之间，绿荫弥望，"通计一邑，无虑数十万株"。随着蚕桑的推广，江南地方上的丝绸行业大规模发展起来。苏州乃是当日的经济中心，城内纺织机房林立，雇工数万。"大户张机为生，小户趁织为活，每晨起，小户百数人，嗷嗷相聚玄庙口，听大户呼织，日取分金为饔飧计。"[1]

除了明廷官方鼓励的棉桑，各类经济作物，如染料、甘蔗、烟叶等，在全国各省大面积种植。与棉花相配套的染料作物，在江苏、浙江、山西、福建等地普遍种植。因为甘蔗煮糖，泛海贸易能获得暴利，福建地方上多改稻为蔗，所缺乏的稻米则从外省海运而来。

烟草于天启、崇祯年间传入江南之后，风靡一时，福建纷纷种植。随着榨油业的发达，江浙地方农民多种植乌桕，"乌桕之实可作油，今嵊县新昌山中，人家植之为业"[2]。各类经济作物的种植，既促进了手工业的发展，也促进了各地跨区域的贸易。

---

[1]［明］蒋以化:《西台漫记》卷四，明万历刻本。
[2]［清］嵇曾筠等:《(雍正)浙江通志》卷一百四，凤凰出版社2010年版。

在自然经济中，农业生产物全然不进入流通，或仅有极小的部分进入流通，农民的产品与市场发生交往较少。随着经济作物的广泛种植，带动了城乡手工业的兴起，手工业进入流通，实现了部分商品化。而江南区域范围内农业作物、手工业产品的专门化，又提升了产量，扩大了贸易，带来了普遍的繁荣。

海外白银与苏样生活

明中期以后，以苏州为中心，环太湖流域兴起了一批以丝织、棉纺为中心的商业小镇。

以丝业为中心的有苏州府吴江县震泽镇，湖州府乌程县南浔镇、乌程县乌镇、归安县菱湖镇、德清县新市镇、崇德县石门镇，嘉兴府桐乡县青镇，杭州府塘栖镇、临平镇。绸业市镇有苏州府吴江县盛泽镇，嘉兴府桐乡县濮院镇、秀水县王江泾镇，湖州府归安县双林镇，杭州府海宁县硖石镇。

湖州丝织业兴起，"衣之贵者蚕丝所成，湖州养蚕最为得法，丝绵所产优于天下"[1]。湖州地方上，各省客商云集贸易，四时往来不绝。嘉兴濮院"改土机为纱绸，制造尤工，擅绝海内"[2]。盛泽镇在明初不过是一小村庄，居民五六十家。到了嘉靖年间，丝业得到大发展，形成市镇。冯梦龙在《醒世恒言》中描述："说这苏州府吴江县离城七十里，有个乡镇，地名盛泽。镇上居民稠

---

1 ［明］宋诩：《宋氏家要部》卷三《理家之要》，明刻本。
2 ［清］《（康熙）濮川志略》卷一《开镇说》，清康熙十年纂抄本。

广，土俗淳朴，俱以蚕桑为业。男女勤谨，络纬机杼之声，通宵彻夜。"

丝织之外，棉纺也是江南商业种植物的大宗。松江地方上，"官民军灶垦田凡二百万亩，大半植棉，当不止百万亩"。太仓州"耕地宜稻者十之六七，皆弃稻栽花"[1]。嘉定地方，地形高亢，土脉沙瘠，不宜种谷，民间惟种木棉纺织，易银易粟以供赋税。在松江、嘉定等地，形成了棉纺业集散地。各地商人前来江南贩卖棉布，白银动辄以数万计，多或数十万，少亦以万计。

吴伟业描绘了当日江南棉花市场的盛况："眼见当初万历间，陈花富户积如山。福州青袜乌言贾，腰下千金过百滩。看花人到花满屋，船板平铺装载足。"[2] "福州青袜乌言贾"，描述的是福建一带过来的商人采购棉产品，相当部分用来出口海外。

明代谚语有云："收不尽魏塘纱，买不尽松江布。"《鸣凤记》云："松江旧有三般土产，今已无矣。……第一件我松江出得好墨，……第二我松江出得好布，第三我松江出得好绒单。"[3] 嘉靖朝时，松江一度还"城多荆榛草莽"；随着经济的发展，到了隆庆、万历朝，城中一片繁荣，生齿日繁，民居稠密。此时城市已显得狭小，出现了扩建新城之议。

江南地区大量种植经济作物，由此产生了对粮食输入的需求，带动了米业贸易。

---

1 ［明］韩浚、张应武等：《（万历）嘉定县志》卷七《田赋考》下，明万历刻本。

2 ［清］吴伟业：《梅村家藏稿》卷十后集二七言古诗，四部丛刊景清宣统武进董氏本。

3 ［明］毛晋：《六十种曲》之《鸣凤记》下，明末毛氏汲古阁刻本。

江南地区输出丝织品、棉纺品，输入的产品则是生产原料与米粮。朱国祯指出，万历时南直隶、浙江，"米则一岁之收，不足一岁之用，反取给于外江"。"江广各商，冒涉风涛险阻，贩米来苏。"万历末期，湖广禁米外输，导致江南米价暴涨，"斗至一百五六十钱"[1]。

苏州枫桥米市，冠绝天下，从枫桥至阊门之间，十里河岸密布米铺。枫桥米市的斗斛，被公认为计量标准，称"枫斛"。洪武元年（1368），平望设镇，为吴江四镇（同里、黎里、平望、震泽）之一。在明初，平望镇已经具有一定规模，形成了以粮食贸易为中心的市场。据《吴江县志》载，明初平望，"居民千百家，百货贸易，如小邑然。自弘治迄今，居民日增，货物益备，而米及豆麦尤多。千艘万舸，远近毕集，俗以小枫桥称之"。

由于贸易发达，江南各地出现了中介机构牙行，联系买卖，依照市价，主持交易，从中抽成。《醒世恒言》中描述：盛泽镇"那市上两岸绸丝牙行，约有千百余家，远近村坊织成绸匹，俱到此上市。四方商贾来收买的，蜂攒蚁集，挨挤不开"。牙行种类繁多，根据行业分为丝行、绸行、经行、米行、豆行、桑叶行等，从事各类贸易。

参与江南丝绸贸易的商帮，主要有山西商人、安徽商人、江浙商人、福建商人和广东商人。福建、广东商人除参与国内贸易外，还经营海外丝绸贸易。"明后期的商人资本，二、三十万两的算中贾，五十万两以上的算大贾，最大的有达一百万两的，这

---

[1] ［明］朱国祯：《涌幢小品》卷二十六，明天启二年刻本。

就很少了。"[1]

明代中国各类产品行销日本，其中丝织品占据了高端市场，备受追捧。据《见只编》载："大抵日本所需，如室必布席，杭之长安织也；妇女须脂粉，扇漆诸工须金银箔，悉武林造也；他如饶之瓷器，湖之丝绵，漳之纱绢，松之棉布，尤为彼国所重。"[2]

日本衣饰自成体系，大量进口生丝进行加工，织制上好缎匹。明人记载："若番舶不通，则无丝可织。每百斤值银五六十两，取去者其价十倍。"[3]这番舶初期指葡萄牙人，后来则有西班牙人、荷兰人等。每年葡萄牙人贩卖"铅、白丝、红木、金货等物"，至长崎贩卖，获取暴利。全汉昇认为："在十六至十七世纪的五十余年间，葡船每年自澳门运往长崎的华丝，少时约为一千五六百担，多时约达三千担。自1636年之后，数量显著减少。"[4]

葡萄牙之外，中国商人在对日贸易中也占据了相当地位。在隆庆开关前，明廷禁止对日贸易。隆庆开关后，仍禁止对日贸易。中国商船出海之后，先远离海洋，再折往日本，从事贸易。至万历年间，朝鲜之战结束，倭寇之乱平定，恰逢日本银矿产量大幅提升，虽明廷有严禁，可中国商船仍然源源不绝，前往日本。如万历三十七年（1609）七月，中国商船十艘抵达日本鹿儿岛和坊

---

[1] 许涤新、吴承明主编：《中国资本主义发展史（第一卷）：中国资本主义的萌芽》，人民出版社1985年版，第105页。

[2] ［明］姚士粦：《见只编》，见梁方仲著、梁承邺等整理：《梁方仲遗稿读书笔记》上，广东人民出版社2019年版，第473页。

[3] ［明］胡宗宪：《筹海图编》卷二，清文渊阁四库全书本。

[4] 全汉昇：《明代中叶后澳门的海外贸易》，《中国近代经济史论丛》第一册，中华书局2011年版，第150页。

津，这些船只将载货目录进呈给岛津氏。据船主陈振宇、陈德所呈的目录载，其商船上载有"缎、绫、青䌷、素绫、丝䌷、帽料、素䌷、蓝䌷，合计六零三匹，此外还有天鹅绒、毛毡、扣线若干"[1]。被白银所吸引，沿海各地走私船来来往往，不绝于水路。正德、嘉靖以后，江浙沿海"富家以资，贫人以佣，输中华之产，骋彼远国，易其方物以归，博利可十倍"[2]。

除了与日本贸易，由澳门驶向果阿等地的葡萄牙商船，装载最多的货物是生丝和丝织品。葡萄牙人由澳门航海出发，向着全世界进行贸易，贸易物品中以丝绢为大宗。"仅生丝一项，1580年至1590年间，每年运往果阿的生丝约三千担，价值白银二十四万两，利润达三十六万两。1636年的出口量增加到六千担，利润达七十二万两。"[3]

西班牙人也不甘落后，积极介入与中国的丝货贸易。在马尼拉帆船贸易中，中国产丝织品、棉织品占据了主导地位。中国丝织品质地优良，价格便宜，很快就占据了东南亚、美洲市场。1591年，菲律宾总督发现，群岛上居民多着中国衣料，不再种棉织布，于是禁止他们穿着中国丝绸及其他衣着原料。从美洲的智利到巴拿马，随处可见质优价廉的中国丝绸，乃至流浪汉、混血儿、印第安原住民都穿着中国丝制的华丽衣服。

从事丝业贸易，能带来巨大回报。全汉昇研究之后认为："在

---

[1] ［日］木宫泰彦：《日中文化交流史》，胡锡年译，商务印书馆1980年版，第622页。

[2] ［明］梁兆阳：《（崇祯）海澄县志》卷一一《风土志》，清乾隆二十七年刊本。

[3] C.R.Boxer: The great ship from Amacon: Annals of Macao and the old Japan Trade, Lisbon1963, p144.

中国每担值银一百两的湖丝，运到吕宋出售，起码得价二倍。除西班牙人外，有时日本商人也到那里搜购湖丝。当大家在市场上争着购买的时候，湖丝价格更急剧上涨，每斤售银五两，则每担五百两。由于国内与吕宋售价的悬殊，把丝货运到吕宋出卖的中国商人，能获得巨额的利润，从而把赚到的银子大量运回本国。"[1]"大体上说，在菲律宾、墨西哥之间，经营丝货贸易的净利润，约为投资额百分之一百至百分之三百，其多少要因时间不同而有差异。"[2]

隆庆开关之后，明廷对出海贸易的商船设有定额。初期定为五十艘，万历十七年（1589），增至八十八艘，东西洋各四十四艘。[3] 至万历二十五年（1597），增至一百三十七艘。定额分为东西洋，但西洋路途遥远，商船少去，"或贪路近利多，阴贩吕宋"。中国商船装载多为江南所产丝棉织品，运至马尼拉后，分别销往东南亚、美洲。大帆船贸易就是将中国江南所产丝棉织品运出，将美洲所产白银运入的过程。

当荷兰人出现在东亚水域之后，接连打击了老牌海上强国西班牙、葡萄牙，葡萄牙被从日本驱逐，东南亚被荷兰控制。1624年，荷兰人至中国台湾建立中转基地，从东南亚运来香料，从日本运来白银，至中国大陆采购生丝、丝织品，再运往日本及东南亚贸易。而在海外贸易中，江南输出生丝、丝织品，输入白银及

---

1 全汉昇：《自明季至清中叶西属美洲的中国丝货贸易》，《中国经济史论丛》第二册，中华书局2011年版，第526页。

2 全汉昇：《自明季至清中叶西属美洲的中国丝货贸易》，《中国经济史论丛》第二册，中华书局2011年版，第536页。

3 西洋有交趾、占城、暹罗、真腊、大泥、旧港、满剌加等，东洋主要有吕宋、苏禄、猫里务、日本等。

香料、木材等，成为当时世界贸易的中心。

到了明中后期，"江南富室有积银至数十万两者，今皇上天府之积亦不过百万两以上"。社会经济的发展、社会生活的繁盛，使社会控制渐渐松弛，有钱之后，及时行乐。江南诸府县，"富家豪民，兼百室之产，役财骄溢，妇女、玉帛、甲第、田园、音乐，拟于王侯"[1]。

嘉靖、万历以来，常熟一小镇唐市，因商业兴隆，"拥资廿余万者有数十家，故谚有金唐市之名"。万历、天启年间，柏小坡号为唐市首富，筑有园林，每夜张灯开宴，家有男女梨园，按次演出。唐市的繁荣，涌现了数十家拥资廿余万的巨富，其中有相当部分是通过长江水道，从事海内外贸易而获得。

以苏州为中心的江南地区，引领了当时的社会生活。"苏人以为雅者，则四方随而雅之。俗者，则随而俗之。"[2]经济的繁荣，白银的流入，使人开始回归自我，开始追求个性。在这波变革的洪流之中，江南士人与富豪们走在前列，大胆地穿着，称为"苏样"，展示着自己的个性，追求个人的欢愉快乐。士人与富豪们建筑园林，购买游船，供养家班，收藏古董，鉴赏书画，进入了五彩缤纷的生活。

欧洲城市与江南小镇

明代中后期，江南一批城市、小镇出现了手工业与商业的繁

---

1 [明]归有光：《震川先生集》，上海古籍出版社1981年版，第254页。
2 [明]王士性：《广志绎》卷二，清康熙十五年刻本。

荣。那么，江南的城市、小镇，为什么不像欧洲封建社会末期北意大利、佛兰德斯诸城市那样，获得了城市的自治权，确立了商人法、市民宪章以及市民免税、商业自由诸种特权？

欧洲商业城市的兴起原因，首先在于农业技术的进步。由于在劳动工具上使用了先进的重犁，在耕作制度上采用了共同耕作制和三圃制，在动力上采用了风力和水利，单位亩产量和劳动效率得到大幅提高，劳动力被节省，大量剩余劳动力出现，这为商业城市的出现提供了必需的人口。

而庄园经济也并不是完全自给自足，他们还需要与外界发生贸易，采购必需的生产资料和日常用品。庄园主、教士等上层人物，对各类奢侈品也有着极大的需求，这些需求为商业城市的出现提供了市场。有了广阔的市场，又有相当的剩余人口，所需的就是一个合适的地点了。欧洲各个商业城市，大多处于交通要道，或者濒临水路。合适的地理位置也是商业城市发展的重要条件。

中古西欧的商业城市有着半乡村的面貌，居民并不放弃农耕，城市房舍间也有农田分布。城内的手工业者也在城外放牧耕田。在手工业内部也没有系统的分工，一件产品，常由一人从头到尾完成。城市手工业者从事小商品生产，自己拥有生产资料，家属都参加劳动，通过出卖产品来换取自己所需要的其他物品，生产目的是生活需要而不是为了发财。手工业者常采取限制竞争和保证本地市场的方法，来保证产品的销售，这导致了行会这一手工业者联盟的出现。行会一方面禁止外来的手工业者或者产品进入本地，另一方面严格规定本行业的制造工艺、产品规格、原料的质地、各作坊的人数等，以防止有人上升或者沦落。

如果说行会具有封闭性的话，那么商人则是中世纪欧洲城市面向外部世界的窗口。商人也自己组成商业公会，进行长途贩卖活动。商人渐渐控制了城市生产中的原料购入与商品销售这两个重要环节。商人或者自己投资开作坊，或者将原料交给行会师傅生产，付给加工者一定报酬。随着商人势力的增大，他们成为城市中的上层社会，控制市政，并谋取城市的独立政治地位。

封建时期的西欧，权力分散，各个商业城市坐落在封建领地上，国王和封建主都可以根据领主权对城市居民进行剥削。如果城市居民的身份是农奴，还可以要求他们履行农奴义务。城市居民这种低下的地位，不利于城市工商业的发展，许多商业城市的居民纷纷用金钱向领主购买自由。一些城市居民以赎买手段获取了自由，也有封建领主，特别是恪守教产不得转让原则的封建领主，顽固维护自己对城市的种种权力，这时城市居民就以武力来争取自由。城市居民摆脱农奴身份后，不再给领主负担劳役，而改纳金钱。城市居民每年依照固定数额向封建主纳税，后者则不得随意设置关卡，不得收市场税，不能有专卖权，不得欠债不还。

城市居民获取自由后，一些商业城市开始设立市政府，选举官员，以城市居民组成市议会，成为自治城市。自治城市中，社会问题由市政机构处理，贸易问题则由行会与市议会协商，穷人是教会照料的对象，市议会负责城市的防务和城市物价。城市兼具多种角色：一方面，它是企业，负责雇佣工人、从事生产；另一方面，它又是银行家，从事各类投资；此外，它更是一个出色的政治家，在领主、教会等各个势力之间游走，为城市争取最大利益。

中世纪西欧有城市的空气使人自由一说，也就是农奴在自治城市里住满一年零一天,就可以依照惯例获得自由之身。但即使是自治城市,也不是完全脱离了封建主和国王,城市的司法权仍然不独立,城市也受到教会的影响。

城市作为一个集体,常被视为一个单一的骑士,需要为领主服兵役乃至履行系列义务。至王权强大而欲扩张时,自治城市便是王权开刀的对象,城市的自治权被收回。但自治城市并不是国王的对立面,在英法王权强化的过程之中,城市起了积极作用。国王通过给领主土地上的城市颁发特许证书,既削弱了割据一方的封建势力,又获得了城市的支持。城市是文化发达的地方,城市培养的法学家和专业人士,成为国王所依赖的重要人才,此时教士不再是国家文官的唯一来源。

商业城市的出现与兴起,推动了西欧社会经济的发展;也由于自身经济实力的强大,其开始以它的财力购买城市的自治权,并资助国王们的战争与教会的十字军东征。商业城市在从事这种以攫取财富为初始动机的扩张活动时,不可避免地接触到了在西欧已沉没千年却又光辉灿烂的古典文化。商业城市中也产生了大量的市民阶级,市民中的上层分子所占有的财富相当可观。他们操控城市政治,出席等级会议,担任国王的官吏,加入政府。这标志着欧洲一个新时期的开始:在此之前,社会只有两个等级——贵族与教士;在此之后,市民阶级取得了自己的位置。

富裕而又对文化充满兴趣的市民阶级,也为文艺复兴与宗教革命埋下了种子。"中世纪的市民阶级既是世俗的也是神秘主义的,他们为即将到来的两个伟大思想运动作了充分的准备。这两个运动是:作为世俗精神产物的文艺复兴和宗教神秘主义所导致的宗教改革。"[1]而文艺复兴、宗教改革,又推动了航海大发现,推动了资本主义的发展,最终出现了改变世界的工业革命。

与欧洲相比,中国在嘉靖朝之后,江南经济呈现了蓬勃发展的态势。但商业与手工业在整个经济中所占比重较低,农业才是中国经济的主要内容,哪怕江南亦是如此。管汉晖等的研究数据显示:"中国1402年至1626年间基本是农业主导的经济结构,农业在整个经济中所占的比重平均在88%左右(农业在总经济中所占比重平均下限和平均上限分别是86%和90%)。即使在传统经济史研究认为的,明代工商业最为发达的16世纪上半期,农业比重也没有下降到80%以下。"[2]

明代江南的手工业,是农业的衍生品,仍然从属于农业,而未独立出来形成单独的产业。"收不尽魏塘纱,买不尽松江布",描述的即是作为农家副产品的江南纱布生产。创造财富的是江南等地的手工业者,通过出口贸易,引入无数白银。可白银流入后,绝大部分被官僚与富豪们用于奢侈品消费,或是窖藏,而不是扩大生产。作为生产者的手工业者能分享部分财富,但主要是在南方(江南),北方白银货币还未普及,部分地区还以实物交换为主。

在遗产分配上,中国采取的是均分制,哪怕是私生子也有资格参与财产继承。财产均分带来的问题是,财产不断被分割,不利于资本的积累与进一步投资。在欧洲式的长子继承制中,次男以下没有财产继承权,只好到工商业等部门去谋生,如此又带来

---

[1] [比]亨利·皮雷纳:《中世纪的城市》,陈国樑译,商务印书馆1985年版,第146页。
[2] 管汉晖、李稻葵:《明代GDP及结构试探》,《经济学》,2010年第3期。

进一步的职业分化与阶层分化，更便于财产积累，进一步促进商业投资。

在中国也曾经出现"牙行"，但中国的牙行主要功能不是统一生产、提高技术、保护同行，而是四处说合，充当买卖中间人。中国的牙行与牙人，在当时市镇的商品流通中还是起了积极作用的。但"由于牙人与牙行隔绝了商人与小生产者、商业资本与生产过程的直接联系，又使商人资本严格地被限制于流通领域，阻碍了商人支配生产这种资本主义生产关系的发展"[1]。

中国江南各个小镇从来都不是一个集体，也从来都不曾争取过自己的权益。所有的小镇都是依附于明廷的散碎"沙粒"，在明廷的许可之下，从事于各类行业，商人们不时要面对官方的各种刁难，各类禁令。海商之中，也有过如王直、林凤、郑芝龙这样的商业领袖，能聚众数万，呼啸海上。他们拥有强大的经济实力、军事实力，但却未能影响到明廷的政治决策。海商们的命运，或是被朝廷招安，或是被绞杀，或是远走海外。在大明，是高高在上的朝廷决定着商人们的命运，陆地战略、农业思维主宰着一切，而不是海洋战略、商业思维。

中世纪欧洲商业城市出现的如商人法、市民宪章以及市民免税、商业自由等权利，在明代的江南小镇中根本就不存在。明初，朱元璋规定："凡商税三十而取一，过者以违令论。"至明中期之后，朝廷不断加征商税，增加商人负担。弘治年间，关税官员以增加税课为能事，常法之外，又巧立名目，肆意搜刮。万历朝后

---

[1] 陈忠平:《明清时期江南市镇的牙人与牙行》,《中国经济史研究》,1987年第2期。

期，皇帝遣出矿监税使四处搜刮，导致贫富尽倾，农商交困，流离转徙，卖子抛妻，哭泣道途，萧条巷陌。

欧洲商业城市在后世的发展中，更完善了社会纠错机制、救助机制、多利益主体的发声机制等。在明代江南一带，随着经济发展，各类救助机制得到完善，出现了诸如义庄、善堂、养济院等各类民间机构，在一定程度上稳定了社会。但在社会纠错机制、发声机制上，却从没有任何突破。整个社会服务于朝廷，财富服务于权力，乃是当时中国社会的主旋律。

江南能否产生资本主义

晚明江南经济活跃，涌现出了一个个市镇，经由发达的水路加以沟通。各个市镇之间的棉布、丝绸、茶叶等商品贸易，"往来无虚日"。后世常将晚明江南活跃的手工业经济，出现的雇佣关系，手工工场的生产分工等，视为资本主义萌芽。晚明时代的中国，真的在孕育资本主义萌芽吗？

韦伯在《新教伦理与资本主义精神》中，从伦理的角度解读欧洲资本主义的出现。韦伯在书中首先分析不同职业领域中人们的信仰。他发现："在任何一个宗教成分混杂的国家，只要稍稍看一下其职业情况的统计数字，几乎没有什么例外，就可以发现这样一种状况：工商界领导人、资本占有者、近代企业中的高级技术工人，尤其受过高等技术培训和商业培训的管理人员，绝大多数都是新教徒。"在他看来，支配新教徒的，乃是资本主义精神。对资本主义精神，韦伯界定为："尽可能地多挣钱，是和那种严格避免任凭本能冲动享受生活结合在一起的，因而首先就是完全没有幸福主义的（更不必说享乐主义的）成分掺在其中。"赚钱，在韦伯看来是一种"超越而又非理性的"欲望。这种欲望，在中国的官员、古代罗马贵族、现代农民身上都是共同的。韦伯说道："不管谁都会发现，一个那不勒斯的马车夫或船夫，以及他们亚洲国家的同行，还有南欧或亚洲国家的匠人，他们这些人对黄金的贪欲要比一个英国人在同样情况下来得强烈得多，也不讲道德得多。"而这种非理性的欲望，支配的是非理性的生活；大量地赚钱，无节制地花钱，便是韦伯所认为的前资本主义的表现。[1]

但此种非理性的欲望，却被新教徒以理性的方式加以控制。这种理性的方式表现为勤俭、诚实、守信的人格，不断地赚钱却又过有节制的生活。这种对非理性欲望的克服，不可思议地来自禁欲主义的加尔文主义教。韦伯引用了1647年"威斯特敏斯特信纲"中所用的权威性说法来解释加尔文主义教的核心理念。

（一）原罪论。加尔文主义教认为，由于人堕入罪恶状态，人们完全丧失了达到善的意志的能力以及与此相伴随的灵魂得救。一个自然人，无法依靠自己的力量改变自己，或为这种善做任何准备；他与善背道而驰，而且将在罪孽中死去。

（二）因信称义论。既然人无法改变自己的命运，并得到救赎，那么一切只能依赖于上帝来拯救。得救的真谛在于相信和接受耶稣基督为主，凭借内心虔诚的信仰，使信徒和基督成为一体；由于这种神秘的结合，基督的救赎就在信徒身上生效。既然人人

---

[1] 参见［德］马克斯·韦伯：《新教伦理与资本主义精神》，黄晓京、彭强译，四川人民出版社1986年版。

只凭自己的信仰即可得救，就无须中介，每个信徒都可以借圣灵的引导，直接从《圣经》领悟上帝的启示和真理。因信称义论与天主教所宣传的教会是人与上帝的中介针锋相对。

（三）预定论。按照上帝的旨意，为了体现上帝的荣耀，一部分人与天使被预先赐予永恒的生命，另一部分则预先注定了永恒的死亡。上帝以他那不可思议的圣谕规定了每个人的命运，并且永恒地规定了宇宙间最琐碎的细节：既然圣谕不可改变，那么得到上帝恩宠的人（上帝选民）就永远不会失去这一恩宠，而上帝拒绝赐予恩宠的人也就永远不可能获得这一恩宠。

（四）上帝的选民。由于人类只有一部分（上帝选民）能够得救，其余则被罚入地狱，而为了证明自己是上帝的选民，则需要努力工作，以自己在现世的成就来彰显上帝的荣耀。通过物质财富上的成功，证明自己是上帝的宠儿，但这财富是从上帝而来，故而需要回报给上帝。这种回报的方式，就是努力赚钱、节俭生活；节约资本、继续赚钱，在此基础上资本主义开始发展。

韦伯所言的资本主义精神，简言之就是努力赚钱，节约花钱，这不就是中国古人所谓的"勤"和"俭"吗？这种资本主义精神，在中国古代商人身上丝毫不见欠缺，中国古代商人最为珍视的品德就是勤与俭。《醒世恒言》中记道："饱衣暖食非容易，常把勤劳答上苍""受用需从勤里得"。对于经商，古人还有谚语道："生意要勤快，切勿懒惰，懒惰则百事废；用度要节俭，切勿奢华，奢华则钱财竭。"晋商在山多川少的艰苦自然条件下，陶冶了不畏艰险、勤俭吃苦的精神，被誉为"晋俗勤俭"。明清时代的徽商，足迹遍布全国，在江南有"无徽不成镇"之说。在几百年的经营中，徽商形成了勤俭持家的商业道德，如《新安名族志》中载:"持心不苟,俭约持家。"

中国古代商人还十分注重商业信誉,重视诚信,"诚实为本、信义为先"。《警世恒言》中《刘小官雌雄兄弟》中的刘德是个开酒店的小商人,他"平昔好善,极肯周济穷人的缓急。凡来吃酒的,偶尔身边银钱缺少,他也不十分计较。或有人多把与他,他便勾了自己价钱,余下的定然退还,分毫不肯苟取","一镇的人无不敬服,都称为刘长者"。

既然中国商人具备的商业精神与韦伯的资本主义精神无异,这里就产生一个问题:从中国自身内部为何产生不了资本主义?

在中国自给自足的农业社会中,工商业的萌芽和发端所带来的变化,却是统治者所不愿意看到的,持稳与守成方是农业社会的根本。中国传统社会士农工商阶层中,商是被压制到最末端的地位的,如布罗代尔所言:"中国店铺和流动商贩数目繁多,生生不息,但是缺少了高级机件——商品交易会和证券交易所。个中原因或者是政府反对这些高层次的交易形式,或者初级市场的毛细血管式的流通对于中国来说已经足够了,不再需要动脉与静脉了。这些原因是中国资本主义发展不起来的重大原因。"[1]

黄仁宇则认为,朱元璋创建的明朝是一个以农民为主体的国家,它以农村中最落后的部门为基础,并以之为全国的标准,看起来好像一座大村庄而不像一个国家。作为世界上最大的农村集团,它大可以不需要商业而得以称心,政府本身既不对服务性质的组织与事业感兴趣,也无意于使国民经济多元化。

---

[1] [法]费尔南·布罗代尔:《资本主义的动力》,杨起译,生活·读书·新知三联书店1997年版,第22页。

而中国的商业阶层和政治权力之间是固定僵化的,商业阶层提高社会地位的唯一途径,是通过科举考试这个门径投身于政治权力阶层,是为"万般皆下品,唯有读书高"。商业被视为末,科举被视为本,如明人所云:"治生当以末起家,以本守之。"杭州人张瀚是嘉靖十四年(1535)进士,其祖父从一架织机起家,成为有二十余架织机的手工工场主,发家致富,培养子孙,最终出了进士。

值得注意的是,这种阶层的流动,并不是商人阶层直接向政治阶层流动,而是商人培养子弟,以科举为中介,再参与政治,在商与仕之间,并不存在直接流动。"在儒与贾的关系上,徽商更看重儒,业儒入仕是他们的终极关怀,因为儒可以光宗耀祖,贾则不能。"[1]其实入仕之儒不单单可以光宗耀祖,更可以取得地方上的话语权,可以为财富获得保护。

除了对工商业的压制之外,中国社会中还缺乏对专制皇权的有效限制力量。在西欧历史上,宗教、部落、诸侯国、商业城市等各种力量的存在,使得国王的权力不是绝对的。"恺撒的归恺撒,基督的归基督",西欧国王的世俗权力与宗教是分离的;"风能进,雨能进,国王不能进",国王也不能肆无忌惮地去侵占私人的财产;"无代表,不纳税",西欧各国等级会议在不同年代作用虽然不一,但在历史上却总是起着作用。

对此,布罗代尔言道:"资本主义的真正命运是在同社会中的各种等级制度的较量中决定的。一切发达的社会都容许几种等级存在,我们可以把它称为几种阶梯,这些阶梯可供人民从楼底

---

[1] 徐大慰:《徽商的儒贾观》,《江汉论坛》,2011年第11期。

向上攀登。在一些社会环境中，政治等级制度能压倒其他等级制度，中国的明朝和清朝便是如此。"[1] "和西方完全不同，中国的城市，既非古希腊的城邦国家，也没有中世纪的都市法，因为它并不是具有自己政治特权的政区。中国的城市缺乏西方城市所特有的政治力量：领事、参事会、拥有军事独立权的商人行会。"[2]

在中国历史上从来没有产生过如西方历史上那样，能对政治权力起制约作用的力量，私有产权从未真正得到保护。城市只是农村的延伸，以更好地服务于统治阶层而已；广袤的农村多数是自给自足的封闭区域，从中不可能成长出真正的资本力量，所谓的资本主义萌芽也只不过是低端、初级市场的表现。江南地区的巨富阶层，没有途径直接介入政治，反而被视为社会之末，只能培养子弟，通过科举进入政治，这就是经济服从于政治，社会依附于权力。

布罗代尔在他的名作《菲利普二世时代的地中海和地中海世界》中指出了优越的地理、气候对于地中海沿岸商业城邦形成的作用，中国历史上最重要的经济区域江南一带的特征就是土地肥沃，气候适宜，水路通达。土地肥沃，可以种植各类经济作物；水路交通便利，则方便将土地上的产出运出。在农业时代，借助这两个优势，江南地区沿水路出现了一些商业市镇，并在本区域内形成了相关的手工业及其他行业，这些也被视为资本主义的萌芽。

---

[1] [法]费尔南·布罗代尔：《资本主义的动力》，杨起译，生活·读书·新知三联书店1997年版，第46页。

[2] [德]马克斯·韦伯：《儒教与道教》，洪天富译，江苏人民出版社2005年版，第14页。

但与地中海沿岸地区不同的是，中国一直是强势的北方农业文明占统治地位，作为江南一带初级市场表现的贸易和手工业，总是处于政治权力的控制与监督之下。"中国政府严格约束商人的办法有：控制其行会，管制贸易，对朝廷和政府所消费的大批商品和分配实行国家垄断，这些商品包括武器、纺织品、陶器、皮革制品、服装和酒。有时政府甚至扩大到对盐和铁一类全民的必需品实行专卖。"[1]

工商业落后，市场自由交换匮乏，政治上高度专制，再加上"中国缺乏一种形式上受到保证的法律与一种理性的管理与司法，存在着的俸禄体系和根植于中国人伦理中的，而为官员所抱持的态度，所以中国不可能产生如西方那样的理性企业资本主义。"[2]

科举制度虽是阶层流动的一个（间接）渠道，但是这个渠道的流动，不是将社会中最具能力与智慧者引入到创造财富的商业中去，而是引导至消耗财富的仕途之中。从中国农业社会自身中，发端不出高级形态的工商业，相应地也就不能推动上层建筑的任何改变。于是，沉沦在农业社会的周期轮回、王朝更替之中。

西方资本主义的发展，在于通过长期斗争，以法律限定了政治权力的专横。通过一系列法律制度建设，确立了私有财产的不可侵犯，明晰了产权。私有财产得到保护，产权清晰，稳定了信心，进一步带来了投资的增长、专业化的分工与市场的扩张，推

1　［德］马克斯·韦伯：《儒教与道教》，洪天富译，江苏人民出版社2005年版，第87页。

2　［美］斯塔夫里亚诺斯：《全球分裂：第三世界的历史进程》，迟越等译，商务印书馆1993年版，第318页。

动了经济的发展。私有财产神圣不可侵犯，乃是资本主义发展的第一要义。

"诺思悖论"则认为，国家需要足够强大，才能对产权进行有效的界定与保护，实施契约；可国家又不能太过强大，否则会滥用权力，侵犯公民财产和权利。"诺思悖论"在古代中国并不成立，因为中国自古以来，国家太过强大，社会太过弱小，所以也就从无保护产权、实施契约一说。

在苏嘉杭平原上，络绎不绝的航船上，腰缠百万的商贾们看着江南夜色，心中却是另一番感慨。纵使家财万贯，可普天之下，莫非王土，这万贯家财，只要被官府盯上，稍加打击，强取豪夺，一切富贵荣华，瞬息烟消云散。富豪们遂一掷千金，购置田地，修建庄园，在各类精致的奢侈品中消耗自己的金钱，至于资本的积累，投资的扩大，商业的进一步发展，则被忽视。于是，王朝轮回于更替之中，夜航船漂荡在江南之夜，农耕社会孕育不出资本主义，夜航船也进化不成蒸汽船。

第十章

器物——传教士的馈赠

随着葡萄牙、西班牙对东方的开拓,传教士随之而来,在东方进行传教的尝试。沙勿略是最早来华的耶稣会传教士,但他进入中国的努力却遭到挫败。此后的传教士,如利玛窦等人,适应中国文化,对中国风俗加以让步,终于得以走入中国。传教士的到来,在带来、传播他们的教义的同时,也将西方的最新科学技术传入中国,并吸纳了如徐光启这样的中国士人,在一定程度上影响了晚明。但传教士的到来,科学技术的传播,却未能从根本上改变晚明的颓势,而中国的科技此时也未能实现质的飞跃。

沙勿略入华之努力

东西方两个世界，在历史上曾长期处于隔绝状态。虽有丝绸之路连接，但这更多的是物质上的交换，而非文化上的交流。在中国所处的东亚世界中，中国一贯以文化昌隆而自傲，为周边各国所膜拜，并给予他们以深刻影响。由于中国文化的强大，必须有一种强势且充满扩展精神的文化，方能与中国文化以平等姿态对话、交流。来自北方的游牧民族，可以在中原疲惫之际，越过长城而逐鹿中原。但这些以武功自负的马上民族，能征服土地，却无法征服文化，在强大的中原文化面前，"蛮夷"们也开始之乎者也了。故而中国一直是以文化的输出者自居，这就决定了在早期中国与外部世界的交流中，中国文化是以岿然不动的姿态对待其他外来文化的。

充满扩张精神的天主教，在中世纪仍无法将骑士的铁蹄跃过浩瀚的海洋，只能将中西两个世界文化交流的重担，压在传教士的肩上。16世纪，随着葡萄牙、西班牙开辟了欧亚之间的海上交通，传教士经由海路来到中国。16世纪是基督教发展史上的重要时期，由马丁·路德创立的新教，对腐朽的教廷和保守的教义发起了挑战，很快就在欧洲各国传播开来。面对新教的挑战，天主教会不得不实行内部变革，以改造教会，保住并扩张天主教的势力范围。创立于1534年的耶稣会是天主教对外扩张的主要力量，军事化的耶稣会除了以武力传教外，还创办学校，培养博学的牧师，以知识作为扩大影响的手段。耶稣会派遣的传教士前往南美、非洲和亚洲，奠定了今天一些国家信仰的基础。人口众多、幅员辽阔的中国，自然吸引了众多充满宗教激情的传教士前来开拓。

1552年12月，广东台山市西南方海中的上川岛上，耶稣会传教士方济各·沙勿略在凛冽的寒风中，挣扎着抬起头望向远方，带着壮志未酬的不甘，遗憾辞世。

沙勿略所处的时代，是西方文艺复兴的时代，产生了托马斯·莫尔、米开朗琪罗、达·芬奇、塞万提斯等一大批伟大的人物。此后欧洲经历了宗教革命、航海大发现，进入了全球一体化的时代。沙勿略出生在西班牙，父母是虔诚的教徒。1529年，在巴黎圣保罗神学院学习时，沙勿略结识了罗耀拉。1534年8月，沙勿略、罗耀拉等七人在巴黎蒙马特圣母教堂成立了耶稣会。七人共同发愿，服从教宗差遣、以传道为使命。"虔诚与外交手腕的混合，苦行与世俗交往思想的混合，神秘主义与冷静盘算的混合，这就是罗耀拉的性格，这就是耶稣会的标志。"[1]耶稣会成立后，一批又一批的传教士浮海而来。他们学习中文，进入中国，融合文化，以便于实现传教的梦想。

1541年，受葡萄牙国王派遣，沙勿略作为"教廷远东使节"前往东方传教，先后抵达莫桑比克、果阿、锡兰、科钦、满剌加和摩鹿加群岛等地。1547年，沙勿略在满剌加经葡萄牙商人介绍，认识了避祸海外的日本鹿儿岛武士池端弥次郎。池端弥次郎年轻时候干过很多坏事，受洗之后更名为保罗，他害怕死后被打入地

---

[1] ［法］埃德蒙·帕里斯：《耶稣会士秘史》，张茹萍、勾永东译，中国社会科学出版社1990年版，第19页。

狱,故而努力寻找赎罪出路。

翌年沙勿略将池端弥次郎带到印度,送入耶稣会设在果阿的圣保罗神学院,在对池端弥次郎进行教育的同时,收集日本及中国等地情报。据其记录,"日本的商人与中国交易,将银子、武器、硫黄、扇子送往中国。从中国带来硝石、生丝、陶瓷器、水银、麝香"。

沙勿略在东方传教的丰富经验告诉他,"学好中文,整个东亚是坦途"。1548年,他写信给葡萄牙驻印度总督,转述在上川岛与葡萄牙商人的对话,其中谈及对汉语的最初认识。他说:"在中国的很多城市都有学校……他们还把书带到日本,拥有关于一切知识的巨著,都用汉语撰写……从占婆(即占城)到日本陆地的京都,人们都读汉字书籍。"[1]1549年8月,沙勿略、托雷斯神父、费尔南德斯修士与池端弥次郎,搭乘中国商船来到了日本九州的鹿儿岛。

在鹿儿岛,沙勿略一行人得到领主岛津贵久的热情款待,并准许传教。沙勿略对日本人充满好感,认为其勇武善战,重视名誉高于金钱。沙勿略发现日本人多信仰佛教,认为"在日本传教最好的法子就是先到中国传教,因为它是日本的文化和思想的策源地"。而要到中国传教,就要学好中文。

岛津贵久对沙勿略充满热情,且允许他传教,希望通过他,开展与"南蛮"也就是葡萄牙的贸易。此外,他希望通过沙勿略,获得来自欧洲的火枪技术。但沙勿略热衷于传教,并未给鹿儿岛

---

[1] [葡]费尔南·门德斯·平托等:《葡萄牙人在华见闻录》,王锁英译,海南出版社、三环出版社1998年版,第4页。

带来火枪技术与葡萄牙商船,地方上的僧侣又开始反对外来的"和尚",岛津氏对沙勿略的态度日渐冷淡。

1550年10月,一艘从广东上川岛出发的葡萄牙商船进入肥前国的平户港。沙勿略闻讯之后,从鹿儿岛出发,前往平户,寻找进入中国的机会。在平户,他受到领主松浦隆信的欢迎,并在平户进行传教。松浦隆信曾庇护王直多年,此次的葡萄牙商船正是应王直之邀前来。松浦氏初期以为天主教只是异域佛教,并未加以警惕。随着对天主教了解的加深,松浦氏对沙勿略传教开始加以限制。

在平户无法突破,沙勿略转而想要进入京都。大概是经由葡萄牙人之口,沙勿略对中国的朝贡体系有所了解,一直努力想要进入日本京都,希望能获得通行证(勘合),进入中国。此时日本处在战国时代,各地大名争霸,彼此厮杀,路上风险极大。但沙勿略不为所动,固执地前去京都。

在京都的天皇徒有虚名,不愿接见沙勿略。沙勿略无奈折返平户,之后前往曾掌握中日勘合贸易的大内氏所居地山口城,拜访大内义隆。在山口城,沙勿略拜见了大内义隆,送上了钟表、铁炮、眼镜等珍稀礼物,得到传教的许可。

沙勿略虽在日本开拓了传教地,但遭受到了阻力,又未曾获得入华的许可证,于是在1551年11月返回果阿。在日本,沙勿略感受到了中国文化的巨大影响,每当他就天主教问题与日本人进行辩论时,日本人总是会说:"汝教如独为真理,缘何中国不知有之?"[1]

---

1 [法]费赖之:《在华耶稣会士列传及书目》,冯承钧译,中华书局1995年版,第2页。

这让沙勿略下定决心，要前往中国。此时的沙勿略，对中国充满了美好想象，认为中国是个爱好和平之国，是基督教国家无法比拟的正义之国，中国人聪明，富有才华，他们的国家乃是世间最富裕的国家。

1552年，沙勿略前往中国，希望在贸易及宗教上，敲开中国的大门。一路上困难重重，先是遭遇到了海上的巨浪，之后在满剌加又遭到葡萄牙人刁难，使他无法以官方使团身份进入中国。

1552年8月，沙勿略来到澳门附近的上川岛，虽然他作出了各种努力，却无法到中国其他地方。据《利玛窦中国札记》记载，沙勿略刚到中国时，身边带了在印度果阿学习中文的安东尼奥。可是安东尼奥由于缺乏练习，已经不怎么会讲中文了。无奈的沙勿略只得花二百金币，争取一位犹豫不决的广东商人做翻译。但这位商人又在葡萄牙人的干预下，突然变卦。

沙勿略对中国、日本的评价多为正面的，尤其是对于中国几乎是一色的赞美之词。也正是由于他对中国、日本的这种认识，使他有了"适应性"的传教策略，也使得他向罗马教廷要求派到日本、中国的传教士必须拥有丰富的知识与经验。

沙勿略是耶稣会前往东方的第一批传教士之一。他带着荣耀上帝的任务，不远万里、远渡重洋，希望敲开大明帝国紧闭的大门。沙勿略曾有过美好的幻想。他认为，只要组织一个奔赴中国的使团，觐见皇帝，就能在地大物博、人口众多的大明传教。传教计划失败后，他便退居葡萄牙商人和中国居民走私贸易的据点——上川岛，寻找新的进入中国其他地方的方法。他找到了船，准备了向导，却染上疟疾，猝然离世。上川岛上，留下一方小小的墓园，一幢洁白的教堂。沙勿略去世后，天主教对入华传教日益重视，此后的三十年里，耶稣会、方济会、奥斯定会、道明会，都派出传教士，希望能进入中国传教，却都被阻挡在中国的大门之外。直到三十年后，传教士才得以进入中国内地。

1555年7月，耶稣会士巴莱特来到沙勿略安息之地上川岛。8月到11月之间，巴莱特两次试图进入广州，未能成功。此后传教士陆续来到澳门，并在澳门创办了教堂，1565年，传教士贝勒兹拜谒明廷守澳官员，希望到中国其他地方传教，双方发生了一段有趣的对话。守澳官："你会说中国话吗？"贝勒兹："不会。"守澳官："那么，顶好你先去学习中国话。以后你再做老师，讲你们的教理。"

利玛窦的上层路线突破

1563年，有八位耶稣会传教士在澳门，此时澳门有五千居民，其中有九百名葡萄牙人。传教士多次向广东官员申请到内地传教，都被拒绝。在经历了二十余年眺望中国而不得深入的窘境后，范礼安神父的到来开辟了传教事业新局面。

1578年，意大利籍传教士范礼安首次来到澳门，考察在中国的传教情况。他发现，一些耶稣会传教士要求中国信徒学习葡萄牙语，取葡萄牙名字，生活方式也葡萄牙化。范礼安意识到，不同于美洲、非洲等"野蛮之地"，中国是个历史悠久、文明高度发达的国度。这个民族聪明，有成就，献身于艺术研究。在华传教，必须采取全新的方式。传教士"必须不单单学会广州话，还要学官话，而且不单单会讲，还得会认方块字，会写"，以熟悉中国人的文化风俗和思维习惯。

于是，精通中文成了传教士们的第一要务。精通中文前，他们可以不去传教。范礼安考察澳门后，来自意大利的罗明坚和利玛窦接踵而至。范礼安特意为他们安排了教师，给予一切便利条件，让他们安心研习中文，为他们深入内地传教做准备。

中文这座大山挡在传教士面前，但传教的热忱，让他们硬着头皮，决心攻克难关。1579年，罗明坚来到澳门时，已经三十六岁了，早就过了学习外语的最佳年龄。同时，那时学习汉语还有另外一种困难：没有合适的教材，更缺乏合适的老师。这可怎么办呢？后来，在致耶稣会总会长阿桂委瓦神父的书信中，"劫后余生"的罗明坚这样描述他的学习历程：

"起初为找一位能教我中国官话的老师非常困难，但我为传教非学官话不可。可是老师如只会中国官话，而不会讲葡萄牙话也是枉然，因为我听不懂啊！因此后来找到一位老师，只能借图画学习中国语言了。如画一匹马，告诉我这个动物中国话叫'马'。"[1]

就这样通过幼儿认字、看图学话的方式，一年后，罗明坚掌握了一万五千个汉字，终于能读些中文书了。三年后，他甚至已经能够用中文撰写文章。1584年，罗明坚在广州刻印了第一本中文的天主教教义纲领，即《天主实录》。除了向中国传播天主教教义，罗明坚也充当了中西文化交流的桥梁。大约在1590年，他带着一批中文书籍和译稿返回罗马。译稿中，就有儒家经典《大学》的拉丁文版。罗明坚特地作诗一首，回顾自己的学习经历：

1　[意]利玛窦：《利玛窦书信集》，罗渔译，台湾光启出版社1986年版，第446页。

"数年居此道难通，只为华夷话不同。直待了然中国语，那时讲道正从容。"

"讲道从容"的罗明坚被允许在中国居住，进而打开了传教的局面。耶稣会听说了罗明坚的成就，便派遣另一人前来，扩大战果。这位新人，便是利玛窦。他在中西方文化交流史上，写下了浓重的一笔。

利玛窦学起中文来，进步神速。这既得益于罗明坚的帮助，更有赖于他超人的记忆能力。利玛窦的方法是，先在大脑中建立一座"记忆的宫殿"。根据自己所要记忆的内容，决定房子大小、房间多少。每座房间都要编号，以便于查询。这所宫殿，要地势高、平坦、稳定，永远恒定。同时，利玛窦将汉字分为"本象""作象""借象"等。"日""月"等象形字，便是"本象"；日月合为明，大耳朵悬在门中为"闻"，就是指示、会意字的"作象"；借声借形触类旁通的就是"借象"，比如用"狗"记"苟"，用"猫"记"描"。汉字在利玛窦脑子里，变成了分类明晰的模块，鲜活的形象。慢慢地，利玛窦就能"渐晓语言，旁通文字，至于六经子史等篇，无不尽畅其意义"了。

学好中文之后，利玛窦吸取了前人传教失败的教训，针对中国社会现实，采取了一系列变通方法，以打破中西文化交流的壁垒。1583年，罗明坚、利玛窦，贿赂肇庆知府王泮，获准建造教堂。所建教堂，名为"仙花寺"。利玛窦等人剃头去鬓，身穿僧袍，打扮若中国和尚。为了吸引教徒，传教士们举办了欧洲的器物展，如自鸣钟、三棱镜、地图、天文仪器、欧洲书籍等，吸引了一批人前来。

利玛窦认识到，在中国要想传教，就必须走上层路线，争取官僚士大夫阶层的支持。利玛窦来到中国后，竭力结交各级官吏，向他们赠送日晷、自鸣钟、三棱镜等西方珍奇物品，并按中国的方式与士大夫们交往。在广东肇庆，利玛窦谒见知府时，按中国习俗行跪拜礼，声称他们是"侍奉天地真主的修士，仰慕中国政治昌明，由西洋航海而来"。

利玛窦的中国好友瞿汝夔（字太素），到处宣扬欧罗巴番僧利玛窦的才华，乃至被学者章潢、江西巡抚陆万垓等所知。章潢《图书编》云："近接瞿太素，谓曾游广南，睹一僧，自称胡洛巴人，最精历数；行大海中，惟观其日轨，不特知时知方，且知距东西南北，远近几何。"1596年，利玛窦一到南昌，立刻被江西士庶奉为上宾，争相交往。据利玛窦记录，在南昌城里，"众人都好奇地想见我一面，有这么多群众来看望，还有重要的文人与要人，真使我兴奋异常"。白鹿洞书院山长章潢，特意邀请他前去讲学。在书院，利玛窦直接面向中国学子讲学，讲述了数学与上帝救赎，这是前所未有的。

利玛窦在南昌，与一众明廷高官把酒言欢。席间，利玛窦表演了一把"魔术"。他让士大夫们在一张纸上随意写许多汉字，每个汉字只念一次。利玛窦声称，只要听过一次，他就能将杂乱无章的汉字背下来。字落纸上，利玛窦开始背诵，他甚至倒背如流。士大夫们为之绝倒，纷纷向他请教记忆方法，以至于吸引了时任江西巡抚的陆万垓。当时，陆巡抚的三位公子正在准备科举考试。陆万垓召见利玛窦，半是请求、半是胁迫地要利玛窦写出一本"速记法"册子《西国记法》，帮助他的儿子科举高中。南昌士子被利玛窦的记忆术所倾倒，每日里络绎不绝，前来拜访，希望拜利玛窦为师。

利玛窦在南昌与建安王相识，他还撰写了《交友论》一文，献给建安王。该文讨论了友谊的重要性，"如世无友，如天无日，如身无目矣"；而一个好友，则是"我荣时，请而方来，患时不请自来，夫友哉"。利玛窦的《交友论》，朗朗上口，深合明代士人阶层的心理，一时广为传播；当时士人以一睹此书而后快，利玛窦也在中国士人阶层中树立了声望。

利玛窦的朋友圈极为广泛，如王公贵族、朝廷宰臣、六部各卿、地方名宦、学者、僧侣、商贾及黎民庶人，涵盖了当时社会的多数阶层。利玛窦朋友圈中的上层人士，对他在华传教提供了帮助，为他打开了传教的局面。

除了结交上层人士，利玛窦等传教士采取适合中国习俗的传教方式，遵循中国的礼仪风俗，学习中国的语言文化，以儒家的圣人、经义比附天主教，以减少传教的阻力。为了真正融入中国社会，耶稣会传教士在行为举止的中国化方面下了一番功夫。他们注意顺应中国的礼俗，取中国姓名，"习华言，易华服，读儒书，从儒教，以博中国人之信用"。

利玛窦等人初入中国时，就将黑色的传教士服饰换成中国僧人服饰，乃至一入中国，就被人引去佛寺，以为是僧侣。利玛窦在中国穿着僧侣服饰多年，"每过佛堂，并不顶礼膜拜"。瞿汝夔与利玛窦于万历十七年（1589）就在广东肇庆相识，利玛窦一身和尚装束，试图在士人中进行传教，却收效甚微。瞿汝夔劝告利玛窦，放弃和尚装束而改穿儒服。1595年，利玛窦决定改穿儒服，以利于结交知识分子。利玛窦"离开韶州前，已经做好一套漂亮的绸质服装，准备在特殊场合穿用，另有几套为平日使用。所谓漂亮讲究的，即儒者、官吏、显贵者所用，是深紫色近乎墨色绸质长衣，袖宽大敞开"[1]。

在对中国社会的风俗习惯有进一步了解后，传教士们认识到，只有在尊重中国传统习俗如祀天、祭祖、尊孔的基础上，才能进行传教。利玛窦等传教士适应中国习俗，进行传教，一步步打开了传教的局面，发展出了一批中国信徒，其中有徐光启、李之藻等人。

朝贡与皈依的彼此误会

基督教认为统治宇宙万物的只有唯一的神，即上帝。佛教、道教和印度教、神道教等宗教，则信仰多神。佛教中，佛陀是最高神、救世主，但佛教并没有否认其他神的存在。一神论主张的宗教，具有极强的排他性，在一神教占主导地位的国家中，其他宗教大多被排斥打击，并引发各类宗教冲突。中国历史上的不同阶段，有道教的兴起，佛教的隆盛，基督教、伊斯兰教的传入，它们都曾或先或后、或深或浅地渗透并影响中国传统文化的方方面面；但整体说来，都在不同程度上接受世俗文化的儒家学说中的基本观念，承认儒学的"独尊"地位。由于这种历史特殊性，尽管中国历史上有多种宗教的存在，它们对社会及文化产生了重要的影响，但它们在政治上和文化上都不曾取得支配地位，更谈不上"独尊"权威。宗教与宗教、宗教与世俗文化之间没有出现

---

[1] ［意］利玛窦、［比］金尼阁：《利玛窦中国札记》，何高济等译，中华书局1983年版，第202页。

西方的紧张、对立和冲突。[1]

利玛窦入华之后，总结了在中国传教的障碍："多妻制、祖先崇拜、偶像崇拜、灶王爷、择吉、隐私、灵魂不朽、飞扬跋扈、高傲性格、长生不老思想、男女授受不亲。"在传教初期，许多传教士并未认识到这些问题，也未做出妥协，一时间难以在华获得发展。范礼安神父虽未曾得以进入中国内地，但他对中国深刻的观察，对中国文化礼俗体系的让步，使天主教得以敲开中国的大门。范礼安认为，进入中国的方法，就是调整传教策略，采取全然不同的方式。

范礼安在澳门，将罗明坚、利玛窦等人送入中国其他地方，自己则尽可能地提供支持，这种支持就是提供中国人所特别钟爱的西方器物。范礼安一直希望，利玛窦等人能在中国长期居留，获得皇帝的认可。为此，他不遗余力，收罗各种西方器物，如自鸣钟、圣母像、三棱镜等，寄给利玛窦等人。利玛窦对中国文化的洞察及其独特的文化视野，加上西方器物的诱惑，使得一批中国士人折服，成为利玛窦的朋友。

精通中文，赠送西方器物，只是向中国传教的"敲门砖"。接下来，便是向中国输入西方文明的精华和基督教教义，吸引中国人皈依。考察利玛窦在中国的二十四年：前十二年，他东奔西走，希望在中国上流社会谋得一席之地，变成士大夫们的座上宾；自南昌献技打开局面后，他便和士大夫们合作，编译了代表西方数学思维的《几何原本》，涵盖天主教教义的《天主圣教实录》。

传教士们还认识到，要解除中国知识分子的戒心，获取士人

---

[1] 参见吕大吉、牟钟鉴：《概说中国宗教与传统文化》，中国社会科学出版社2005年版，第4页。

们的认同，就须借用孔孟儒家思想解释基督教教义。传教士将天主教教义融合中国经典，从《中庸》《诗经》《周易》《尚书》等书中摘取有关"帝"的条目，将之附会为天主。

利玛窦写了《天主实义》一书，宣称西方的天主就是中国圣贤所说的上帝，也即中国人所说的天。西方传教士的到来，不是否定中国的圣经贤传，只是做些补充而已。艾儒略、南怀仁、白晋、孙璋等传教士的宣教著作，也都引用儒家典籍，论证天主教的上帝与中国人的天同出一源。他们的共同特点，是注重古代儒学，鄙薄当代儒学。这种做法不仅使中国知识分子感到基督教教义"多与孔孟相合"，从而易于引起共鸣，接受基督教，而且它也使某些企图借复兴古代儒学来推行改革的知识分子，对基督教抱有好感。

1598年6月，利玛窦、郭居静、钟鸣仁和准备加入耶稣会的澳门人游文辉，搭乘王弘海的船离开南昌，前往北京。7月，一行人抵达南京，通过大运河北上。9月，利玛窦进入北京，但未得到官员的引见，只得返回南京。

靠着中国各路朋友的帮忙，再加上各种西洋器物的独特魅力，以进献贡物之名，利玛窦得以第二次入京。利玛窦记录："我们的朋友王尚书正回他的故乡。皇帝准许他辞官回乡，临行时，他向在北京的朋友发了信，推荐神父们到首都去工作。也正是在这时，皇帝的顾问（祝石林）表现出他的人品，信守了他的诺言，提供了有利的证件，还和许多人一起馈赠礼品来支付旅途的费用。"[1]

---

[1] ［意］利玛窦、［比］金尼阁：《利玛窦中国札记》，何高济等译，中华书局1983年版，第383页。

此时正好有一名太监带领六艘船前往北京，经过南京礼部尚书祝石林安排，利玛窦和他的同伴搭船通行，并委托太监到北京后，将利玛窦等人介绍给其他权势太监。1600年5月18日，一行人由南京启程。路过济宁时，李贽恰好在此居住，听闻利玛窦到来，他大为兴奋，与漕运总督刘东星一起热情招待了利玛窦，就双方感兴趣的话题加以交流。刘东星看了提前撰写的呈给皇帝的文书，并加以修改，使之更符合皇帝心意，又写信给北京的朋友，介绍了利玛窦等人，请加以关照。

行到临清，利玛窦被太监马堂拦阻。马堂听闻利玛窦等人要入京去朝贡，觊觎船上的各类珍稀物品，将其拦下来。利玛窦等人所搭乘船只的太监，担忧船只延误抵达北京，会有身家性命之忧，于是将利玛窦等人交给了马堂，自己继续前行。利玛窦等人被马堂移到天津羁押，不得前行，并不时被马堂勒索。直到有一日，万历帝突然想起，有西洋人前来进贡自鸣钟等物，便过问了一下此事。于是，利玛窦等人才得以进入北京，但仍处于马堂的控制之下。

万历二十八年十二月二十一日（1601年1月24日），利玛窦、庞迪我第二次到达北京，次日就将自鸣钟、西洋琴等三十多件物品进贡到宫中。

此番入京，利玛窦是以"大西洋陪臣"的身份前来朝贡的。在《上大明皇帝贡献土物奏》中，利玛窦云："大西洋陪臣利玛窦谨奏，为贡献土物事：臣本国极远，从来贡献所不通，逖闻天朝声教文物，窃语沾被其余，终身为氓，庶不虚生。""谨以原携本国土物，所有天帝图像一幅，天帝母图像二幅，天帝经一本，珍珠镶嵌十字架一座，报时自鸣钟二架，《万国舆图》一册，西琴一张等物，陈献御前。"除此之外，所献贡物还有各色腰带、玻璃镜、玻璃瓶、犀牛角、银币、洋布、沙刻漏等。

虽然利玛窦入京进贡，可利玛窦等人仍然处于马堂的控制下，马堂希望独占进贡之功，博取皇帝欢心。就在利玛窦为摆脱马堂而费心时，礼部跳了出来，加以攻击。明廷对他国来华进贡的方物，需要通过礼部审核，有着严格的程序。此番利玛窦来进贡，直接跳过礼部，由贪功的太监马堂将奏疏、礼物献上，这让礼部大为不满。正德朝时，佛郎机人通事火者亚三与太监交往，招惹是非，让礼部官员记忆犹新。且太监马堂，素来恶名昭著，曾因在临清横征暴敛，地方民众将其住宅焚烧，并杀其家奴。

礼部派出士兵，预备将利玛窦等人送入会同馆。马堂的党羽试图将利玛窦等人留下，可面对礼部的强硬态度，只好退让，任由利玛窦等人被送去会同馆。会同馆四周围墙，重门紧闭，中国人不允许进入，外国人也不得离开。利玛窦等人发现，会同馆不是给人居住的地方，房间没有门，也没有任何家具，所有人都在地板上坐、吃和睡觉。利玛窦也观察到，会同馆的来宾并不是真正的使节，他们来中国是为了赚钱，带来礼物，希望得到皇帝赏赐。

万历二十九年（1601）二月，礼部上奏，提出几点意见：其一，《大明会典》中只有西洋琐里国，无大西洋国，其真伪不可知；其二，利玛窦在华寄居二十年方行进贡，当与远方慕义特来朝贡者不同；其三，利玛窦"所贡天主、天主母图，既属不经，而随身行李有神仙骨等物"，更属荒诞，不宜入宫；其四，利玛窦交往太监，有所不妥。礼部认为，应赐给冠带，令其还国，"勿令潜居两京，与中人交往，别生事端"[1]。礼部请求皇帝将利玛窦驱逐出境，可此时的皇帝正沉迷于西洋器物之中，哪里肯听，将奏折留中不发。

八月，礼部又上奏，这次的上奏很有意思，不再坚持将利玛窦驱逐出境，而是请将他送往南方山中。礼部认为利玛窦颇有山栖夜宿之意，可到江西深山之中，寻一处风景佳绝之地，"听其深山邃谷，寄迹怡老"[2]。礼部侍郎朱国祚接连五次上奏，请让利玛窦出京，皇帝却不为所动。利玛窦本人则被礼部暂时留在会同馆中，不得外出。利玛窦的朋友曹于汴出面，要求将利玛窦释放，最终利玛窦走出了会同馆。

万历帝对自鸣钟爱若性命，一天自鸣钟突然不走了。四名太监将自鸣钟搬到利玛窦住处，吸引了很多人围观。利玛窦给钟重新上了弦，并教太监如何保养。万历帝得知有人围观之后，赶紧下令，此后自鸣钟如果需要修理，利玛窦等人可以入宫。后来万历帝又特意许可利玛窦无须申请，一年可以进宫四次，检查自鸣钟，并传达口谕："他们可以放心住在京城里，皇帝不愿听有关让他们回到南方和本国的话！"[3]这样，传教士得以在北京安顿下来。

在京师，利玛窦与名流交往，颇有声势，"公卿以下重其人，咸与晋接。玛窦安之，遂留居不去"。1605年，在北京的传教士迁入新居，并建立了教堂。1610年，利玛窦去世。利玛窦死后备

---

1 ［清］陈鹤：《明纪》卷四十五，清同治十年江苏书局刻本。
2 ［明］蔡献臣：《清白堂稿》卷一，明崇祯刻本。
3 ［意］利玛窦、［比］金尼阁：《利玛窦中国札记》，何高济等译，中华书局1983年版，第422页。

极哀荣,特旨准允安葬在平则门(今北京阜成门)外二里沟的滕公栅栏。

自利玛窦以后,传教士们络绎而至,这些传教士打入了中国上层,见到了中国皇帝,但距离实现"初心"——让上帝之光照耀东土的目标却越来越远。其中缘由何在?

四百年后回顾历史,可以作出总结:这是一场巨大的误会,双方都误读了彼此的目的和期望。

在西洋教士看来,中国是一个皇权专制的国度,只要赢得皇帝好感,就能顺利在中国传教;科学技术、机械器物,只是走"上层路线"的敲门砖,将Deus(拉丁文:上帝)译成天主、允许中国信徒祭祖祀孔,都是传教的权宜之计。

而在明廷一方来看,这些来华传教士,是仰慕天朝上国的威仪,诚心归附。"远人来归",证明我朝的合法性受之于天;"奇技淫巧",正好为我所用。此种朝贡的误会,一直被延续到清代。明清鼎革后,留在北京的传教士,多被皇帝收纳进"仰望星空"的钦天监,或者在身边"倡优蓄之",用精巧的自鸣钟、油画技艺、大水法和远瀛观的西式石头制建筑博龙颜一悦。统治者对中华文化极有自信,可一旦皇帝弄清楚传教士的来意,虽未曾了解这些异域文明的内容,双方的"蜜月"也就戛然而止。

从日本到中国的陆若汉

利玛窦去世之后,更多的耶稣会传教士进入中国,在华传教事业有了一定突破。南京、北京、杭州、南昌、上海、山西、陕西等地涌现出了一批天主教徒，具有一定影响力。但天主教在华传教，仍然面临着内外双重压力。

就内部而言，天主教中，保守派认为利玛窦等在华对中国礼俗的让步，是极大错误。就外部而言，天主教受到中国士人及僧侣们的反对，各地开始出现教案，传教士被殴打驱逐。利玛窦去世后，主持中国教会事务的龙华民，一改往日低调的传教风格，"其徒自夸风土人物远胜中华"，公开批评儒佛道。往日利玛窦走上层传教路线，被证明极为成功，但龙华民在韶州传教时主张："从高官大员开始而乡下愚夫愚妇，都应该劝他们信教"，结果引发与普通民众的冲突。

在中国文士阶层看来，传教士实在充满了神秘，具有邪恶之感。明廷禁止民间观测天象，制造天文器械，而传教士则精通此道。《大明律》中，严禁私家告天，书符咒水，隐藏图像，烧香集众，夜聚晓散。天主教的仪式之中，有洒圣水、圣油等内容，聚男女于一室，这也引起时人警惕，认为是邪术聚众，蛊惑民心。而天主教的"天主"二字也引发了麻烦，"三代之隆也，临诸侯曰'天王'，君天下曰'天子'。本朝稽古定制，每诏告之下，皆曰'奉天'，而彼夷诡称'天主'，若将驾轶其上者。然使愚民玄惑，何所适从？"[1]

万历四十四年（1616）七月，南京礼部侍郎沈㴶，以"妄称天主教，煽惑人民"等为由，在南京逮捕王丰肃、谢务禄等传教士及天主教徒。此案发生后，徐光启出面加以辩护。八月，沈㴶

---

[1] [明]徐昌治：《圣朝破邪集》卷三《尊儒亟镜》，夏瑰琦校注，香港建道神学院1996年版。

又逮捕八人，认为他们是邪党，"潜搭窝棚，私行刻刊，四处投递"。虽然徐光启再三陈述，天主教可以补益王化，左右儒术，救正佛法，万历帝还是下令，将在北京的庞迪我、熊三拔，在南京的王丰肃、谢务禄，解出两京，不准在内地逗留。

随后的战局与朝局的发展，为天主教在华传教又开启了大门。就朝局而言，天启元年（1621），方从哲致仕，叶向高担任内阁首辅，他对天主教态度比较宽松，徐光启、李之藻陆续复出。就战局而言，天启年间，明军在关外屡遭败绩，而后金通过俘获的明军，掌握了被视为国之重器的火炮，这让明廷上下十分忧虑。

此番复出之后，李之藻、徐光启先后上书，建议前往澳门购买火炮。天启元年，明廷遣张焘、孙学诗前往澳门，商议购炮事宜。天启三年（1623）四月初三，张焘率夷目七名、通事一名、傔伴十六名携炮抵达北京。葡萄牙雇佣兵的到来，让天启帝很是欣喜，特命设宴款待。葡萄牙人在京师教授操炮技术约半年，其间有葡萄牙雇佣兵在试放大炮时被炸死。通政使何乔远为葡萄牙兵若翰哥里亚撰写墓志铭："视此翰哥，如山比蚁，彼生而殄，此殁而闻，遥遥西极，洸洸忠魂。"[1]

西洋大炮的引进，使明军在作战中取得了显著成效，也使传教士改善了境遇，传教士可以光明正大地在中国传教。崇祯元年（1628），明廷再次从澳门购买火炮，招募葡萄牙炮手。崇祯二年（1629）二月，澳门"谨选大铜铳三门，大铁铳七门，并鹰嘴护铳三十门"，运送入京。此次随同葡萄牙人入京的，有充满传奇

---

1 ［明］何乔远：《镜山全集》卷六十六《钦恤忠顺西洋报效若翰哥里亚墓碑》。

色彩的传教士陆若汉、统领公沙的西劳等。[1]

陆若汉一生充满传奇,他出生在葡萄牙中部的乡村,此地农民朴实强壮,性格倔强。陆若汉是个孤儿,少年时代,恰逢耶稣会将很多孤儿送到东方,作为传教士的助手与侍从。十几岁时,陆若汉随耶稣会东方巡视员范礼安一起,前往东方。经过漫长而艰苦的海上航行,于1575年抵达果阿,在此休整之后,前往日本。

1577年,陆若汉随同耶稣会传教士一起抵达日本长崎。自沙勿略在日本开拓之后,传教士在日本取得了成效,得到织田信长的支持,在京都修建了南蛮寺。抵达日本的第二年,陆若汉前往京都,目睹了天皇衰败,住在破旧的宫殿中,过着清苦的生活。范礼安要求传教士掌握日语,依照日本风俗生活,为此在日本创设了神学院。将近二十岁的陆若汉,在异国他乡获得了系统教育的机会,于神学知识、科学知识之外,更熟练掌握了日语。

1591年,陆若汉随范礼安前往聚乐第拜会丰臣秀吉,并全程充当翻译。多年之后,陆若汉回忆起当时宴会的繁华盛景,不胜慨叹。陆若汉深受丰臣秀吉赏识,被留下来充当翻译,负责耶稣会与丰臣秀吉之间的沟通。陆若汉与丰臣秀吉保持了良好关系,被视为挚友,乃至丰臣秀吉在去世之前,还特意召见陆若汉,予以厚赐。

丰臣秀吉死后,在关原之战中德川家康胜出,与耶稣会关系良好的石田三成、小西行长及一名天主教大名被处死。德川家康胜出之后,对耶稣会传教士表现出的善意,让担忧遭到报复的传教士觉得不可思议。陆若汉前去拜会时,德川家康隆重地加以款

---

[1] 参见［明］韩霖:《守圉全书》卷三《战守惟西洋火器第一议》。

待。此后，陆若汉与德川家康保持了良好关系，甚至被指定为德川家康的贸易代理人，长崎的葡萄牙商人都要通过陆若汉来进行贸易。

1610年，在日本生活了三十三年的陆若汉被驱逐至澳门。至于被驱逐的原因，一说是因为与贵族女性的暧昧关系，另一说则是其长期把持贸易，招致日本官员痛恨。陆若汉被驱逐，标志着耶稣会与德川幕府的"蜜月"结束。1612年，德川幕府颁发禁教令，在幕府领地禁教。1614年，幕府在日本全国禁教。

陆若汉担任澳门耶稣会司库助理或司库，为被从日本驱逐的传教士们募集款项，安排好生活。此外，陆若汉每年夏季还要随葡萄牙商人前往广州，参加贸易。1613年，陆若汉秘密深入中国内地，前后长达两年，曾至南京、北京等地考察。在北京时，陆若汉见过徐光启和李之藻，并进行了广泛的讨论，他在军事上的观点影响到了二人。对于利玛窦适应中国文化风俗的传教政策，陆若汉则大力反对。之后，陆若汉返回澳门，作为葡萄牙在中国的贸易代表，每年前往广州贸易，交涉处理各类纠纷。

崇祯元年（1628），六十七岁的陆若汉加入葡萄牙人远征队，护送火炮前往北京。公沙的西劳在澳门已有二十余年，具有军事才华，熟悉中国事务，故而被选为统领。远征队从广东路过时，当地官员给全队人员赠送了银子与丝绸衣服。途经徐州时，远征队缺乏川资，徐州知州韩云是天主教徒，捐助二百金壮行。陆若汉特意留下书信一封及火绳铳一门，表示感谢。

崇祯二年（1629）十月初二，远征队抵达山东济宁，被明廷催促快速北上。此年皇太极亲率大军，绕过宁锦防线，取道蒙古，进逼北京。远征队所送大炮未至，徐光启建议任用耶稣会传教士龙华民、邓玉函守城，认为二人虽不通军事，但其所掌握的科学知识可以帮助守城。

十一月二十三日，远征队行至涿州，得知北京被围。十二月初一，葡萄牙炮手护送火炮，行至琉璃河，得知良乡已被攻破，紧急退回涿州。返回路上，炮车轮辐损坏，大铳几至不保。此时涿州城内外，士民咸思逃亡南方。知州陆燧、旧辅冯铨一力担当，将撤回的火炮分布城上，演放火炮，昼夜防御；有此等犀利火器守城，人心稍安，"奴虏闻知，离涿二十里，不敢南下"[1]。此番作战火炮奏功，战后留下四门大铳防守涿州，另外六门大铳，送入京师。远征队再次上路，前往北京。

崇祯三年（1630）正月初三，远征队抵达北京，"帝以澳夷陆若汉等远道输诚，施设火器，藉扬威武，鼓励宜加，命有司赐以银币"。葡萄牙雇佣兵入京后，立刻投入到训练明军的工作中，成效显著。陆若汉、公沙的西劳建议，再招募三百至四百名葡萄牙军人，配以全套武器装备，用为前驱，佐以火炮，可奏奇效，不过二年可以恢复全辽。[2]徐光启对此也是大为心动，上奏请求由自己与陆若汉同往澳门，招募将卒、采购枪炮，训练出一批精兵，则数年国耻，一朝可雪也。

崇祯帝批示，徐光启不必亲自前往澳门，由陆若汉去招募即可。高龄的陆若汉不辞辛劳，当即南下，前往澳门招兵买马。此

---

1 ［葡］陆若汉：《贡铳效忠疏》，见汤开建：《委黎多〈报效始末疏〉笺正》，广东人民出版社2004年版，第8页。

2 ［明］徐光启：《徐光启集》卷六《闻风愤激直献刍荛疏》，中华书局2014年版，第299页。

年六月，天主教徒孙元化巡抚登莱东江，公沙的西劳等葡萄牙兵划归其指挥。

陆若汉在澳门招募的葡萄牙军人，人数在三百至四百名之间。远征军越过梅岭隘口，进入江西，抵达南昌时，突然遭到变数。广东地方上的商人对此次葡萄牙人前往北方助战，很是担忧；一旦葡萄牙人在北方取得战绩，皇帝开恩，此后葡萄牙人将可以越过广东，直接与整个大明贸易，这必将动摇广东与葡萄牙人贸易所带来的利润。广东香山人卢兆龙正担任礼部给事中，作为地方利益的代言人，他接连上奏，反对葡萄牙人北上。此时恰逢后金军队撤走，局面看起来得以缓和，崇祯帝被说动，遣使者至南昌下旨，令远征军返回澳门。因为澳门新献军火一批，大部撤回之后，陆若汉及少部分人得以继续北上。

因为地方利益的牵绊，因为皇帝的短视，大明王朝就这样错过了一次采用西方军事技术，进行大规模武装的机会，直至最后覆灭。

崇祯四年（1631）二月，登莱巡抚孙元化因坚持使用葡萄牙兵，遭到卢兆龙弹劾。卢兆龙在奏疏中认为："数万貔貅，尽可训练，何必借力于远人？盔甲枪牌，必有给造，安在重惜比火器？"荒唐滑稽的卢兆龙，当大明几十万大军被摧枯拉朽击溃时，还在蒙住双眼，大谈使用盔甲枪牌；还在诛心，大谈"澳夷之蓄谋不轨"；还在发出惊恐之论，一旦葡萄牙人"反戈相向，元化之肉，恐不足食也"。就是这样的人物，当日被视为刚正不阿、正气凛然，被崇祯帝描述为"刚大精神、直方气骨"，千古之下，兆龙之肉，恐不足食。

广州府推官颜俊彦受命，追缴葡萄牙人所用饷银。为了追缴银两，广东官方将葡萄牙人通事扣下，另外扣留了前来广州贸易的葡萄牙船只。为了此笔银两，广东地方官员与在澳门的葡萄牙人关系紧张，又引发了后来的一系列波澜。此事闹到北京，崇祯帝也觉得面上无光，是自己让陆若汉去招募葡萄牙人，之后不要人家来了，现在却追着要钱，实在说不过去，遂下令免除追索银两。

陆若汉及其他若干人仍继续北上入都，并由北京而往登州（今山东省烟台市蓬莱区），协助明军将领孙元化训练炮手。孙元化是天主教徒，以军功荣升登莱巡抚。因为清军围攻大凌河，困住明军祖大寿部，孙元化遣孔有德领兵前去增援。孔有德领兵行至吴桥，发动兵变，回攻登州。在登州的葡萄牙雇佣兵及陆若汉等，都投入到守城战之中。

明军与葡萄牙人在一个月时间内，进行了顽强的抵抗，包围的叛军出现了很多死伤。一日，公沙的西劳在城上，一手执灯，一手向叛军发炮，被叛军放箭射中心胸处，次日身死。登州城被困日久，城中有士兵将城门打开，放入叛军。七十一岁的陆若汉带领尚存的十二名葡萄牙雇佣兵，乘着夜色从城墙跳到雪地上，于雪中逃亡，回到北京。

登州兵变，对大明王朝是一场致命的打击。孙元化、陆若汉费尽精力训练的明军炮兵官兵，随着孔有德、耿仲明叛变，流到皇太极手下，极大地提高了后金军队在火炮上的技术。此后面对明军的坚城，后金不再是望城兴叹。而孙元化被杀，葡萄牙炮队覆灭，使明军一直视为国之屏障的火炮技术急剧下降。

崇祯五年（1632）四月丙子，兵部尚书熊明遇上疏，列出了战死、战伤的葡萄牙雇佣兵情况："公沙的、鲁未略等十二名捐躯殉难，以重伤获全者十五名。"明廷追赠公沙的西劳参将，副统领鲁未略游击，铳师拂郎亚兰达守备官衔，其他战死者追赠把总衔，各赏银十两给其妻孥，由陆若汉带回澳门转赠。陆若汉返回澳门后，募军之事未成，于崇祯七年（1634）病逝，葬于澳门青洲岛。

李约瑟难题与明末科技

李约瑟提出了著名的"李约瑟难题"，即：中国的科学为什么持续停留在经验阶段，并且只有原始型或中古型的理论？中国在理论和几何学体系方面所存在的弱点，为什么没有妨碍各种科学发现和技术发明的涌现？中国的这些发明和发现，往往远超同时代的欧洲，特别是在15世纪之前更是如此。欧洲在16世纪以后就诞生了近代科学，这种科学已被证明是形成近代世界秩序的基本因素之一，而中华文明却未能产生与欧洲相似的近代科学，其阻碍因素是什么？[1]

在16、17世纪，甚至18世纪，中国社会经济的各项基本指标，比如人口增长率、人均GDP和生活水平、工业化程度、市场规模和运作状况以及科学技术水平等，丝毫不逊色于西欧，在一些重要领域甚至比西欧表现得更为出色。随之而来的问题是，在技术等各方面一度领先，直到前工业革命时期，仍与西欧国家站在同一起跑线上的中国，为何没能发展起来？为何中国不但在国

---

[1]〔英〕李约瑟：《中国科学技术史》第一册，科学出版社1975年版，第1—2页。

际竞争中逐渐被边缘化，甚至一度沦落为世界上最贫困的国家之一？我们通常把这些疑问称为"李约瑟难题"。

中国人自己也提出了疑问：在中国科技史上，我们能够找出一些在当时世界上领先（甚至遥遥领先）的成果。例如，在公元1世纪时，中国就已经发现磁铁的指南性质；到10世纪时，罗盘已广泛运用，这比17世纪西方吉尔伯特磁学研究要早十几个世纪。但是，在这十几个世纪中，中国为什么没能在磁场发现的基础上创立物理学，而西方人一经发现，便能迅速建立起较为完备的科学体系呢？

另外，"我们有占星术及历法，却没有天文学；我们有测量面积和体积的方法，却没有几何学；我们有名家，却没有系统的伦理学；我们有章句之学，却没有文法学。这种差异绝不是近代始然，远在周秦希腊时代已昭彰可见了"[1]。

明末清初这个时期的中西文化交流，从传播的方向上看，是西学东渐和东学西传的双向运动。东学西传是以深层次的哲学为主要内容，而西学东渐则以科学技术为主要内容。从交流的主导者来看，起主要作用的都是西方来华传教士，尤其是耶稣会传教士。他们翻译介绍了大量中国古代的文学、思想作品，并在欧洲思想界传播，对欧洲的启蒙思想家们起着影响；他们也将西方的最新科技知识，传入了中国。从内容看，传教士翻译的西学，传入中国的主要是天文、历法、数学、地理、物理、机械、炮术、医学等自然科学和技术，缺少政治思想和哲学理论方面的内容。

---

[1] 张荫麟：《论中西文化的差异》，《中西文化文学比较研究论集》，重庆出版社1988年版，第62页。

从传播的范围看，主要限于宫廷、上层士大夫和少数知识分子，没有深入到社会各阶层中去。

利玛窦等传教士的努力，影响到了一批中国士大夫。1600年，利玛窦与徐光启在南京初晤，此后徐光启追随利玛窦，学习西方科学技术，"从西洋人利玛窦学天文、历算、火器，尽其术。遂遍习兵机、屯田、盐策、水利诸书"[1]。但徐光启、李之藻所代表的士大夫阶层，只是明朝体系中的极少数，且其所接受的知识体系，多为器物层面，以满足明廷对天文、战争、历法的需求。在大明王朝士大夫的认知之中，中华仍然以文化先进而居于朝贡体系之中心，而利玛窦等传教士，不过是文化落后的朝贡国因仰慕天朝而派来的使者。

利玛窦来到中国，向中国的士人们展示了真实的世界地图景象。这幅地图打破了中国人以往"天圆地方"的认知，中国士人面对它时，反应是震撼的，"是时地圆地小之说初入中土，骤闻而骇之者甚众"。惊骇之后，明末的一些知识分子接受了多种文明共处的世界地图，李贽、李之藻、方以智等人都开始引用这幅地图中的说法。但西方文明带来的冲击，却未能对"华夏中心说""华夷中心说"产生根本的影响。利玛窦制《坤舆万国全图》时，将地球分成东西两个半球展现在平面地图上，作为远东的中国，自然处在地图最东面，这种布局对以"中央之国"自诩的中国人来说是很难接受的。为了迎合中国人的心理，利玛窦将子午线从地图的中央向西移动170度，使中国正好处于地图的中央。这种中国处于世界地图中央的布局，一直延续至今天。如此调整，吻合

---

[1] ［清］佚名：《明季烈臣传》，清抄本。

了中国人的心理,中国乃是世界的中心,疆域广阔,四海来拜。

对于传教士所带来的西方科技,除了个别士大夫,普遍没有表现出特别的震惊或热情,在皇帝与官僚们眼里,这些科技不过是玩物而已。虽然西方有犀利的火枪、火炮,但可以仿制,或是直接从夷人手中购买。至于火器背后所代表的科技进步,并未得到特别重视。明代士人对付西学的策略,不外两类。一类是将西学纳入中国传统思想中进行重新解说,将欧洲已有的科技成就的源头,硬生生地说成是中国古人。另一类则是干脆把西学从中国思想世界中清理出去,以维护思想体系的稳定性。传教士带来的学问,只能局限在器、物范围内,而不能跳出这个范围,威胁到中华文化的根本"道"。至于这个"道",则以儒家思想为主体,以华夏中心说为核心,以中央集权机制为表现,被视为是万年不变、最为先进的文化之道。

利玛窦等传教士,在明末将大量欧洲的科技知识传入中国,如机械制作法、透视画法、翻译的欧几里得数学书籍、包含最新世界探险活动成果的世界地图等。晚明传教士传播了大量的西方科技内容,直接影响到了晚明的军事革命。但这些科技内容,却未给其他领域带去变革,乃至引发科学革命,这又是为什么?

科学与技术有着深刻的联系,但同时还有着深刻的区别。科学追求的是规律性、真理性,它是超功利的;而技术则有着强烈的实践性和效用性,它直接受着功利的制约。在中国古代历史上,技术的概念强,而科学的思维弱。中国哲学中"真理意识"和真理至上的观念较为薄弱,这也导致了中国的学术活动中,缺少一种"科学精神"。

所谓"科学精神",是指一种对真理执着追求的精神,指追求真理时所必备的怀疑精神、批判精神和实证精神。西方古希腊科学的产生和发展，西方近代科学的勃兴和发达，都是对"真理"和"知识"热情追求的自然产物，西方近现代社会的物质生产力的飞速发展，也是追求真理、渴求知识的附带产品。[1]

而中国历史上的一些发明创造，如中国的天文学，主要为政权提供天象预测，缺少对天体运行规律的探索。同样，在产生了影响世界的火药，以及影响西方近代化学的道教修炼术中，其最重要的一个内容就是修炼金丹、仙药。而修炼丹药的目的，更是直接为帝王服务。正是在炼制丹药的过程中，发明了改变世界的火药。而道士们的炼丹术，经过阿拉伯人传入西欧，也被发展成为炼金术，推进了近代化学的发展。但火药在中国，更多成了点缀日常生活的烟花，而不是拿它作为改变世界的动力，也未形成系统的化学知识。

从人才体制来看，科举制、官僚机制也限制了科技的发展。明代重明经科，取消明法科、明书科、明算科等实用科目，考生答卷时要以朱熹的《四书章句集注》为根据，"非圣人之言不言，非经中之语不用"，严重约束了士人的思维。由科举取士，将整个社会的思维塑造为官本位，以投入官场为荣，膜拜权力，臣服权力，社会中的精英人才纷纷以进入官场为目标，人生的主要精力耗费在枯燥呆板的八股文之中，哪有余心余力关注于研究科学，推广科技，带动社会发展。明代宋应星就感受到中国教育取才与实学、科技、社会的严重脱轨，他发出哀叹："纨绔之子，

---

[1] 刘承华：《文化与人格：对中西文化差异的一次比较》，中国科学技术大学出版社2002年版，第225页。

以赭衣视笠蓑;经生之家,以农夫为诟詈。晨炊晚饷,知其味而忘其源者众矣。"[1]

科学上的革命性突破,来自商业上的革命。商业的发达,产权的保护,有利于将科技上的成果加以转化,产生效益,进一步又鼓励、推动科技的创新和突破。商业上的革命,则来自政治的变革,需要一个鼓励商业发展、保护产权的政治机制。由于政治制度僵化,权力高高在上,商业受到各类限制打击,在古代中国,商业革命及相应的政治变革很难做到。

在西方,技术只是科学的一个附带产品,它是在科学探索的基础上发展起来的。而中国古代的科学始终受着功利实用的制约,并且只是在功利实用的范围内才得到发展。功利化带来的直接结果,就是"科学精神"的普遍匮乏。

---

1 [明]宋应星:《天工开物》卷上,明崇祯初刻本。

第十一章

心学——致良知与回归于人

在明中期之后，随着政治环境的宽松、经济的繁荣，在思想上也产生了突破。王阳明心学，主张良知在心，知行合一，肯定工商业，主张"觉民行道"。王阳明之后，王艮开创了泰州学派，更贴近平民，贴近社会，主张百姓日用，皆是学问。泰州学派的代表人物，如颜钧、何心隐等，在思想上产生了巨大突破，挑战了固有思维。在思想变革中，禅宗与心学合流，产生出了狂禅，其代表人物如李贽，敢于挑战已有的一切思想与秩序。面对思想的风暴，明廷采取了高压政策，风靡一时的思想风暴在铁拳之下，烟消云散，明代未曾完成思想的启蒙，更未能产生深刻的社会变革。

龙场悟道与良知在心

嘉靖二年（1523），日本大内氏与细川氏朝贡使团在宁波发生冲突，彼此厮杀，细川氏使团一路逃奔至绍兴城下。绍兴城门紧闭，一人正在城内坐镇主持，此人乃是王阳明。此年日本使者在宁波的那次冲突，在海域上引发一系列风波，而在华夏大地，思想也如飓风一般突起，席卷中晚明。掀起此股飓风的，正是王阳明。

儒学在宋代获得了新的发展。自唐代引佛入儒以来，儒家唯心化的发展态势已经出现，这种唯心化，化解了以往中国儒学中所存在的最大问题，即儒学只有方法论，而缺乏世界观。儒学的唯心化是儒学的自我完善发展，其完善发展的结果，便是理学。理学的集大成者为朱熹。朱熹以儒学为核心，吸收佛家和道家的思想，发展出理学，可以说他是一个集大成的人物。

朱熹学说的最高范畴是"理"（天理、太极），它有两方面的基本内涵。一是伦理意义。"太极只是个极好至善底道理……是天地人物万善至好底表德。"[1]在朱熹看来，"理"是人类社会的必然法则和最高道德准则，它本身包含伦理性。二是宇宙论意义。"理"既是宇宙万物的唯一本原与共同本质，又是万物的普遍法则和合理准则，是宇宙必然性与合理性的根据，故名为"天下公

---

[1] ［宋］黎靖德：《朱子语类》卷九十四，明成化九年陈炜刻本。

共之理"。这样一来，三纲五常的伦理就与"天下公共之理"合为一体，使伦理规范上升为宇宙之理，获得了形而上学的普遍性与至上性。新儒学之"新"于先秦汉唐儒学，根本原因就在于此。

朱熹伦理思想的主要特色在于，他以理学观点重新解释了儒学的伦理规范，论证了三纲五常与天理、人性之间的联系，使之更为系统，更具哲理色彩。朱熹认为"天理"是永存的，将"三纲五常"说成是"天理"的体现。五常是人之所以不同于禽兽，而能为人的根本，"人之异于禽兽，是父子有亲，君臣有义，夫妇有别，长幼有序，朋友有信"。五常、五伦又是天理赋予人的固有本性。在三纲五常的伦理规范体系中，朱熹特别强调了仁的地位和作用。他说："盖仁也者，五常之首也。"肯定仁为五常之首，实际上就是强调了道德修养的重要性。

宇宙的天理和人类社会的伦理确立之后，问题的关键就在于作为道德主体的儒者，如何体认天理并践履伦理原则，完善人性，达到天理与人性、人心的合一。朱熹说："学者功夫，惟在居敬穷理二事。"在朱熹看来，"格物致知"是"穷理"的根本途径。从格物致知论，朱熹发挥出一系列观点，如"即物穷理""逐一格物""渐进积累""理会一重又一重"等。朱熹指出的这条达成天理人心合一的认知途径，将认识过程与道德修养过程混为一体，以实现所谓的君子人格、圣人人格的养成，宋儒称之为"修养功夫"。

朱熹的影响，金观涛在20世纪80年代就指出："朱熹的深刻之处在于，把孔孟置于正宗，同时又把董仲舒阴阳五行观、王充对董仲舒目的论的批判，把张载以及周敦颐、二程的观点，以及佛学高度一元化的哲学和道家的思辨精神，统统加以整理，小心而细致地构造出内容精深的新儒学体系。儒学世界观、方法论薄弱的短处被克服了，历史经过了一千年。万物起源皆出于理，理生气，气生万物，理又规定了儒家伦理道德的合理性。理学的出现大大巩固了儒学在中国封建社会中作为指导思想的地位，使佛、道等学说再也不会动摇它了。宋以后七百年间，理学一直被奉为正统，与宗法一体化结构十分适应，王朝的控制能力也增强了。"[1]

朱熹生前，未曾预料他身后所受的推崇。自南宋末期，理学逐步登上统治思想的宝座，成为官方的正统哲学。从元代开始，朱熹所定的《四书集注》成为科举考试的指定教材，一直延续到20世纪初科举考试被废止。但朱熹理学，囿于唯心，而缺乏现实性与进取精神，为后世所屡屡诟病。清代颜元说："朱子学术不过是禅宗、训诂、文字、乡愿四者集成一种。"戴震则批评宋儒天理人欲之辨太过，以至不顾人情，将饮食男女之欲这些不可或缺的方面，视为毫无价值。

陆九渊对朱熹将心与理分开不满，认为："万物森然于方寸之间，满心而发，充塞宇宙，无非此理。""宇宙便是吾心，吾心便是宇宙。"陆九渊发展出"心学"，以与程朱理学相抗，但未得到重视，泯然无闻。至明中期，随着社会经济的活跃，思想层面也发生变革，由王阳明将心学发展成完整体系。

阳明弟子钱绪山云："先生之学凡三变，其为教也亦三变。少之时，驰骋于辞章；已而出入二氏；继乃居夷处困，豁然有得

---

[1] 金观涛、刘青峰：《兴盛与危机》，湖南人民出版社1984年版，第21页

于圣贤之旨；是三变而至道也。"[1]在龙场悟道之前，王阳明一度沉迷于朱熹格物穷理之学，之后步入科举八股，再探究于佛道，最后自行悟道。

成化十八年（1482），十一岁的王阳明进入私塾读书，曾问塾师："何为第一等事？"塾师曰："惟读书登第耳。"王阳明当场质疑："登第恐未为第一等事，或读书学圣贤耳。"少时的王阳明，就以天下为己任，以圣贤为目标。

弘治五年（1492），王阳明回到家乡余姚，准备科举考试，"夜则搜取诸经子史读之，多至夜分"。一日思先儒谓："众物必有表里精粗，一草一木，皆涵至理。"官署中多竹，即取竹格之，沉思七日，致劳神成疾。"亭前格竹"失败之后，王阳明"自委圣贤有分，乃随世就辞章之学"。[2]

弘治六年（1493），王阳明科举不第，在余姚龙泉山寺结社，对弈联诗，沉溺辞章之学。王阳明在辞章学中，以才名驰骋。至弘治十一年（1498），他开始反思，岂能以有限之精神为无用之虚文，"辞章艺能，不足以通至道"。他再次投入到朱子之学中，以求至道，但沉郁既久，旧疾复作，偶闻道士谈养生，遂有遗世入山之意。[3]

弘治十四年（1501），王阳明患虚弱咳嗽之疾，不断发作，身体日益羸弱。此时他对道家养生之术，产生了极大兴趣。此年他在九华山，与道士蔡蓬头论道。弘治十五年（1502），王阳明告病

---

1 ［明］胡直：《衡庐精舍藏稿》卷九序，清文渊阁四库全书本。
2 ［明］张萱：《西园闻见录》卷九，民国哈佛燕京学社印本。
3 ［清］孙奇逢：《理学宗传》卷九，清康熙六年刻本。

归，筑室于阳明洞中，静坐修行佛道之法。佛道之修炼，对他身体有所改善，但他也"渐悟仙、释二氏之非"，开始回归儒家。

正德元年（1506），王阳明因上疏援救戴铣、薄彦徽等人，得罪宦官刘瑾，廷杖四十后入狱。正德三年（1508）春，王阳明被释，贬为贵州龙场驿驿丞，由此龙场悟道。龙场在贵州西北万山丛棘中，蛇虺魍魉，蛊毒瘴疠，与当地土人语言不通。

龙场驿极为偏僻，且已坍塌，王阳明到任后，寻到一处石洞，作为居所。龙场驿远离喧嚣，王阳明在此静思自己生平所学。一日夜间，忽有感悟，天理不在外，只在此心，格物只在身心上做。"始知圣人之道，吾性自足，向之求理于事物者，误也。"[1] 王阳明乃以默记《五经》之言证之，莫不吻合，因著《五经臆说》。

由龙场悟道，王阳明开创了心学的根本点"心即是理"。在程朱理学中，"天理"是最高存在，主宰一切，社会的秩序也由其决定，个人处于"天理"的支配之下，人没有主动性。王阳明打破"天理"，强调心外无理，心乃天地万物之主。在心学体系中，"吾心良知"乃是最高存在。"良知即是天理"，心为天地万物之主，由此冲破"天理"束缚，发挥人之主观能动性。心纯乎天理，合于忠孝，以此待人处事，交友治民，就是在践行道。

由龙场悟道，王阳明确立了自己的学说体系，开始挑战程朱理学。自南宋理学被定为正统后，朱熹所注的"四书五经"成为真理，不容置疑。理学被推广到社会生活中，作为辨别是非的标准，思想与言论受到其束缚。王阳明则认为"六经之实具于吾心"，不以经书与圣人之言为准绳，而以自己的内在之心为基准。

---

[1]〔清〕张夏：《雒闽源流录》卷十五，清康熙二十一年黄昌衢彝叙堂刻本。

龙场悟道之前，王阳明信奉"得君行道"，"内圣外王"。由"龙场悟道"，王阳明认识到，圣人之道，乃向自己内心追求，而非向外去寻求。此前在政治舞台上，王阳明一直向外而求，乃至于向皇帝进谏而被廷杖。此后王阳明不再向外去求"得君行道"，而是向内、向自己、向万千民众行道，"觉民行道"。余英时指出：阳明"致良知"之教和他所构想的"觉民行道"是绝对分不开的；这是他在绝望于"得君行道"之后所杀出的一条血路。"行道"完全撇开君主与朝廷，转而单向地诉诸社会大众，这是两千年来儒者所未到之境。

在贵州，王阳明发展出"知行合一"，以匡正当时只知不行、知行相违之风。知行合一，将所知付诸行，由行而出真知。正德十六年（1521），五十岁的王阳明在南昌系统提出"致良知"，标志着阳明心学的发展成熟。王阳明自述："某于此良知之说，从千死百难中得来。""良知者，心之本体"，良知是万物存在的依据，良知即知，致良知即行，知行合一就是道。

在程朱理学构建的秩序之中，圣人高不可攀，人人仰望。王阳明则以为，在良知面前，人人平等。"良知之在人心，不但圣贤，虽常人亦无不如此。"[1]王阳明打破了圣人的偶像光环，高呼每个人在人格上都是平等的，是为"良知一振，群寐咸醒"。

适应明中期之后的社会发展，王阳明适时提出了"四民异业而同道"，肯定工商业的作用。在明中期之前，官方长期打压工商业，工商业被视为四民之末。王阳明认为工商业能有益于生民，商人虽终日做买卖，"不害其为圣为贤"。他认为："夫圣人之学，

1　[明]王阳明：《阳明先生则言》下卷，明嘉靖十六年薛侃刻本。

心学也；学以求尽其心而已。"[1]商贾如果做到了尽心于业，则同为圣人之学，如此满街都是圣人。人人胸中各有圣人，人人可为仲尼，人人可为尧舜。人人为尧舜了，那还要帝王做甚？王阳明没敢讲下去。

概而论之，王阳明以儒学宗师身份，推翻"四民"阶层观，肯定工商者价值，认为四民平等，在当时是划时代的突破。王阳明更将他的理念贯彻到讲学之中，他的弟子既有朝廷官员、士人，也有商人，甚至有底层的盐丁等。阳明之后，心学被进一步推广至民间，践行觉民行道的，则是泰州学派。

百姓日用与泰州鼓吹

黄宗羲云："阳明先生之学，有泰州、龙溪而风行天下，亦因泰州、龙溪而渐失其传。"[2]泰州，指王艮；龙溪，指王畿。泰州学派，由王艮开创，之后再传颜山农、何心隐。王艮先祖，由苏州迁到泰州安丰场。安丰乃是盐场，王艮父亲就从事煮盐工作。王艮没有受过系统教育，少年时就跟随父亲在盐场烧盐，"生长灶间，年三十才可识字"。成年后，王艮通过水陆两路贩卖私盐，逐渐富裕。

二十五岁时，王艮第三次去山东经商，经过曲阜时拜谒了一次孔庙，沾染了些书香气，发出感悟"夫子亦人也，我亦人也"。王

---

1 [明]钱德洪：《阳明先生年谱》下卷，明嘉靖四十三年毛汝麒刻本。
2 [清]黄宗羲：《明儒学案》，中华书局1985年版，第703页。

艮以为自己有救万民于水火的重担，遂发奋读书，欲图从此中找出济世之路。读书在当日，只有儒家经典。于是，富豪王艮开始了研学经典的生涯。知识的内容可以弥补，个人的见识却只能在生活中磨炼。一个精明的生意人，本着敏锐的头脑、刻苦的精神，假以时日，在学术领域的造诣却不输给缩在象牙塔内的老夫子。

正德六年（1511），二十九岁的王艮夜间异梦，梦里天突然坠落，万万人奔走呼号。在世界末日关头，王艮挺身而出，奋臂托天而起，由此"心体洞彻，万物一体，宇宙在我之念，益真切不容已"。泰州异梦后，王艮继续在学术之路上探索。他在屋后筑一室，"读书考古，鸣琴雅歌"。三十二岁时，他根据自己对儒家的理解，在泰州讲学。他的讲学"多发明自得，不泥传注"[1]。

王艮是明中后期，经济发展之后，商人阶层向其他领域扩张的代表。在经商致富后，商人们培养子弟，努力步入仕途，介入政治。商人们也投身文化领域，追捧书画古玩戏曲等，出现了文化上的大繁荣。商人们介入社会生活，创办慈善机构，兴修地方路桥系统，予社会以较多影响。商人们向着政治、社会与文化扩张，如余英时所指出的："在扩张的过程中也或多或少地改变了其他领域的面貌。改变最少的是政治，最多的是社会与文化。"[2]在商人们向着不同领域扩张之时，王艮投身于学术事业，欲构建出一套理论，影响整个社会。

三十八岁时，当王艮听到王阳明的"致良知"学说后，他如雷击顶，惊呼"信有斯人论学如我乎"，当即决定前去南昌拜访。

1　［清］孙奇逢：《理学宗传》卷二十一，清康熙六年刻本。
2　余英时：《儒家伦理与商人精神》，广西师范大学出版社2004年版，第178页。

正德十五年（1520），王艮身着红衣，戴了顶纸糊的高帽，拿了块笏板，自称"海滨生"，跑去南昌拜见王阳明。见到王阳明后，二人辩论了一场，王艮大为佩服，决定拜他为师。可一出门，王艮就后悔了，要拯救世界的人，怎能轻易折服于别人呢？第二天，他又去找王阳明辩论，一番舌战后才真正折服。王艮初名银，王阳明取《周易》艮卦为他改名艮。由此王艮汲取了阳明学说，又开创出泰州学派。

王艮追随王阳明讲学，从学弟子越来越多，道院僧房至不能容，王艮出资出力，帮助扩建。王艮有"出而为帝王师，处而为天下万世师"的气魄，从不掩饰，高调行事。嘉靖元年（1522），王艮身着古冠服，坐车前往京师，车上书"入山林求会隐逸，过市井启发愚蒙"。王艮一路招摇，所讲内容又与主流学说全然不同，吸引了无数围观者，男女奔忙，聚观如堵。王艮的高调张扬，与王阳明的低调内敛全然不同，也让王阳明很是不满，将他召回绍兴。王艮长跪请过，王阳明置之不理。王艮久跪后大怒，厉声道："仲尼不为已甚。"也就是说孔子也没你王阳明这么过分。王阳明闻言有所感悟，赶紧"揖先生起"。

此后王艮收敛狂态，帮助其师讲学。他接受心学的基本思想，却不拘泥于此，另开辟出一片天地，提出了百姓日用即道、安身立本等观点。嘉靖八年（1529），王阳明去世后，他亲自迎丧桐庐，集会师门经理其家。会葬王阳明之后，王艮返回泰州，独立讲学。

王阳明心学强调心为天地万物之主宰，泰州学派则进一步发挥，认为身为天地万物之本。由此王艮大胆提出，切合百姓日用的就是道。在宋明理学中，圣人与百姓被加以区分，二者之间犹如天堑。王阳明认为在先天道德上，人人平等，"良知良能，愚夫愚妇与圣人同"。但圣人与愚民之间仍有差异，圣人能致良知，能体悟道，愚夫愚妇则不能致。王艮则打破鸿沟，认为百姓日用就是道，道并不神秘，存在于日常生活中。"百姓日用条理处，即是圣人之条理处。"百姓日用，乃是道的标准。"圣人之道，无异于百姓日用。凡有异者，皆谓之异端。"[1]

由百姓日用之道，王艮引申而出，让百姓衣食富足，乃是圣人之道。如果百姓不能获得日用，贫而冻馁其身，则为失道。如果王艮再进一步大胆展开，则帝王的统治合法性，在于为民众提供更美好的生活。若有违背，则为无道之君了。

程朱理学构建了一套君主秩序，君为臣纲，臣必须绝对服从。王阳明则提出了民为邦本，本固邦宁，但他没敢触及深层次的内容，即君与民孰轻孰重。王艮强调个体，人才是天下至尊至贵，而不单独是君。他虽不曾明说，可他认为"天大还包在地下"，这天（君）虽高，可还是要包于地（人），君也不过是一个凡人而已。

格物是《大学》八条目之一，是致知、诚意、正心、修身、齐家、治国、平天下的起点。后世对格物的解释颇多。朱熹认为，"格物"是"即物而穷其理也"。在朱熹看来，格物穷理，是指对外部世界的自然和社会现象，通过内心去加以认知。陆九渊则认为，心为本体，不必向外去格物，向内认识到本心，就可明了万物之理。王阳明认为，天下之物，本无可格者，格物功夫，只在身心上做，去除私欲，达到至善，格物正心。

---

1 ［明］王艮：《王心斋全集》，江苏教育出版社2001年版，第10页。

王艮则认为："身与天下国家一物也，格知身之为本，而家国天下之为末，行有不得者，皆反求诸己。"[1]据此，人才是世间最为重要的，最为珍贵的，道是服务于人的，而非往昔所谓"以道从人，妾妇之道"。

王艮认为"吾身是个矩，天下国家是个方"，矩正则方正，通过格自身，来使天下正，欲正物必先正己，才是大人之学。依王艮"格物正己"说，从平民到帝王都要先正己，从自己格起，如此才能正天下。

王艮学说在当时影响极广，"上自师保公卿，中及疆吏司道牧令，下逮士庶樵陶农吏，几无辈无之"[2]。王艮弟子中多有市井阶层，有名者如樵夫朱恕、陶业匠人韩贞、农夫夏云峰、商人林讷、佣工林春、卖油人陈剩夫、戍卒周小泉、布衣颜钧等。王艮之后，弟子学人不求飞龙在天，而是见龙在田，躬耕于民间，处为天下万世师。

王艮主张，学问应浅显易懂，便于学习，使人乐而学之，乐而行之。王艮完全不拘泥于士人那一套，他注重躬行践履，不重著述，不重功名，以为人人皆可为尧舜。王艮不喜著作，酬应之作，都让门人、儿子代笔，自己口授。王艮认为，讲学授徒是经世之业，是尧舜事业，"经世之业，莫先于讲学以兴起人才"[3]。他命五个儿子终生不事举业，不入官场，只在民间讲学。

中国往日的思想史，都是由士人书写的，鲜有由底层社会来

---

1 ［明］王艮：《心斋王先生语录》卷上，明刻本。
2 ［明］王艮：《王心斋全集》，江苏教育出版社2001年版，第109页。
3 ［明］王艮：《王心斋全集》，江苏教育出版社2001年版，第18页。

书写的。王艮由四民之末的商贾，拜入王阳明门下，思想自成体系，却是前所未有的。他的思想体系，基于民本，基于个体，认为圣愚平等，并无差异。他高举为生民立命的大旗，高呼民用为本，衣食足而礼义兴。他也保持着一种桃花源的幻想，期待一个大同社会，人人平等，均分土地，人心和洽。

王艮及泰州学派诸子，专就日常生活处指点，遍及"愚夫愚妇"，提出"吾心须是自心作得主宰，凡事只依本心而行"。由王艮及泰州学派，将人从往昔的各种束缚中挣脱出来，鼓吹着个人自由，张扬着人的个性，在明朝中后期的社会生活中，推动了社会、文化的发展繁荣。但泰州学派的学说，终究不合于主流，其一派又见龙在野，多远离官场，故而政治上的影响力不足。

王艮心中，终究是怀抱着一颗英雄之心，侠义之胆。他期待着以其思想帮助天下万民实现大同。他将民众比喻为缸中奄奄若死的鳝鱼，自喻为周流不息、变动不居的泥鳅，奋身化龙，救出樊笼之鳝。王艮之后，他的后学，如颜钧、何心隐、李贽等，都如同泥鳅化龙，欲冲破樊笼，向着天地万民，直吐真言，人人可为圣人。

平民儒学与个体生命

正如黄宗羲所说："泰州之后，其人多能以赤手搏龙蛇，传至颜钧、何心隐一派，遂复非名教之所能羁络矣。"[1]泰州学派，代

---

1 ［清］黄宗羲：《黄宗羲全集》，浙江古籍出版社2012年版，第767页。

代有突破，时时有创造，对明代文坛士风影响巨大。

在泰州学派的传播中，一介平民颜钧，扮演了重要角色。颜钧出生在江西永新县中陂村，至十二岁才开始读书，此后有四年时间随同父亲到常熟学习科举时艺，结果却"不通一艺"。嘉靖六年（1527），颜钧的仲兄颜钥被推荐进入白鹿洞书院，学习阳明学，后将手抄《传习录》带给他，这时他已二十四岁。颜钧读了《传习录》后，闭关默坐了七日七夜，垂头沉思。王阳明虽主张"从静处体验"，更重视"从事上磨炼"，颜钧只注重"静"的一面，也算是自有感悟，另辟天地。闭关七日之后，颜钧突觉智慧洞开，心性皎如，此后更加迷恋闭关静坐，竟然跑去山谷中闭关九个月。

此番闭关，颜钧颇有感悟，一时兴起，结成"萃和会"，聚众讲道。乡间男女七百余人，列坐两旁，由颜钧讲授耕读传家，做人道理。开讲十日之后，乡间人人相悦，家家协和。颜钧讲课时，以乡间俚语传授，通俗易懂，受到乡人欢迎。讲了两个多月之后，老者幼童，都能信口吟诵。"萃和会"以教化地方、醇厚风俗为目的，通过颜钧的讲授，起到了一定效果，闾里民皆向善。受此鼓励，颜钧充满了自信，以为自己将能与孔子治鲁相媲美。

颜钧认识到，自己学问尚浅，未有师传，想为自己的学说寻找新的理论支撑。嘉靖十年（1531），颜钧跑去吉安游历了五年，遍访王门弟子。吉安是江西读书风气最为发达之地，也是阳明学说的重镇。不想他至吉安游历求学，在各路大儒处遭到了严厉批评："古之狂简，恐不类子。"[1]

---

[1] ［明］《颜钧集》，黄宣民点校，中国社会科学出版社1996年版，第12页。

嘉靖十八年（1539），颜钧又南下到泰州王艮门下学习。颜钧在王艮门下三个月，大有所得，最后发展出一套自己的学说。颜钧自诩受传于王阳明良知学和王艮大成学，对二者"会而通之"。颜钧以自立于宇宙，不因袭古今的精神，开创出了"大中学"，即"大学中庸"之学。

颜钧认为，天地之间，最为可贵的是人，人最可贵的是心，人是天地之心，心是人身之主。他强调人的主观精神，并以"大学中庸"对此加以解释："自我广远无外者，名为大；自我凝聚圆神者，名为学；自我主宰无倚者，名为中；自我妙应无穷者，名为庸。"[1] 他重视人的欲望，支持随心所欲，但要"不逾矩"。统治者要尊重民众的欲望，满足民众的需要。如果每一个民众的需求都得到了尊重和满足，则社会安定，天下太平。

颜钧以布衣之身讲学，以匡救时弊，力挽糜烂世风，"赤身担当，无有放下时节"。颜钧频繁奔走于各地，从事讲学。他的足迹遍布南北各地，他在江苏泰州、如皋、江都、扬州等地讲学，每次讲学，都是千人云集。后来耿定向曾经嘲讽颜钧，说他讲学时为表示贴近民众，曾就地打滚。李贽反驳，从未听过颜钧有讲学打滚之事，如果有之，"则山农自得良知真趣，自打而自滚，何与诸人事？"进而李贽嘲讽，天下之人，谄媚权贵，奴颜婢膝，无人不然，无时不然，无一刻不在地上打滚。"吾独憾山农不能终身滚滚也。当滚时，内不见己，外不见人。无美于中，无丑于外。"[2]

1　[明]《颜钧集》，黄宣民点校，中国社会科学出版社1996年版，第76页。
2　[明]李贽：《李温陵集》卷四，明刻本。

颜钧性格坦诚，有侠义风骨。他的好友赵贞吉获罪被贬，他一路陪同护送至贬所。他的老师徐樾在云南战死，他不远千里，前往云南，寻觅遗体。他视钱财为身外之物，学生罗汝芳为他准备了上好的棺材送终，他将棺材变现，帮助穷人。有门生去世，他再将自己备用的棺材送出。罗汝芳说自己的老师轻财尚义，视人犹己，哪怕自己忍饥也要周济他人。

颜钧以通俗易懂的语言，解释儒学真义，宣扬自己的学说。他讲学不拘一格，利用各种平台进行传播，听众既有达官显贵，也有市井小民。他努力将自己的学问通俗化，以达成传播效果，实现他所向往的理想状态。嘉靖三十七年（1558），颜钧在各地游走讲学。此时耿定向担任监察御史，设计将他引诱到太平府（辖今安徽马鞍山、芜湖）讲学。颜钧到太平府讲学三日，被耿定向以诽谤圣学、有伤风化的罪名逮捕入狱。入狱后，颜钧先是受到杖击，浑身破烂，又被饿了七日。之后患上痢疾，侥幸得以不死。颜钧被关在监狱中，虽然外形颓废，但精神坚强。被囚禁之时，颜钧仍不忘讲学，众多狱友成了他讲学的对象。

在学生的营救之下，隆庆二年（1568），颜钧被改为发配戍边。颜钧被发配到福建邵武，刚到福建就被名将俞大猷邀至身边担任参谋。隆庆五年（1571），俞大猷送颜钧返回江西老家，此时他已六十八岁。经历了诸多磨难后，颜钧不再外出，在家乡讲学著述，留下著作颇多。万历二十四年（1596）九月，颜钧安详辞世。

颜钧一介平民，通过自学领悟，开创出学派。他游历四方，到处讲学，为的是挽救时弊，开启民智。他的授课对象，有底层贫民如车夫、盐夫，也有和尚、尼姑、囚犯之类，他真正践行了有教无类。他的努力，促进了儒学民间化的进程，儒家理念被各个阶层所知晓。他在全国各地的讲学，培养了一批泰州学派的中坚人物，使泰州学派获得了更大范围的传播。他将王艮思想进一步发挥宣扬，又影响到了自己的弟子。颜钧的弟子罗汝芳、何心隐，日后都成为学术大儒。颜钧以一介布衣，从事讲学悟道，并以其独立的人格、进取的精神、对学术的孜孜追求，阐释了儒家的修治齐平思想。他的思想，在当时被人视为"畸怪"，可后世再看他当时的思想言论，却是何其地吻合于人性。每个人都过上美好的生活，也就世界大同了，这就是颜钧的梦想。

泰州学派传至何心隐时，已不单单是主张摒弃经书、纯任心性，更具有掀翻天地的气势。何心隐，原名梁汝元，江西吉州（今江西省吉安市）永丰人，为躲避严嵩迫害，改名何心隐。嘉靖二十五年（1546），他在江西省试中高中解元，本可入仕。在接触泰州学派后，他受"百姓日用即是道"的影响，认为道在兹矣，拜颜钧为师。

何心隐创立聚和堂，领导全族过起大同社会的生活。何心隐还将非血缘的师友关系，凌驾于父子兄弟之上，打破了正统的三纲五常观念。何心隐的学说、行动，对社会主流价值观产生了强劲冲击，他也因此被视为"妖人"。

何心隐如狂侠一般，每见不平，即狂吼而出，由此得罪了地方官。嘉靖三十八年（1559），永丰县令有赋外之征，何心隐作书讥讽，被关入狱中，得了友人帮助方才得脱。嘉靖三十九年（1560），他入京师讲学，方技杂流无不从之。何心隐第一次在太学与张居正会面时，曾问张居正："公居太学，知大学道乎？"张居正云，未曾听过，何心隐讥讽道："尔意时时欲飞，却飞不起也。"张居正不动声色，心中暗恨之。据明人记录，此次在京师，他通过江湖术士蓝道行，设计致严嵩下台。严嵩虽倒，严党仍有实力，他遂改名"何心隐"，行走江湖。

何心隐思想的核心，有"欲""仁义"等内容。他反对"无欲"，主张尊重人性的欲望，同时又希望欲望不要过度，能加以控制，故而要寡欲。他主张帝王将相与百姓同欲，将此进一步发挥，则帝王将相所欲，也是平民百姓所欲，再进一步发挥，则帝王将相要与平民百姓共享财富与权利。何心隐的学说，吻合了新兴阶层的需要，也为卫道士所警惕，如顾宪成云："心隐辈坐在利欲胶漆盆中，所以能鼓动得人。"[1]

以儒家思想为支撑的信仰系统，以自耕农、地主为支撑的农业经济，以科举制选拔的官僚为支撑的政治结构，是大明江山大鼎的三只鼎足。一旦一只鼎足出现倾斜，则江山这个大鼎就会倾斜；如果三只鼎足都出现问题，则会倾倒。作为信仰系统的儒家传统思想，面对着泰州学派狂飙般的出击，虽鼎足未动摇，已开始有鼎颤之感。对于高呼奔走讲学的泰州学派，明廷持续进行打压，嘉靖、万历、天启三朝，多次封毁书院，禁止讲学。至万历朝，张居正主持中枢，毁天下书院，禁止聚众讲学。

何心隐拍案而起，高声呐喊："持正义，逐江陵去位，一新时局。"[2]他非潜龙，而以"见龙"自诩，金光熠熠，而不知潜藏。行走于世，不知韬光养晦的何心隐，得罪了从地方到中枢的官员。万历五年（1577）十月，湖广巡抚陈瑞以"大盗犯"罪名，

---

[1] ［清］黄宗羲：《明儒学案》卷三十二，清文渊阁四库全书本。
[2] ［明］沈德符：《万历野获编》，文化艺术出版社1998年版，第513页。

通缉何心隐。同年十二月，继任湖广巡抚王之垣（与王艮之孙王之垣同名）继续通缉。万历七年（1579）三月，何心隐在祁门县被捕，由祁门解至江西，又由江西解至南安（今江西省赣州市大余县）、湖广，沿途三千余里，"其不识公之面而知公之心者，三千余里皆然也"。[1]

被捕之后，何心隐见巡抚王之垣，坐不肯跪。被痛笞百余下，何心隐只是笑笑而已。入狱之后，门人送入酒菜，见他惨景，不由流泪，何心隐又是一笑。九月初二，何心隐被杖杀于狱中，临刑前云："杀我者，张居正也。"

泰州学派发展到颜钧、何心隐，已挣脱名教束缚，有掀翻天地之势，"诸公赤身担当，无有放下时节"。程学博《祭何心隐文》中云："平生精力，自少壮以及老死，自家居以至四方，无一日不在讲学，无一事不在讲学。自讲学而外，举凡世之所谓身家儿女，一切世情俗态，曾无纤毫足以挂先生之口，而入先生之心。"李贽在《何心隐论》中盛赞道："凡世之人，靡不自厚其生，公独不肯治生。公家世饶财者也，公独弃置不事，而直欲与一世圣贤共生于天地之间，是公之所以厚其生者与世异也。"

容肇祖认为，何心隐是泰州学派的后起中最切实、最有力、最激烈的一人。他抱着极自由、极平等的见解，张皇于讲学，抱济世为目的，以宗族为试验，虽破家不顾。虽得罪于地方官，得罪于时宰，亦在所不惜。容肇祖认为："他是不畏死的，遂欲借一死以成名。他的思想是切实的，所谓'不堕影响'。他以为欲望是可以寡而不可以无，可以选择而不可以废。欲以张皇讲学，

---

[1] ［明］李贽：《焚书·续焚书校释》，岳麓书社2011年版，第155页

聚育英才，以补天下的大空。他的目的太高，而社会的情状太坏，故此为当道所忌，不免终于以身殉道了！"[1]

狂禅徒手可搏蛟龙

在后世的发展中，泰州学派吸收禅宗"即心即佛"等观点，力倡自由，打破礼法约束，张扬个性，赤手可搏龙蛇。为了贴近世俗，吸引平民，禅宗也适时提出了"吃穿住行、饮食男女，皆是佛法"之说。如此，佛门中的研修经义、严守戒律，就显得不那么重要了。由于门槛的降低，禅宗的信众越来越多。在迅猛发展的同时，禅宗之中出现了无视戒律、浪荡于世、敢于呵骂佛祖的特立独行者。禅宗与儒家中的另类泰州学派相结合，就产生了狂禅群体。狂禅没有系统的理论，也没有统一的思想，泛指反对程朱理学的僵化思维、与世俗格格不入、特立独行的一批人。

僧侣在世俗人的眼中，不外是清净无欲、恬淡自得的形象。如果哪座寺庙出了个鲁智深般的猛和尚，只怕要香火断绝、门庭冷落。可在晚明，却有一批佛教信徒，率性而为，不受世俗拘束，更具侠肝义胆，为天下苍生呼号，每见世上欺天罔人之徒，便欲手刃，取其首级。

狂禅僧人达观生性慷慨激烈，与人一言不合，即以老拳相向。他在江南以棒喝立教，所至之处，信众云集。一日，弟子冯梦祯与达观同席，席间有一盘肥美的蟹，冯梦祯抓起便吃，并

---

[1] 容肇祖：《何心隐及其思想》，《辅仁学志》，1937年第6卷第1—2期，第44页。

解释道:"是不宜吃,无奈嘴馋。"达观大怒,拿了大棒就打了下来,"直欲顿断命根"。达观看书看到忠臣自杀,感动得泪流满面,回头见旁边的侍者没哭,便大怒:"当推汝堕崖下。"万历帝为了增加税收,派出太监为矿监税使,至各地敛财。这些太监打着皇帝的旗号,巧取豪夺,盘剥天下,荼毒万民。达观发誓,要以命相搏,请求朝廷取消此税。他北上京师时,汤显祖料定他此行凶多吉少,婉言相劝。达观笑道:"我当日断发时,已如断头。"万历三十一年(1603),达观受京师"续妖书案"牵连而入狱,遭遇酷刑后坐化。

达观、李贽,并称当时狂禅二教主。李贽是提倡狂禅最激烈之人,如黄宗羲云:"李卓吾鼓倡狂禅,学者靡然从风。"[1]李贽是泉州人,其祖上世代从事海上贸易。李贽一世祖林闾于元末到泉州经商。二世祖林驽"壮年航吴泛越,为泉州巨商,洪武十七年,奉命发航西洋忽鲁模斯等"。三世祖林通保"夙有经营四方志"。三世祖叔林广齐得罪官府,遂改姓为李,迁居南安。四世祖、五世祖仍然从事海上贸易,在琉球、日本做生意。到了李贽祖父时,家道中落,不再经商,但同族仍有经商者。

黑格尔认为,在海上生活的人,性格刚烈,个性好强,酷爱自由。家族长期海上经商的历史,深刻影响着李贽。李贽自小就显示了自由的个性,他自云:"我平生不爱属人管。"他读儒家书却不知何为儒家,他尊孔子却不知孔夫子为何可尊,"所谓矮子观场,虽人说妍,和声而已"。李贽自嘲:"五十以前真一犬也,因前犬吠形,亦随而吠之。若问以吠声之故,正好哑然自笑

---

[1] [清]黄宗羲:《明儒学案》卷三十五,清文渊阁四库全书本。

也已。"[1]

李贽晚年云，他四十岁前什么都不信，见道人厌恶，见僧人也厌恶，见道学先生更厌恶。四十岁时，他从友人处接触到王阳明学说，顿时为之倾倒，并结识了泰州学派传人焦竑、耿定理、罗汝芳等人。万历二年（1574），王艮之子王襞到南京讲学，吸引了李贽，李贽遂拜其为师。

中年李贽拜服于泰州学派，后来他又转向禅宗。至万历十六年（1588）夏，李贽写好《藏书》，在湖北麻城削发为僧，移居龙潭芝佛院。关于李贽削发，一说因为夏季酷热，头痒难耐。李贽剃发之后，极为痛快，曾以手拂须道："此物不碍，故得寸耳。"

李贽也曾解释自己削发出家是因为生性自由，"缘我平生不爱属人管"。削发之后，他可以远离官场，远离交际，远离宗族。在当时社会中，头发被看得极为重要，李贽嫌弃头发长了心烦，干脆剃光，自然被人视为异端，要加以远离。李贽哪里在乎别人的看法，云："又此间无见识人，多以异端目我；故我遂为异端，以成彼竖子之名。"[2]

削发之后，李贽以狂禅示人，他饮酒吃肉，时常喝醉行走街市，如同癫僧。他的狂禅精神，在评点《水浒传》时尽情流露。在水浒众好汉中，他最爱的有两人：一是鲁智深，一是李逵。鲁智深的一切行为，在他看来，均符合狂禅精神。鲁智深出家却不肯学坐禅，在他看来是佛；鲁智深在佛殿后随意大小便，在他看来也是佛；鲁智深喝醉酒在禅床上呕吐，在他看来还是佛；鲁智

---

[1] ［明］李贽：《续焚书》卷二，明刻本。
[2] ［明］李贽：《焚书·续焚书校释》，岳麓书社2011年版，第543页.

深吃狗肉，打僧侣，在他看来更是佛。鲁智深在野猪林救下林冲，说出了"杀人须见血，救人须救彻"的话语，让他膜拜，惊呼其为"仁人、智人、勇人、圣人、神人、菩萨、罗汉、佛"。鲁智深吃肉喝酒，狂野无拘束，丝毫不符合出家人的身份，可李贽却为他辩护，反问那些质疑的人："请问，似出家人模样的，毕竟济得恁事？"

李贽由泰州学派冲杀而出，结合禅宗，自成惊世骇俗一派。他鼓吹工商，"天与以致富之才，又借以致富之势，以强忍之力，赋以趋时之识"。他认为工商业，"此天道也，虽圣人岂能违天乎哉？"他肯定人的欲望，认为自私乃是天性，"趋利避害，人人同心"，"虽大圣人不能无势利之心，则知势利之心，亦吾人禀赋之自然矣"。[1]

他认为人世间的一切行动，都是出于利己之心。"人必有私而后其心乃见，若无私，则无心矣。"不管是从事农业还是读书，都是从私心私欲出发。他提出了让当时士人惊骇的观点，所有读书人出仕，都是为了私欲，哪怕孔子也是如此。"故官人而不私以禄，则虽召之，必不来矣；苟无高爵，则虽劝之，必不至矣。虽有孔子之圣，苟无司寇之任，相事之摄，必不能一日安其身于鲁也，决矣。"他狂呼，应肯定好货、好色、勤学、进取、多积金宝、多买田宅为子孙谋、博求风水为子孙福荫等欲望，并满足人的欲望，他狂呼"菩萨取于净国，皆为饶益诸众生故"。[2]

李贽憎恶道学先生的矫情虚伪，不顾世人的非议，特立独

---

[1]《李贽文集》第七卷，社会科学文献出版社2000年版，第358页。
[2]［明］李贽：《李温陵集》卷九，明刻本。

行。社会上有许多关于他的流言,如说他白日与妓女共浴,夜宿尼姑庵,去青楼嫖娼之类,他毫不在意。李贽如同熊熊燃烧的烈火,去瓦解一切高高在上的存在。他挑战孔子,认为孔子并不是不可以质疑,"以孔子是非为是非,则无是非也"。他将登上圣坛的孔子视为普通人,"虽孔子亦庸众人类也"。他批评朱熹,认为有名无实,贻害后世。他质疑儒家经典,认为并不是绝对真理。他指责理学家惺惺作态,"平居不以学术为急,临事又把名教以自持"。

万历二十六年(1598),李贽从北京前往南京。在南京居住期间,李贽曾与利玛窦三次会面。利玛窦记录,焦竑家中有一位有名的和尚,"他七十岁了,熟悉中国的事情,有很多信徒"。这位儒家的叛逆者李贽,特别尊敬利玛窦,二人相谈甚欢。利玛窦记录,李贽认为,"基督之道是唯一真正的生命之道"。李贽认为利玛窦是一个极标致的人,但"意其欲以所学,易吾周孔之学,则又太愚,恐非是尔"。[1]

万历二十八年(1600),利玛窦第二次由运河前往北京,路过济宁,此时李贽正在此地。利玛窦得知李贽在此后,当即遣人去找李贽,请他帮忙拜会漕运总督刘东星,双方先后会面三次。通过李贽,利玛窦会见了刘东星,得到书信引荐,得以进入北京。与利玛窦交往之后,李贽特意将利玛窦所写的《交友论》抄写多份,分送给弟子。李贽对外来的天主教持开放态度。他认为,道不止一途,执一便是害道。[2]

---

1 [明]李贽:《焚书·续焚书校释》,岳麓书社2011年版,第520页。
2 [明]李贽:《李温陵集》卷十五,明刻本。

万历二十八年（1600）夏，李贽离开济宁，返回麻城。此番他被麻城官绅指责破坏风俗，僧尼宣淫，不得不躲藏至龙潭芝佛院。湖广按察司佥事冯应京煽动地痞冲入佛院，寻找李贽，不得，放火将佛院焚毁。无奈之下，李贽逃入河南商城黄柏山。在他生命的最后关头，由马经纶将他迎入北通州，加以供养。

李贽认为，"天下无一人不生知"，天下人皆平等，人无不载道。他肯定妇女地位，认为男女平等，主张婚姻自由。他高声狂呼，挑战世间的权威，砸向不可侵犯的神圣偶像。他的学说风靡一时，少年高旷豪举之士，多乐慕之。卫道士惊呼："今日士风猖狂，实开于此。"当时士人不读四书五经，而李贽《藏书》《焚书》，人手一册，以为奇货。李贽每至各地讲学，登坛说法，听众云集，摇动大江南北。他被马经纶请至北通州后，燕翼人士，望风礼拜尤甚。

李贽的影响力太大了，他的学说太前卫了，乃至于撼动了定于一尊的孔孟之道、程朱理学。卫道士们对他畏惧有加，东林党人张问达出击，列出李贽罪状，如出书惑乱人心、行为不端勾引妇女、教唆士子不守礼法等，上奏万历帝。万历帝大怒，以"敢倡乱道，惑世诬民"为由，将他抓捕入狱，所有书籍尽搜烧毁。

让人惊愕的是，迫害李贽致死的，有冯应京、张问达，这都是东林党人的中坚。冯应京的老师，则是著名东林党人邹元标。东林党人虽然主张实学，强调工商皆本，可面对李贽的思想，他们惊悚，他们无法接受，他们仍然坚守君臣大义，于是以政治手段加以打击。

此时的李贽，已卧病在床，油灯将竭，可英雄之心，却在沸腾。"英雄汉子，无所泄怒，既无知己可死，吾将死于不知己者以泄怒也。"[1]得知厂卫前来抓捕他之后，他从病榻之上爬起，高呼："是为我也，为我取门片来。"门板取来，他躺在门板上，对抓捕他的厂卫道："速行，我罪人也，不宜留。"在狱中，李贽犹不屈服，作《不是好汉》诗云："志士不忘在沟壑，勇士不忘丧其元。我今不死更何待？愿早一命归黄泉。"

万历三十年（1602）三月十五日，狱中的李贽，吩咐狱卒侍者为他剃头后，取刀割喉自杀。狱卒问他："痛否？"他以指蘸血写道："不痛。"狱卒又问："裁决未下，为何自刎？"他写道："七十老翁何所求！"三月十六日夜，李贽去世。李贽死后，汤显祖甚为哀恸，写下《叹卓老》："自是精灵爱出家，钵头何必向京华？知教笑舞临刀杖，烂醉诸天雨杂花。"张师绎认为，李贽的自杀，"使后之君子，知夫以语言文字杀天下士者，非徒无益，而反助之名。罗钳世网之烈，其少有悛乎"[2]。

李贽的作品被列为禁书，可士人们仍然争相收藏。汤显祖为《李氏全书》作序，盛赞它可以传世、经世、济世、训世、骇世。汤显祖在他的名作《牡丹亭》《南柯梦》中诠释了狂禅精神，主人公为了追求真爱，无视世俗，放纵情欲，"情了为佛"。

李贽所代表的狂禅思潮，是有明一代那些不羁的前行者的思想凝聚。前行者们不满于僵化的主流思想，也不满于传统意识形态对社会生活的控制。他们的叛逆意识如同火山岩浆一样不可遏制地喷发而来。

---

1 ［明］李贽：《死篇》，《焚书》卷四，明刻本。
2 张师绎：《〈李温陵外纪〉序》，《李贽研究参考资料》第二辑，福建人民出版社1976年版，第130页。

由泰州学派心性之解放，开启了明代文学的大繁荣。徐渭、李贽、汤显祖、公安三袁、冯梦龙、屠隆、李渔等人深受泰州学派影响，在诗文、小说、戏曲等领域，写就了一批至情至性的名作。汤显祖少年时就接受心学，十三岁时，随泰州学派罗汝芳学习。罗汝芳鼓吹赤子之心，认为"顺应此心即为善"。罗汝芳的思想深刻影响了汤显祖，使他一生热爱自由，追求真情。汤显祖认为："世有情之天下，有法之天下。"为政者以情感化万民、治理天下，就能实现天下太平。汤显祖迸发出创作的激情，完成了一系列不朽名作。《牡丹亭》一出，世人为之疯魔，此剧给予理学以当头一击：人间儿女的刻骨深情，使生者可以死，死者可以生。

正德朝之后，随着葡萄牙、西班牙人的陆续到来，海外航路的开辟，无数白银涌入中国。经济的迅速发展，货币的流通，既改变了明代人的日常生活，也带来了思潮上的变革。狂禅怒吼咆哮，为世间不公而奔走；泰州学派贴近平民，赤身担当，开启民智。此时的他们，已不在意世俗眼光，勇敢地鞭挞虚伪、保守、腐朽的一切。他们的行为和言语，就像一杆杆标枪，向旧势力发起一次次投刺。他们看似消极、颓废，可内心燃烧着炽热的火焰。达观怒吼赴死，李贽呼唤童心，汤显祖写就至情之作。他们都是以笔为枪的战士，奋不顾身地冲向陈旧势力的堡垒，虽枪断、马翻、血溅、人死，也无怨无悔。

中国的思想启蒙为何失败

中国以泰州学派开启的思想启蒙，与欧洲15—16世纪的启蒙运动大体处于同一时期。然而，欧洲的文艺复兴与思想启蒙促进了西方科学技术的大发展，催生了资本主义；而中国明朝中后期的思想启蒙却最终以失败告终。

在持续不断的宗教战争之后，欧洲人深信无论新教徒或旧教徒，哪一方也不能获得全胜；而教会在中世纪统一教义的愿望，已没有任何希望，人们有了更大的空间去自由地、独立地思考。有才能的人由于厌恶神学中的争斗，把注意力转到现世学问，特别是转到数学和自然科学上。

笛卡儿认为，认识世界和取得知识的唯一方法，是数学推理；培根则提出了从特殊到一般、从具体到抽象的归纳法。以具体的经验事实与严谨的逻辑推理，代替似是而非、云里雾里的经院思辨，以明晰的自然定律为基础的理性主义便产生了。

被笛卡儿称作"唯理主义"的理性主义运动，实际上反映了西方基督教世界的思想转折。理性指人的一种自然能力，它是与宗教信仰相对立的人的全部理智能力，是一种自然光亮。启蒙思想家认为这一光亮，在中世纪被专制与愚昧所掩盖，无知迷信主宰了人的精神，现在是要用理性之光来重新启迪人类。在当时的思想家看来，人是理性的动物，人们具有用理性判断事物的能力，理性支配着人们的一切活动。理性主义要求人们相信知识与自我的判断，判断的前提是用客观与理智的态度来认识自然和社会，判断的结果是以理智分析来代替以往盲目的信仰。

启蒙运动发源于英国，将其光大的则是法国启蒙思想诸杰。英国启蒙思想家中，有弥尔顿、哈灵顿、培根、霍布斯、洛克、贝克莱、休谟等人，最为法国启蒙学者所推崇的则是霍布斯和洛克。

霍布斯是一个过渡型的人物，一方面他与旧王室有着千丝万缕的联系，并鼓吹绝对君权的思想；另一方面，他又曾投靠国会派，反对君权神授，主张君权民授。霍布斯契约论的逻辑根据是性恶论——"人对人像狼对狼一样"。他不信任人们留下一部分权力，能够形成自治的市民社会。因此，人们在契约中交出的是全部权力，接受权力者也只能是一个具有绝对权威的主权者——专制君主。霍布斯的契约论，后来被卢梭所继承，成为欧洲大陆政治哲学处理政治国家与市民社会关系的普遍渊源，称为"社会契约论"。

启蒙一派学说的推演，大体是从自然状态开始，洛克亦然。在洛克设想的自然状态下，人民处于无序状态之中，各自纷争，一切都得不到保障。为了结束这种自然状态，保护自己的财产，人民缔结契约，组成国家，而国家君主的权力，则来自人民。在自然状态下，人民的财产是上帝所赐予的，在财产上，人民直接和上帝缔约。而人民和政府所缔结的契约，是为了保护财产，故而洛克主张私有财产神圣不可侵犯。契约中让渡的权力是部分权力，不是全部权力；交出去的权力组成国家机器，留下来的权力组成社会自治；交出去的权力为小，留下来的权力为大，交出去的是为保护留下来的。因此，在功能限定上，国家取最小值，社会取最大值，形成小政府、大社会的模式。洛克的契约论解决的是政府组成问题，被称为"政府契约论"。

为了保护财产，洛克提出将国家权力分为立法权、执行权和对外权三种。洛克的三权分立学说，为孟德斯鸠所发扬，并影响到以后美国政治体制的设立，在启蒙运动史上占有重要的地位。

霍布斯和洛克的区别在于，霍布斯认为，人们在协议成立政府时把所有的权力都交给了统治者；而洛克认为人们只是放弃了一部分权力，仍然保留着生命、自由和财产权这些不可转让的权利。洛克又指出，被授予权力的人也是契约的参加者，必须受契约内容的限制，保护好人们的财产，否则人们有权反抗，甚至另立新的统治者；而霍布斯则认为既然人们将所有权力交给了统治者，就该接受统治者的处置。

总体而言，启蒙思想包括两大信条。第一，相信在宇宙中存在着自然法则，万物受其支配，人类社会也同样。自然法则反映在人的头脑中，便是理性。理性是衡量一切的标准，在启蒙思想中，除了卢梭，都是赞成理性的。第二，人类的过去充满了黑暗和愚昧，人类的未来则是光明的。

启蒙思想提出了许多建议：在经济领域，他们主张自由放任主义，而反对重商主义；在政治上，他们提出主权在民的理论，认为一切官吏都是人民的公仆，一旦政府压制人民，人民有天然权利去反抗；在宗教上，启蒙思想家主张信仰自由，反对政教合一的神权国家。文艺复兴反对的是天主教神学，追求现世幸福；启蒙运动反对的则是封建专制，所追求的是自由平等。人文主义从"个体本位"出发，以个人的意志、欲望和利益作为人观察、思考与评判万事万物的是非标准或价值尺度。

法国的伏尔泰、孟德斯鸠等人反映了历史发展的客观要求，高举"理性"大旗，对专制制度和宗教神学进行了批判，用"自然权利""自然法""社会契约"等新观念来对抗君权神授的封建意识，他们坚信理性之光一定能够消灭中世纪的黑暗势力，建立一个美好的新世界。他们的理论为美国独立战争提供了框架，为法国大革命作了思想上的准备，也导致了工业革命的兴起。他们给生活在黑暗中的人带来了光明和希望。

15—16世纪,欧洲文艺复兴、启蒙运动兴起时,中国也兴起了以泰州学派而开启的思想启蒙与文艺繁荣。布鲁诺1600年被火刑焚烧而死,1602年李贽在狱中自杀;汤显祖与莎士比亚是同时代人类天空并列的亮眼星辰;徐光启与笛卡儿在同时代,开启着东西方的科学启蒙。可明中后期开始的以泰州学派为中坚的思想启蒙运动,却未如欧洲那般,带来天翻地覆的革命性变化,社会未曾转型,科技未曾突破,政治未曾改革,最终在历史的长河之中淡去,其因何在?

就自身而言,从王阳明开始,心学就存在着消极避世的倾向,以求自保。王艮也强调自保,"吾身保,然后能保天下矣"。虽然走向平民讲学,也有平等社会的实践,可这些讲学实践,难免带着避世的影子,带着桃花源、乌托邦的幻想。泰州学派在后世的发展中,往往强调个性的发挥,追求个人的自由。而个性张扬、个人私欲、个人自由,哪怕不侵犯到社会的边界,也被当时主流社会所不容,被视为异端,视为惑民祸国,颜钧、何心隐、李贽的命运,就是例证。相应地,泰州学派渐渐忽略对社会事务的参与、公共利益的表达、政治体系的构建,最终失去了其社会影响力。在恐怖威压之下,他们转而更重于个人的私欲,陷入个人享受,乃至放浪走向极端,追求肉体的欢愉,被视为性灵学说。王夫之曾批评道:"王氏之学,一传而为王畿,再传而为李贽。无忌惮之教立,而廉耻丧,盗贼兴。"[1]

就外部来看,秦汉之际成型的早熟(强)国家和官僚制度的超前发展,决定了国家、社会的不平衡状态。强国家的产生挤占

---

[1] [清]王夫之:《张子正蒙注》卷九下,清船山遗书本。

社会空间，使个人身份被无限边缘化，缺乏互动的国家、社会、个人之间，由强大的政治权力操控一切，并成为"超稳定社会结构"，看起来是铁板一块。在此铁板之中，虽有启蒙思想的火花，终究被铁板给扑灭。赵士林认为："无论心学解放思潮还是它所催生的从情到欲、从雅到俗的市民文艺运动，都有其这样那样的历史局限。心学解放思潮固然不断地迸射出思想火花，且表示出冲决网罗的英雄气概（异端）。但由于其理论形态远远不具系统性、完备性、彻底性与科学性，故终未承担起建构成熟的近代思想文化的历史使命。"[1]

大明王朝是整个朝贡秩序的中心，以其物产丰饶，文明发达，影响着周边各国。当欧洲开始了变革，启蒙运动带来了近代文明的曙光，而中国却仍深陷于王朝轮回之中。在农民起义和后金（清）的双重夹攻之下，近三百年的大明王朝土崩瓦解。中原的新主，是一贯被视为蛮夷的民族，这对坚持"华夷不两立"的汉族知识分子来说，是难以接受的。王夫之发出这样的激烈论述："天下之大防二：华夏夷狄也，君子小人也"，"可禅，可继，可革，不可使夷类间之"。[2]中国知识分子一贯坚持的"华夷之辨"，不是种族上的，而是文化上的。但现实却又是，文化落后的后金（清）击败了以文化先进而自诩的明廷，这使明末清初的知识分子们去反思，并带来了社会思潮上的变革。

梁启超在《明清之交中国思想界及其代表人物》中提出："中国的学者，向来十有九都和政治有关系，这种关系常常妨碍

1　赵士林：《心学与美学》，中国社会科学出版社1992年版，第206页。
2　［清］王夫之：《黄书》，清船山遗书本。

思想的独立,分减了研究的岁月和精神。清初因为满洲人初进来,统治者非我族类,第一流学者对于他们,或采积极的反抗态度,或采消极的'不合作'态度,这些学者都对于当时的政治不肯插手,全部精力都注在改良学风作将来预备,所以有许多新颖思想自由发挥,而且因积久研究的结果,有许多新发明。"[1]明末清初虽有顾炎武、王夫之、黄宗羲、吕留良、戴震等对人欲、君权民权之议论,乃至于有很多石破天惊的思想突破,可在清代血雨腥风镇压之下,终难免湮灭于书斋,或走向乾嘉考据学。屡屡兴起的文字狱,使得知识分子们发现故纸堆里才是最安全的,文字音韵、名物训诂、历史地理、天文历算、金石乐律、校勘辑佚等,都被清代士人们玩到了极致;其考据、其对古籍的整理,在文化史上有着不可抹去的功绩,但人类的历史,总归是要向外、向前看,而不是沉溺于烦琐极致的考据。

---

[1] 梁启超:《明清之交中国思想界及其代表人物》,商务印书馆1924年版,第439页。

第十二章

争雄——全球体系下的荷兰人与郑氏海上集团

至17世纪，荷兰开始了海上扩张的步伐，希望建立全球海洋贸易的霸权。得益于发达的造船技术和先进的火器，荷兰将老牌海上强国葡萄牙、西班牙在东方的据点一个个夺取。荷兰人的到来，使东方原有的朝贡秩序被打破，葡萄牙、西班牙则处于守势。咄咄逼人的荷兰，迫切地想要打开与中国贸易的大门，建立新的全球贸易秩序。当中国拒绝荷兰人的贸易请求后，荷兰军舰在中国沿海不断进行骚扰，并扶持起了郑芝龙、钟斌、刘香等海上集团。在明廷的帮助之下，招安后的郑芝龙先后击败了荷兰及各股海上集团，称雄于海洋。

荷兰崛起与觊觎东方

17世纪末期，一名法国人曾经这样评价荷兰："是一个很小的小国，海岸尽是寸草不生的沙丘。国内江河纵横，海岸及河流两岸经常发生水灾，仅适合草地生长，牧草为唯一天然富源，当地收获的小麦和其他粮食不够养活百分之一的居民。"[1]就是在这样的自然环境中，产生了称霸海洋的荷兰。

1477年，奥地利哈布斯堡王朝的腓特烈三世，为儿子马克西米连迎娶了勃艮第公爵的独生女儿玛丽。这场婚姻带来了丰厚的嫁妆，其中包括了勃艮第和尼德兰[2]。勃艮第地理位置重要，控制了此地，等于控制了法国与意大利之间的锁钥，而尼德兰商业繁盛，是当时最为富庶之地。通过持续不断地联姻，在西方，哈布斯堡王朝获得了勃艮第、尼德兰和西班牙，在东方，获得了波希米亚、匈牙利和克罗地亚。

1516年，马克西米连的孙子，年轻的查理继承了西班牙王位。1519年，查理又登上了神圣罗马帝国皇帝的宝座，称查理五世。查理五世效法祖父，采取广泛联姻的方式，他与葡萄牙公主

---

1 ［法］费尔南·布罗代尔：《15至18世纪的物质文明、经济和资本主义》第三卷，施康强、顾良译，生活·读书·新知三联书店1993年版，第188页。
2 尼德兰，在尼德兰革命（16世纪）前，指莱茵河、马斯河、斯德尔德河下游及北海沿岸一带，约当今荷兰、比利时、卢森堡及法国东北部。荷兰、比利时、卢森堡因地势较低，亦称"低地国家"。

结婚，又安排自己众多弟妹及子嗣，与欧洲各国联姻，形成庞大的联姻网络。通过一次次的联姻，哈布斯堡家族不断地获得新的同盟与领地。人们目瞪口呆地看着哈布斯堡家族的膨胀，歌曲也开始传唱："让别人去打仗吧，你，幸福的奥地利，结婚去吧！战神马尔斯赐给别人的东西，爱神维纳斯会赐给你。"

1556年，查理五世决定分割帝国，他将西班牙、尼德兰、意大利以及海外领土留给了儿子菲利普二世，将神圣罗马帝国皇帝的称号以及奥地利的世袭领地授给了他的弟弟斐迪南。此后奥地利与西班牙，分别处在哈布斯堡家族不同支系统治之下。

菲利普二世对天主教有着坚定的信仰，残酷对待异教徒，在内外政策上，更深受宗教影响。作为尼德兰的统治者，他既不擅长该地区通行的法语，也不懂荷兰语，对尼德兰缺乏了解。富裕的尼德兰地区，被菲利普二世毫无节制地压榨，以填补西班牙帝国的财政亏空。1556年，他要求全体尼德兰人缴纳1%的不动产税与2%的动产税，这让尼德兰人大为不满。作为妥协，1558年，联省会议答应在未来九年，为国王筹集三百万盾。更让尼德兰人难以忍受的是，菲利普二世决定逆转正在尼德兰传播的新教思潮。他调集来军队，进入尼德兰，又准备将臭名昭著的西班牙宗教裁判所引入尼德兰，清除异端思想。

1559年，菲利普二世决定将宫廷从尼德兰迁回西班牙。尼德兰代表趁机表示，除非国王撤出驻扎在尼德兰的军队，否则将暂停缴纳税款。此时西班牙在与土耳其的海战中遭到重创，菲利普二世只能暂时妥协，将西班牙军队撤出尼德兰，但其心中对尼德兰则深恶痛绝。

1566年，尼德兰各地四百余名贵族联合签名，要求解散宗教裁判所。此次签名引发响应，各地贵族纷纷加入签名，又吸引了大批新教徒参与，在小镇史汀福尔德爆发了"破坏圣像运动"。破坏圣像一发不可收拾，蔓延至各地，又引发了天主教徒与新教徒的冲突。尼德兰各地的民兵团体拒绝执行镇压命令，反而保护新教徒。

菲利普二世新仇旧恨涌上心头，决定加以打击。1567年，菲利普二世派遣一万名大军进入尼德兰，镇压各地骚乱。西班牙军队进入尼德兰地区后，进行血腥镇压，贵族纷纷从尼德兰逃离。

1568年，尼德兰爆发了反对西班牙统治的战争，推奥伦治亲王威廉为领袖。1579年，尼德兰北部七省形成了乌得勒支同盟。1581年，乌得勒支同盟的三级会议通过《誓绝法案》（Act of Abjuration），脱离西班牙独立。《誓绝法案》就君王与人民的关系有着生动表述：一个国家的君王是为了治理其人民，其权威是由上帝授予的。君王是为了管理人民、保护人民，并使他们免于遭受压迫，免于遭受暴力。上帝创造了人，但不是要人民成为君王的奴仆，不分是非地服从君王命令。如果君王压迫人民，侵犯传统习俗，剥夺人民权利，压制人民时，他就不是君王，人民视他为专横的暴君。[1]

1588年，尼德兰成立共和国。约从1590年起，尼德兰开始进行海上扩张，从西班牙（葡萄牙）手中，夺取一块肥沃的殖民地。此时欧洲各主要国家，如英国、法国正忙于陆上争霸，老牌海上强国西班牙的无敌舰队又遭到英国重创，这使荷兰获得崛起

---

[1] 顾卫民：《荷兰海洋帝国史：1581—1800》，上海社会科学院出版社2020年版，第108页。

于海上的机遇。

荷兰一直与葡萄牙人进行贸易,每年荷兰商人到里斯本采购东南亚香料等货物,再转贩到欧洲各地。此时西班牙与葡萄牙合并,为了惩戒尼德兰人的反抗,菲利普二世禁止荷兰人至葡萄牙贸易,扣押荷兰违禁商船。为了打破西班牙(葡萄牙)的封锁,荷兰人开始向东方开拓。尼德兰地区很早就形成了造船业,吸纳了当时最新造船技术,造出了适合远洋航行的船舶。

1594年,阿姆斯特丹的私人公司开始努力探寻前往东方的海上通道,荷兰共和国为之提供了一百门大炮,此年四艘船只启航前往东方。1596年,荷兰船只抵达爪哇的万丹港,此处乃是全世界最大的胡椒出口中心。荷兰人想在万丹贸易,遭到葡萄牙人的阻挠,双方发生冲突,但荷兰人最终成功与中国商人进行了交易。

此次航行之后,荷兰成立了一批东方贸易公司,如鹿特丹公司、远地公司等,不断遣出武装商船,前往东方探索海上航路,抢夺贸易地点。1600年4月19日,荷兰鹿特丹公司的商船"利夫得"号漂流到日本,船上存活的水手被当作海盗关押起来。德川家康得知后,召见了船上的水手,并将船上装备的大炮与弹药,投入到关原之战中。

万历二十九年(1601),荷兰人驾大舰,携巨炮,袭击吕宋,被击退后转而前往中国香山澳。荷兰人声称,此番前来是为了贸易。广东税监李道虽在广州接待了荷兰人,但不敢奏闻朝廷,也不敢容许其贸易,将其遣返。在澳门的葡萄牙人则严阵以待,拒绝荷兰人在此贸易。荷兰人开拓贸易不成,军事手段无法奏效,遂退去。

荷兰各家海上公司彼此竞争,不时爆发冲突,又持续遭到葡萄牙人的打击，影响了荷兰在海外的竞争力。1602年，荷兰政府出面组织，将各公司合并，成立荷兰东印度公司（简称VOC）。荷兰东印度公司被授予了在海外设置法庭、贸易垄断、缔结条约与宣战、征兵、造币、立法、任免官吏、修筑要塞、铸造货币的权利。公司权限之大，等同于一个国家。总督为其最高长官，向荷兰母国公司董事会和联省议会负责。公司在亚洲的陆海军指挥官，须做双重效忠宣誓，即他们的雇主与联省议会。公司董事会由七十六人组成，董事为终身制。平时由十七人组成的理事会处理日常事务，决定运往东方的商品种类与数量、从东方采购的商品种类与数量等。

此时的西班牙、葡萄牙，在东方已经发展出成熟的贸易体系。葡萄牙通过果阿、满剌加、澳门、长崎等要地，形成了稳定而繁荣的海上贸易之路。西班牙则控制着马尼拉，进行着跨太平洋的大帆船贸易。荷兰东印度公司的目标是，驱逐西班牙、葡萄牙，占据贸易基地，控制马鲁古群岛的香料，直接与东方的中国、日本进行贸易。荷兰东印度公司董事会向所辖各船队指挥官发出宣告："各个公司和船队，你们从尼德兰联省共和国航行到东印度去，要认清在那里的西班牙人和葡萄牙人就是我们全体国民的敌人。为了我们自己的国民，为了我们的朋友，为了岛上的本地居民，为了我们在东印度群岛上贸易的发展和安全，我们必须对西班牙人和葡萄牙人执行敌对战略，展开斗争！"[1]

由葡萄牙、西班牙开始，地中海武装贸易方式被传播到了全世界，并直接影响到了嘉靖大倭寇。自全球走向一体化之后，从

---

[1] 王任叔：《印度尼西亚古代史》下，中国社会科学出版社1987年版，第790页。

16世纪一直到19世纪，武装贸易，且商且寇，是全球贸易的主要方式。而欧洲各国，从葡萄牙、西班牙，到荷兰、英国，对于全球贸易体系都有着强大的控制欲望。不同于葡萄牙、西班牙的是，荷兰、英国所追求的是自由贸易，而不附带传播宗教的激情。荷兰成立东印度公司，目的就是为了贸易，对于传播宗教之类并无兴趣。

与其相比，西班牙的海外政策，在获取黄金白银之外，包含了推广宗教。1605年，荷兰从葡萄牙手上夺取了香料群岛中的帝兜岛、安汶岛，开始对印度尼西亚逐步蚕食。1619年，荷兰人占领雅加达，将其更名为"巴达维亚"，才在东亚贸易圈中站稳脚跟。荷兰东印度公司在巴达维亚设立总部，经营东至日本、西到波斯湾的贸易。对葡萄牙人控制的贸易重镇满剌加，荷兰人志在必得，多次发动进攻，但均未成功。为了攻占满剌加，荷兰人持续九年封锁果阿，交战多次，里斯本、果阿至满剌加的黄金航线受到阻滞。

1641年，荷兰攻克满剌加。占领满剌加后，荷兰效仿葡萄牙，规定一切过往船只必须在满剌加停留，以征收商船税。1650年，荷兰拥有两千艘海上船只，还有无数渔船及从事内河航运的船只，纵横于大海之上。至1663年，荷兰几乎控制了从阿拉伯到日本的广阔海域，曾经的海洋霸主葡萄牙，此时仅控制澳门及印度尼西亚最偏远的几个岛屿。

荷兰进入东方之后，被巨大利润所刺激，疯狂寻找着贸易的机会，并渴望进入中国，建立以自己为中心的全球自由贸易体系。可在东方，以明廷为中心的朝贡体系，才是明朝所认为的天下秩序。虽然朝贡体系在嘉靖朝之后逐渐衰落，可仍然存在着。

17世纪新的全球体系的建立，使中国商品的海外市场迅速扩大，海外贸易利润不断增加，中国已被卷入了全球化进程之中，而大明朝廷却排斥这个体系，并想维持住旧的朝贡体系。在全球走向一体化的背景之下，旧体系与新体系之间的冲突必然爆发。

荷兰打开中国大门的尝试

古代中国一直以大陆政策为主线，对于海洋的开拓，官方并不特别重视。而中国民间对海洋的开拓，却一直不断地前行，但也一直被官方所打压。隆庆元年（1567），开关之后，原本走私贸易的大本营月港升为海澄县，由官方对海洋贸易加以管理，由此民间商人可以合法出海贸易。此种体系，是朝贡贸易的变通，是在官方监督下，以中国民间商人为主体的互市贸易体系。此时贸易的对象，不单单是被纳入朝贡体制内的朝贡国，也包括在朝贡体制之外的国家，比如西班牙（葡萄牙）。新崛起的荷兰人，则迫不及待地想要进入这个互市贸易体系。可大明朝廷僵化的思维、荷兰人粗暴的行为方式、中国沿海各地错综复杂的关系、西班牙（葡萄牙）人的从中作梗，使荷兰难以被纳入互市体系。

万历二十九年（1601）九月，两艘巨舰出现在香山澳。巨舰的出现，不但让葡萄牙人紧张，也让中国人紧张。葡萄牙人知道，这是新崛起的海上劲敌荷兰人，而中国人虽不了解荷兰，但却被荷兰巨舰与火器给震住。得益于发达的造船技术，荷兰人拥有同时代最大的海上舰艇。明代人记录下了荷兰船只："其舟甚巨，外以铜叶裹之，入水二丈。""其所恃惟巨舟大炮，舟长三十丈，广六丈，厚二尺余，树五桅，后为三层楼，旁设小窗，置铜炮。桅下置二丈巨铁炮，发之可洞裂石城，震数十里，世所谓红夷炮，即其制也。"[1]

荷兰人的形象，更让中国人惊恐。最初出现在中国的荷兰人，身着红色衣服，"其人深目长鼻，发眉须皆赤，足长尺二寸，颀伟倍常"。荷兰人须发皆红，身材高大，比往日佛郎机人的形象更为惊骇，此后得了个外号"红毛人"。住在澳门的葡萄牙人严阵以待，中方却与形象可怕的红毛人打起了交道。

红毛人被迎入广州，待了一个月。此时广东财政紧张，广东税使李凤希望通过与红毛人的来往，多增加些税收。但在大明所列的朝贡国名单中，并无荷兰。现实经济利益的渴望，最终还是让步于持续百余年的僵硬的朝贡体系，红毛人被劝离广州。严阵以待的葡萄牙人抓住机会，对荷兰人发起了凶猛的攻击，抓获了二十名俘虏，其中十七名以酷刑处死，另外三名被押往满剌加囚禁。荷兰人此番前来，想要通商贸易的目标未曾达到，澳门又严阵以待，只好怏怏退去。

荷兰人初来时，发现整个中国沿海人口密度之高，令人难以置信，人与船遍地皆是。与荷兰的船只相比，中国的帆船更便于行驶和转变方向，而中国沿海也有着众多的优良港湾。中国无数的船只与良港，加之能带来暴利的商品，让荷兰人对华贸易的激情日益高涨。1603年2月，荷兰东印度公司在柔佛港外，劫掠了一艘葡萄牙船只，船上装有中国生丝一千二百大捆。生丝被运回阿姆斯特丹后，东印度公司获得暴利。7月底，荷兰人麻韦郎（瓦

---

[1] ［清］胡林翼：《读史兵略续编》卷九，清光绪二十六年本。

尔韦伊克）所领船队在澳门劫掠了一艘开往日本的葡萄牙船只，船上有生丝两千八百大捆，至阿姆斯特丹又获得暴利。两次劫掠带来的暴利，刺激了荷兰人对生丝贸易的欲望，迫切想要打开中国贸易的大门。

万历三十二年（1604），荷兰人再次前来。此次带领荷兰军舰而来的是麻韦郎。在大泥与荷兰人贸易的中国商人李锦、潘秀、郭震等，给韦麻郎出谋划策。李锦认为，如果想与中国通贡互市，漳州最为合适。"漳南有澎湖屿，去海远，诚夺而守之，贡市不难成也。"麻韦郎则道："守臣不许，奈何？"李锦给了个妙计："税使高寀，嗜金银甚。"如果厚贿高寀，请其特疏上闻，皇帝如果允许了，地方上的守臣谁敢抗旨？麻韦郎大喜，曰："善。"[1]

李锦以大泥国王的名义，修书三封，分别送交高寀、兵备副使、守将。书信中云，荷兰人以潘秀、郭震等前来朝贡。守将陶拱圣看了书信后不由大笑，此前屡有中国商人冒充他国使臣前来朝贡，真把大明官员当白痴？陶拱圣当即下令，将送信的潘秀抓捕入狱，郭震见势不妙潜逃。

潘秀来之前，曾经与荷兰人约好，如果入闽有效果，即遣舟相告。此时潘秀被抓，荷兰人急不可待，在七月出动两艘巨舰，直抵澎湖。此时澎湖汛兵已撤，荷兰人如入无人之境，在澎湖伐木筑舍，为久居计。李锦潜入漳州，为荷兰人刺探消息，被抓获入狱，此后郭震也被抓获。

福建官方商议之后，决定将三人释放，并传话，令荷兰人归国。三人早先与荷兰人达成协议，不想无功而返，犹豫不决，不

---

[1] ［清］佚名:《粤海关志》卷二十二，清道光广东刻本。

肯前去。福建官方只好另遣将校，携币帛、食物前去澎湖，劝说荷兰人离去。此时出现了一幕新的景象，福建沿海之人听说荷兰人来到澎湖之后，纷纷搭载货物，前去贸易。荷兰人忙着在澎湖贸易，哪肯离去？太监高寀则另有心思，遣心腹周之范前去，向荷兰人开出价码，"以三万金馈寀，即许贡市"[1]。荷兰人大喜，当即给了这笔钱。

明廷总兵施德政遣都司沈有容，领兵前去澎湖驱逐荷兰人。沈有容到了后，将荷兰人说服退走，但荷兰人要求周之范归还此前所赠银两，只送了些玻璃器具、洋酒等给高寀，请代奏通市。此事被总兵施德政得知后，向御史方元彦参劾高寀受贿及私许通市。方元彦上奏朝廷："若许其入贡，祸闽将无已时。"明廷遂下令，不许荷兰通贡。福建巡抚徐学聚则严禁民众下海，犯者必诛，由是断了通商之路。荷兰人食物短缺，至十月末扬帆而去。

荷兰人一走，巡抚徐学聚立刻奏报："红番闯入内洋，宜设法驱回，以清海徼。勾引奸民潘秀、张嶷等，均应究处。"万历帝令："红毛番无因忽来，狡伪叵测，着严行拒回吕宋。……奸民潘秀等依律究处。"[2]明廷以为，至此已妥善处理红毛人求贡之事，却低估了荷兰人对贸易的渴望。

万历三十三年（1605），琼奇率领十一艘荷兰船只到达东方，带来两封信：一封是奥兰治王子致中国皇帝的信，另一封是给暹罗国王的信，请其帮助荷兰人，在中国进行贸易。但荷兰人要进入中国进行贸易，最大的对手就是葡萄牙人。葡萄牙人在澳门盘

---

1 ［清］佚名：《粤海关志》卷二十二，清道光广东刻本。
2 《明神宗实录》卷四百零三。

踞多年，从事海上转口贸易，大发其财；当荷兰人试图打开对华贸易大门时，他们又屡屡从中作梗。

1608年，荷兰东印度公司的十七人委员会作出指示，要求增加对中国商品的贸易，首先是要获得生丝。如果不能直接与中国贸易，应该通过其他地方采购生丝。此后荷兰人通过在海外的华商、海上劫掠等途径，获得了一定数量的生丝，但这远远不能满足欧洲市场的需要。荷兰人游弋于辽阔的海面上，多次试探，试图前往中国贸易，却都无果。

1609年，荷兰人到达日本平户，获得德川家康的朱印贸易许可，在平户设立商馆。但日本对荷兰人的商品并无兴趣，迫切地想要中国的生丝，可荷兰人手中并无生丝可售。荷兰人控制了辽阔的大海，却始终无法打开对华贸易的大门，而葡萄牙人控制下的澳门，却源源不断地运出生丝，这让荷兰人妒火中烧，想要下手却不能。1609年，荷兰与西班牙在安特卫普签订《十二年停战协议》，规定双方在欧洲停火，保证两国欧洲贸易的自由往来。西班牙默许了荷兰人在亚洲的商贸以及殖民行动，荷兰人则不可进犯被西班牙人控制的吕宋。

到了1619年，眼看《十二年停战协议》将要到期，英国与荷兰订立同盟协定，共同迎战在亚洲的敌人，垄断对日本的贸易。英国东印度公司为双方组建的联合舰队提供了十艘战船；作为交换，英国东印度公司可分享荷兰东印度公司部分利益，如两家公司各被允许购买市面上一半的胡椒用以销售，由马鲁古群岛运来的香料，英国东印度公司可以获得三分之一，荷兰东印度公司得三分之二。协议达成后，荷属东印度总督库恩大为愤怒，认为他被迫"拥抱毒蛇"，却不得不与英国人合作。英荷联合舰队以平户、巴达维亚作为基地，在一年多时间内，对伊比利亚人（西葡）展开袭击，但双方各怀鬼胎，效果不佳。

1620年，荷兰人在海上捕获了由马尼拉出航的朱印船，船上的两名传教士被交给幕府处理。在日本的荷兰商馆趁机唆使日本幕府，应该禁止日本海船前往吕宋、澳门贸易，以防传教士进入日本。1621年，西荷《十二年停战协议》期满，荷兰人在亚洲各地出击。荷兰东印度公司董事向荷属东印度总督库恩建议，应尽快夺取澳门以及珠江口，垄断中国的对外贸易渠道。此年明廷遭到后金大军进攻，从澳门雇佣精通火炮技术的葡萄牙人北上。库恩得到消息后大为兴奋，认为澳门防守空虚，可以发起攻势，轻松攻下澳门。此年年底，荷兰人在满剌加附近捕获一艘西班牙船只，得知西班牙人计划占领台湾，与马尼拉形成掎角之势，对抗英荷联合舰队，这让荷兰人更加迫切地想要动手。

天启二年（1622），库恩决定武力攻打澳门，打开对华贸易的大门。此次荷兰人出动了十五艘舰船及八百名士兵，由莱尔森担任舰队司令，对澳门发动攻势。攻打澳门之外，此次行动的另一目标是与明廷联系，达成通商贸易。

5月29日，英荷联合舰队的四艘船出现在澳门海上，对澳门发动炮击。6月22日，莱尔森率领的十二艘主力军舰到达澳门海面。目睹荷兰舰队的到来，澳门严阵以待，四门大炮被架设到大炮台山上。

6月24日，莱尔森率领八百人，分乘二十三艘小船，借助烟幕掩护登陆。开战之后，在岸上的六十名葡萄牙人及九十名澳门土生混血儿，依托壕沟为掩护，对着烟幕一通乱射，结果击中了四十余名荷兰人，莱尔森也被击伤。荷兰人凭借人数优势，冲出烟雾，击退了守军。在占据主动后，荷兰人不顾一切地往前进攻，没有考虑到士兵的弹药补给及休整。

荷兰人弓着腰，保持着秩序井然的队形，迈着轻松的步伐，向前进攻，胜利似乎就在眼前。澳门三面环海，有东望洋山（松山）、大炮台山，能依托地势进行防守。荷兰人很快便遭到了设在山上的葡萄牙大炮打击，炮击很准，打掉了荷兰人的威风。

双方在东望洋山相持了约两个小时，荷兰人感到疲劳口渴，弹药也渐渐用完。更致命的打击随之而来，在精于算术的传教士罗雅谷帮助下，葡萄牙人的几枚炮弹，准确落到了荷兰人的火药桶中，引发爆炸。

澳门守卫方最后祭出了大杀招，三百余名黑人奴隶被释放，葡萄牙人用刀矛等冷兵器对其加以武装，又用酒精将其麻醉，使其热血沸腾。浑身酒气的黑人奴隶向荷兰人发起了拼死冲锋，无视枪弹的射击，杀伤大量荷兰人。

缺乏弹药补给、疲惫不堪的荷兰人在黑人奴隶的攻击下，向海上撤退。在撤退登船的过程中，荷兰人陷入混乱，有大约九十人淹死，另有同等数目的人在陆地上被杀，莱尔森负伤，有八人被俘。后来成为康熙帝密友的传教士汤若望，亲自参加了这场战斗，并活捉了荷兰队长。荷兰人丢下了五面军旗、五面军鼓和一门野战炮，此外还有一千余件小型武器。葡萄牙方面损失较轻，只有四名葡萄牙人、两名西班牙人以及几名黑人奴隶被杀。一些黑人奴隶由于作战勇敢，战后被释放，获得自由之身，广州海道还特意给黑人们送来了二百担大米作为奖励。

就此次交战，明廷以一贯的夸张笔调记录："香山夷大衄，所丧失以万计，及诱之登岸，焚其舟，则伎俩立穷，自此相戒毋犯。"此番征战，虽是夷人之间互斗，可葡萄牙人在澳门多年，对华态度恭敬，各种利益盘根错节，故而明廷还是站在了葡萄牙人一边。据明廷记录："今夏，红毛番仇杀澳夷，澳夷呼救甚急，助以米酒，张设军容。"[1]在澳门求援时，明廷助以米酒，提供了后勤支援。

战后荷兰人总结失败的原因，一则后勤补给糟糕，二则缺乏专业军事人员。发动进攻时，只有三支连队是由专职军官带领，其余六支连队的军官由荷兰东印度公司商务官员临时充当。作战开始后，荷兰人不想让英国人介入，分享战果。英国人则想旁观，坐享渔翁之利，也未遣兵助战。当荷兰人丢盔弃甲、狼狈逃窜时，英国人则在一旁幸灾乐祸。澳门战败之后，荷属东印度总督库恩承担主要责任，被召回国内。

澳门之战失败后，荷兰人转而占据澎湖岛，筑起堡垒。在澳门吃了亏的荷兰人，迁怒于明廷，得出的认知便是："对中国人无理可讲，唯有诉诸武力。"可大明的天讨，很快就将来临，拥有坚船利炮的红毛人，能够抵挡住大明的天怒吗？

败于澎湖与退据台湾

澎湖位置险要，福建巡抚许孚远曾云："查澎湖属晋江地面，遥峙海中，为东西二洋、暹罗、吕宋、琉球、日本必经之地。……若于此设将屯兵，筑城置营，且耕且守，据海洋之要害，

1　[明]沈德符：《万历野获编》卷三十，清道光七年姚氏刻同治八年补修本。

断诸夷往来,则尤为长驾远驭之策。"[1]

嘉靖四十二年(1563),福建都督俞大猷追击海寇林道乾至澎湖,林道乾再逃台湾。俞大猷留偏师驻澎湖,设澎湖巡检司,此后撤回驻军,巡检司遂废。万历二十五年(1597),一度设游兵,只在春冬汛期守卫。万历三十二年(1604),荷兰人曾在澎湖岛上驻扎。

天启二年(1622),莱尔森率领船队前往中国,其使命为:首要目标是攻打并占领澳门;其次,无论澳门攻占与否,都应在澎湖群岛或台湾建立堡垒,寻求与中国通商。在澳门战败后,船队转而前往澎湖。6月29日,荷兰船队抵达澎湖岛。7月11日,船队驶入马公港。

在澎湖,莱尔森得到中国领水人带路,前往台湾寻觅良港。在大员,荷兰人寻到一处港口,并得知此处每年有日本船只两三艘前来,从事鹿皮贸易。每年有中国船三四艘,装载丝织品来此,与日本人交易。荷兰人综合评判之后,决定在港口外一处岛上,修筑堡垒。

在澎湖,荷兰人也修筑堡垒,寻求与中国通商贸易,未获得许可。当通过谈判手段不能达成目标后,莱尔森决定诉诸武力。10月,莱尔森派遣八艘舰船前往漳州,摧毁大量中国帆船。11月,荷兰船队进攻鼓浪屿,烧杀抢掠之后退去。

此时荷兰人开始执行一项狠毒政策,在福建沿海掠夺中国人口,充实巴达维亚。在福建沿海被掠夺来的中国人有千余人,在澎

---

[1] [明]陈子龙、徐孚远、宋征璧等选辑:《明经世文编》卷四百一,明崇祯平露堂刻本。

湖服完苦役后,被作为奴隶转运至巴达维亚,运达时,一半人已死去。在海上,荷兰人四处出击,抢劫中国帆船,掠夺人口。一名水手描述了荷兰人在鼓浪屿烧杀抢掠的景象:"居民全部逃进一个堡垒里去了,我们追踪到这个堡垒。他们两次出击,号叫之声,令人恐怖,似乎世界末日来临。他们向我们猛冲,我们不愿退却,双方以白刃格斗。"[1]初期荷兰人抵达时,红衣红发,被称为红毛人。至达成贸易目的不成,荷兰人开始在中国沿海劫掠,其外号也演变成"红毛鬼"。"海上惊怖,以其须发通赤,遂呼为红毛夷。"[2]

天启二年(1622)之后,福建外海,狼烟四起。此年年底,福建巡抚商周祚命徐一鸣为帅,在中左所(今福建省厦门市)与荷兰人交战。"总兵徐一鸣,躬擐甲胄,援枹督战。"[3]中左所之战,荷兰人战败,被擒数十人,全被斩首。"未几,红夷目高文律,借通事洪庆宇为好言,献其大铳二门,小铳五门为质,求互市,愿徙大舟还本海。"[4]商周祚提出,必须拆除澎湖堡垒,才准中国商人每岁前往咬留吧(即巴达维亚)贸易。荷兰人知无法取胜,怀抱着贸易的期盼,离开澎湖而去。

天启三年(1623),商周祚去任,南居益接任。虽然福建官员承诺,将允许商船至巴达维亚贸易,但海上路途遥远,中国商船去巴达维亚者绝少,一般均贪图路近利多,暗中前往吕宋贸易。荷兰人在当年秋天再次返回,在澎湖北港驻扎,又请求入浯

---

1 [荷]邦特库:《东印度航海记》,姚楠译,中华书局1982年版,第84页。
2 [明]沈德符:《万历野获编》卷三十,清道光七年姚氏刻同治八年补修本。
3 [明]蔡献臣:《清白堂稿》卷二,明崇祯刻本。
4 [明]方孔炤:《全边略记》卷九,明崇祯刻本。

屿贸易。同时荷兰人四处劫掠,抢夺中国渔船六百余艘,驱使船上华人在澎湖运土石筑堡垒。

荷兰人在澎湖休整之后,逐渐恢复战力,又在澎湖修筑棱堡。棱堡外部尽用板料围之,唯面临陆地之城墙,用石料及石灰造成,为防暴雨及狂风。城砦及船内病人,较去年大为减少。自从中国人输入橘子及其他食品,生病者逐渐康复。[1]

此番荷兰人又从巴达维亚招来五艘战船助战,连同原来的六艘,共有十一艘泊于风柜仔(澎湖岛的一个港湾)内,其势愈炽。荷兰船只出没浯屿、白坑、东碇、莆头、古雷、洪屿、沙洲、甲洲等处,不断骚扰,要求互市。此时荷兰人又得到中国海商(寇)李旦(又名李旭或李习)的帮助,沿海各郡邑进入紧张状态,几有动摇之势。

此前一年,福建官方遣小校陈士瑛,同洋商黄合兴一起,"先遣往咬留吧宣谕其王"。陈士瑛行至三角屿,遇到荷兰船只,随同前往巴达维亚。陈士瑛、黄合兴抵达巴达维亚,受到荷兰人的隆重欢迎,用大象四头、马十匹,在城门口迎接。在巴达维亚,荷兰人表示已大集战舰,准备前往澎湖求互市,若不见许,必至构兵。陈士瑛返回福建后,将所见所闻奏报给南居益。南居益判断,羁縻之术已穷,天讨之诛必加,为今日计,非用兵不可,于是调兵遣将,筹集粮饷,准备作战。

天启四年(1624)正月初二,南居益调兵遣将,由澎湖贝屿突入镇海港,且战且筑一石城为营,屡出奋攻,多有斩获,荷兰

---

[1] [日]村上直次郎原译:《巴达维亚城日记》第一册,台湾省文献委员会印行1970年版,第30页。

人只得退守风柜仔,依托堡垒固守。当月南居益又增兵至澎湖镇海,多次发动攻势。明军在多次攻击堡垒无效后,认为应当先攻荷兰船只,再攻堡垒。

六月十五日,明军水陆并进,对荷兰人发起总攻,以候风的荷兰船为主攻目标。荷兰人将在台湾地区的驻军调回,但总计不过八百五十人,其中少年一百一十一人,且多有病号。交战之外,双方也有谈判,其中还有中国海商(寇)李旦的影子。

俞咨皋建议福建巡抚南居益,通过许心素,请出海商巨魁李旦居间斡旋,让荷兰人从澎湖迁往台湾地区。为此,李旦从日本返回中国。荷兰人记录:"此时称为中国人甲必丹即日本华侨头人(李旦),从台湾前来澎湖岛,彼似对荷兰抱有同情,而声言愿在荷兰、中国之间斡旋。"

李旦希望荷兰人明确表示,是否已获准退出澎湖岛。荷兰人则表示:"我方奉命,中国如同意对台窝湾(台湾)、巴达维亚贸易,禁止船只开往马尼拉,即可退出澎湖岛。"[1]李旦表示,与台窝湾、巴达维亚开展贸易不是问题,但让中国商人断绝至马尼拉贸易则断然不能。荷兰人则希望撤退时,明军能保证其人身安全,经李旦联系,得到明廷官员的口头许诺。

七月初二,荷兰人派遣一名头目,由通事陪同,前往明军军营议和,请容许他们多留几日,以运粮米上船,拆城还地。明军方面恐逼迫过甚,荷兰人要拼死反抗,乃加以许可。七月十三日,荷兰船只十三艘依约扬帆而去。

---

[1] [日]村上直次郎原译:《巴达维亚城日记》第一册,台湾省文献委员会印行1970年版,第46页。

荷兰人认为，澎湖有一个特别优良的港湾，而且该群岛距离漳州不远，宜于驻扎，但缺点是这些岛屿多沙，土地贫瘠，驻扎成本极高。之前荷兰人占据澎湖时，就已对台湾地区进行考察，寻找良港，并与中国海盗头目李旦取得联系。此番明军与荷兰人爆发冲突后，李旦居中联系，协调沟通，发挥了作用。当时李旦身边有一名通事郑一官[1]，此人即郑芝龙，日后他将纵横大海之上。

荷兰人撤走时，将澎湖堡垒的石头全部运到了台湾地区，在大员海外"一鲲身"岛上筑堡垒。堡垒初期命名为"奥兰治"，后更名为"热兰遮"，即现在的安平古堡。荷兰人很早就知道台湾地区的重要性，向北可达日本，向西可与中国大陆贸易，向南可到菲律宾。此外台湾岛上有大量的糖、鹿皮等资源，可供贸易之用。在大员，李旦协助荷方长官宋克，居中进行贸易，配合打击西班牙（葡萄牙）海上船只，一时间如鱼得水。此时的大明朝廷，对属下的台湾并无兴趣，将其视为化外之地；而对于荷兰人停留在澎湖，则无法容忍。

荷兰人停留在台湾地区，目的是吸引中国大陆商船前来贸易，可"红毛鬼"之恶名在外，中国商人初期不敢前来。当荷兰人来到东方后，他们发现，中国与马尼拉、满剌加、日本、暹罗等地，通过华商走海，已构建了稳定成熟的贸易圈。中国商人从事海外贸易有着各类优势：他们背靠中国大陆，能获得稳定的货源；他们已在各地开拓商业多年，有成熟的商业分销渠道；他们人脉广泛，除了各地的港口，还可以深入海岛内地，进行内岛和腹地贸易。荷兰人迫切地想要开拓贸易，这就需要吸纳华商，可

---

[1] 福建人传统称长子为一官，经常连姓称呼。

"红毛鬼"的恶名在外，荷兰人不得不付出更多努力，以取信于华商。

1625年4月6日，一名中国大陆商人王桑带来消息，明廷已默许商船前来台湾地区贸易，只要荷兰人不进入中国大陆沿海发动军事行动，则贸易并无问题。王桑建议荷兰人提高商品的收购价，吸引商船来此贸易。绢丝眼下每百斤涨价至一百一十五两，如果荷兰人以一百四十两至一百六十两购买，则可在台湾地区得货十万斤至十五万斤云云。[1]荷兰人采纳了王桑的建议，高价收购中国货物，果然吸引了中国海商前来。

但马尼拉丝价每担二百四十两，比大员至少要贵一百两，大批中国商船被暴利所吸引，前往马尼拉贸易。荷兰人遂推行海上武力封锁，阻隔漳泉商船到马尼拉贸易。为了彻底切断漳州与马尼拉的贸易，荷兰人建议："我们希望公司在大员的人，能设法用三艘至四艘便利快船和几艘舢板，将航行该领域的帆船赶走，我们认为小船比大船更适用。"[2]

在荷兰人的武力威逼下，原先前往吕宋与西班牙人进行贸易的中国大陆商船，也改往台湾地区进行贸易。台湾地理位置优越，由福建沿海起航，一日可至，更易于漳泉商船贸易。大量沿海军民前往台湾地区贸易，官府知之而不能禁，禁之而不能绝。[3]

每年4至5月间，南季风开始时，荷兰船只从巴达维亚出发，

---

1 [日]村上直次郎原译：《巴达维亚城日记》第一册，台湾省文献委员会印行1970年版，第42—43页。
2 程绍刚译注：《荷兰人在福尔摩莎》，联经出版事业公司2000年版，第58页。
3 [清]黄叔璥：《台海使槎录》卷二《商贩》，中华书局1985年版，第43页。

满载胡椒、丁香、肉豆蔻、苏木、檀香木、木香、安息香等香料，经暹罗、柬埔寨等地，前往台湾岛。在台湾岛卸下香料等货物，再装上生丝、瓷器、糖、鹿皮等货物，驶向日本。每年10月至11月间，借着北季风，运载银、铜及粮食从日本返航，在台湾装卸货物后，经暹罗、柬埔寨，前往巴达维亚。

荷兰人至大员后，虽能高价收购到中国商品，但也面临着在台湾地区经营多年，在各方面都占据优势的日本商人的竞争。荷兰人发现，日本商人也以高价收购生丝，推高了生丝价格；如果此种状况持续下去，荷兰东印度公司就要严重缺货。

1625年，台湾地区发生变局。7月，李旦从台湾岛返回日本。8月12日，李旦在日本去世。9月14日，荷方长官宋克在大员溺水身亡。接替宋克的代理长官德·韦特，对李旦印象极为糟糕，认为他有损东印度公司的利益。李旦一度利用荷兰人急于与中国进行贸易的心理，居中沟通，将大量送给中国官员的礼物（贡品）吞没。李旦去世后，郑芝龙、许心素等人继承了他的海上集团。

1625年，荷兰人决定对所有在台湾地区贸易的日商货物，征收10%的输出税，这让日商大为不满。日本商人比荷兰人更早前往台湾岛进行贸易，且荷兰人至日本贸易，享有免税待遇。日本商人坚决不肯纳税，当年他们的一批生丝货被荷兰人没收。1626年，日商滨田弥兵卫至台湾地区采购生丝，向荷兰人借船至福建运货，被荷兰人拒绝。滨田弥兵卫大为愤懑，心生一计，在次年带领十六名当地居民到日本，向幕府控诉荷兰人的暴行。

1628年春，滨田弥兵卫携带四百七十余人乘船而来，其中就有十六名当地居民。滨田弥兵卫一下船就被荷兰人软禁，所载的十六名当地居民被捕入狱。滨田弥兵卫率数十名日本人发动突击，闯入荷方长官彼得·奴易兹住处，挟持彼得·奴易兹及其子。经双方协商，以彼得·奴易兹之子为人质，随同滨田弥兵卫返回日本。滨田弥兵卫回国后，日本关闭了荷兰在平户的商馆，停止与荷兰贸易。直至1632年，双方才重开贸易。[1]

对于澳门，荷兰人并未死心。1627年，又有四艘荷兰船出现在澳门外水域，打算拦截从马尼拉前来澳门的船只。澳门这一次主动出击，五名富裕的市民出资，装备了五艘大帆船，奋勇出击，登上对方为首的那艘船，将其占领并焚毁。他们杀死了三十七名荷兰人，俘获了五十名。一支西班牙分遣舰队正前来援助澳门的消息，迫使剩余的荷兰船只离开。

自从万历年间进入中国海域之后，荷兰人一直希望通过武力手段达成通商目标，在沿海及海上，从事海盗勾当，烧杀抢掠。这也使荷兰人在中国名声极为糟糕。荷兰人持续不断的武力骚扰，让中国官员也觉得疲惫。当荷兰人撤出澎湖岛后，中国官员允许一些大陆商人前往台湾。但荷兰人想要开展大宗贸易，他们面对一个抉择：他们应该用外交手段还是武力？正当他们对此犹豫不决时，他们遭遇了台湾海峡的海寇。[2]

---

1 日本关闭荷兰在平户的商馆后，荷兰东印度公司感到事态严重。1629年，荷兰东印度公司派普特曼斯到台湾，彼得·奴易兹被召回，判处两年徒刑。1632年，彼得·奴易兹被引渡至日本监禁四年。1636年，荷兰人以青铜烛台七百九十六斤将他赎回，但其子在日本病死。

2 ［美］欧阳泰：《荷兰东印度公司与中国海寇（1621—1662）》，陈博翼译，《海洋史研究》第七辑，社会科学文献出版社2015年版，第239页。

郑氏海上集团的崛起

互市贸易体系，是朝贡体系被冲击之后，又为现实利益所诱，明廷主动的行为。但明廷对于互市贸易，保持着强大控制，出海贸易的商贩受到限制，船引有限制，贸易国有限制，返航之后又有各类限制，枷锁笼罩，无处不在。互市体系整体上是僵硬的，且贸易的量也是有限的。大量的海商（寇）仍然从事着海外走私贸易，不时在沿海各地发动寇掠。只是因明廷政策改变，海商（寇）不再被称为"倭寇"，于是，朝廷自欺欺人地描述，出现了所谓"大盗不作，海宇宴如"的太平场面。随着海外走私贸易的兴盛，一批中国海商（寇）武装集团产生了，其中代表人物有李旦、郑芝龙等。在全球贸易体系的背景下，这些海商（寇）武装集团除了要应对明廷之外，也与荷兰、日本等国有着各种联系。

郑芝龙，生于1604年，福建南安石井人。1621年，郑芝龙前往澳门，投奔母舅黄程。在澳门，郑芝龙学习葡萄牙语，此后得以参与黄程的海外贸易。在澳门期间，郑芝龙受洗入教，天主教名尼古拉·贾斯帕尔。后来郑芝龙的表现，证明他加入天主教，不过是为了进出澳门更加方便。郑芝龙纳妾多名，崇拜其他神像，也从未说过有关福音、圣礼的事。传教士诅咒他："这个恶徒要么因思想堕落，要么出于无知，向耶稣基督和偶像都上香。"[1]

---

1 ［西］帕莱福等：《鞑靼征服中国史·鞑靼中国史·鞑靼战纪》，何高济译，中华书局2008年版，第66页。

在广东替葡萄牙人贸易的福建通事,被称为"闽揽","其通事多漳、泉、宁、绍及东莞、新会人为之,椎髻环耳,效番衣服声"。福建商人在粤地声势浩大,"闽之奸徒,聚食于澳,教诱生事者不下二三万人"[1]。福建商人敢于公开以武力行商,满载番货,排列刀铳,聚集千人,突入省地,通国惊惶。郑芝龙初到澳门,即以通事为职业目标。

天启三年(1623)夏五月,黄程有一批白糖、奇楠香、麝香、鹿皮等货物,欲附李旦的船前往日本,遣郑芝龙押去。押船比通事更高一个等级,证明此时郑芝龙已能独当一面。至日本后,郑芝龙依附于李旦,在平户迎娶了日本士女田川氏,于第二年生下郑成功。

此时明军在澎湖列岛,与荷兰人处于军事冲突之中。福建官方通过许心素,邀请李旦从日本返回,出面加以调解,以使荷兰人离开澎湖。在调解过程中,精通葡萄牙语的郑芝龙担任了翻译。得益于此次与荷兰人打交道,郑芝龙详细了解到荷兰人及荷兰东印度公司的实况,日后得到了荷兰人的大力扶持。

李旦被荷兰人称为"甲必丹"。李旦集团最初以马尼拉为中心进行贸易,后专门从事中日走私贸易。此年荷兰人从澎湖被驱逐后,前往台湾地区,却未曾等到中国海商前来贸易。荷兰人记录:"看起来中国人的怨恨和伤害已经大到不肯和我们交谈了。不过,又好像愿意透过中立的第三者跟我们交涉。""我们只有那个中国人甲必丹可以使唤,而且他前已在我们和中国人之间被我

---

[1] 《明实录附录·崇祯长编》卷三十四,中华书局1986年版,第2054页。

们使唤过。"[1]

1625年初,在荷兰人支持下,郑芝龙前往马尼拉海域劫掠商船。回到台湾之后,郑芝龙又继续劫掠拒绝纳税的船只。此年夏,在荷兰人赞助下,郑芝龙北上劫掠。海上的劫掠生涯,为郑芝龙打下了军事基础,也使他日后选择了以海盗为主业。

1625年7月3日,李旦带领大部分手下离开台湾岛,前往日本。8月12日,李旦在日本病亡。"有李习者,往来日本,以商泊为事,芝龙以父事之。"[2]李旦一死,义子郑芝龙继承了其在台湾地区与日本的产业和人手。

李旦在福建的代理人许心素,则继承了李旦在福建的生意,得到都督俞咨皋(俞大猷之子)的支持,成为荷兰与中国贸易的中间人。荷兰人将与中国的贸易以承包的方式全部交给许心素。荷兰人很是信赖许心素,每次将大笔资金交给他去采购生丝。1625年7月14日,荷兰人与许心素签约,委托他在六周内,以每担银一百三十五两的价格,采购二百五十担生丝。许心素按照荷兰人的要求,准时完成了这笔业务,运来比约定还要多的生丝。

不过,荷兰人还是不放心许心素,希望能将供货之权掌握在自己手中。荷兰人的高价措施,一度吸引了商人前来,但荷兰人发现,他们无法摆脱得到官方支持的许心素。"都督(俞咨皋)和许心素从中渔利,从而不允许他人与我们在大员的人经商,也

---

[1] 江树生主编:《荷兰联合东印度公司台湾长官致巴达维亚总督书信集 I (1622—1626)》,台湾省历史博物馆2010年版,第129页。

[2] [清]黄宗羲:《行朝录》卷十一《赐姓始末》,清抄本。

不允许我们自己在中国贸易。"[1]

许心素得到官方支持,独霸月港,垄断海外贸易。郑芝龙贸易空间被挤压,干起了海上劫掠。

1626年3月,福建连年大旱,郑芝龙"连舟浮海,自龙井登岸,袭漳浦镇,杀守将。进泊金门、厦门,竖旗招兵,饥民及游手悉往投之,旬日间众至数千"[2]。郑芝龙部众万余人,多为内地恶少,杂以倭寇及西方各国亡命徒。此年秋季,福建巡抚朱钦,利用巡海道蔡善继与郑芝龙父亲的关系,招抚郑芝龙。郑芝龙部分属下不愿受抚,自行返回台湾。郑芝龙投降后,蔡善继态度傲慢,又令其缴报战船兵器,郑芝龙在当夜率部逃跑。

1627年初,郑芝龙返回福建铜山。新任福建巡抚朱一冯出兵围剿,令已成为明军把总的许心素配合。西方人记录了这场战斗:"心素曾被福州的军门任命为一支强大的戎克船舰队的指挥官,带兵去扫荡盘踞在漳州河前面的海盗。在那场战斗中,他被一个海盗一官(郑芝龙)打败落跑,他的戎克船被击沉或被烧毁的超过八十艘。因此,这个心素在中国已被其他官吏和大官们所冷落排斥。"[3]此后郑芝龙又在厦门等处,多次击败都督俞咨皋、总兵陈希范,导致二人被参劾处死。

郑芝龙曾在澳门生活过,又与荷兰东印度公司打过交道,知道西洋武器的犀利,于是大量使用西方火器武装自己的船队。依

---

1 [明]陈子龙、徐孚远、宋征璧等选辑:《明经世文编》卷四百九十一《海防迂说》。
2 [清]谷应泰:《明史纪事本末》卷四十五,清文渊阁四库全书本。
3 江树生主编:《荷兰联合东印度公司台湾长官致巴达维亚总督书信集Ⅰ(1622—1626)》,台湾省历史博物馆2010年版,第3—4页。

靠船坚炮利，郑芝龙迅速崛起，"其船器则皆制自外番，艨艟高大坚致，入水不没，遇礁不破；器械犀利，铳炮一发，数十里当之立碎"[1]。

由于郑芝龙集团在海上四处骚扰，严重影响了海外贸易，福建官商忍无可忍。福建官方找到了荷兰人，开出诱人的条件：如果荷兰人能剿灭郑芝龙，将允许其前往漳州湾及附近岛屿收购生丝。荷兰人大喜过望，当即领兵出动，前往铜山围剿郑芝龙。

1627年11月，荷兰舰队抵达铜山附近海面后，发现那里停泊有三百到四百艘帆船。郑芝龙的船队在海湾停泊不动，并于破晓之前两小时，派出火船攻击荷兰船队，然后率所有船只出击。为避开火船，荷兰人被迫割断缆绳驶往外洋，一艘荷兰船被火船焚烧，其余船只退往巴达维亚。

打败荷兰人之后，天启七年（1627）十二月，郑芝龙挥兵攻打厦门，击杀许心素，毁其住宅。初起之时，郑芝龙不过数十条船。天启六年（1626）有一百二十条船，天启七年有七百条船。至崇祯元年（1628），郑芝龙有船千余艘，称霸于海洋。

崇祯元年（1628）七月，泉州府王猷向巡抚熊文灿建议，招抚郑芝龙："今一时剿难卒灭，抚或可安，不若遣人往谕，退船海外，仍许立功赎罪，俟有功日，优以爵秩之。"[2]此时明廷忙于应对辽东战事，不希望东南燃起战火，熊文灿决定招抚郑芝龙。

九月，郑芝龙受抚招安，委为海防游击。郑芝龙虽被招安，

---

[1] 《兵部题行"兵科抄出两广总督李题"稿》，《明清史料乙编》第七本，第615页。

[2] ［清］江日昇：《台湾外志》，刘文泰等点校，齐鲁书社2004年版，第31页。

却保持了独立性，其私人武装仍然保持，且只听从其号令。招安之后的好处是，郑芝龙及其武装得到了合法身份，并获得了明廷的支持，形成了"军商合体"集团，其影响力更为巨大，单纯的海商（寇）武装集团已非其对手，就连荷兰人也对他另眼相看。

得到郑芝龙招安的消息后，荷兰东印度公司驻台湾地区的第三任长官彼得·奴易兹（滨田弥兵卫事件的苦主）亲率四艘海船，至厦门祝贺郑芝龙。此次会面，郑芝龙被诱骗至荷方船上遭扣留，不得不签订三年贸易协定，保证每年为大员提供各种物资，如每年以一百四十两每担的价格，提供一千四百担生丝。作为回报，郑芝龙每年将得到三千担胡椒的供货。

在与荷兰人暂时保持蜜月关系时，郑芝龙以官军身份，清剿海上其他各股海盗。当时海上势力，尚有李魁奇、钟斌（褚彩老）等股。李魁奇本是渔夫，泉州惠安人，自幼出入湄洲沿海，熟悉海上情况。李魁奇本与郑芝龙一起受抚，其为人骄横，虽郑芝龙也不能控制。后因分赃不均，李魁奇等带领四百余艘船只，脱离官方，再为海盗。

李魁奇出走之后，荷兰人决定保持观望态度；如果李魁奇实力足够强大，能击溃郑芝龙，则加以接触。1629年，李魁奇展示了他的强大实力，攻占漳州湾，包围厦门，截断海上贸易。11月初，荷兰人得到消息，李魁奇占领厦门，郑芝龙出逃。

11月26日，荷兰舰队满载货物，前往厦门，既观察局势，也寻机进行贸易。12月，李魁奇与在厦门湾的荷兰人联系，允诺将与荷兰人进行贸易。但荷兰人并未等到李魁奇前来贸易的船只，觉得受到欺骗。此时郑芝龙又遣使前来告知，已为荷兰人从福建官方争取到长期贸易的许可。荷兰人乃决定以战争来解决问题，重新恢复郑芝龙在厦门的地位。此时荷兰人又得到了钟斌叛变的消息。

随同李魁奇一同背叛郑芝龙的还有钟斌、陈盛宇、周三等人，但李魁奇与钟斌不和。李魁奇独霸横行，目空群盗，又因为分赃问题生出矛盾，钟斌携带三十艘大船出走。荷兰人此时跃跃欲试，准备对李魁奇用兵。12月31日，李魁奇送来十五担生丝，想要拉拢荷兰人。可生丝质量粗劣，且已腐烂，被荷兰人退回。

1630年1月2日，郑芝龙也派人送来了准备贸易的丝织品样品，让荷兰人大为满意。荷兰人认为，李魁奇在贸易上完全是花言巧语，并非合格的商人，最终决定支持郑芝龙。2月7日，荷兰人开出一系列条件：允许荷兰人在漳州河进行贸易，对中国商人与荷兰人交易的通路不得有限制，帮助荷兰人向中国地方大员争取长期的自由贸易；不允许中国帆船前往属于西、葡两国势力范围的马尼拉、鸡笼（今台湾省基隆市）、淡水、北大年湾、暹罗、柬埔寨等地进行贸易；不允许任何西班牙和葡萄牙人在中国沿海交易；以上全部条件郑芝龙终生不得违背，去世后，他的继承者也要继续遵守履行。[1]

作为对等条件，荷兰人将协助郑氏扫荡海盗，以确保他在海上的霸主地位。郑芝龙表示，将帮助荷兰人争取自由贸易，保障荷兰在漳州河及大员的贸易，但无法阻止中国商人与西班牙、葡萄牙人进行贸易。

2月9日，荷兰人、郑芝龙、钟斌三方联合，攻打李魁奇。李魁奇战败被擒，于3月22日被处斩。战后福建官方犒劳了荷兰人，

1　江树生译：《热兰遮城日志》第一册，台湾省台南市政府2000年版，第15—16页。

送来十二头牛、十五头猪及十壶中国麦酒,大员长官普特曼斯被赐给一套大明官服。收复厦门之后,郑芝龙与荷兰人的关系更为密切,双方觥筹交错,允诺可以自由与荷兰人贸易的告示四处张贴,开海禁一事也在推进之中。

在此前围剿李魁奇的战事之中,一艘荷兰快艇沉没,郑芝龙允诺将给予补偿。荷兰人要求连船带货补偿一万里亚尔银币,这是一笔巨款,郑芝龙无法接受,只愿意以货物分期偿还。双方达成协议,荷兰人可以留在厦门贸易。利用此次机会,荷兰人全面勘测了厦门及其周边。

战后的郑芝龙除了要应付荷兰人,还要面对钟斌的挑战。而钟斌并不接受福建官方的控制,继续纵横海上,从事海盗勾当,让各方很是头痛。钟斌实力暴涨,战意昂然,郑芝龙又一次被迫离开厦门,前往泉州安海积聚力量。钟斌把停泊在厦门岸边或拖到陆上修理的戎克船,不管是属于军门的、郑芝龙的还是私人的,都夺过来,增强他的武力。

在海上的荷兰船只,也遭到钟斌船队的偷袭,损失惨重。荷兰人派出主力战船,前往厦门湾警告钟斌,却引发了一场海战。6月初,钟斌船队回到大担岛,预备隔日进入厦门港。至入港时,钟斌船只驶过荷兰战船,突然大批水手跳上荷兰战船,发起进攻。荷兰人猝不及防,遭到重创,退出厦门湾。此番偷袭之后,钟斌又主动示好,提出谈判。荷兰人则告诫钟斌,赔偿一切损失,否则将采取武力行动报复。

就在与荷兰人进行谈判时,钟斌手下船队在福州沿海到处烧杀抢掠,将郑芝龙家乡石井摧毁,福州肆坊商贩、各处居民被杀甚多。福建官方无法容忍钟斌为非作歹,开始给予郑芝龙大力支持，希望他铲除此祸害。1630年12月16日，钟斌船队遭到郑芝龙偷袭，主力基本覆灭，钟斌本人逃亡，此后再也无法掀起波澜。

以寇制夷：料罗湾海战

郑芝龙此番再次胜出，称霸海上，就连荷兰人对他也敬畏有加。荷兰凭借着强大的火器和先进的造船技术，在全球范围之内推动自由贸易，扫除商业扩张的障碍，试图建立全球海洋贸易的霸权。郑芝龙的崛起，得到了荷兰人的大力支持。荷兰人扶持郑芝龙，唯一的目标就是：推动自由贸易，扫除商业障碍。当郑芝龙不能满足荷兰人的期待时，双方的矛盾必然爆发。

在击败李魁奇之后，初期郑芝龙尚能依约定进行贸易，双方船只互不侵扰。郑芝龙对荷兰人的让步，却让他的弟弟郑芝虎不满。郑芝虎虎视眈眈，想要对荷兰人下手。1631年2月，福建官方告知荷兰人，必须退出厦门。荷兰派到台湾地区的代表普特曼斯很不满意，想要越过郑芝龙，直接用武力取得对华贸易。3月17日，普特曼斯在致巴达维亚总督的书信中认为："总之，想取得自由的交易是没有希望了，除非我们肯受约束，或动用武力去取得。"

受滨田弥兵卫事件的影响，荷兰人被驱逐出日本，葡萄牙将对日贸易得来的白银用来在厦门抢购生丝。荷兰人没法去日本贸易，生丝又被葡萄牙人抢走，当即干起了老本行，在海上抢劫葡萄牙、西班牙商船。抢劫时，荷兰人将一艘属于郑芝龙的商船给抢了,郑芝龙大怒,随即令荷兰人离开厦门。荷兰人虽想动武,可此前多年以武力未曾达成自由贸易,此时再动武未必就能得偿所愿,荷兰东印度公司一时举棋不定。

荷兰人暂停攻击海上中国商船,遣使去找郑芝龙谈判,但双方谈判陷入僵局。此前郑芝龙曾经许诺,将分期补偿荷兰人损失的一艘快艇,此时也不了了之。双方各有顾忌,在彼此接触试探之中,继续进行着贸易。1632年,日本许可荷兰人前去贸易。荷兰人当即遣出船只,满载货物,前去日本。为了获得贸易所需的生丝,荷兰人不得不对郑芝龙让步,双方暂时维持了和平关系。

崇祯五年(1632)二月,熊文灿因招抚郑芝龙、剿灭海盗有功,升任兵部侍郎兼右佥都御史,总理两广军务,兼广东巡抚。新任福建巡抚邹维琏反对海外贸易,"不许更谈'互市'之两字",对荷兰人极为厌恶,认为荷兰人"深目长鼻,赤须朱发,其性贼虐,尚仇杀,诸夷畏之"。[1]邹维琏对郑芝龙与荷兰人来往密切大为不满,严厉指责郑芝龙,逼迫其"与夷绝"。

在官场上遭到压力之时,郑芝龙又面临着刘香海盗集团的挑战。刘香,漳州海澄人。五短身材,性格骁勇,勾引无赖,驾小船出金门,劫掠商船,杀伤官军,横行粤东碣石、南澳一带。1628年,刘香随同李魁奇一起出走,后支持李魁奇,与郑芝龙作战,战败后逃跑。李魁奇、钟斌被消灭之后,余部投奔了刘香,使其实力暴涨,可与郑芝龙争雄。崇祯五年(1632)12月4日,郑芝龙与刘香的舰队在福州爆发海战,双方厮杀惨烈,刘香战败

---

1 [明]邹维琏:《达观楼集》,《郑成功收复台湾史料选编》,福建人民出版社1982年版,第25页。

之后，退走广东。逃往广东沿海的刘香，聚集了各股海上势力，是郑芝龙的大患，郑芝龙主动遣水师入广东海面，将刘香击败。

崇祯六年（1633），在邹维琏的压力下，郑芝龙对荷兰人表示，已无法关照荷兰人的生意。此时的荷兰人，通过对日贸易赚取了大量白银，迫切希望取得生丝等货物。而安平古堡已修筑完毕，荷兰人在台湾地区有了稳固的军事基地，于是准备动用武力，维持贸易。

3月份时，郑芝龙派人来大员，告知明廷许可每年八艘船前来大员贸易，但双方均需纳税，且荷兰人还要承诺此后不再至中国沿海贸易。荷兰人认为：首先，此承诺并不可靠，在此前的一些年份，郑芝龙多次开出空头支票，最后都未兑现；其次，大员不同于澳门，并不需要纳税。荷兰人回复，如果不能达成贸易，将动用军舰前往中国沿海。

在东亚，荷兰人扶持了郑芝龙、李魁奇、钟斌、刘香等集团，又将其一个个抛弃。郑芝龙对荷兰人了解颇深，他不断地给予荷兰人诱人的贸易承诺，最后从来没有兑现。在不断地许诺中，郑芝龙崛起壮大，而荷兰人距离贸易的目标越来越远。此番荷兰人再无耐心与郑芝龙纠缠，决心动用武力。

7月12日，普特曼斯突然亲率由八艘战船组成的荷兰舰队，杀入厦门，不宣而战。荷兰舰队闯入厦门时，恰逢退潮，从南方吹起微风。荷兰船只升起太子旗，驶入港道，闯到郑芝龙的舰队中间抛锚停泊，降下太子旗，升起发动攻击信号的红旗，发动炮击。其他船只也更换旗帜，一起猛烈炮击港内的郑芝龙船只。郑芝龙船队被打了个措手不及，船上人员纷纷逃跑。

在突袭成功之后，荷兰人减小火力，将所有小船遣了出去，烧毁泊在下风向与低潮处的船只，并将泊在上风向的船只凿沉。此战荷兰人一共击毁了大约二十五到三十艘大战船，这些战船装备完善，架有十六门、二十门、三十六门大炮，此外还击毁了二十到二十五艘小战船。郑芝龙使用的船只，配备的火炮，都不输给荷兰人。荷兰人曾自述："在这个国家（中国），以前从未有人像郑一官一样，按我们荷兰模式建造庞大精致、装备精良的帆船及舰队，他还在船上装配了一部分能被拖动、带有环栓、置于双层甲板的大炮。"[1]此番荷兰人突袭，将郑芝龙的主力舰只击沉多艘，使其损失惨重。

据明朝官方记录："一时艨艟巨舰，出我不意，乘潮冲突，风漂一日数百里，倏而南澳，倏而中左，焚舟毁器，海壖骚动。"[2]战后荷兰人在厦门抢掠，主要目标是木材、大炮等，大炮可以武装战舰，而木材可以建造及修补船只。可中方早有准备，连夜将木材、大炮等运走。在厦门的中方官员告诫荷兰人，不得登岛抢劫，作为补偿，可以通知厦门、金门、烈屿、鼓浪屿及其附近各岛的人，送二十五头牛、二十五头猪、一百只鸡来荷兰船上。

在厦门周边，荷兰人上岸时，不时被中国军民偷袭，遭到一定损失。在海面上，荷兰人四处劫掠商船，获得大量物资，用来进行贸易。其时郑芝龙正在福州"平寇"，闻讯赶回，巡抚邹维琏调兵攻击，荷兰人撤出了厦门。

---

1 包乐史：《中国的梦魇：一次撤退，两次战败》，《中国海洋发展史》第9辑，台湾省"中研院"人文社科研究中心2005年版，第153页。

2 ［明］《兵科抄出福建巡抚路振飞题》，《郑成功收复台湾史料选编》，福建人民出版社1982年版，第25页。

厦门突袭后，荷兰人彻底放弃了郑芝龙，转而寻求与刘香合作。刘香在确定荷兰人与郑芝龙决裂后，站在了荷兰人一边。8月31日，荷兰人联合刘香，进攻东山岛。9月18日，双方联合舰队与郑芝龙舰队进行试探交火，并未爆发大战。荷兰人与刘香在共同行动中，不断试探，增加彼此的信任，共同对付郑芝龙。

10月14日，联合舰队出发前往厦门。为作战时便于区分，刘香手下每艘船都挂上了一面有荷兰东印度公司标志的蓝色旌旗。面对武力强大的荷兰人，郑芝龙也从明廷获得了支持。福建巡抚邹维琏"檄调诸将，大集舟师"，扬言"誓以一身拼死当夷"，欲图剿灭荷兰人。明军前锋为五虎游击郑芝龙，右翼为泉南游击张永产，左翼为南路副总高应岳，游兵为澎湖游击王尚忠，中军则为参将邓枢等。

10月19日，荷兰人抵达料罗湾（位于金门岛东南）的当天，即收到郑芝龙的宣战书。10月22日，荷兰东印度公司与中国海盗刘香组成的联合舰队，与郑芝龙、明军水师联合舰队，在金门料罗湾爆发大规模海战。双方战力为：荷兰人八艘战船，刘香约有五十艘船只；郑芝龙有五十艘大型战船，一百余艘中小型战船。

战前，荷兰人、刘香就得知，郑芝龙将采用火攻，并准备了大量火船。荷兰人的对策是，用船只火力上的优势，将火船击沉。为了应对大概率会发生的接舷战，荷兰人还决定，必要时放弃部分军舰，集中兵力与敌方白刃战。如果遭到火船攻击，则将人员转移到小船上，贴近敌人作战。

郑芝龙与明军水师从围头湾（位于今福建省晋江市，与金门岛隔海相望）出击，此时刮起东北风，处于上风位置。郑芝龙水师分为两队，第一路利用顺风绕到敌方侧后，另一路则贴近作战。战事开始后，郑芝龙水师中的几艘快船，迅速冲近一艘荷兰战舰，用铁钩钩上尾部，纵火焚船。

另一艘荷兰战舰被四艘郑芝龙船只包围，郑氏水兵丝毫不畏惧荷兰人的大炮、火枪，接舷之后跳上去肉搏交战。郑氏水兵士气高涨，荷兰人将其描述为"疯狂、激烈、荒诞、暴怒"。"两次把那些中国人打出船外，但最后还是被接着跳进来的人数众多的中国人所击破，而被他们夺去了。"[1]

其他荷兰船只见战事失利，刘香又未来增援，当即逃往外海。开战后，刘香率领的战船毫无战意，并未参与战斗，见荷兰人战败后，当即逃跑。战后刘香对荷兰东印度公司声称，因为强风受阻，离开战场。战后福建巡抚邹维琏奏报称："计生擒夷众一百一十八名，馘斩夷级二十颗，焚夷夹板巨舰五只，夺夷夹板巨舰一只，击破夷贼小舟五十余只。"[2] 实际上荷兰人战船被焚毁一艘，被俘一艘，一百余名荷兰人被俘，中方奏报有吹嘘成分，但此战乃是大胜。

在退回大员途中，荷兰船队在澎湖停留，商讨之后认为，现在军力薄弱，暂时不宜对中国发动军事行动。通过此战，荷兰人认识到明廷的军事实力，依靠一支舰队难以给大明以重创，靠武力更无法实现自由贸易的目标。此后一段时日，荷兰人的精力耗费在清剿台湾岛本土居民上，郑芝龙则忙于追杀刘香。

战后刘香与荷兰人的联盟破裂，刘香率部众夜袭大员，被荷

---

[1] 江树生译：《热兰遮城日志》第一册，台湾省台南市政府2000年版，第132页。
[2] ［明］邹维琏：《达观楼集》，《郑成功收复台湾史料选编》，福建人民出版社1982年版，第27页。

兰人击退。此后在郑芝龙的分化瓦解之下，刘香属下众叛亲离，他则逃往广东沿海。在广东沿海，刘香被郑芝龙所部包围，无法逃脱，于是点燃火药，自爆而死。

刘香一死，中国沿海各股势力基本上被肃清，郑芝龙开始真正称霸中国东南沿海。随着郑芝龙的崛起，原先从月港出发的船只，改为从安海（今福建省晋江市安海镇）出发。安海、大员的兴起，随之而来的是月港的没落，澳门、马尼拉的萧条。荷兰人只能接受现实，与郑芝龙进行贸易合作，承认其在整个东亚水域的主导权，此后郑芝龙占据海上贸易之利，成为海上霸主。

当郑芝龙与荷兰在海洋上进行激烈交锋时，明廷并未认识到海洋的重要性，又被北方持续的战事所困扰。此时的明廷，虽呈现出了虚弱的状态，却仍是东方最强大的力量。荷兰人不能通过外交手段获得通商许可，又无法以武力打开对华贸易的大门，徘徊于明廷之外，不甘退去。明廷对于逐利的外夷及走海贸易的中国海商，发自内心地厌恶，可此时明廷为获得大量的白银又无法离开海洋贸易。对郑芝龙的招安，亦可以视为明廷的一个折中处理：既然无法彻底剿灭海商（寇），又要与外夷进行贸易，不如将海商（寇）招安，由其作为代理人，出面从事贸易，乃至可以克制外夷。此即"以寇制夷"，是朝廷一贯的权术了。于是，当将海洋交到名义上的代理人郑芝龙手上之后，明廷轻松地闭上了双眼，无视于外部的世界，继续沉溺于天朝大国的幻梦之中。

1624年，荷兰人占领台湾南部大员。1626年5月，西班牙驻菲律宾总督斯尔瓦派遣远征队，沿着台湾东海岸前进，占据鸡笼。1628年，西班牙控制淡水，1636年又放弃淡水。西班牙人占据鸡笼后，进行了大规模营建，作为对东亚贸易的基地。随着日本锁国政策的推行，西班牙对日贸易中断，对中国贸易也无法改善，在鸡笼进退维谷时，1642年8月，荷兰大举攻击鸡笼，将西班牙人驱逐，独占台湾。1662年，民族英雄郑成功驱逐荷兰殖民者收复台湾。

第十三章

危机——王朝终结的内外因

后世就大明王朝的覆灭，有各种因素的解读。一说以为，外来白银流入的锐减，予明廷以沉重打击。但在明亡之前，海外白银流入虽有缩减，却不致伤筋动骨。导致明廷覆灭的一系列因素包括：努尔哈赤的崛起，带来东北亚地区朝贡秩序的崩溃；明廷自身内部的因素，导致采用西方火器装备的明军发动吴桥兵变，投奔后金；宦官干政与频繁的党争，予政治军事较多牵制。而其根本原因，则是明廷自身陷入无可救药的溃败，陷入中国王朝周期兴亡率之中。

明末白银危机的真相

美国学者W. S.阿特韦尔认为，明朝政府的灭亡与当时白银进口的锐减有关。从1610年到明朝灭亡的1644年，美洲白银产量下降，中国白银进口大幅减少。1618年至1636年，明廷为对付农民起义和满族入关，将赋税提高了七倍。由此造成流通中的白银减少和银贵钱贱，从而给经济发展带来了灾难性的后果。那么，明末果然因国际动因，造成了白银减少吗？

在17世纪上半叶，作为中国白银输入主要来源地的日本、西班牙，在外贸政策上发生了变化。此期间，在中国海域出现了新兴力量——荷兰。1630年之前，荷兰持续对葡萄牙、西班牙的海上商船发动劫掠。在中国沿海，荷兰人持续进行骚扰，多次对澳门发动攻击，与明廷及郑氏海上集团发生大规模武装冲突，影响了海外贸易。

1634年至1635年，西班牙国王推行新的贸易限制政策。1639年至1640年，西班牙在菲律宾屠杀了两万多名中国人，导致马尼拉和中国贸易额急剧下降。荷兰持续封锁果阿和满剌加航道，澳门遭到孤立。1639年，日本德川幕府拒绝葡萄牙船只进入长崎贸易，同时德川幕府禁止日本人进行海外贸易，之后日本白银出口大幅下降。1642年，澳门葡商得知葡萄牙国内爆发反对西班牙王室的战争，停止了对马尼拉的贸易。

据此，W.S.阿特韦尔认为："国际贸易和白银输入导致明朝政府无法解决的困难。明王朝于1644年春天灭亡,虽不能简单解释为由于白银进口的猛烈下降,但白银进口的下降确实加剧了它的困难和动摇了它统治的基础。"[1]

但实际情况并非如此。葡萄牙人被驱逐出日本后,其地位很快被中国商人、荷兰人给取代。虽然荷兰人持续发动骚扰,但此期间中国海商与长崎、马尼拉的贸易并未停止。至郑芝龙集团肃清沿海各股海盗集团,与荷兰人达成妥协后,稳定了海上秩序,中国沿海商船与马尼拉、长崎的贸易持续进行。

倪来恩、夏维中研究认为,在朱印船贸易时期,1610年日本输入中国的白银不过八万公斤,1620年为十万公斤。日本宽永十二年(1635),幕府全面禁止日本人出海,朱印船贸易告终,此年输入中国的白银为十一万公斤。1637年,回升到二十万公斤左右。1639年葡萄牙人被驱逐,反而导致了荷兰、中国商人对日贸易上涨,当年有十七万公斤白银被运往中国。1643年,在大明灭亡之前,一片混乱之中,日本白银输入量下降至七万公斤。[2]日本对华输出白银的数额,在明亡之前常有波动,这不能说明日本外流白银的急剧下降,这也不能说明由于白银输入量的下降,导致了大明王朝的银荒,引发了危机。

日本之外,中国与南美洲的银丝贸易在此期间并未萎缩,西属美洲白银仍和17世纪初一般,大量流向中国。1602年及以前,

---

[1] W.S.阿特韦尔:《国际白银的流动与中国经济》,《中国史研究动态》,1988年第9期。

[2] 倪来恩、夏维中:《外国白银与明帝国的崩溃》,《中国社会经济史研究》,1990年第3期。

每年美洲白银经马尼拉流入中国的数量为二百万比索；1604年12月，西班牙国王菲利普二世发布赦令说，每年运到菲律宾的二百余万比索的银子，最后都流到中国去了。1630年，一名传教士写道："中国每年驶往马尼拉的船只经常有四十艘，或四十艘以上。这些商船又往暹罗、柬埔寨等国贸易。它们把世界上所有的银子都运回去了。"1637年，菲律宾总检察长孟法尔坤向西班牙国王报告："美洲白银运往菲律宾后，最后流到中国去。如我们所知，中国是欧、亚两洲银子的总汇。"[1]

当葡萄牙人因果阿、澳门之间的航路受阻，不能由欧洲顺利运银来华的时候，西班牙自美洲输入的白银，又被荷兰人转运到东方来。17世纪中叶前后，荷兰每年有三十至五十艘船只驶往西班牙港口，将白银运走，这些银子甚至占据了西班牙从美洲运来的白银的百分之五十。就在大明王朝灭亡的1644年，抵达巴达维亚的八艘华船，输入中国货物三千二百吨。由于贸易顺差，中国商船离开巴达维亚回国时，运走巨额白银。因为大量白银流出，1652年，巴达维亚市场上，深以交易筹码不足为苦，政府被迫准许使用已被剥夺货币资格的钱币来交易。[2]

航海大发现之后，中国南方很快融入了全球贸易体系之中，白银大量流入，冲击了宝钞、铜钱的地位。明廷推行的宝钞沦为废纸，各种劣质铜钱充斥于市，大量流入的白银得以货币化。白

---

[1] 全汉昇：《略谈近代早期中菲美贸易史料：菲律宾群岛》，《中国近代经济史论丛》第一册，中华书局2011年版，第5-6页。

[2] 全汉昇：《明清间美洲白银输入中国的估计》，《中国近代经济史论丛》第一册，中华书局2011年版，第43-44页。

银的货币化,活跃了明代的经济,产生了一批商帮,如洞庭商帮、徽州商帮、福建商帮、广州商帮、山西商帮、陕西商帮等。

商人通过走海贸易,将国内所产丝绸、生丝、瓷器、药材等行销海外。海外贸易的兴盛与白银的流入,带动了国内手工业生产,刺激了就业与消费,自给自足的小农经济开始向市场经济转变,自然经济向货币经济转化。白银的大量涌入,为一条鞭法的推行提供了必备条件。一条鞭法将田赋、徭役及各项杂税,折为银两征收,淘汰了往日落后的赋税制度。一条鞭法通过支付银钱,免去力役,将个体从人身束缚中解放出来,可以从事各领域的生产。白银的流动带来了南方各地的富裕,使富人与士人有财力过上奢华生活,在一定程度上脱离对权力的依赖,由此引起思想上的火花迸发,产生了明代有限的思想启蒙。

白银货币化,标志着原先掌握在官方手中的铸币权移转到民间,而当时的官方对此却没有任何意识。不受控制的白银货币,冲击着整个社会,产生了巨大的问题。明代商品经济最发达的地区,是东南沿海诸省,包括今天的江苏、安徽、江西、浙江、福建、广东等地。一条鞭法推广于全国,在经济发达的南方地区,白银普及使用,大量人力从劳役中解脱出来,投身于手工业之中。在北方的广大地区,白银货币化尚未完成,官方却硬性要求民间以白银缴纳赋税,由此在北方产生了巨大问题。

为了换成白银,农民不得不将手中的粮食低价抛售,导致民间贫困。顾炎武在山东登莱等地,看到滨海之人因为地理偏僻,无白银可以缴纳赋税。后至关中,顾炎武看到民众丰收,却仍然要售卖妻子。为什么呢?有粮谷却没有白银。白银货币在北方各地造成了无数矛盾,导致自耕农破产流入社会,而北方社会又无法如南方那样，提供更多的手工业岗位。如果再遇上天灾，就会导致生计无着的无地流民数量呈几何级数增加，汇集成冲击大明王朝的洪流。

农民出卖米粮，换取白银，在米粮店遭到各种手法的欺诈，至缴纳赋税时，又被官方以各类手段欺压。而明军以白银发军饷，军人再以白银折价购买粮食，整个过程遭到层层盘剥，"民穷于内，军馁于外，是一法两伤"。辽东巡按熊廷弼目睹两名军人买饭吃，一人说："我钱少，买蓿饭吃。"另一人说："我买面吃。"买蓿饭吃的用银五分，买面吃的用银一钱二分。二人都没有吃饱，相对嗟叹而去。

白银货币化之后，它将货币的发行权，从政府转移到了民间。明初一度想通过发行宝钞，控制货币发行，进而控制整个社会的财富。但到了明后期，政府已失去对货币的控制权，再也不能通过发行货币来掠夺社会财富。这也是万历帝采取强制手段，派出大批矿监税使赴各地，明目张胆地进行白银掠夺的原因。

赋税白银化后，造成的新问题是，它更便利了官员的贪腐。往日赋税，采用本色缴纳时，官员虽有贪欲，却无从下手。改为征银缴纳赋税之后，在白银缴纳时，官员从秤兑、收柜、辨色、倾煎和装鞘等各个环节中，均可上下其手，加以贪腐。在此过程中，从王公贵族到地方官员再到富豪，手中获得了无数白银。这些白银有部分进入市场流通，用于消费各种奢侈品，还有相当部分则被窖藏。

一些观点认为，明末的经济问题，一则是国外输入白银的紧缩，二则是白银大量被窖藏。国外输入白银，从长期来看，总有起伏，但一直在持续不断输入。至于窖藏，则多为文人夸张笔调。明人记录云，太监刘瑾所藏白银"银元宝五百万锭，约银二十五千万两，银一百五十八万零三千六百两"，加上其他各类财富，总数约在三亿两，则绝无可能。明代百余年海外贸易，所流入国内的白银，亦不过此数，难不成所流入的白银，都被刘瑾窖藏了？此为文人夸张笔法所记录。

明末的经济问题，不是白银进口缩减导致，也不是白银窖藏所带来的流通量锐减。

彭孙贻《平寇志》载，大顺军占领北京后，对明宗室、官员及富户加以拷掠，数日之间，"其所得金，大约侯门十之三，宦寺十之三，百官十之二，商贾十之二，共七千万两"。"闯贼西奔，括宫中得金银七千余万两，驼载而去，天下闻而惑之。"[1]实际上，李自成进入北京之后，从明内帑及各处搜刮所得，不过几百万两。康熙帝后来曾云："明代万历年间，于养心殿后窖银二百万金，我朝大兵至，流寇挈金而逃，因追兵甚迫，弃之黄河。"[2]后世至今，犹津津乐道李自成的宝库。

明代白银窖藏的量虽然巨大，但是相比持续不断流入的白银，及官方在宫廷奢侈品消费、军饷开销上大规模抛出的白银，其数量少得多。明代并不存在流通白银严重短缺的问题。来自日本、美洲的白银持续不断地流入中国，由此推高了物价，出现通货膨胀。值得注意的是，将白银加以窖藏，起到了吸纳货币的功能，使得大量流入的白银货币，在短期内未曾带来严重的通货膨胀。

1630年至1640年，欧洲爆发了经济危机，各国普遍出现通货

---

1 ［明］史惇：《恸余杂记》，清抄本。
2 ［清］王先谦、朱寿朋：《东华录》康熙九十一，清光绪十年长沙王氏刻本。

膨胀,引发一系列社会危机。"从1630年至1640年,或1636年左右,美洲银矿发现对降低白银价值的效果似乎已经完结。白银价值相对于谷价价值的降低,从来没有达到过这种地步。"[1]与此同时,中国社会中也出现了米粮价格上涨、白银价格下跌等问题。

自日本、墨西哥白银进入中国之后,明代一直保持着通货膨胀,但这种通货膨胀,相对并不算严重。吴应箕《留都见闻录》记录,南京素来米贵,万历戊子年(1588),米价为(每石)一两六钱。崇祯庚辰(1640)、辛巳(1641)、壬午(1642)年间,米价涨至(每石)三两六钱。半个多世纪,米价才涨了一倍多,相对也不算特别严重。

据彭信威的研究,不但白银对米价下跌,且对黄金、丝绸等也是价格下跌。明初白银与黄金比为一比四或一比五,至明末则为一比十和一比十三。要获得同样数量的食物,必须要付出更多的白银。但这是将明末与明初对比,已经过去了将近三百年,物价必然发生变动。在白银供给充沛的南方,虽存在通货膨胀,但尚可接受。在白银量供给不足的北方,物价上涨则更为惊人。

万历四十八年(1620),据御史左光斗言:"今辽东之患不在无银,而在无用银之处,何也?辽自用兵以来,米粟涌贵,加之旱荒之余,石米四两,石粟二两,其一石尚不及山东之四斗,通计一百万之赏,分十五万之军,每名约得六两,于银不为不多,而此六两者籴米才一石五斗耳。纵是富人,未免抱金饿死。"[2]崇祯

---

1 [英]亚当·斯密:《国民财富的原因和性质的研究》上,杨敬年译,陕西人民出版社2001年版,第233页。
2 《明光宗实录》卷七。

朝北方"米则每银一两,仅买市斗三斗四五升以至五斗而止。豆则每银一两,仅买市斗四斗二三升,以至五斗,七八斗而止"[1]。

大量输入的白银与整个财政体制脱节,才是根本问题。明末时官方四处征战,手中财力窘迫。官方无力对拥有大量白银的特权阶层征收赋税,只能对平民不断加征;这种压力,在白银流通不足、不能提供更多手工业岗位的北方,表现得尤为明显。北方民众的生存压力日益加深,而物价则在不断上涨。当遭遇严重天灾之时,无数破产农民为了生存铤而走险,走上暴力求生之路。

在明末,并不存在因为海外流入缩减、窖藏而带来的银荒问题,白银仍在持续不断地流入中国,且在一定程度上推高了物价。此外,因为持续的天灾所带来的粮食减产,导致崇祯朝粮价暴涨,进而引发了其他产品价格的上涨。《启祯记闻录》载:"天启五年,吴中饥荒。米价顿加至每一石一两二钱,盖自此始,从前所未有也。小民甚以为骇,后渐习而安之矣。崇祯二年,朝廷责饷东南甚急,苏郡米价涌贵,每粮一石折银一两有余。崇祯十年,米价向来腾涌。冬粟每石一两二钱,白粟一两一钱。此荒岁之价,而吴民习为常矣。"[2]

最重要的是,当中国被卷入全球贸易体系后,大量白银涌入帝国内部。经济上得到大发展的商人们,在政治上却未曾获得任何突破。商人阶层不得不依附于权力,听任权力攫取财富,以求自保。而不受限制的权力,在社会经济领域中大肆掠夺(如万历

---

[1] [明]卢象升:《卢公奏议》卷十《宣云奏议》,清道光九年刻本。
[2] 谢国桢:《明代社会经济史料选编》,福建人民出版社1980年版,第186页。

帝所派出的矿税使、不断加征的赋税），严重破坏了财税体制，反过来又抑制了经济的发展（自然就无所谓的资本主义萌芽）。当经济无法成长时，海外贸易所得白银的流入，乃是输血；国内权力的无度掠夺，乃是抽血；而与辽东后金、各地起义军旷日持久的战争，则是放血。权力的肆无忌惮，进一步加深了经济危机，而晚明的经济模式，在以手工业产品输出海外换取白银之外，并无其他的经济增长途径，此时各类危机的叠加，导致整个大明朝廷陷入越来越深的困境。

中国被纳入全球体系与大量白银的流入，并非明朝灭亡的根本原因。明朝的灭亡，仍然遵循过往的模式，当人口增长到土地所能承受的极限，碰上频繁的天灾，再加上腐朽的政府，层出不穷的战争、饥荒、瘟疫等，慢慢地消耗明朝国力，直至最后一刻，农民起义军和后金（清）军给予了老大帝国以最后一击。

后金崛起与朝贡体系崩裂

满洲人的祖先有着不同的称谓，商周时称"肃慎"，战国时称"挹娄"，北魏时称"勿吉"，隋唐时写作"靺鞨"，辽代时始称女真人。女真称谓，一直延续到明崇祯八年（1635），此年皇太极宣布废除女真、诸申等各种称谓，统一改称"满珠"（吉祥之意）。"以国书考之，满洲本作满珠，二字皆平读"，此后又演变为满洲之称。[1]

---

[1] ［清］阿桂等：《满洲源流考》卷一《部族》，清文渊阁四库全书本。

《大明一统志》"女直"条目下载:"女直:东濒海;西接兀良哈;南邻朝鲜;北至奴儿干北海。"明代女真分为三大部,分别是建州、海西和东海,各部又分为若干小部,各不相属,互相征伐。

建州女真部的首领王杲实力最强,桀骜不驯,屡屡犯边。努尔哈赤的祖父觉昌安、父亲塔克世依附于王杲,双方结下了政治婚姻。努尔哈赤十岁时丧母,继母对他也不好,努尔哈赤时常到王杲家中去生活,与外祖父感情深厚。后来觉昌安、塔克世背叛了王杲,投靠了大明王朝。觉昌安、塔克世父子时而投靠明军,时而背叛,辽东总兵李成梁对其很不放心,就将努尔哈赤留在了家中,作为人质。

十六岁时,努尔哈赤结束了人质生活,返回建州。在继母的唆使下,父亲与他分家。据说他分家后生活很是艰难,不得不入山采人参、松子之类,运到抚顺贩卖,以维持生计。努尔哈赤没多久就投奔了外祖父王杲,在外祖父羽翼之下,衣食总能无忧。

王杲不时出兵与明军作战,成为大明王朝的外患。万历二年(1574),辽东总兵李成梁出动大兵围剿王杲。王杲守卫的古勒城(即古埒城,今辽宁省抚顺市新宾满族自治县上夹河镇胜利村东)被攻破,王杲侥幸逃脱。此次战役中,正在王杲家中生活的努尔哈赤与其弟弟一起被俘。说起来,努尔哈赤与李成梁也是老熟人了。作为俘虏的努尔哈赤的表现是:"抱成梁马足请死。"请死是假,乞活是真。李成梁动了情,"不杀,留帐下卵翼如养子"。[1]

---

[1] [明]陈子龙、徐孚远、宋征璧等选辑:《明经世文编》卷五百一,明崇祯平露堂刻本。

在李成梁家中，努尔哈赤获得了教育机会，能读书识字。

万历三年（1575）春，王杲带领部众四处劫掠，被明军围剿，王杲侥幸逃脱。明军悬赏重金，以求抓住王杲。觉昌安、塔克世站在了明军一方，多次为明军带路，以求抓住王杲。塔克世最为卖力，担任向导，出奇兵，往返八日，擒获了王杲。王杲被擒获后，在李成梁帐下的努尔哈赤，目睹了外祖父的悲惨状况。可他此时自身难保，只能隐忍不发，更加卖力地做事。王杲被送到北京后，于万历三年被凌迟处死。塔克世、觉昌安在擒获王杲中的巨大作用，改善了努尔哈赤的处境。万历五年（1577），十九岁的努尔哈赤结束了俘虏生活，再次返回了建州。

努尔哈赤返回建州后，入赘佟佳氏，做了个上门女婿。佟佳氏世代经商，富甲一方。婚后，努尔哈赤一度曾到李成梁帐下从军，四处征战，提高了自己的军事素养，为未来的征战打下了军事基础。

万历十年（1582），努尔哈赤从李成梁身边离开。这一走，努尔哈赤反而开创出了新的局面。万历十一年（1583），李成梁领兵围攻王杲的儿子阿台。阿台之妻是努尔哈赤祖父觉昌安的孙女，觉昌安与努尔哈赤之父塔克世，同赴古勒城，试图劝降阿台，不想却被杀。觉昌安、塔克世二人之死，扑朔迷离，有说法认为，李成梁于此战之中，乘乱杀掉二人，以除后患。李成梁有所愧疚，将塔克世的土地、人马等交由努尔哈赤继承，又让努尔哈赤承袭建州左卫指挥使的官职。

经过不断征战，努尔哈赤统一了女真各部。在崛起的过程中，努尔哈赤利用明廷的朝贡体系，先后七次入京朝贡。努尔哈赤或是亲自赴北京朝贡，或是遣使入贡，通过朝贡贸易，获得所需的各类物资，同时也一窥明廷虚实。通过明廷的封赏，努尔哈赤提高了自己的政治地位，借此蚕食、吞并其他各部。

万历三十六年（1608），努尔哈赤与明边将立碑划界，从此自称为国。万历四十三年（1615），努尔哈赤建立八旗制度。万历四十四年（1616），努尔哈赤于赫图阿拉（又称兴京、黑图阿拉，今辽宁省抚顺市新宾满族自治县永陵镇老城村）御八角殿称汗，建元天命，沿用"金"为国号，史称后金。后金的出现，极大地冲击了明廷的朝贡体系，是明廷所不能容忍的。明廷调动各路大兵，加以围剿。万历四十七年（1619），在萨尔浒（今辽宁省抚顺东浑河南岸）之战中，后金发挥骑兵的机动优势，连灭三路明军，取得大胜，此后在辽东占据战场主动权。

在东北亚的战略格局中，后金除了面对明廷这个庞然大物，在左右两翼，还面临着朝鲜的存在与蒙古的威胁。

萨尔浒之战中，朝鲜出兵协助明军作战，但明军溃败，朝鲜军兵多有被俘者。战后努尔哈赤对朝鲜示好，给被俘的朝鲜将士以优待，释放朝鲜降卒。此战之后，朝鲜对明廷出兵助战的请求，一直加以婉拒。对后金，朝鲜一直认为属于蛮夷，不齿于为伍。随着后金不断取得战绩，朝鲜也不得不重新审视后金，以求通和息兵，各守封疆。在后金的持续压力下，1622年，朝鲜国王光海君遣使奉国书出使后金，这是对以明廷为中心的华夷天下的重创。蛮夷依靠武力崛起，就能获得承认，而作为天下共主的明廷，则在战场上不断处于被动之中。

朝鲜对后金的态度是消极的，以避战为主；而蒙古林丹汗对后金的态度是积极的，行动是消极的。明廷在与后金交战失利后，以重金收买蒙古各部，诱其攻击后金，即"西虏制东夷"。林丹汗是明王朝的重点拉拢对象，所得赏赐最多。后金出兵进攻广宁（今辽宁省北镇市）时，年纪轻轻的林丹汗向努尔哈赤发出警告，称将派兵钳制，结果却未派一兵一卒。林丹汗是蒙古各部名义上的共主，具有号召力，但为人短视，贪图钱货。1626年，林丹汗坐视后金攻打喀尔喀各部，又乘乱打劫，抢夺牧场，"从者养之，拒者杀之"，让蒙古各部心寒，导致众叛亲离。

天启元年（1621），后金攻下沈阳、辽阳，迁都辽阳。后金在与明廷的战争中，一直保持着主动，直到天启六年（1626），努尔哈赤在宁远（今辽宁省葫芦岛市兴城市南河路）城下受挫。天主教徒孙元化协助袁崇焕守宁远，修筑西式炮台，运用红夷大炮。孙元化所修炮台，"门角两台，攒对横击"，发挥交叉火力，立下大功。宁远之战后不久，努尔哈赤去世，临死前嘱咐诸子："先抢江东，以除根本之忧，次犯山海关、宁远等城。"[1]据此战略，后金以"议和"麻痹明廷，腾出兵力，消除两翼威胁。

虽然朝鲜迫于武力，与后金交往，但对后金仍持鄙夷态度，称之为"奴酋""犬羊"之类。1623年，原先对明廷、后金采取灵活态度，保持中立的朝鲜国王光海君被废，仁祖李倧上台。其对后金态度强硬，使后金的战略格局发生改变。1627年，皇太极对朝鲜发动征伐，史称"丁卯之役"。其战略目标是，若能将朝鲜占领，则并取之；如果不能占领，则加以讨伐，瓦解明廷与朝鲜的结盟，同时攻击在朝鲜境内的毛文龙所部。开战之后，朝鲜一败涂地，与后金达成和议，双方结成兄弟之国，后金为兄，朝鲜为弟，双方互市贸易。此后后金通过朝鲜，获得了早先被明廷所禁

---

[1] 吴晗辑：《朝鲜李朝实录中的中国史料》第八册，中华书局1980年版，第3544页。

的各类物资。

在后金发动对朝鲜的"丁卯之役"之时，蒙古察哈尔部与明廷盟誓，配合明廷出兵辽东，不想后金击溃朝鲜，迅速回师。此后皇太极遣兵，四次征讨林丹汗。林丹汗屡战屡败，率部西逃青海。林丹汗到了青海后，预备领兵进入西藏，但突然得病死亡，未能入藏。明廷与后金对林丹汗的评价都极低，认为他"贪财物，无远志"，乃至于将林丹汗鄙称为"憨"。

林丹汗去世对时局具有一定影响。林丹汗是黄金家族的直系后裔，是蒙古各部名义上的共主。林丹汗去世之后，其子向后金投降，献上元朝的传国玉玺，这标志着后金统一了漠南蒙古各部。明崇祯九年（1636）正月，漠南蒙古十六部四十九贝勒向后金朝贡，在沈阳共同承认皇太极继承蒙古可汗大统，奉上博克达·彻辰汗尊号。此年四月，皇太极称帝，国号为大清。随着林丹汗的去世，蒙古各部归顺后金，使明廷在东北亚的战略格局更为被动。皇太极击溃林丹汗后，控制漠南蒙古各部，增强了后金的实力，打破了明廷"西虏制东夷"战略。此后后金（清）通过联姻等措施，保持对蒙古各部的控制，经略天下，这也成为有清一代的基本战略。

崇祯九年（1636）十一月，皇太极以"朝鲜败盟逆命"为由，发兵讨伐，接连击溃朝鲜军。朝鲜国王李倧逃至南汉山城，"势穷情迫"，不得不称臣请罪。李倧亲至皇太极面前伏地请罪，交出长子、次子作为人质，此后朝鲜成为清朝藩属国。明廷的朝贡秩序，发生重大转变。

清除了左右翼的威胁之后，皇太极不再对明"议和"，集中全力对明廷发动进攻。从地域格局上而言，后金（清）获得辽阔的蒙古草原，可以利用骑兵机动，绕过山海关长城一线，从西部地区深入明廷，予明廷打击。后金（清）多次借道蒙古，深入关内各地，劫掠人口与各类资源，迫使在辽东地区的明军不得不回师援救，疲于奔命，处处受敌，时时被动。

吴桥兵变的前因后果

崇祯三年（1630），为应对后金不断增加的威胁，徐光启试图组建一支用西洋火器装备的车营。据他的规划，每一营用双轮车一百二十辆，粮车六十辆，共车三百辆，西洋火炮十六门，中炮八十门，鹰铳一百门，鸟铳一千二百门，战士两千人，队兵两千人。凡军中所需，一一各具。遇到后金兵攻击，根据敌军多少，车营采取不同战术应对，其战术的核心思想，是发挥火器威力。徐光启是明末少有的具有开放视野、对西方科技与武器有深入了解的知识分子，在朝廷之中也具有影响力。根据徐光启的计划，明廷在登州组建了一支新式军队，采用西方火器，由葡萄牙人加以训练。

崇祯三年（1630）六月，徐光启弟子、天主教徒孙元化出任登莱巡抚。孙元化著有代表明末最高军事技术的专著《西法神机》，主张大力学习西方火器。登莱监军王征也是天主教徒，是最早学习拉丁文的中国人，撰有《新制诸器图说》等有关机械或工程的著作，且译绘《远西奇器图说录最》，更精通炮术。登莱副总兵张焘也是天主教徒，曾亲自前往澳门采购火炮。此番为了训练精兵，特意从澳门请来葡萄牙人，帮助训练操炮技术。登州练兵,是信奉天主教的中国官员,试图用西方火器、西方练兵、西方技术,挽回大明颓势的一次全体努力。

徐光启特意抽调正在北京教授火器的葡萄牙人公沙的西劳,至登州训练明军枪炮手。次年,传教士陆若汉运送火器至京师后,经徐光启相邀,又携带一批火器赴登州,帮助训练枪炮手。经过徐光启等人的苦心经营,孙元化属下拥有中国最精良的西方火器,也有一批掌握了西方操炮技术的熟练枪炮手。葡萄牙雇佣兵至登州后,参与了明廷的战事。崇祯四年(1631)五月,公沙的西劳等十三名葡军火炮手,随张焘出海作战,使用西洋火器发射多次,击毙后金兵数百名。

崇祯四年(1631)八月,后金军进攻关外大凌河,将明军祖大寿部围困。明廷多次调兵解围无果,孙元化也派出孔有德率军增援。孔有德初期走海路前往关外,被风暴所阻,又改从陆路前去大凌河。此行前往关外,可谓是送死之行,孔有德及所部辽人怨恨不已,一路上走走停停,沿途观望。

闰十一月二十七日,孔有德行至吴桥县城。此前行军,一路上缺乏军粮,军队四处骚扰。行至吴桥,地方上"皆闭门罢市,无所食宿"。此时又天降大雪,军兵无粮可食,无处可宿,怨恨激增。"部卒与生员相争,有德笞之,众遂哗然。"[1]

此后又有士兵偷窃乡绅王象春庄园中鸡犬为食。王氏是地方望族,有多人在朝中任官,王象春之子遂逼迫孔有德将偷鸡犬的士兵贯耳游营。军中士兵都是辽人,见如此侮辱,群起哗变,将王家庄园焚毁,王象春之子逃跑。此时,恰逢孙元化派去塞外采

---

[1] [清]毛霦:《平叛记》卷上,清康熙五十五年毛贡刻本。

购马匹的将领李九成返回，李九成途中将买马银花光，心中畏惧，遂与儿子李应元一起发动叛乱，次日将孔有德绑缚在演武场，怂恿士兵兵变。此时军中愤懑已久，群起响应，孔有德只得参与兵变。

吴桥兵变，乃是饥寒交迫的辽兵，被官员、士绅凌辱逼迫而爆发。《（光绪）嘉定县志》载，吴桥兵变的发生，因县令毕之寅"闭城罢市，激变反攻登州"。巴笃里《中华耶稣会史》就此次兵变，亦有记录："此事之发生，乃因三千士兵，在若干官吏辖境内，所受待遇恶劣。此等官吏对国家大事漠不关心，士兵为饥寒所迫，愤恨不平，遂出而抢劫。凡落于彼手者，且俱为所杀。"

吴桥兵变，也是明廷苛待辽人，歧视辽人，公怒私仇积累在一起的总爆发。辽东失陷之后，无数辽民在冰天雪地之中，从海上与陆地，拼死出逃，九死一生。可逃入关内之后，明廷并未加以善待，辽民面对着官吏的盘剥和当地豪绅的凌辱，从事苦役谋生。一旦爆发战事，辽民、辽兵则作为炮灰，被送上前方。在登州，辽民受尽凌辱。"广宁陷后，辽民相率入关。寄寓登莱地方者不下十数万人，辽人性桀骜。登人又以伧荒遇之，指勒欺侮，相仇已久。"[1]

兵变之后，孔有德回师登州，领兵"连破平度、莱阳、文登、福山、新城六县"[2]，一路纵兵劫掠。登莱巡抚孙元化主张招抚，命"所过郡县毋邀击"，山东巡抚余大成则主张剿灭。但各地驻军武备松弛，缺乏斗志，面对精锐叛军，不堪一击。孔有德

---

1 ［明］王征：《王征遗著》，李之勤辑，陕西人民出版社1987年版，第345页。
2 ［清］查继佐：《罪惟录》列传卷之十二下，四部丛刊三编影印稿本。

叛军一路势如破竹，于十二月二十日，抵达登州城下。

崇祯五年（1632）正月初三，孔有德得到耿仲明的内应，叛军攻下登州，孙元化、张焘被俘。负责教习火器的葡萄牙人部分战死，公沙的西劳也战死，传教士陆若汉率领残余葡萄牙人跳城逃跑。登州失陷后，城中西洋大炮二十余门、中炮三百余门，落入孔有德、耿仲明之手。

孔有德自号"替天行道都元帅"，李九成为副元帅，令人至辽东各岛招募东江镇兵民前来，又对莱州发动攻势。明廷遣兵部侍郎刘宇烈统领大兵平叛，结果又是一触即溃。七月初十，孔有德将登莱巡抚谢琏、登州知府朱万年引诱出城，加以诛杀。面对强悍的叛军，明廷不得不抽调关宁军入关平叛。八月，明军解莱州之围。九月，明军围攻登州，双方交战激烈。孔有德等被围困之后，自知必死，拼死搏杀。在十二月初三的战斗中，李九成战死。明军与叛军在登莱一带交战长达十八个月。双方士兵都用大炮进行炮战，百炮对射，炮矢如雨。

登莱交战之时，崇祯五年（1632）七月二十三日，孙元化、张焘、王征等被送入北京。崇祯帝下令，将孙、张二人处死，王征遣戍。[1]弟子孙元化被杀、友人王征被贬，被寄予厚望的登州炮队溃散，使徐光启深受打击。此后徐光启将所有精力投入到历法修订工作，于崇祯六年（1633）十月初七去世。面对后金不断提升的战力，崇祯帝在皇宫旁设立铸炮厂，令孙元化好友、传教士

---

[1] 天启元年（1621），孙元化在北京由徐光启介绍，受洗加入天主教，教名依纳爵。崇祯十六年（1643）十月，李自成攻陷西安。王征听闻李自成欲请其出来做官，乃决定绝食，于崇祯十七年（1644）三月初四卒。

汤若望铸造红夷炮。汤若望制作出了一些大小炮，却对时局无补。火炮的操作，需要成规模的、掌握操炮技术的炮手，此后大炮虽有，训练有素的炮手却难求。

登州城东西南三面环山，北面临海，有水城与大城相接，开水城城门即可通海。崇祯六年（1633）二月十三日，孔有德、耿仲明用百余艘船，载男女一万二千余人（其中有久经战阵的士兵三千六百余人），携大量枪炮出海逃命。逃跑途中，遭到明军四处拦截，在旅顺外海遭大炮轰击，损失惨重，最终残部在镇江堡（今辽宁省丹东市）登陆，投降后金。

随孔有德投降后金的有火器营副将吴进盛，火器营参将潘学，管红夷大炮参将卢之能、程缊及火药局参将贾志强等，都是通晓火炮技术的军官。这支军队不但将二十余门西洋火炮，亦将全套铸炮制药技术、最先进的操炮技术如铳尺的使用传至后金（清）军，此时明军中还没有基本的操炮知识。孔有德、耿仲明叛军的加入，增强了后金新兵种"乌真超哈"即重火器兵的实力。

清崇德六年（1641），皇太极命汉八旗所部炮匠，至锦州铸神威大将军炮，次年又铸红夷大炮。

孔有德、耿仲明所领部属，都为辽人，与后金仇深似海。孔有德、耿仲明及之后投敌的尚可喜，家中亲人多被后金所杀，有不共戴天之仇，不想最后也投奔后金，使后金的火炮技术得到巨大提升。

吴桥发生兵变及孔有德、耿仲明投降后金，袁崇焕擅杀毛文龙乃是间接诱因。毛文龙在有明一代，乃是绝对的异类。他一介平民，经过自己的努力，形成军事力量，抗衡后金，被朝廷追认为东江总兵。毛文龙被纳入明廷之后，仍保持着自己的独立性，其军饷多通过贸易自筹，而其贸易的对象，却是女真。通过粮食、铁器等物资，交易辽东的人参、貂皮，再将其售出，获得军饷。毛文龙所部驻扎在朝鲜境内的岛屿上，又以其强大军力对朝鲜形成威慑，其之存在，乃是大明体制中的绝对异类。

崇祯二年（1629）六月，袁崇焕以私通后金等罪名，将毛文龙斩杀。崇祯三年（1630）八月，崇祯帝又下令杀袁崇焕。袁崇焕被杀后，崇祯帝并未为毛文龙平反。毛文龙被杀，虽不是孔有德、耿仲明等投靠后金的主因，但毛文龙被杀，却在辽东难民出身的东江兵心中埋下怨恨的种子。此后孙元化对东江各军示好，加以收容重用，希望能化解矛盾，并利用辽民对后金的仇恨，收复辽东，实现"辽人守辽土，辽土养辽兵"。

作为毛文龙养孙的孔有德、耿仲明对明廷心存怨恨，虽有孙元化的任用，却很难化解。此种怨恨，在吴桥冰天雪地、无食无宿的情况下被点燃，最终引爆为兵变。二人降后金后，得到重用，此后各路东江旧将陆续降后金，成为汉八旗的基本力量，在日后征伐天下的战事中发挥了举足轻重的作用。

明军军饷行粮之弊，是导致吴桥兵变的直接因素。晚明危机四伏，内外交逼，不断征调军兵征战，军饷日昂，而朝廷根本无力支出军饷。可就是征集到军饷，军饷发放也要经历层层盘剥，乃至最后士兵仍然无饷可领。崇祯二年（1629）三月，户部尚书毕自严云："所入不满二百万，即尽充边饷，尚无赢余。"崇祯十年（1637），卢象升作为宣大总督巡视边关，被边关糜烂景象震惊："所辖之军，其饷银自去年十一二月到今，分毫未领也。各军兵虽复摆墙立队，乘马荷戈，而但有人形，全无生趣。往时见臣督临，犹跪路跪门，纷纷告讨。此番则皆垂首丧气而已。"[1]

因为军饷问题，明末频繁发生兵变。崇祯元年（1628）七月，辽东宁远官军缺饷四个月，发动哗变。崇祯二年（1629）底至次年三年初，山西勤王兵于近畿哗变。据林延清统计，从1509年到1644年的一百三十余年内，规模较大的兵变就达六十余次，平均每两年爆发一次。[2]

明军出征之时，根据日程与路途发给行粮。在行军途中，所需粮饷，俱于应援地方验程关支。行至吴桥，地方上不予供给，军粮匮乏，士兵四处偷鸡摸狗，聊以充饥。孔有德被地方士绅所迫，将偷鸡士兵贯耳游营，这无异于凌辱所有的出征士兵。屈辱感弥漫军营，最终演变为全军哗变，"咸言我辈千里赴死，今行粮已罄，市易无所，何以自全？不如回登州请饷，再图进退"[3]。

这是一场影响大明历史走向的兵变爆发。吴桥兵变的历史影响，不单单在于使后金获得了一支精于火器操作的部队，并开始铸造犀利火炮。更重要的是，它中断了明军使用西式武器进行训练装备的进程，此后明廷虽采用西式火器，却再无徐光启、孙元化这样了解西方科技威力，试图全面推广西式训练与西式火器的朝臣。经过努尔哈赤、皇太极的努力，后金（清）建立了东亚最优秀的满洲重甲步兵，最优秀的蒙古骑兵，最优秀的汉军火器兵，并可以在战场上一次投入数万乃至十万人以上的部队。面对

---

1 ［明］卢象升：《庐公奏议》卷八《宣云奏议》，清道光九年刻本。
2 林延清：《论明代兵变的经济原因和历史作用》，《明史研究论丛》（第四辑），江苏古籍出版社1991年版。
3 ［清］万斯同：《明史·列传》卷二百三十三《孙元化传》。

军事力量不断增强的后金，明廷只能节节败退。

当大明停滞之时，同时期的欧洲正在经历火药革命，在长期的经验累积之后，实现了火枪、火炮技术的突破；而火枪、火炮的使用战术也在不断发展；军队的性质也在演变，更加重视专业化，强调军队的充分训练。中国晚明时期错过了火药革命，错过了军事革命，到了19世纪，两次鸦片战争期间，西方军队惊讶地发现，他们对手的火枪、火炮及军事指导思想，仍然停留在17世纪，停留在吴桥兵变时那支军队的水平。

宦官与文官交织的中央体制

朱元璋坐拥天下后，曾立下铁牌，警告太监不得干预政事，"内宦不得干预政事，预者斩"。虽然朱元璋有此禁令，但他自己却常违背，如洪武九年（1376）八月，他派遣宦官赵成赴军中监视、侦察。洪武二十五年（1392），遣太监至陕西河州等地处理茶马贸易。朱元璋一朝，就已开了内臣干政的口子。朱元璋虽然严厉限制太监，却利用太监监督百官；他将太监视为恶狗，认为"有此数人，譬如恶犬则人怕"[1]。

在靖难之役中，朱棣得到宦官支持。登基之后，朱棣重用宦官，如郑和等，屡屡出使海外，宣示天威。朱棣设置特务机构东厂，交给太监掌控，专门负责"缉访谋逆妖言大奸恶"，使其成为皇权的忠实走狗。宣德朝时，设内书堂教宦官识字。明英宗朱

---

[1] ［明］刘辰：《国初事迹》，明泰氏绣石书堂抄本。

祁镇时期，宦官王振自诩为文人，备受信赖，干预军政。南宫复辟中，宦官曹吉祥出了大力，手握军权，虽朱祁镇也忌惮有加。

成化帝朱见深时，有宦官汪直得宠，大臣皆屈膝讨好，时有谚语曰"尚书叩头如捣蒜，侍郎折股似栽葱"。正德帝朱厚照依赖宦官刘瑾，民间传当朝有两个皇帝，一个坐皇帝、一个立皇帝，一个朱皇帝、一个刘皇帝。天启帝朱由校宠信魏忠贤，"呼魏忠贤为老伴，凡事委之，己竟不与"。宦官的人数也在不断增加，明初不过百人，至明中叶已达一万余人，至明末时宫内宦官数量已达数万人。崇祯帝刚登基就铲除了魏忠贤，可面对着明末的乱局与党争的纷扰，也大力任用宦官。崇祯帝性格急躁，刚愎自用，猜忌多疑，对朝臣多不信任，更是大力任用宦官。

明代太监拥有军事、财政、政治等各项大权，历史上宦官干政之祸，汉、唐、宋均有，未有明代之为烈也。

（一）宦官的军事权力。明代以太监为监军，主要监督文武官员是否忠心，虽不介入军事训练、作战等事务，但宦官代表皇帝，地位凌驾于主将之上，一经监军宦官劾奏，无不获罪。作战之时，主将受到宦官牵制，号令不得统一，影响了明军的战力。崇祯一朝，战事频繁，皇帝又不信任臣子，频繁派宦官至各地监军，反恶化了战局。

这些宦官，一旦风向不对，对皇帝也毫无忠心可言。崇祯十七年（1644），李自成得到宦官曹化淳、王相尧密报，称"国家财竭兵尽，一举可灭"。李自成进军北京，宣府监军太监杜勋不做抵抗，"蟒袍鸣驺，郊迎三十里之外"。居庸关镇守太监杜之秩大开城门，迎接李自成。李自成兵临北京城下时，曹化淳等宦官相约投降。

（二）宦官的财政权力。宦官介入明代的各项军政事务，乃至于干预财政系统。万历二十四年（1596），万历帝派出矿监税使，宦官得以介入税收。全国各地矿厂被宦官控制，掠夺巨额税款。矿监税使"挟官剥民，欺公肥己，所得进上者什之一二，暗入私囊者什之八九"[1]。

宦官们在各处陆路、水路设置关卡，向来往商旅征收重税，使商家负担加重。万历年间，太监孙隆在苏州设立关卡，向行商征收重税，导致机户关门歇业，乃至引发苏州民变。宦官介入财税系统，导致的结果是大量财富被其攫取，影响了民间经济发展。乃至于后世以为，万历帝以宦官干预财税，是明亡的重要原因，故而有明之亡，不亡于崇祯，而亡于万历之说。

（三）宦官的政治权力。在明代官僚队伍中，官吏的任用需要通过科举获得功名。宦官的任用，则由皇帝心意而定，由皇帝喜好而定。宦官高居于上，执掌权力，自然与文官体系天然对立。吊诡的是，在明代文官体系之中存在着党争，而文官体系中的魁首内阁大学士，却需要与宦官结合，才能在权力体系中如鱼得水。

明开国之初，皇帝与大臣们齐心协力开创天下，集权专制的色彩并不十分强烈。明初中央设左右丞相，地方设行中书省。朝中大小事由丞相处理后奏闻皇帝，行中书省总管一省军、政、司法。胡惟庸拜相后的一段时间内，君臣、帝相之间相安无事，但在胡惟庸任久熟练之后，与朱元璋产生分歧并引发冲突。胡惟庸权倾朝野，朝廷大政，不经过皇帝之手，擅自做主，趋炎附势之徒纷纷奔走于其门下，声势日隆。忍耐良久之后，洪武十三年

1　[明]赵志皋：《内阁奏题稿》卷八，清顺治七年刻本。

（1380），朱元璋果断出手，以"谋不轨"的罪名，迅速杀掉胡惟庸。

其实，朱元璋与胡惟庸的矛盾，只是皇帝看到丞相运用权力时如鱼得水的姿态，在心理上产生出的权力失落感。皇帝担心臣下的权位过重，危及自身统治，于是便急着对官僚体系加以整肃，以维护自己的无上权力；而在至高无上的皇权面前，臣下唯有俯首被戮的份儿。但官僚体系一旦形成，即成为一个客观的存在，它有着自己发展运行的轨道，不完全依君主的主观意愿而存废。它是皇权进行统治不可或缺的工具。

以整个官僚体系的中心宰相为例。在所有的官职中，宰相的变化最多，这是由于君主既需要宰相帮助办理政事，又担心宰相的权位过重，危及自身的权力。朱元璋废除过相权，但最后不得不以四辅官制代替。明成祖朱棣时，因为政务繁忙，选了七人入值文渊阁，帮助皇帝处理政务，在此基础上，内阁发展起来。

初期的内阁并无公开身份，内阁成员品秩不过五品，被视作皇帝的顾问和机要秘书。内阁出现后，其地位日益重要，皇帝的诏书谕旨，无不出自内阁之手。此后内阁的品秩也被提高，内阁大学士开始兼各部尚书衔，权势日重。在内阁制度成熟定型后，内阁首辅的地位相当于宰相。朱元璋绞尽脑汁想铲除的相权再次出现，且权力日益增强，并在一定程度上分散了皇权。而内阁对皇权的分散，则来自"票拟权"。

明代各级官吏递交给皇帝的公文，首先要送到内阁，由内阁用墨笔在纸条上先拟旨，然后贴在公文上交给皇帝审定。皇帝如果同意，就用朱笔批改，即"批朱"。一般而言，皇帝都是"照阁批朱"。皇帝对"批朱"这样的差事感到厌烦，于是设立了司礼监秉笔太监来帮助自己"批朱"。这样,只要内阁摆平秉笔太监,双方合作,也就能操作一切政务,这也是明代太监得以弄权的一个重要原因。而内阁权势一大,也就出现了如张居正、严嵩这样的权臣。

宣德朝开内书堂于内府,教宦官读书,宦官通晓文墨后,得到皇帝任用,可以干预政治。明代的中央政体,逐渐演变为皇权主导之下的宦官、内阁相互制约的机制。文官体系不喜宦官,可如果不与宦官处好关系,则不能推行政务,只得捏着鼻子认了。

在文官体系内部,存在着党争。党争是中国政治体系中的顽疾,只要有人的地方,就会形成不同的群体。而在政治体系中,根据籍贯、同年等关系,结合成党,形成势力,彼此党争。明开国之初,朱元璋身边的重要辅臣如李善长、宋濂、刘基等都是南方人。朱元璋重点培养北方士人,希望以北方士人平衡南方。至朱棣迁都之后,北方士人集团势力日重。仁宣二朝,朝廷取士,优遇北方,北方士人得到大用。至成化年间,南方士人进入内阁,势力日重,形成南北党争。南北党争,有利于皇权的集中,皇家对此也是听之任之。

至万历一朝,围绕建储问题,爆发国本之争。万历帝的皇后无子,才人王氏生下朱常洛,乃是长子。之后郑妃生下朱常洵。万历帝宠爱郑妃,一度想要以朱常洵为太子。围绕建储问题,朝臣发生分裂,至万历二十二年(1594),搞出了个"三王并封"。吏部员外郎顾宪成上书,力陈三王并封,有九不可,因此被削去官职。顾宪成去职之后,返回无锡,在东林书院讲学。一时间,大儒云集东林书院,形成党议,"讲习之余,往往讽议朝政,裁量人物,朝士慕其风,多遥相应和,由是东林名大著,而忌者亦多"[1]。当日政坛，东林党之外，更有宣、昆、齐、楚、浙等党。围绕李三才入阁、三大案等一系列政治事件，双方形成党争，朋党以分，朝堂水火。

至天启朝，东林势盛，众正盈朝。到了天启四年（1624），反东林的浙、楚、齐三党，奉宦官魏忠贤为中心，形成阉党。万历朝以来，文人集团内部党争，本与宦官无关，此番反东林一派归于魏忠贤门下，遂将宦官牵入文官党争。阉党公布东林榜，打击东林党。东林党不甘示弱，加以反击，双方"精神智术，俱用之相顾相防，而国事坐误，不暇顾也"[2]。

崇祯帝登基之后，以迅雷不及掩耳之势，铲除魏忠贤。魏忠贤阉党虽失势，但依附其之党羽尚存，在朝野之中与东林党继续政争。崇祯帝猜忌朝臣，为化解朝臣权势，放任党争。东林党人"急功名，多议论，恶逆耳，收附会"[3]，而这些正是崇祯帝所忌讳的。故而崇祯帝提拔反东林的周延儒、温体仁等人，乃至任用阉党余脉，以与东林相抗。温体仁主持内阁后，引阉党余脉为臂助，打击东林党。至崇祯帝于煤山自缢，南明政权虽危机重重，却不忘内斗，彼此恶斗，导致时局日危。

党争之祸在于，为了击败政敌，可以无视内外危机，乃至火上浇油。对后金（清）的战争，对各地频频的民变，朝堂大佬优先考虑的不是如何平息战乱，而是考虑如何利用这些危机，打击政敌。于是文臣们可以在战事中加以羁绊，在军饷上加以拖延，

---

1 ［清］陈鹤：《明纪》卷四十三，清同治十年江苏书局刻本。
2 ［清］叶鋆：《明纪编遗》卷三，清初刻本。
3 ［清］叶鋆：《明纪编遗》卷三，清初刻本。

在战略上为了反对而反对。大明覆灭之时，崇祯帝愤怒地说出了自己非亡国之君，群臣乃亡国之臣，"文臣人人皆可杀"之语，可见崇祯帝对文官党争的深恶痛绝。

中国古代王朝的周期兴亡率

孔尚任《桃花扇》篇末道："俺曾见金陵玉殿莺啼晓，秦淮水榭花开早，谁知道容易冰消。眼看他起朱楼，眼看他宴宾客，眼看他楼塌了。"每隔五六十年一次的农民起义，每隔三百年一次的王朝更替，这周期兴亡率的不断轮回仿佛是中国古代社会跳不过去的宿命。而导致周期兴亡率不断上演的农民起义，则来自农业社会中的自然与社会因素。自然因素可能是水灾、干旱、地震，社会因素则必然是土地兼并、税负过重、人口暴增。

（一）自然灾害。自然环境对中国民众的压力，主要来自洪水与旱灾。周期性的黄河泛滥、改道和整个华北平原的干旱一直是中国古代社会面临的主要自然威胁。据统计，到1911年中华民国成立前的两千一百一十七年内，共有水灾一千六百二十一次，旱灾一千三百九十二次，平均每年有灾量一点四二三次。面对着洪水与旱灾，农业社会的人们不得不团结起来，抵抗灾害，以获得最低限度的生存权。但依赖单纯的人力去对抗强大的自然力，其效果常是微乎其微的。自然灾害导致众多的百姓背井离乡，陷于贫困，而大量汇集的流民，必然会酿出震撼王朝的起义运动。唐代的黄巢、元代的红巾军、明代的李自成，这些起义队伍的中坚力量，都是由自然灾害而引发的流民。

明末更是灾害频频发生，自万历到崇祯的七十多年中，有灾之年共为六十三年，其中水灾二十六次，旱灾二十一次，蝗灾十一次，饥荒三十六次，疾病两次。[1]崇祯三年（1630）到崇祯五年（1632），河南遭遇旱灾，此后连年饥荒；崇祯十三年（1640）又遭百年未有之奇荒。就连素称富足、风调雨顺的江南，在明末也遭到灾荒。崇祯十三年，江南各地发生灾荒，前后持续将近三年，灾荒中水旱蝗瘟并行，整个江南遭到沉重打击，各地流民遍地。地方上本指望朝廷出台宽恤政策，可此时明廷陷于内外战争中，反而加重征敛，导致江南民众大量逃亡，十室九空。

马懋才描述了天灾带来的苦难："自去岁（崇祯元年）一年无雨，草木枯焦。八九月间，民争采山间蓬草而食。其粒类糠皮，其味苦而涩，食之仅可延以不死。至十月以后而蓬尽矣，则剥树皮而食。诸树惟榆树差善，杂他树皮以为食，亦可稍缓其死。殆年终而树皮又尽矣，则又掘山中石块而食。其石名青叶，味腥而腻，少食辄饱，不数日则腹胀下坠而死。"民众有不甘于食石而死者，相聚为盗，四处劫掠，以求生存。间有被官府抓获者，也毫不畏死，扬言道："与其坐而饥死，何若为盗而死，犹得为饱死鬼也。"[2]

面对民变，大明王朝的官员尸位素餐，无所作为。陕西农民起义初起时，陕西都御史胡廷宴居然杖打各县通报者，满不在乎地道："此饥民，徐自定耳！"崇祯六年（1633）十一月，农民军履冰渡过黄河，将反抗斗争推向河南地区。崇祯八年（1635），

---

[1] 孙翊刚主编：《中国财政史》，中国社会科学出版社2003年版，第274页。
[2] ［明］计六奇：《明季北略》卷五《马懋才备陈大饥》。

农民军十三家、十八寨、三十六营、七十二营等会聚河南，已有席卷天下之势。农民军起于陕西，横扫中原，席卷西南，威震东南，覆灭明廷。

（二）土地兼并。中国古代的粮价一般状态下价格往往是偏低的，但是农民购买牛马以及各种生产工具却需要耗费相当多的资金，这是一般农民所不能承受的，如此农民只能维持简单再生产而无力扩大生产。这种情况非常有利于豪门巨商的土地兼并。大规模的土地兼并造就了大量的无地、少地农民，加深了农民生活的困苦。豪门巨富之所以热衷于兼并土地，乃是因为农业社会中只有土地才是"不忧水火，不忧盗贼，延传百代"的财富之本。而历代王朝所能做的仅仅是在不触动地主土地所有权的前提下，去争取延缓土地兼并。它只能延缓矛盾的爆发，而无法从根本上解决这一问题。

明代土地兼并之烈，在其他王朝之上。万历年间，福王分封，括河南、山东、湖广田为庄田，至四万顷。群臣力争，方才减半。熹宗时，桂、惠、瑞三王及遂平、宁德二公主庄田，动以万计，而魏忠贤一门，所赐给尤甚。明中叶以后，各地都在发生大规模的土地兼并，被分封的朱明宗室，更在其中扮演了重要角色，又有谁能制止？

（三）赋税徭役。地方上各类水旱灾害的治理、对外对内的用兵、不断膨胀的人口所需的管理费用，这些都需要越来越多的经费，于是政府不得不增加农民税收。假设古代农民最初的固定税负为a，但政府的财政支出总是不断增加，于是出现各种杂派x，农民实际上的负担成为a+x。当改革家面对农民的沉重负担时，他们会进行税制改革；由于无法削减政府开支，于是就将a+x定为全国标准,并规定不得额外加收杂税。但每次改革后,各类杂派仍然不断出现。税制改革后,各级地方政府缺少监督机制制约,官员为了保证不断增加的开支,又开始在新的固定税率a+x之外加派各类杂税,于是农民的负担又开始增加,改革家们又开始新的改革,但农民的负担始终未见减少,这就是黄宗羲定律。[1]

万历四十六年(1618),为应对辽东战事,明廷议定,除贵州外,每亩加征田赋三厘五毫,后又加征三厘五毫。天启三年(1623),加征辽饷每亩九厘。崇祯二年(1629),在每亩九厘之外,再加辽饷三厘。为了围剿此起彼伏的各地民变,崇祯朝又每亩加粮六合,以每石折银八钱输官,此后每亩加银一分四厘九丝,共得银三百三十万两。崇祯十三年(1640),朝廷议定练兵,天下田亩加赋一分,增赋七百三十万两。除了田赋外,其他各种加派,也至极限。

明人哀叹:"今日饷额,如地亩、屯粮、盐课、火税,举无可复增之额。"辽饷经过前后四次加派总计达六百八十五万两,剿饷先后加派共三百三十万两,练饷初为四百万两,尔后增至七百三十万两。明廷财政开支不断增加,解决的方式就是大幅度增加赋税征收。增加出来的赋税,官方对地方豪强势力难以下手,只好将之转嫁到社会中下阶层民众身上,从而使中下阶层与朝廷之间势如水火。中下阶层负担日益加重,破产的自耕农益多,社会愈加动荡不安,如此不休,陷入恶性循环之中。

(四)人口暴增。中国古代的人口,其中绝大多数是穷人。

---

[1] 参见杨舟、赵保佑:《走出"黄宗羲定律"的历史怪圈》,经济科学出版社2005年版,第53页。

这些人数以百万、千万甚至亿计。他们靠天吃饭，碰上好年景，可得温饱，碰上灾年则挣扎在死亡线上。因此，绝对的贫困人口形成了中国社会内部巨大的生存压力。要想在群体中获得更好的生存状况，就必须建立一个人丁兴旺的大家庭，使自己家的男性劳动力多，拳头硬，武力强。这就造成了一种负面的"边际效应"。食物越短缺，群体越贫困，群体内部的生存竞争越激烈；为了生存，人人都在追求家庭人口数量方面的优势。结果人越多，食物越短缺，群体的生存竞争越残酷，整体进入了恶性循环。这种循环的最佳状态是在相互残杀之后，群体数量、食物及其他生活资料刚好满足群体生存的最低生活水准。这个阶段就是我们常说的，经过天灾人祸、改朝换代的动乱之后，新王朝刚刚确立之际。

追求人口数量的本质被儒家表述了出来。其著名的论断是："不孝有三，无后为大。"从中国古代传统的价值观念看，一个不忠不孝的人是最坏的人，而在这个最坏的人中，更坏的是没有后代。中国人千百年来相信"多子多福""人多好办事"。中国古代，人们重视的是人口的数量，而不是质量。在残酷的生存竞争中，人们早已意识到，如果在生存竞争中不能用质量取胜，那么就用数量占先，自先秦至明清，不论什么样的天灾人祸，都不能从根本上影响中国人口数量的持续增长。

葛剑雄、曹树基在《对明代人口总数的新估计》中指出，公元1600年，明代时，中国完全达到两亿人口的规模。葛剑雄推测，1655年明清鼎革之际，人口达到谷底时约为一亿两千余万人。《明实录》则载，天启六年（1626）人口总数是五千一百余万，而洪武十四年（1381）人口总数是五千九百余万。过了二百余年，人口数字竟然减少了？

其中关键，在于瞒报丁口。徐渭记录，会稽一县"今按于籍口六万二千有奇，不入丁籍者奚啻三倍之"，也就是四分之三的人口未曾入籍。一县尚且如此，推广开来，全国未曾入籍的人口更是可观。至明末，人口的数量已经大幅超过土地可以供养的人口数量。在沿海各地，人们还可以向外，至海外世界闯荡，获得生计。在陕西、山西这样的内陆地区，无地可种、无粮可食的人们，在崇祯末年汇集成浩浩荡荡的"流寇"，如蝗虫一般，去吞噬一切，最终覆灭大明王朝。

综上所述，中国农业社会所面临的根本问题，就是对生存资源争夺的问题，这生存资源便是最单纯的食物。要生存就得吃饭，要吃饭意味着得有地种，因此"耕者有其田，人人有饭吃"就成了中国古代社会的最高理想。这个理想也是大多数中国人生存状况的真实反映。但中国古代，要吃口饭，是如此的不易。这需要老天蒙恩，风调雨顺，有所产出；这需要圣王垂恩，与民休息，降低税负；这需要政府抑制豪强，控制兼并。假设这一切都能做到，中国古代农民仍面临着一个最大的问题，那就是不断增长的人口数量与有限的土地之间的矛盾，这是无法克服的矛盾。这矛盾，便表现为中国历代王朝的周期兴亡率。王朝末期，农民起义，不断残杀，消耗掉过剩的人口，随后新的王朝建立，默默等待下一个轮回。

除了自我残杀之外，难道就没有其他道路吗？有，而且有两条道路。

第一条道路是向外扩张，通过掠夺土地来满足人口的需要。但这种扩张，是有条件的。除了周边有足够的土地和资源外，扩张者自身必须有足够的实力去战胜被征服者。否则，这种扩张就成了自杀。

第二条道路是通过贸易，使生产专业化，通过出口刺激其他行业的发展，诸如制造业、商业、银行业等，并由此产生适应经济发展的政治组织及整个商业制度。最终，工商业的充分发展，导致一场经济和政治上的全面变革。这种变革给人类带来了全新的生活方式，使人类从古老的无法解脱的循环中挣脱出来。这条道路，是航海大发现之后，西方所经历的道路。但在17世纪的危机中，中国仍然走了王朝更替、周期兴亡的老路，通过厮杀将问题解决，再一次回归王朝天下。在欧洲，则走了改变制度结构的道路。

古代中国不可能选择第二条道路，相反还打击、压抑向这条道路发展的倾向。中国古代文明始终把经济型文化作为自身存在的死敌和反叛力量。如果说西方文明是人类在一种可以选择的前提条件下创造出的辉煌，那么中国古代文明则是人类在一种别无选择的前提条件下创造出的成就。

历代王朝重农抑商的根本原因，乃是从商业发达中所产生的可能与变化，必然会终结以皇权为中心的王朝统治。而采取以农为本、重农抑商的政策，虽然从长久来看，王朝终究逃不掉覆灭的命运，但总归能延续几代乃至十几代子孙的无上富贵荣华，而不幸与苦难，则由王朝的末代帝王来承受。

第十四章

皈依——南明的最后挣扎

崇祯十七年（1644），李自成攻入北京，崇祯帝自尽。仓促成立的南明小朝廷开始重视与澳门葡萄牙人之间的关系，希望得到军事上的支持。在南明小朝廷许可贸易之后，在澳门的葡萄牙人遣出了一支小部队，投入到桂林防御战中，取得成效。动荡之中的南明小朝廷后宫，在传教士鼓动下，也皈依了天主教，希望能得到赐福，渡过难关。南明小朝廷后宫甚至遣出传教士作为使者，前往欧洲寻求教皇的帮助。当使者卜弥格从欧洲无功而返时，苦命的南明小朝廷已进入最后的时光。南明小朝廷覆灭之时，郑成功挥兵台湾，开创了一方局面，在一定时段内影响到了清代的海洋格局。

毕方济三赴澳门求援

在得到明廷许可之后，葡萄牙人租借澳门，求得在澳门的居住权，但明朝政府仍在此设有官府，由广东省直接管辖。澳门初期并不设防，在荷兰人持续不断进攻之下，澳门开始修筑城防，私蓄倭奴，加强武备。葡萄牙人积极武装时，又与中国民众发生冲突，引发明廷警惕。万历四十四年（1616），海道副使俞安性、香山知县谭启元，颁发《海道禁约》，禁澳门蓄养倭奴、禁买人口、禁兵船编饷、禁接买私活、禁擅自兴作。

随着明廷在北方战局的不断恶化，双方的紧张关系暂时得到缓和。面对后金（清）的巨大威胁，明廷之中的有识之士如徐光启等，力主使用西式武器，遣人至澳门采购先进火器，聘请葡萄牙人训练明军。万历四十八年（1620），徐光启、李之藻和杨廷筠共同捐资，至澳门采购西方火炮，又聘请葡萄牙人至京传授操炮技术。此次所购大炮在南昌被阻，直到天启元年（1621）年底才运至北京。天启元年，明廷再次遣人前往澳门购炮。至天启三年（1623）四月初三，张焘率夷目七名、通事一名、傔伴十六名携炮抵京。

崇祯帝登基之后，又至澳门采购火枪火炮，雇佣葡萄牙人。崇祯二年（1629）二月，澳门方面"谨选大铜铳三门，大铁铳七门，并鹰嘴护铳三十门"，由公沙的西劳率领铳师三十余人入京传授操炮技术。崇祯三年（1630），在明廷的请求之下，又由在澳门的传教士陆若汉带领一批滑膛枪手北上。

由于广东地方势力从中作梗，这支部队行到南昌被劝回。此前支付的军饷也被勒令偿还。葡萄牙人拒绝归还已到手的军饷，而广东地方官乘机将至广州装运丝货的葡萄牙船只扣留，双方关系恶化。此事惊动了崇祯帝，下旨免于追缴。受此次风波影响，崇祯四年（1631），广东官方禁止葡萄牙人进入广州城贸易。但葡萄牙人无视禁令，船只依旧在海岸徘徊，贸易仍然继续。有人被广东官府抓住，葡萄牙人就加以抗议，认为中国官方无权处置这些闯入者。

崇祯十年（1637），广东官方突然决定，将所有葡萄牙船只赶出广州港口。崇祯十一年（1638），因为不满广东官方禁止葡萄牙商队进入广州，又引发冲突。广东地方官员乘机上奏，请求禁止与葡萄牙人贸易。崇祯十三年（1640），崇祯帝批准奏请，禁止葡萄牙人进入广州贸易。

此时的澳门，在海上面临荷兰人的封锁。贸易重镇满剌加在崇祯四年被荷兰人攻克，与日本的贸易中断，与西班牙的敌对关系又导致了与马尼拉贸易的停滞。在此背景下，在澳门的葡萄牙人更加依赖与中国内陆的贸易，期望快速恢复与内陆的贸易秩序。而在澳门具有巨大影响力的传教士，也期待于此种乱局中，打开在中国内地传教的局面。

基于经济与宗教两重考虑，在澳门居留的葡萄牙人给予了明廷较多支持，希望借此改善与明廷的关系，拓展商贸之路，能进行传教。至崇祯十七年（1644），李自成攻入北京，崇祯帝自尽，在澳门的葡萄牙人继续与新的南明政权保持交往。崇祯十七年五月，福王朱由崧在马士英、史可法等大臣拥戴下，于南京登基，改元弘光。在澳门的葡萄牙人得到消息后,当即派遣了一支使团,由传教士毕方济带队,前去南京朝贡。

毕方济于万历三十八年(1610)来到澳门,万历四十一年(1613)赴北京。万历四十四年(1616)因南京教案被逐出北京,不久后潜入北京,匿居阁老徐光启宅中。崇祯三年(1630),龙华民、毕方济前往澳门,招劝葡萄牙富商集资捐助火炮。崇祯十二年(1639),毕方济上疏论富国强兵之道:"一曰明历法以昭大统;一曰辨矿脉以裕军需;一曰通西商以官海利;一曰购西铳以资战守。"[1]崇祯帝并未采纳他的方略,只是在澳门附近给去世的传教士陆若汉赏赐了一块墓地。

当明廷倾覆之后,毕方济又给弘光朝廷提出了富国强兵之策,中心不外是通商贸易,引入西式火器。在内外威胁之下,弘光朝廷不再坚持天朝的体面,不再抗拒通商贸易。弘光元年(1645)三月,弘光帝下旨,开放海禁,许可自由贸易。毕方济作为钦差大臣,前往澳门,向在澳门的商人宣示开放海禁诏令,同时请求军事援助。

身着大红朝服的钦差大臣毕方济抵达澳门时,澳门已经得到了最新的消息。此年五月,清军攻破南京,朱由崧被俘,"福建官绅已拥立了新皇帝(隆武),仍系皇族"。此年七月,唐王朱聿键在福州由郑芝龙、黄道周拥立称帝,改元隆武。

朱聿键在朱元璋的龙子龙孙中,乃是异类。早在崇祯九年(1636),皇太极领兵直扑北京时,尚为藩王的朱聿键组织了千人军队,北上勤王,不想引发崇祯帝忌讳。朱聿键由此被贬为庶民,

---

[1] 黄伯禄:《正教奉褒》,清光绪二十年上海慈母堂铅印本。

软禁在凤阳。弘光帝登基后,将原先的钦定逆犯朱聿键释放。朱聿键被释后南下,未得安定,弘光政权就被清军消灭。朱聿键一路继续逃亡,至杭州时,请潞王朱常淓出来领导抗清。潞王朱常淓无心抵抗,一口回绝,后开城投降。朱聿键彷徨之际,却在杭州遇到了郑芝龙的四弟郑鸿逵。经郑鸿逵安排,又一路逃到福建,被拥戴登基。

毕方济与朱聿键早年在河南就已相识,至其被软禁后,更为之鸣冤。登基之后,朱聿键当即修书,请毕方济前来辅佐。一个西方传教士,在危难之中,得到了前所未有的重视。于是,毕方济跋山涉水,前往福州。十一月,毕方济抵达福州,得到朱聿键欢迎,许可他在中国传教。通过与皇室的紧密关系,毕方济为租住在澳门的商人与传教士争取到了通商、传教的权利,此年入澳门口岸的商船货物,得以免缴纳入口税。葡萄牙人记录:"毕神父又另得一谕,赐葡萄牙人得享很大自由,可到广州去营商。又为许多供给澳门粮食的埠口上,得到免税。最后又得皇恩,在广州城内敕建一天主教堂。"[1]

隆武二年(1646),朱聿键任命毕方济为钦差大臣,与御马监太监、天主教徒庞天寿同往澳门求援。不想刚到广州,就得到噩耗,清军于八月占领福建,隆武帝朱聿键在汀州被俘后,绝食自尽。

朱聿键极有抱负,为人豁达,才识均是上乘,假以时日,亦能有所成就。奈何朱聿键在福建,处处受制于郑氏,手中无兵力

---

[1] 裴化行考释,袁承斌译:《明末耶稣会士的一封信》,《国立北平图书馆馆刊》,1932年第六卷第五号。

可用，最终以悲剧收场。郑芝龙本就无意迎立朱聿键，只是因为弟弟郑鸿逵力主，方才无奈承认，哪肯真心扶持他。清廷又给郑芝龙开出了诱人的条件，"铸闽广总督印以相待"[1]，郑芝龙就毫不犹豫地选择了投降。

庞天寿前往广东，除了向澳门求援，还有征税筹饷及册封桂王等事。途中庞天寿闻得福州陷落，隆武帝已死，遂转赴肇庆，联系何腾蛟、瞿式耜等大臣，于十月十四日拥立桂王朱由榔于肇庆监国。朱由榔性格懦弱，缺乏担当，在此危局之际，并非上佳人选。只因他是万历帝的孙子，被视为正朔，捧上帝位。其嫡母王太妃就很忧虑，不愿让朱由榔走上政治舞台，再三劝告大臣们："吾儿仁柔，非拨乱才也，愿更择可者。"[2] 但大臣们却坚持要立朱由榔，王太妃无奈，只好同意。

庞天寿向刚登基的永历帝推荐了毕方济。永历帝仍以隆武帝所付之特权授之，令其作为使者前往澳门，商议借兵之事。在澳门的葡萄牙人没有抛弃南明，再次予以帮助，遣兵三百名，携带大炮数门，前往桂林助战，以瞿纱微（又称瞿安德）为随队神父。当时澳门并无葡萄牙正规军驻扎，主要靠武装商船及居民进行防守。在澳门招募的这支军队，主力同样来自武装商船与市民。

就在十月，清军佟养甲、李成栋、金声桓等部，由福建、江西出兵，夹击广东。十月十六日，赣州失守。十月二十日，监国六天的桂王朱由榔逃往两广交界的梧州。桂王消极避战，一路逃亡，在广州的大臣很是不满，十一月初五，拥立隆武帝之弟朱聿

1　［明］计六奇：《明季南略》卷十一《闽纪》，清抄本。
2　［清］冯甦：《见闻随笔》卷二，清台州丛书本。

鐭在广州称帝，年号绍武。

桂王朱由榔闻讯之后，迅速返回肇庆，于十一月十八日称帝，改元永历。两个小朝廷虽面临内忧外患，双方仍各自派出讨伐军，在广东三水大战一场，永历帝方面获胜。十二月初二，双方又在三山口海面交战，永历帝一方的军船被火攻，全军覆没。

十二月十五日，李成栋所遣精锐清军，突然攻入防守空虚的广州，杀绍武帝。此时完成求援使命的毕方济正在广州主持教务。清军至其门，有一人呼曰："有须人何在？"毕方济出，其人执刀欲断其首，毕方济手抱其人与之争，另有清军二人要用刀来砍。幸有一仆人力大，负之至一穷家得免。恰好城中长官及总督，知道毕方济大名，命人寻到，以礼待之，并且送还教堂，禁止侵犯。清军军将中有一人Didace Baretot，出生于南美洲，曾在南京教区耶稣会担任辅佐修士，后出会投奔清军，一路升为武将，与毕方济乃是旧识，故而加以关照。

广州失陷之后，永历帝先逃梧州，再逃桂林。葡萄牙雇佣兵于1646年年底抵达桂林后，隶属于同为天主教徒的焦琏麾下。永历元年（1647），清军李成栋所部进攻广西。闻听敌情后，二月十五日，吓破了胆的永历帝出逃至全州，大学士瞿式耜自请留守桂林。瞿式耜出生在常熟，其家族"四代甲科，鼎鼎名家，世传忠孝"。天启三年（1623），瞿式耜丁母忧居乡，居家三年。此年利玛窦的好友、皈依天主教的瞿汝夔长子瞿式榖，邀请艾儒略来常熟传教。瞿式耜与艾儒略谈论教理，深有感悟，乃受洗入教。

三月十一日，数万清兵攻至，数十敌骑率先冲进文昌门，登上城楼。战局紧张，瞿式耜亲自指挥，"身立矢石中，与士卒同甘苦"。危急之际，焦琏率领三百澳门援兵赶到，用西洋火铳轮番射击，将清军击退。

至五月二十五日，清军再次发动进攻，瞿式耜、焦琏分别防守城门，用西方火炮还击。战后瞿式耜在奏疏中称："臣急从都司取司礼庞天寿所铸西洋大铳，即从城头施放，击毙乘马之虏官三四人，虏势遂稍却。"此番战事，葡萄牙雇佣兵发挥了巨大作用；虽人数不多，但发挥了火枪火炮的威力。桂林的坚守，也使永历政权得以残喘，一度曾出现片刻的光明，但瞬间又陷入黑暗。

瞿纱微与明皇室皈依

在清军威胁之下，永历帝从桂林出逃，被外号"刘铁棍"的刘承胤诓去了全州，成为傀儡。至桂林保卫战胜利之后，瞿式耜请永历帝返回桂林，刘承胤却将永历帝劫持到湘西山区武冈，将武冈更名为奉天府，想继续操控永历帝。

永历元年（1647）七月，清军连破常德、宝庆，直逼武冈。刘承胤联络清军孔有德，以献出永历帝作为投降筹码。刘承胤为了投降之事，来回进出清营谈判，八月二十五日夜间未曾返回武冈。永历帝与随身大臣钻了空子，从武冈狼狈逃出。在泥淖之中，永历帝一路颠簸，途中遇到庞天寿所率明军前来接应，辗转逃到柳州，在十二月初返回桂林。

此时湖湘方面战局失利，郝永忠率领万余农民军退入桂林，城内人马激增。郝永忠原本是李自成所部，外号"郝摇旗"，此时降了永历小朝廷。瞿式耜将郝永忠所部安置在兴安，进行防守。

清军由湖南出发，进攻广西，直扑兴安。郝永忠"流寇"出身，一直与明军关系不睦，又被拖欠军饷，遂于永历二年（1648）二月二十一日由兴安撤退，逃往桂林。

得到警报后，永历帝大惊，当日即准备出逃。瞿式耜加以劝阻，永历帝很不高兴，指责道："卿不过欲朕死社稷耳。"经过瞿式耜再三苦劝，永历帝方才暂未逃跑，等待准备路上所用白银。

二月十二日凌晨，就在永历帝准备出逃之际，郝永忠所部发动兵变，抢掠桂林。此次抢掠，首先直奔宫内，永历帝龙袍也被剥去，"马吉翔备布袍竹轿，掖帝而行"[1]。文武百官被捆绑勒索，尽逼所有，瞿式耜随身财物被洗劫一空。

德国传教士瞿纱微此时得到永历宫廷信任，得准在宫中设教堂，传习天主教，目睹了这场变乱。据瞿纱微记录：郝永忠的部队哗变，他们洗劫了桂林城，奸淫掳掠，无恶不作。当时皇帝正在桂林，慌乱中皇帝和他们的家眷不知道逃向何方。王太后意图自杀，幸亏被及时赶到的庞亚基楼（庞天寿教名）救下，并劝太后坚持对上帝的信仰。脱困后的太后，表示希望尽快受洗。

乱局一起，永历帝立刻逃亡，于三月初十抵达南宁。安全到达南宁后，王太后声称，曾在夜间梦到了幼年耶稣，要求她皈依，不然会死。王太后等人入教愿望非常强烈，并且认同天主教教义，在庞天寿等人的见证下，瞿纱微为她们做弥撒施洗，皇帝的嫡母王太后教名海伦，皇帝的生母马太后教名玛丽，王皇后教名安妮。

瞿式耜在桂林收拾乱局，平定乱兵，驱逐清军，将桂林守

---

1 ［明］计六奇：《明季南略》卷十三，清抄本。

住。永历朝廷岌岌可危之时,清军内部分赃不均,为其提供了喘息之机。

金声桓本为左良玉麾下部将,后投降清军,为了争取清廷信任,自请攻打江西。金声桓抗击清兵无功,攻打江西势如破竹,一路上杀掠民众无数。因为战功,金声桓被清廷授为左都督、充镇守江西总兵官,可这封赏与他的预期落差太大。金声桓攻略江西,抢夺了无数钱财,清廷任命的江西巡抚章于天、巡按董学成眼红,加以勒索,更让其不满。永历二年(1648)正月,金声桓发兵,擒杀清廷在江西的高官,宣布反清复明,又联络广东李成栋一起行事。[1]

李成栋此人本是明军总兵,投清之后,格外卖力,参与了扬州十日屠杀,更是嘉定三屠的主凶。此后李成栋一路南下,先于福建杀隆武帝,后于广州杀绍武帝,为大清立下汗马功劳。顺治四年(1647),李成栋授广东提督,加左都督衔。李成栋打下广东,原以为能总督两广,不想却便宜了汉八旗总兵佟养甲。李成栋大为不满,此时布政使袁彭年也煽风点火,劝李成栋叛清。永历二年(1648)正月,江西提督金声桓叛清,发兵攻打赣州,赣州告急于广州。佟养甲令李成栋出兵援救,袁彭年故意不发军饷,刺激李成栋。三月,李成栋率众反清,归附永历帝朱由榔。

永历二年(1648)四月,永历朝廷得知金声桓、李成栋反正,

---

1 [清] 温睿临撰:《南疆绎史》载:于是,得仁立传令部勒全营,杜七门,围守巡按官廨(时正月二十六日夜漏下已三十刻)。翌晨,七门不启,得仁擐甲出缚学成,至桓声自状云:"奉诏为此。"声桓唯唯,未及答;得仁即起而割其辫,以令箭传示诸营悉去辫。

湖广战局出现逆转。此时恰逢永历正宫皇后诞下皇子，宫内都以为是信了天主教后得到保佑。皇太后和瞿纱微乘机劝永历帝，同意皇子受洗入教。但持反对意见的朝臣介入此事，导致永历帝与太后、皇后之间意见不一。在永历小朝廷由山区转移到平地的途中，皇子得了重病，濒临死亡，永历帝不得不同意皇子受洗。"受洗之后，皇子病情旋即好转。他的教名是当定（Constantine），中文字意是（他）将决定，皇帝和朝廷对此名都非常喜欢。"[1]

经李成栋反复劝说，六月，永历帝自南宁启程，先至浔州（今广西壮族自治区桂平市），再入广东，于七月底返回龙兴之地肇庆。对永历帝前往肇庆，瞿式耜是反对的，奈何永历帝并未听取他的意见。永历帝再三召瞿式耜前往肇庆，瞿式耜不应召，认为天下大势在楚不在粤："桂林危则天下去矣。"直至人生的最后时刻，瞿式耜一直坚守桂林。

至肇庆后，永历帝遣庞天寿去澳门，请求援助。庞天寿船队的出现，让澳门大为惊愕，船上丝绸旗帜上绣着大红十字，俨然是一个来自基督王国的使团。澳门总督设宴招待，并在炮台鸣炮致敬。随后又在圣保禄大教堂举行盛大弥撒礼，南明使臣献银香炉一对、银瓶两对、雕花银烛台两对。至于永历政权请求的军援，澳门只是象征性地给予了支持。此年年底，传教士瞿纱微亲至澳门，请求军事援助，却只招募到了一队士兵和两门大炮。这支仓促成军的佣兵，未来得及前去肇庆，被用于广州防守战中。

短暂的光明很快熄灭。永历三年（1649）正月，清军攻破湘

---

[1] 黄一农：《两头蛇：明末清初的第一代天主教徒》，上海古籍出版社2015年版，第336页。

潭，一直坚持作战的何腾蛟被俘身死。此后江西被攻克，金声桓被杀，湖南、江西全面沦陷，两广局势更加不妙。二月，李成栋领兵进攻赣州，得知金声桓已死的消息，当即由信丰城退兵。溃退时一片混乱，李成栋过河时落马溺水而死，十万大军土崩瓦解。当战局溃败之时，肇庆小朝廷中，却延续了大明官场的陋习，持续党争。混乱的朝局，使小朝廷根本无心无力整合各地反清力量，形成统一战略，各地各自为战，彼此倾轧，使一度出现的有利战局白白流失。

为南明多次奔走的传教士毕方济，也在此年于广州去世，生前仍在广州及其附近诸村传教。念及毕方济奔走之功，永历帝命以盛仪葬于隆武帝所赐之地中。

永历四年（1650）正月初三，清兵越过大庾岭，攻占南雄，进入广东。正月初七，得到南雄失守消息后，永历帝当即决定逃亡，肇庆的大臣们以严起恒为首，坚决反对逃跑。在群臣压力下，永历帝表示将留下不走。然而，就在大臣们忙着修书至各地征调援军时，永历帝已偷偷逃跑。皇帝一跑，肇庆城内大乱，上下崩溃，武弁家丁，大肆抢杀，小朝廷作鸟兽散。

二月初一，永历帝逃至广西梧州，暂在此停留，小朝廷内部又爆发了吴楚党争。就在小朝廷自身内乱时，清军已于二月初四包围广州。由二月至十月，清军三次大规模进攻广州，均被击退。而小朝廷此时陷入党争，未派出一兵一卒解围。至十月底，广州城陷落。广州的陷落，使葡萄牙人改变了对华政策，也影响到了南明的使者卜弥格。

在这之前，面对危局，王太后决定派遣耶稣会士前往欧洲，寻求援助。经过瞿纱微、庞天寿举荐，永历帝选中了在中国的波兰传教士卜弥格神父。1647年，卜弥格曾在海南岛传教，险些被清兵所杀，见识到了清军的野蛮，卜弥格坚定地支持永历政权。由《王太后致谕罗马教宗书》中可以看出，南明已将自身视为天主教同盟，希望得到欧洲的支持。

就在广州失陷时，孔有德率领清军攻入广西，南明各处守将，全无战意。清军一路攻城略地，直奔桂林。十一月初五，瞿式耜令将领出城迎战，将领畏战，各自逃去。"各家老营俱已奔窜"，桂林城中无兵可守，成为空城。

瞿式耜独守空城，拒绝逃跑，并训斥劝其逃跑者："尔等武臣要去自去，我今日即去，不过多活几日。自古至今，谁是不死者，但要死得明白。"张居正曾孙张同敞决定留下，陪同瞿式耜赴死："死则俱死耳。古人耻独为君子师，顾不与门生同殉乎？"[1]

清军入城之后，二人正对坐畅饮，随即被押去见孔有德。面对投清的孔有德，瞿式耜、张同敞大加鄙夷。当孔有德自称乃是孔子之后时，张同敞嘲讽道："汝不过毛文龙提溺器奴耳。"孔有德大怒，跳起来打张同敞耳光。张同敞不屈，被折断一臂，伤一目。瞿式耜怒道："此宫詹张司马，国之大臣，死则同死耳，不得无礼。"[2]孔有德遂将二人置于馆舍中，再三劝降，二人不为所动。孔有德又开出条件，二人只要剃发为僧，即可免死，又被拒绝。闰十一月十七日晨，二人被杀。

广州、桂林失陷，消息传到梧州，永历帝惊恐不已，当夜出逃。次日一早，群臣发现，皇帝又跑了，这才追随逃跑而去。逃

---

1 ［清］瞿玄锡：《庚寅十一月初五日始安事略》，明季史料丛书本。
2 ［清］徐鼒：《小腆纪传》卷二十八列传第二十一，清光绪金陵刻本。

亡途中，瞿纱微劝永历帝乘小船先走，自己乘坐缓慢的大船。行至黔桂交界处，大船在田州附近的沙滩上搁浅了。一位清军将领攻击了瞿纱微，问他是谁。他用中文回答说，他是基督教的传道者，教义就在十字符号里。当清军将领要求他出示这个符号时，瞿纱微比画了一个大十字。他用中文说道："以圣十字架，哦，主啊，以圣父圣子圣灵的名义，救我等于救我反对者。阿门。"当他说完了这些，清军将领用剑将他砍死了。后来庞天寿派人找到了他的尸体，安葬于该地。

逃向缅甸还是何方

永历四年（1650），永历小朝廷在肇庆面对清军威胁时，尚有多项选择：去福建，有郑成功势力的存在；在广东，尚有李成栋义子李元胤奏请泛舟入海；也有大臣主张去投奔安南。

郑成功奉永历年号为正朔，永历帝封郑成功为延平郡王。永历四年（1650）闰十一月，郑成功"传令各镇官兵在船听令，南下勤王"。次年正月，郑成功勤王兵一度抵达闽粤交界处的南澳岛。虽然郑成功表现得很是忠心，但小朝廷没有选择去投奔，因为隆武帝此前受到郑氏集团的羁绊，已是前鉴。小朝廷对于李元胤一直不信任，自然不肯前去投奔。安南山高路远，异域他乡，皇帝也无心于此。

永历五年（1651）春，在南宁的永历帝陷入绝境，南宁已岌岌可危，生路却在何处？此时占据云贵的张献忠余部，成为小朝廷的救命稻草。

清顺治三年（1646）十一月，张献忠在四川凤凰山被清军射死。张献忠死后，其所遗下的大西军，分为四股，领头的分别是孙可望、李定国、刘文秀、艾能奇。四人之中，以孙可望年纪最长，被推为领袖。四人领兵向西南发展，攻克贵州、云南。孙可望等以云贵为基地，铸钱币，造兵器，严保甲，定丁制，自成一方天地。

四兄弟实力相当，彼此不分高下，平起平坐，在昆明各建王府。孙可望虽号称国主，也无法约束其他三人。后艾能奇在贵州战死，孙可望乘机吞并其部，但李定国、刘文秀仍然不听约束。为压制其他兄弟，孙可望想借助永历朝廷壮大声势。永历三年（1649）夏，孙可望遣杨畏知等持书往广东肇庆，献上贡品，求封王爵。永历朝廷初期以孙可望非皇室成员，只有死后方可封王为由，加以回绝。经杨畏知再三游说，永历朝廷最终同意封孙可望为"平辽王"。杨畏知返回云南后，却发现孙可望已受封"秦王"。从中捣鬼的，乃是永历朝廷庆国公陈邦传。在得知孙可望求封后，为讨好孙可望，陈邦传假借永历帝名义，擅封孙可望为秦王。孙可望得知后，以假为真，以秦王之命发号施令。

孙可望遣使率兵入觐，求封"秦王"。群臣讨论后，认为"秦王乃亲藩上十王之首"，不可加封，决定将秦王改为翼王。为了此事，永历朝廷连遣三使入滇。但孙可望却不接受翼王封号，坚称秦王。随即孙可望遣贺九仪领五千军马，进入南宁，将反对封他为"秦王"的大臣严起恒等二十人诛杀。贺九仪杀人之后，对群臣道："前日国主请封，此数人实阻之，故奉令来杀之耳。"四月，永历帝派兵部尚书杨鼎和前去封孙可望。途中杨鼎和等一百余人全部被杀，永历帝闻讯股栗。

永历五年（1651）九月，永历小朝廷从南宁出逃至新宁。十二月，清军攻陷南宁，无路可走的永历帝，在庞天寿、马吉翔劝说下，决定投奔孙可望，从此开始了漫长的傀儡生涯。永历六年（1652）正月，小朝廷逃入云南，得到孙可望部迎驾。孙可望将永历帝安排到贵州偏远的安隆，此处乃万山之中，群蛮杂处，百物俱无，天然一囚笼。

二月，小朝廷抵达安隆。孙可望将安隆更名为安龙，将永历帝安置于此。安龙小朝廷，宫室礼仪，一切从简，岁致银八千两，米六百石，随行文武官吏俸赏，则由孙可望报销。孙可望另在贵阳设内阁六部，铸造官印，任命官员，又设置太庙，供奉三王，朱元璋中，张献忠左，孙可望祖父右，真是荒唐的设置。孙可望挟天子以令诸侯，小朝廷臣子稍忤其意，则加以斩杀，将素喜内斗的永历小朝廷杀得没了动静。

此时李定国给了永历小朝廷以希望。在秦王封号上，孙可望与李定国、刘文秀产生分歧。后杨畏知被永历帝任命为东阁大学士，与吴贞毓同辅政。孙可望大怒，将他召至贵阳，当面训斥。杨畏知大愤，除头上冠击孙可望，遂被杀。杨畏知被杀，让李定国大为不满，与孙可望隔阂加深。

永历六年（1652）春，清廷遣孔有德攻略贵州，吴三桂取四川。孙可望以永历帝名义，令李定国领兵八万迎击孔有德，刘文秀领兵六万抗击吴三桂。李定国出兵之后，约束部众，军纪严明，连破清军。李定国侦知桂林防守空虚，引大兵来攻。六月，孔有德亲率军至兴安县严关，扼险拒守。李定国以象阵突击，大破清军，清军死伤无数，天降雷雨，横尸遍野。孔有德逃入桂林后，闭城困守。七月初四，桂林城破，孔有德自杀而死。

为挽回败局，清廷急派敬谨亲王尼堪为定远大将军，率师往湖南、贵州征讨。十一月二十三日，尼堪进军途中，在衡阳遭到李定国伏击，于阵前被斩杀。一年之内，李定国连败清军，两蹶名王，天下震动。由于孙可望作梗，李定国"遂收兵走邵阳，敌亦不敢追，湖南复陷"。后日黄宗羲写到这段历史，咬牙切齿地痛骂孙可望："功垂成而物败之，可望之肉，其足食乎！"[1]

两蹶名王，使李定国获得崇高声望，形成了自己的军政班子，孙李矛盾日益激烈。孙可望大骂李定国："滇蛮以忠臣义士自居。"李定国大骂孙可望："盗贼终不可共事也。"永历七年（1653）六月，孙可望调兵，准备伏击李定国，在柳州反被李定国伏击。

永历七年（1653），永历朝廷遣使秘密联络李定国，赐"屏翰亲臣"金印。李定国受印，准备在收复广东后，亲迎永历帝。此事泄漏之后，孙可望将永历朝廷内涉及此事的吴贞毓等十八人处死。

永历八年（1654）六月初一，孙可望由贵州返回昆明，准备登基，不想皇冠太小戴不上，到了中午又大雨倾盆，雷电交加。孙可望大为不快，遂取消登基大典，返回贵州。此后永历小朝廷的处境更加艰难，局势日蹙。

永历九年（1655）春，在广州新会战败的李定国，退回南宁，收到永历帝血字诏书。李定国接到诏书后，伏地痛哭，誓言要迎驾。但此时孙可望已布置重兵，防范李定国前往安龙。李定国出奇兵，突至孙可望所部之前，凭借个人威望将其收服。

1　[清] 徐鼒：《小腆纪年附考》卷十八，清咸丰十一年刻本。

永历十年（1656）正月，李定国领兵赶到安龙，迎驾成功，携永历帝进入云南。永历十一年（1657）九月，孙李之间矛盾最终爆发，双方在交水大战。临战时孙可望部将倒戈，李定国取得意外胜利。孙可望率数十骑逃跑，于十月在长沙降清。

永历小朝廷的到来，并未给李定国在军事上带来多少助力，反而成了羁绊。永历小朝廷就是溃烂大明王朝的缩小版，哪怕在危机之中，在逃亡之中，也时刻充满密谋与宫斗，充满贪腐与糜烂。皇帝本人则无任何担当，遇到危机唯一的应对就是逃跑。小朝廷的到来，反而腐化了李定国的战力，致使李定国部在随后与清军的战事中，处处落于下风。刘文秀在去世之前，忠告李定国，甩掉永历小朝廷这个包袱，回师四川，联合夔东十三家共同抗清。只是李定国此时已被忠臣大义的名分给圈住，陷入其中不能自拔。

永历十二年（1658）十一月，清廷派兵从四川、贵州、广西三路猛攻云南。十二月，李定国兵败返回云南，请永历帝"出幸"。大家在出逃的方向上，存在多种意见，最终议定西走缅甸。李定国虽不赞成前往缅甸，但永历帝所宠幸的马吉翔、李国泰力主西行，他也只好作罢。

除了缅甸，还有暹罗、安南可供选择。

暹罗自被纳入朝贡体系后，与明廷关系紧密，频频遣使前来朝贡。永历十五年（1661）五月，暹罗遣使团前来联络李定国，请其军移至景线休整，由暹罗提供物资，加以武装。李定国大为感激，盛情款待，又遣使前往暹罗联络。

至于安南，在永历朝廷成立后，就遣使团前来拜见。永历五年（1651）二月，小朝廷从南宁遣使至安南后黎朝，请求提供粮草武器，加以支援，又册封后黎郑柂为安南副国王。在安南安平一带的莫氏政权，一直对永历小朝廷友善。永历十二年（1658），南明将领逃入高平，与莫氏盟誓，共同抗清。但永历小朝廷没有选择暹罗、安南，反奔向了最为险恶的缅甸。

永历十三年（1659）闰正月，出逃途中，李定国领兵在磨盘山拦截清兵，永历帝前往滇缅边境，君臣二人，自此分离。闰正月二十八日，永历小朝廷两千余人，在解除武装后由铁壁关进入缅甸。在中南半岛三强安南、暹罗、缅甸之中，缅甸与明廷的关系最差。万历朝，缅甸与明廷持续发生大规模战事。对永历小朝廷入缅，缅甸本持反感态度，只是慑于李定国兵威，才将永历小朝廷安置下来。为了防止永历小朝廷逃跑，缅甸将其安置在一个四面环水，只有浮桥可以进出之地。就是在这样的恶劣环境中，永历小朝廷内部仍然是矛盾重重，彼此恶斗，争权夺利，其溃烂已是无可挽救。其间李定国、白文选多次用兵，想将永历帝救出，却被马吉翔、李国泰"挟驾自重，不思出险"所阻。

永历十五年（1661）五月二十三日，缅王被其弟所杀，篡夺王位，差官来求贺礼。小朝廷廷议后不允。七月初六，缅甸大臣来言："我已劳苦三载，老皇帝及大臣辈亦宜重谢我。前年五月，我王欲杀你们，我力保不肯。毫不知恩报恩。"[1]语毕，含愤而去。七月十九日，缅军三千包围所扎木城，进行屠杀。沐天波见势危急，自袖中取出流星锤，击死缅兵九人，方被缅人所杀。总兵魏豹、王升、王启隆各持柴棒横打，杀缅兵十余人而死。吴三桂率军攻占云南后，于此年八月领兵十万进入缅甸。十二月初二，缅

---

1 刘茞：《狩缅纪事》，浙江古籍出版社1986年版。

王莽白将永历帝及其母子妻妾送交清军。

李定国所部四入缅境,发动战事,试图救出永历帝,但声息不通,未曾救出。次年(1662),吴三桂在昆明篦子坡缢杀永历帝,南明遂亡。尚在云南西南部抵抗的李定国,于此年六月二十七日在勐腊病故。就在永历帝被处死的这一年,郑成功收复台湾。

试想:如果当日永历帝投奔郑成功,是否能做一个富家翁,平安度过余生?

在欧洲奔走的卜弥格

1612年,即明万历四十年,卜弥格出生于波兰利沃夫一个虔诚的天主教家庭,其先祖乃是匈牙利人,其父曾是波兰国王御医。1629年,卜弥格在克拉科夫加入耶稣会。1643年,卜弥格经里斯本前往东方。

1644年,卜弥格至澳门学习汉语,三年后被派到海南岛传教。海南岛上的旅居无疑是卜弥格一生中最富于创造性的时期。他在这里收集了大部分供他撰写《中国植物志》的资料,这是他在世时唯一得到出版的一本自然科学著作。1647年,清军占领海南岛,卜弥格被清军逮捕入狱。后卜弥格从海南岛越狱逃跑,来到了安南东京(今越南河内),辗转至澳门。

永历二年(1648),永历朝廷遣庞天寿到澳门求援。瞿纱微陪同来华的耶稣会副会长曾德昭往肇庆。曾德昭此前已在华传教多年,在与永历小朝廷接触之后,他决定将卜弥格召来。

卜弥格到来之时，恰逢南明小朝廷最好的时光，江西金声桓、广东李成栋反清拥明，湖广战局出现逆转。卜弥格得以深入中国内陆，至西安亲探基督教最初在中国传播的历史。早在天启五年（1625），西安出土了一块石碑，碑上的文字涉及唐代基督教在中国的早期传播史，这让耶稣会传教士们大为兴奋。崇祯元年（1628），在天主教官员王徵的帮助下，几位传教士进入了陕西，并在西安府建造房子和教堂，曾德昭第一个住入，并看到了这块石碑。对传教士而言，此块石碑无疑是圣物。卜弥格经湖南、河南，来到西安，见到了"大秦景教流行中国碑"。卜弥格将石碑的文字加以翻译，并从碑上拓下墨迹，后来带回了梵蒂冈。

卜弥格从西安返回南方时，南方战局发生巨变，桂林、南昌被清军攻陷，广州和肇庆都受到威胁。处于清军威胁之下的永历小朝廷，迁往广西南宁。卜弥格取道四川和云南，来到广西，效力于永历朝廷。至十月底，广州城陷落，局面越发危急。已经皈依天主教的王太后，决定派遣耶稣会传教士前往欧洲，寻求援助。经过瞿纱微、庞天寿举荐，卜弥格成为南明朝廷前往欧洲求援的使臣。

卜弥格随身携有王太后、庞天寿给教皇英诺森十世、耶稣会总会长戈斯温·尼克尔的信。卜弥格带了两名中国教徒，其一郑某，年十九岁，教名安德肋，世家子弟；另一人姓陆，教名若瑟，中途患病折回。永历朝廷遣使欧洲，一则向教会、教皇表示，永历朝廷已皈依基督，希望得到祈福；更重要的是，基于共同的信仰，希望欧洲从道义与军事上提供支持。

卜弥格取道澳门，再由果阿返回欧洲。但战局的变化，使得澳门商界与宗教两方，都对南明小朝廷改变了态度。1647年，清军第一次攻占广州,在澳门的商人与传教士开始与清廷打交道。让他们惊讶的是,清廷表现得比明廷更为开放。清廷表示,将给予毕方济神父从南明皇帝那里争取的权利,并对贸易表现出了极大兴趣。这让他们很是心动。但1648年李成栋发动变乱,拘杀佟养甲。而永历小朝廷后宫则皈依了天主教,这对于天主教来说是巨大的成就。当年南明小朝廷使者受到澳门商人、传教士的隆重招待。他们再次下注永历小朝廷,筹码是一百支火铳。

1650年,战局转变,清军攻至广州城下,双方攻防激烈。得知永历小朝廷将遣使欧洲的消息后,在澳门的耶稣会开会加以讨论。在澳门的耶稣会认为,在清军大兵压境之下,遣使欧洲不合适,难免会遭到清军的惩戒。负责中国教区的曾德昭,对此则表示沉默。教会本是南明最为坚定的支持者,但此时局面发生改变,影响了其态度。清廷占据北方后,留在中国北方的耶稣会传教士得到清廷重用,允许其在华传教,故而教会态度也相应发生改变。

澳门商界与耶稣会的看法基本一致,反对卜弥格出使欧洲。就在卜弥格抵达澳门那年年底,广州沦陷。他们目睹了清军对城内的大屠杀,被吓破了胆。出乎意料的是,清军并未攻打澳门。本地商人、传教士旋即向清军献表投降。同月,孔有德部攻陷桂林。至此,南明小朝廷已显示出了无可挽回的颓势。

卜弥格抵达澳门之后,在澳门的宗教与商界两方,基本上都反对他出使欧洲,将他暂时加以扣押。在澳门的耶稣会巡察使坚决支持卜弥格,并在教会中获得多数支持,同意让卜弥格离去。一说以为,从曾德昭地窖里取出来的六瓶美酒,成功地解决了这件事。1651年1月1日,卜弥格离开澳门。几天后,葡萄牙正式向清廷投诚。清廷总督给澳门送来了官服与官帽,得到澳门的热烈欢迎。澳门又遣使携带礼品,向清廷的新总督谢恩,此时卜弥格已在前往果阿的路上。

1651年5月,卜弥格抵达果阿。果阿总督和耶稣会果阿主教接见了他,加以招待。在卜弥格离开澳门之后,清廷委派的两广总督致信在澳门的葡萄牙人,表示将保护其贸易,他们将被中国皇帝当作自己的子民对待。在澳门的葡萄牙代表随即想起前往欧洲的卜弥格的行动,必将影响到他们与清廷的关系,故而紧急通知果阿,拦阻卜弥格前往欧洲。

在果阿滞留到1651年12月8日,卜弥格与随行的中国信徒郑安德肋一起,通过陆地秘密离开果阿。为了轻装出行,卜弥格不得不将自己撰写了多年的信件与书稿,留在了果阿。卜弥格从陆地,穿过印度、波斯和亚美尼亚。

1652年9月,卜弥格到达小亚细亚沿岸的士麦那(今土耳其伊兹密尔)。9月29日乃是圣米歇尔节,卜弥格身着明朝衣冠,在士麦那教堂中以意大利语,做慷慨激昂之演讲,讲述明廷皈依天主教及中国的情形。

在士麦那,他搭乘上了一艘威尼斯船,于此年12月抵达威尼斯共和国。威尼斯此时禁止耶稣会传教士入境,卜弥格不得不求助法国驻威尼斯公使,这才得以进入,并得到威尼斯元老院的接见。对南明朝廷的感情,影响到了卜弥格。在威尼斯,他未经耶稣会同意,就发表了很多关于中国局势的报告。在这些报告中,他坚守明廷正统立场,谴责清廷的野蛮,并呼吁欧洲各国一起保卫明廷。卜弥格还私下与法国公使接触,希望法国支持明廷。卜弥格的擅自行动,让耶稣会很是不满。耶稣会令他就地居住,不得进入罗马。

1653年，卜弥格上书据理力争，才得以进入罗马。他以为将得到盛大的欢迎，不想耶稣会却冷漠以待。1653年8月，另一名耶稣会传教士卫匡国回到罗马，他代表在中国北方已与清廷合作的传教士而来。在罗马教廷看来，上帝已经为进入中国的大门，开辟了一条新的道路，对代表势衰明廷而来的卜弥格也就不再那么重视了。

1655年12月18日，经历三年漫长等待之后，卜弥格得到新任教皇亚历山大七世接见。亚历山大七世交给他教廷致王太后和庞天寿的回信以及金质纪念章，作为回礼。在军事援助永历朝廷上，教廷不予回应，仅表示"为一个分裂的帝国恢复它过去的统一而祈祷"。

卜弥格拿到教皇的复书，当即自罗马前往里斯本，再取道果阿，准备返回中国。1657年，即永历十一年，卜弥格抵达果阿，在此得到了不幸的消息，永历朝廷已经退到中国西南边陲。澳门耶稣会会长写信告知卜弥格，葡萄牙人已与清廷建立贸易关系，为了经济利益，澳门方面禁止永历朝廷使臣进入澳门。1656年3月，荷兰东印度公司巴达维亚总督曾派出使团，前往北京向清廷朝贡，希望得到在中国沿海贸易的许可。但汤若望等耶稣会传教士深受清廷信任，从中作梗，使荷兰人失望而归。

1658年初，卜弥格来到暹罗，希望取道进入中国西南。但他收到澳门来信，请他为葡萄牙人的经济利益考虑，晚点返回中国。卜弥格复命心切，改从海上前往安南北圻，入境广西。此行凶险，领海者是荷兰人，水手皆非基督徒。海上遇到逆风，舟有破损，水手认为是卜弥格带了厄运，想要将他投入海中。经过劝说，水手放过了他，只是将他随身携带的圣经、圣像等物抛入海中。此年8月，卜弥格抵达东京（今越南河内），不顾在当地的传教士的劝阻，在1659年2月离开东京，企图越过边境，进入中国。在安南北圻，卜弥格得知王太后和庞天寿已死，永历帝退入缅甸。心力交瘁的卜弥格返回东京，又想通过缅甸，进入云南。1659年8月22日，在中国与安南边境，卜弥格被痢疾夺去了生命，享年48岁，一路伴随他行经千山万水的中国教徒郑安德肋将他安葬。之后，郑安德肋随南明遗臣，同往深山隐居。

1661年，清廷迁界禁海，以对抗活跃在海上的郑氏武装力量。1662年，清廷下令全面禁海，澳门也被牵连。广东官员下令，在澳门居住的华人全部迁出，葡萄牙人可以继续留下。此外，受禁海令影响，葡萄牙人被禁止出海贸易。在澳门的传教士积极活动，至北京找担任钦天监监正的汤若望帮忙；经过汤若望活动，澳门的居民可以留下，但禁止航海贸易，澳门处境并未改善。就在葡萄牙人为澳门问题发愁时，在东南沿海，郑成功率领大军，与盘踞在台湾的荷兰人进行了一场大决战。

郑成功之后的海洋秩序

明末北部危机严重，"天下兵聚辽东"，为崛起于东南海上的郑氏集团提供了招安的机会。崇祯元年（1628），郑芝龙接受明廷招抚，具备了官方身份。弘光朝廷覆灭后，隆武小朝廷在福州成立，隆武帝被架空，郑家兄弟操控一切。

隆武二年（1646）八月，清征南大将军贝勒博洛攻占浙江，继续向福建进军。郑芝龙无心抵抗,主动放弃仙霞关关隘,清军不战而得到入闽要道。八月二十八日,隆武帝朱聿键在汀州被俘后绝食自尽。

得知父亲想要投清后,郑成功曾劝阻。在郑成功看来,闽粤之地,凭高恃险,设伏以待,可以固守。利用郑氏的海上优势,大开海道,兴贩各港,以足其饷。在此基础上,选将练兵,号召天下,进取不难。郑芝龙此时已无战意,只道:"倘画虎不成,岂不类狗乎?"

十一月,郑芝龙准备至福州向清军投降,临行前召郑成功同行。郑成功不从,云:"今吾父不听儿言,后倘有不测,儿只有缟素而已。"[1]郑芝龙投降后被清军扣留,送至北京软禁。郑氏集团的军事力量分化,除部分降清外,其余各部随抗清力量出走海上。其中郑芝逵据金门,郑彩、郑联据厦门,陈豹据南澳,朱寿据铜山。

1646年,郑成功于安平起兵时,手下不过九十余人。郑成功初起之时,手中没有银钱,恰好郑氏一艘船从日本海贸归来。郑成功即将船上的十万银两夺取,用来招兵制械,从者日众。此后郑成功转战闽南、粤东,势力扩大。

1649年,郑成功改奉永历为正朔。1650年,郑成功入厦门,伏杀郑联。1651年,郑成功奉旨勤王,出兵粤东,清军乘机攻占厦门,俘获金银钱谷不可胜数。郑成功当即回师,收复厦门,斩杀厦门守将郑芝莞。

攻占厦门不久,郑成功领兵南下广东南澳,与郑鸿逵会合。

---

[1] [清]徐鼒:《小腆纪传》卷六十三列传第五十六,清光绪金陵刻本。

军议之后，郑鸿逵回守厦门，郑成功南下勤王。但左先锋施琅反对，声称自己梦到此行必败。郑成功大怒，将施琅撤职，令其与郑鸿逵同返厦门。回厦门后，郑鸿逵、施琅遭到清军的袭击，损失惨重。施琅奋勇作战，立下大功，但郑成功回师厦门后，并未将他复职。此后施琅的手下曾德，又投奔郑成功，施琅大怒，将曾德抓了杀死。郑成功下令抓捕施琅全家，施琅逃走，其弟施显、其父施大宣被郑成功处死。施琅无处可去，只好投奔清朝。

眼看着郑成功崛起，其叔郑芝莞也将属下兵卒船只，全数移交给郑成功，郑氏集团重新统一。此时的郑氏集团占据了厦门、金门、安平、铜山、南澳等沿海据点，兵力雄厚，纵横于东南海上。永历十一年（1657）九月，永历帝接见郑成功的使者杨廷世、刘九皋，询问郑成功兵船钱粮情况。二人回道："舳舻千艘，战将数百员，雄兵二十余万，粮饷虽就地设取，尚有吕宋、日本、暹罗、咬留吧、东京、交趾等国洋船可以充继。"[1]

永历十二年（1658）夏，郑成功领兵出征，船队抵达羊山（今浙江省舟山市大洋山岛），遭遇飓风，损失惨重。永历十三年（1659），郑成功再次从闽南率领大军沿海北上，转入长江西进，进攻南京。在镇江城外，郑成功以铁甲兵，大破清军骑兵，此后全军进逼南京城下。在南京城外，郑成功未发动攻势，准备长期围城，逼迫城内投降。城内清军发动反击，郑成功大军战死数万人，狼狈退回厦门。

永历十四年（1660），清军大举进攻厦门，双方在海陆爆发大战。此番作战，清军凑出了上千艘战船，由投降的施琅等将领

---

[1] ［清］江日昇：《台湾外记》，福建人民出版社1983年版，第138页。

带路。双方在海上展开决战，清军先胜后败，在陆地上的清军也遭到大败。此战郑成功拼死一搏，取得胜绩，但局面并未改善。永历小朝廷退入缅甸，陆地上的反清力量已极为薄弱，厦门四面受敌，需要另寻基地。被荷兰人盘踞的台湾，成为郑成功的不二选择。

永历十五年（1661）二月，郑成功带领大军从厦门出发，前往金门驻扎，等待风信，整修船只。三月十日，郑成功大军至金门料罗湾，郑成功祭江誓师，船队出发。四月初一黎明，郑成功舰队抵达台湾鹿耳门外海。此战郑成功出动兵力合计达两万五千余人。荷兰在台湾的兵力有限，初期守军加东印度公司职员，不过一千七百人，后增至两千三百人。

荷兰在台湾有两大要塞，一为位于大员的安平古堡，二为位于台江内陆赤嵌地方的赤嵌城（今台湾省台南市一带，当时荷兰人称其为"普罗汶蒂亚城"）。荷兰人自知兵力薄弱，退入堡垒中固守。赤嵌城在被围困之后，向郑成功投降。安平古堡中的荷兰人，依靠坚固的堡垒困守了将近九个月，之后方才投降。

郑成功收复台湾之后，不久去世，此后郑氏集团仍然称雄于大海之上。

1662年，在永历朝廷覆灭后，整个东亚地区秩序仍不稳定。朝鲜进入了以清廷为主导的新的天朝秩序。日本则超脱于外，通过琉球与中国联系。在澳门的葡萄牙人经历了清初被驱逐的危险之后，经过在北京的传教士的努力，重新获得了与中国进行贸易的机会。

在清廷内部，仍然存在诸多不稳定的因素，各地持续爆发规模不一的反清起义。在福建、广东、云南的三藩也是潜在的威胁。

在东海之上，荷兰人与郑成功交锋失败，退出台湾。郑氏控制了中西贸易的广阔水域，不时对陆上的清廷发起挑战，为此清廷推行海禁，加以遏制。

至1683年，清廷收复台湾之后，一度开放海禁，但对海外贸易仍然加以限制。之后，曾经华商（寇）集团称霸海上的格局改变，随着西方各国的步步进逼，以及清廷对走私贸易的严控，再无能称雄海上的华商集团。在海外闯荡的华商也被视为弃民，如若归国，将会遭到官方的严惩，只能靠个体在海外拼搏。

清廷成为新的朝贡中心，在康熙朝中后期也走出了持续多年的衰败与混乱。清廷的秩序仍然是明代的延续，天朝中心思维仍然维持，天朝傲慢依然，西方各国则继续努力，想要进入天朝进行贸易。中国的丝绸、瓷器、茶叶，在官方主导下出口，以获得白银输入。

西方人从未曾停止过跨入中华帝国大门的努力，这种努力背后的精神动力，也从往日对中国各类产品的渴望，而变为随着工业革命所带来的对商品市场的无限渴望。支持这种渴望实现的，已不再是往日传教士手中的经书与海上的商船，而是由一国所支持的、经工业革命所武装起来的坚船利炮了。

18世纪末和19世纪初，英国两次派遣使团访华，想通过和平方式打开与中国通商的大门，但均未获得成功。1792年，英国首次派遣马戛尔尼率团访华，名义上是为乾隆帝贺寿，实际上是想借此打开中国市场。为了吸引中国人的注意，马戛尔尼使团携带了大量代表工业革命后世界最高科技水平的礼品，如能够准确模仿地球、月球、太阳运行的天体运行仪，标有地球上各大洲、海洋和岛屿位置的地球仪，装备了一百一十门大炮的战舰模型，各种先进的火炮、步枪和手枪,最新发明的蒸汽机、棉纺机、梳理机和织布机,以及赫歇尔望远镜、帕克透镜,等等。1793年,马戛尔尼使团到达中国,并赴热河拜见乾隆帝。他们提出了六条要求:允许英国商人到舟山、宁波、天津等地贸易;允许英国商人派人驻北京照管商务;中国在舟山附近割一小岛供英商贮货与居住;拨给广州附近一处地方供英商贮货和居住,并许可英国人在此处自由活动;减免英商在广州和澳门之间及珠江运货的税额;对英国商品或船只不征收任何关税或捐税,若征收,则对税项和税额应有明确的规定。

清政府拒绝了这些要求,指出这些要求不合"定例"。乾隆帝更是指出:"天朝德威远被,万国来王,种种贵重之物,梯航毕集,无所不有,尔之正使等所亲见。然从不贵奇巧,并无更需尔国制办物件。是尔国王所请派人留京一事,于天朝体制既属不合,而于尔国亦殊觉无益。"[1]

对于英国使团赠送的礼物,清廷也并未表现出特别的震惊或热情。清朝皇帝及官员们所考虑的,是英国使节是否会遵从清朝礼仪,向皇帝行跪拜或叩头的礼节。对于西方工业革命的产物,他们却无动于衷,不屑一顾。他们并没有从这些礼品的科技含量中认识到英国的科技水平、工业能力、军事能力,并产生危机感和紧迫感,奋起直追。他们只是把这些科技产品看作无关统治大局的"雕虫小技"或"奇技淫巧"。严肃的科学演示被当作"杂耍"和"巫术",科技产品被作为"远藩来朝"的贡品藏在圆明园。

---

[1] 《英使马戛尔尼来聘案》,故宫博物院掌故部编:《掌故丛编》,中华书局1990年版,第614页。

1816年，英国第二次派遣使团访华，领导人是阿美士德勋爵。同年6月，阿美士德使团抵达中国。因为礼仪问题，双方再次发生激烈争执。清廷认为中国皇帝是天下最高的君主，坚持要阿美士德使团按清廷的礼节行三跪九叩礼，而阿美士德只同意按英国的礼仪觐见。嘉庆帝一怒之下，拒绝接见英国使团，令其立刻离开北京回国。

"直到大炮洋枪的声音再次惊动中国士人的时候，人们才真正重新回忆起来，原来外面的世界中有许多的文明，那些文明同样也是一个历史悠久，而且有体有用，甚至在某种意义上超过了自己的系统，自己的空间并不是'天下'，四夷也并不都是'蕞尔小邦'，这时才真的开始手足无措，惊慌起来。"[1]鸦片战争期间及战后，外来侵略的威胁，城下之盟的耻辱，带来了介绍西方著述的传播，促使了一部分先进的知识分子开眼看世界。但对中国文化所保持的无上优越感，及深深的眷恋与恪守，却需要很长的时间，方能消退。

---

1 葛兆光：《中国思想史》第一卷，复旦大学出版社2003年版，第334页。

参考文献

（一）史料

［宋］黎靖德：《朱子语类》，明成化九年陈炜刻本。

［宋］熊克：《宋中兴纪事本末》，清雍正景抄宋本。

［元］佚名：《元典章》，元刻本。

［元］吴澄：《吴文正集》，清文渊阁四库全书本。

［元］陶宗仪：《南村辍耕录》，四部丛刊三编景元本。

［元］汪大渊：《岛夷志略》，清文渊阁四库全书本。

［元］周达观：《真腊风土记》，明新安吴氏刻本。

［明］陈子龙、徐孚远、宋征璧等选辑：《明经世文编》，明崇祯平露堂刻本。

［明］《徐家汇藏书楼明清天主教文献》，台北：方济出版社1996年版。

［明］《颜钧集》，黄宣民点校，中国社会科学出版社1996年版。

［明］《明实录附录·崇祯长编》，中华书局1986年版。

［明］毕自严：《度支奏议》，明崇祯刻本。

［明］采九德：《倭变事略》，丛书集成初编本，中华书局1985年版。

［明］蔡献臣：《清白堂稿》，明崇祯刻本。

［明］陈诚：《陈竹山先生文集》，清雍正七年刻本。

［明］陈际泰：《已吾集》，清顺治李来泰刻本。

［明］陈建：《皇明通纪法传全录》，明崇祯九年刻本。

［明］陈九德：《皇明名臣经济录》，明嘉靖二十八年刻本。

［明］陈全之：《蓬栊述》，明万历十一年书林熊少泉刻本。

［明］陈仁锡：《无梦园初集》，明崇祯六年刻本。

［明］陈舜仁：《（万历）应天府志》，明万历刻增修本。

［明］程敏政：《明文衡》，四部丛刊景明本。

［明］方逢时：《大隐楼集》，清乾隆四十二年滋元堂刻本。

［明］方孔炤：《全边略记》，明崇祯刻本。

［明］费信：《星槎胜览》，明嘉靖古今说海本。

［明］高汝栻：《皇明续纪三朝法传全录》，明崇祯九年刻本。

［明］巩珍：《西洋番国志》，清彭氏知圣道斋抄本。

［明］顾应祥：《静虚斋惜阴录》，明刻本。

［明］归有光：《震川先生集》，上海古籍出版社1981年版。

［明］过庭训：《本朝分省人物考》，明天启刻本。

［明］何良俊：《四友斋丛说》，明万历七年张仲颐刻本。

［明］何乔新：《椒邱文集》，清文渊阁四库全书本。

［明］何乔远：《镜山全集》，明崇祯十四年序刊本。

［明］何乔远：《名山藏》，明崇祯刻本。

［明］侯一麟、赵士桢：《龙门集神器谱》，上海社会科学院出版社2006年版。

［明］胡我琨：《钱通》，清文渊阁四库全书本。

［明］胡直：《衡庐精舍藏稿》，清文渊阁四库全书本。

［明］胡宗宪：《筹海图编》，清文渊阁四库全书本。

［明］黄光昇：《昭代典则》，明万历二十八年万卷楼刻本。

［明］黄景昉：《国史唯疑》，清康熙三十年抄本。

［明］黄溥：《闲中今古录摘抄》，丛书集成初编本。

［明］黄省曾：《西洋朝贡典录》，清钱氏指海本。

［明］黄训：《名臣经济录》，清文渊阁四库全书本。

［明］黄瑜：《双槐岁钞》，清岭南遗书本。

［明］黄衷：《海语》，民国景明宝颜堂秘籍本。

［明］计六奇：《明季南略》，清抄本。

［明］蒋以化：《西台漫记》，明万历刻本。

［明］焦竑：《国朝献征录》，明万历四十四年徐象橒曼山馆刻本。

［明］雷礼：《国朝列卿纪》，明万历徐鉴刻本。

［明］雷礼：《皇明大政纪》，明万历刻本。

［明］雷梦麟：《读律琐言》，明嘉靖四十二年刻本。

［明］李开先：《李中麓闲居集》，明刻本。

［明］李文凤：《越峤书》，明蓝格抄本。

［明］李贤等：《明一统志》，清文渊阁四库全书本。

［明］李贽：《焚书·续焚书校释》，岳麓书社2011年版。

［明］李贽：《李温陵集》，明刻本。

［明］李贽：《续焚书》，明刻本。

［明］林希元：《林次崖先生文集》，厦门大学出版社2015年版。

［明］刘辰：《国初事迹》，明泰氏绣石书堂抄本。

［明］刘斯洁：《太仓考》，明万历刻本。

［明］龙文彬：《明会要》，清光绪十三年永怀堂刻本。

［明］卢象升：《庐公奏议》，清道光九年刻本。

［明］毛晋：《六十种曲》，明末毛氏汲古阁刻本。

［明］茅瑞征：《皇明象胥录》，明崇祯刻本。

［明］茅元仪：《石民四十集》，明崇祯刻本。

［明］茅元仪：《武备志》，明天启刻本。

［明］钱德洪：《阳明先生年谱》，明嘉靖四十三年毛汝麒刻本。

［明］瞿九思：《万历武功录》，明万历刻本。

［明］李东阳等撰、申时行等重修：《大明会典》，明万历内府刻本。

［明］沈朝宣：《（嘉靖）仁和县志》，清光绪刻武林掌故丛编本。

［明］沈德符：《万历野获编》，清道光七年姚氏刻。

［明］沈鲤：《亦玉堂稿》，清文渊阁四库全书本。

［明］史惇：《恸余杂记》，清抄本。

［明］宋濂：《宋濂全集》，人民文学出版社2014年版。

［明］宋懋澄：《九籥集》，明万历刻本。

［明］宋诩：《宋氏家要部》，明刻本。

［明］宋应昌：《经略复国要编》，民国景明万历刻本。

［明］宋应星：《天工开物》，明崇祯初刻本。

［明］涂山：《明政统宗》，明万历刻本。

［明］万表：《皇明经济文录》，明嘉靖刻本。

［明］王艮：《王心斋全集》，江苏教育出版社2001年版。

［明］王艮：《心斋王先生语录》，明刻本。

［明］王祎：《王忠文公集》，清文津阁四库全书本。

［明］王临亨：《粤剑编》，明万历刻本。

［明］王圻：《续文献通考》，明万历三十年松江府刻本。

［明］王士骐：《皇明驭倭录》，明万历刻本。

［明］王士琦：《三云筹俎考》，明万历刻本。

［明］王士性：《广志绎》，清康熙十五年刻本。

［明］王文禄：《策枢》，明百陵学山本。

［明］王阳明：《阳明先生则言》，明嘉靖十六年薛侃刻本。

［明］王彝：《王常宗集》补遗，清文渊阁四库全书本。

［明］王应山：《闽都记》，道光十一年求放心斋刻本。

［明］王征：《王征遗著》，李之勤辑，陕西人民出版社1987年版。

［明］吴宽：《匏翁家藏集》，清文渊阁四库全书本。

［明］夏原吉：《夏忠靖集》，清文渊阁四库全书本

［明］谢杰：《虔台倭纂》，明万历二十三年本。

［明］谢肇淛：《五杂组》，明万历四十四年潘膺祉如韦馆刻本。

［明］熊明遇：《文直行书诗文》，清顺治十七年熊人霖刻本。

［明］徐昌治：《圣朝破邪集》，夏瑰琦校注，香港建道神学院1996年版。

［明］徐复祚：《花当阁丛谈》，清借月山房汇抄本。

［明］徐光启：《农政全书》，明崇祯平露堂本。

［明］徐光启：《徐光启集》，中华书局2014年版。

［明］徐日久：《五边典则》，旧抄本。

［明］徐学聚：《国朝典汇》，明天启四年徐与参刻本。

［明］薛应旂：《宪章录》，明万历二年刻本。

［明］严从简：《殊域周咨录》，明万历刻本。

［明］严嵩：《南宫奏议》，明嘉靖二十四年刻本。

［明］杨荣：《文敏集》，清文渊阁四库全书本。

［明］叶子奇：《草木子》，清乾隆五十一年刻本。

［明］佚名：《嘉靖倭乱备钞》，清抄本。

［明］应槚辑：《苍梧总督军门志》，岳麓书社2015年版。

［明］余继登：《典故纪闻》，中华书局1981年版。

［明］俞大猷：《洗海近事》，清抄本。

［明］俞大猷：《正气堂全集》，福建人民出版社2007年

［明］俞汝楫：《礼部志稿》，清文渊阁四库全书本。

［明］张本：《五湖漫闻》，清抄本。

［明］张德信、毛佩琦主编：《洪武御制全书》，黄山书社1995年版。

［明］张瀚：《台省疏稿》，明万历二年吴道明刻本。

［明］张燮：《东西洋考》，清惜阴轩丛书本。

［明］张萱：《西园闻见录》，民国哈佛燕京学社印本。

［明］韩浚、张应武等：《（万历）嘉定县志》，明万历刻本

［明］赵世卿：《司农奏议》，明崇祯七年赵濬初刻本。

［明］赵文华：《嘉靖平倭祇役纪略》，江苏人民出版社1961年版。

［明］赵志皋：《内阁奏题稿》，清顺治七年刻本。

［明］郑麟趾等：《高丽史》，明景泰二年朝鲜活字本。

［明］郑舜功：《日本一鉴·穷河话海》，文物出版社2022年版。

［明］郑晓：《吾学编》，明隆庆元年郑履淳刻本。

［明］周煌：《琉球国志略》，清乾隆二十四年漱润堂刻本。

［明］周玄暐：《泾林续记》，涵芬楼秘籍本。

［明］朱国祯：《涌幢小品》，明天启二年刻本。

［明］朱纨：《甓余杂集》，明朱质刻本。

［明］朱吾弼：《皇明留台奏议》，明万历三十三年刻本。

［明］朱元璋：《明太祖文集》，清文渊阁四库全书本。

［明］朱元璋：《资世通训》，明刻本。

［明］诸葛元声：《两朝平攘录》，明万历刻本。

［清］《（康熙）澄海县志》，清康熙二十五年刊本。

［清］《（康熙）濮川志略》，清康熙十四年纂抄本。

［清］《（乾隆）潮州府志》，清光绪十九年珠兰书屋刊本。

［清］《（乾隆）海澄县志》，清乾隆二十七年刊本。

［清］《（雍正）宁波府志》，清同治六年刊本。

［清］阿桂等：《满洲源流考》，清文渊阁四库全书本。

[清]查继佐:《罪惟录》,四部丛刊三编影印稿本。

[清]查慎行:《得树楼杂钞》,民国适园丛书本。

[清]陈鹤:《明纪》,清同治十年江苏书局刻本。

[清]陈澧:《(光绪)香山县志》,清光绪刻本。

[清]冯甦:《见闻随笔》,清台州丛书本。

[清]《通鉴辑览》,清文渊阁四库全书本。

[清]谷应泰:《明史纪事本末》,清文渊阁四库全书本。

[清]顾炎武:《亭林诗文集》,四部丛刊景清康熙本。

[清]顾祖禹:《读史方舆纪要》,清稿本。

[清]胡林翼:《读史兵略续编》,清光绪二十六年本。

[清]黄叔璥:《台海使槎录》,中华书局1985年版。

[清]黄宗羲:《明儒学案》,清文渊阁四库全书本。

[清]黄宗羲:《行朝录》,清抄本。

[清]嵇曾筠等:《(雍正)浙江通志》,凤凰出版社2010年版。

[清]嵇璜:《钦定续文献通考》,清文渊阁四库全书本。

[清]江日昇:《台湾外记》,福建人民出版社1983年版。

[清]姜宸英:《湛园集》,清文渊阁四库全书本。

[清]李桂林:《(光绪)吉林通志》,清光绪十七年刻本。

[清]龙文彬:《明会要》,清光绪十三年永怀堂刻本。

[清]毛霦:《平叛记》,清康熙五十五年毛贡刻本。

[清]钱谦益:《国初群雄事略》,民国适园丛书刊汉唐斋藏旧抄本。

[清]瞿玄锡:《庚寅十一月初五日始安事略》,明季史料丛书本。

[清]阮元等:《(道光)广东通志》,清道光二年刻本。

[清]孙承泽:《春明梦余录》,清文渊阁四库全书本。

[清]孙奇逢:《理学宗传》,清康熙六年刻本。

［清］谈迁：《国榷》，清抄本。

［清］万斯同：《明史》，清抄本。

［清］汪楫：《中山沿革志》，清康熙刻本。

［清］王夫之：《黄书》，清船山遗书本。

［清］王夫之：《张子正蒙注》，清船山遗书本。

［清］王先谦、朱寿朋：《东华录》，清光绪十年长沙王氏刻本。

［清］王先谦：《日本源流考》，清光绪二十八年刻本。

［清］魏源：《古微堂集》，清宣统元年国学扶轮社本。

［清］吴伟业：《梅村家藏稿》，四部丛刊景清宣统武进董氏本。

［清］夏燮：《明通鉴》，清同治刻本。

［清］徐松：《宋会要辑稿》，清稿本。

［清］徐鼒：《小腆纪传》，清光绪金陵刻本。

［清］叶鉁：《明纪编遗》，清初刻本。

［清］佚名：《明季烈臣传》，清抄本。

［清］佚名：《粤海关志》，清道光广东刻本。

［清］张廷玉：《明史》，清乾隆武英殿刻本。

［清］张夏：《雒闽源流录》，清康熙二十一年黄昌衢彝叙堂刻本。

［清］赵翼：《陔余丛考》，清乾隆五十五年湛贻堂刻本。

［清］朱国标：《明鉴会纂》，清乾隆二十七年刻本。

《朝鲜史料汇编》，全国图书馆文献缩微复制中心2004年版。

《黑龙江省志·文物志》，黑龙江人民出版社1994年版。

《明代基本史料丛刊·邻国卷》，线装书局2006年版。

《郑成功收复台湾史料选编》，福建人民出版社1982年版。

《郑和下西洋资料汇编》，齐鲁书社1980年版。

《明清徽州社会经济资料丛编》，中国社会科学出版社1990年版。

定海县志编纂委员会编：《定海县志》，浙江人民出版社1994年版。

广东省地方史志编纂委员会编：《广东省志·华侨志》，广东人民出版社1996年版。

金国平编译：《西方澳门史料选萃（15—16世纪）》，广东人民出版社2005年版。

李洵校注：《明史食货志校注》，中华书局1982年版。

林远辉、张应龙编：《中文古籍中的马来西亚资料汇编》，马来西亚中华大会堂总会1998年版。

吴晗辑：《朝鲜李朝实录中的中国史料》，中华书局1980年版。

谢国桢：《明代社会经济史料选编》，福建人民出版社1980年版。

中国历史研究社编：《中国历史研究资料丛书·倭变事略》，上海书店1982年版。

郑天挺主编：《明清史资料》（上册），天津人民出版社1980年版。

（二）论著

陈台民：《中菲关系与菲律滨华侨》，香港朝阳出版社1985年版。

程绍刚译注：《荷兰人在福尔摩莎》，台北：联经出版事业公司2000年版。

傅衣凌：《明代江南市民经济试探》，上海人民出版社1957年版。

高福进编著：《西方文化史论》，上海交通大学出版社2001年版。

葛兆光：《中国思想史》，复旦大学出版社2003年版。

故宫博物院掌故部编：《掌故丛编》，中华书局1990年版。

顾卫民：《荷兰海洋帝国史：1581—1800》，上海社会科学院出版社2020年版。

黄一农：《两头蛇：明末清初的第一代天主教徒》，上海古籍出版社2015年版。

江树生主编：《荷兰联合东印度公司台湾长官致巴达维亚总督书信集Ⅰ（1622—1626）》，台湾省历史博物馆2010年版。

金观涛、刘青峰：《兴盛与危机》，湖南人民出版社1984年版。

梁方仲：《梁方仲经济史论文集》，中华书局1989年版。

梁漱溟：《中国文化要义》，上海人民出版社2005年版。

刘承华：《文化与人格：对中西文化差异的一次比较》，中国科学技术大学出版社2002年版。

吕大吉、牟钟鉴：《概说中国宗教与传统文化》，中国社会科学出版社2005年版。

全汉昇：《自明季至清中叶西属美洲的中国丝货贸易》，《中国经济史论丛》，中华书局2011年版。

沈之兴、张幼香主编：《西方文化史》，中山大学出版社1997年版。

苏丁编：《中西文化文学比较研究论集》，重庆出版社1988年版。

孙翊刚主编：《中国财政史》，中国社会科学出版社2003年版。

汤开建：《委黎多〈报效始末疏〉笺正》，广东人民出版社2004年版。

王任叔：《印度尼西亚古代史》，中国社会科学出版社1987年版。

吴于廑主编：《十五十六世纪东西方历史初学集续编》，武汉大学出版社1990年版。

许涤新、吴承明主编：《中国资本主义发展史（第一卷）：中国资本主义的萌芽》，人民出版社1985年版。

许云樵：《北大年史》，新加坡南洋编译所1946年版。

杨舟、赵保佑：《走出"黄宗羲定律"的历史怪圈》，经济科学出版社2005年版。

厦门大学历史系编：《李贽研究参考资料》第二辑，福建人民出版社1976年版。

张星烺编注:《中西交通史料汇编》,华文出版社2018年版。

张维华:《明代海外贸易简论》,上海人民出版社1956年版。

赵士林:《心学与美学》,中国社会科学出版社1992年版。

郑樑生:《明代中日关系研究》,台湾文史哲出版社1985年版。

[越]明峥:《越南史略(初稿)》,范宏科、吕谷译,生活·读书·新知三联书店1958年版。

[日]大槻如电著、佐藤荣七增订:《日本洋学编年史》,锦正社1964年版。

[日]小叶田淳:《中世日支通交贸易史の研究》,东京刀江书院1941年版。

[日]村上直次郎原译:《巴达维亚城日记》,台湾省文献委员会印行1970年版。

[日]西川俊作:《江戸時代の政治と経済》,日本评论社1979年版。

[日]木宫泰彦:《日中文化交流史》,胡锡年译,商务印书馆1980年版。

[日]石原道博:《倭寇》,吉川弘文馆1996年版。

[日]浜野洁等:《日本经济史》,彭曦等译,南京大学出版社2018年版。

[奥]茨威格:《麦哲伦的功绩》,范信龙译,湖南人民出版社1982年版。

[荷]邦特库:《东印度航海记》,姚楠译,中华书局1982年版。

[比]亨利·皮雷纳:《中世纪的城市》,陈国樑译,商务印书馆1985年版。

[西]《克拉维约东使记》,[土耳其]奥玛·李查译,杨兆钧译,商务印书馆1985年版。

［西］帕莱福等:《鞑靼征服中国史·鞑靼中国史·鞑靼战纪》,何高济译,中华书局2008年版。

［西］门多萨:《中华大帝国史》,何高济译,中华书局1998年版。

［葡］曾德昭:《大中国志》,何高济译,商务印书馆2012年版。

［葡］费尔南·门德斯·平托等:《葡萄牙人在华见闻录》,王锁英译,海南出版社、三环出版社1998年版。

［葡］费尔南·门德斯·平托:《远游记》,金国平译,澳门东方葡萄牙学会1999年版。

［葡］多默·皮列士:《东方志:从红海到中国》,何高济译,江苏教育出版社2005年版。

［意］利玛窦:《利玛窦书信集》,罗渔译,台湾光启出版社1986年版。

［意］利玛窦、［比］金尼阁:《利玛窦中国札记》,何高济等译,中华书局1983年版。

［德］马克斯·韦伯:《新教伦理与资本主义精神》,黄晓京、彭强译,四川人民出版社1986年版。

［德］马克斯·韦伯:《儒教与道教》,洪天富译,江苏人民出版社2008年版。

［德］贡德·弗兰克:《白银资本:重视经济全球化中的东方》,刘北成译,中央编译出版社2000年版。

［德］黑格尔:《历史哲学》,王造时译,生活·读书·新知三联书店1956年版。

［法］费赖之:《在华耶稣会士列传及书目》,冯承均译,中华书局1995年版。

［法］埃德蒙·帕里斯:《耶稣会士秘史》,张茹萍、勾永东译,中国社会科学出版社1990年版。

［法］费尔南·布罗代尔:《15至18世纪的物质文明、经济和资本主义》第三卷，施康强、顾良译，生活·读书·新知三联书店1993年版。

［法］费尔南·布罗代尔:《资本主义的动力》，杨起译，生活·读书·新知三联书店1997年版。

［英］李约瑟:《中国科学技术史》，科学出版社1975年版。

［英］赫德逊:《欧洲与中国》，王遵仲、李申、张毅译，中华书局1995年版。

［英］亚当·斯密:《国民财富的原因和性质的研究》，杨敬年译，陕西人民出版社2001年版。

［美］罗伯特·L.奥康奈尔:《兵器史：由兵器科技促成的西方历史》，卿劼、金马译，海南出版社2009年版。

［美］斯塔夫里亚诺斯:《全球分裂：第三世界的历史进程》，迟越、王红生等译，商务印书馆1993年版。

［美］杜布斯:《文艺复兴时期的人与自然》，陆建华、刘源译，浙江人民出版社1988年版。

［美］切斯特·何尔康比:《中国人的德性：西方学者眼中的中国镜像》，王剑译，陕西师范大学出版社2007年版。

［瑞典］龙思泰:《早期澳门史》，吴义雄等译，东方出版社1997年版。

陈文石:《明嘉靖年间浙福沿海寇乱与私贩贸易的关系》，《"中央研究院"历史语言研究所集刊》，1965年第1期。

陈忠平:《明清时期江南市镇的牙人与牙行》，《中国经济史研究》，1987年第2期。

管汉晖、李稻葵:《明代GDP及结构试探》，《经济学》，2010年第3期。

胡寄馨:《明代国人航海贸易考》，《社会科学（福建永安）》，1946年第2卷第3/4期。

李隆生:《明末白银存量的估计》,《中国钱币》,2005年第1期。

梁启超:《祖国大航海家郑和传》,《新民丛报》,1904年第3卷第21号。

林延清:《论明代兵变的经济原因和历史作用》,《明史研究论丛》(第四辑),江苏古籍出版社1991年版。

倪来恩、夏维中:《外国白银与明帝国的崩溃》,《中国社会经济史研究》,1990年第3期。

裴化行考释,袁承斌译:《明末耶稣会士的一封信》,《国立北平图书馆馆刊》,1932年第6卷第5号。

图书在版编目（CIP）数据

朝贡、战争与贸易：大航海时代的明朝 / 袁灿兴著. —成都：天地出版社，2022.11
ISBN 978-7-5455-7229-2

Ⅰ.①朝… Ⅱ.①袁… Ⅲ.①中国历史—明代—通俗读物 Ⅳ.①K248.09

中国版本图书馆CIP数据核字（2022）第162918号

CHAOGONG、ZHANZHENG YU MAOYI: DAHANGHAI SHIDAI DE MINGCHAO

朝贡、战争与贸易：大航海时代的明朝

出 品 人	陈小雨　杨　政
作　　者	袁灿兴
责任编辑	武　波
责任校对	马志侠　杨金原
封面设计	左左工作室
责任印制	王学锋

出版发行	天地出版社
	（成都市锦江区三色路238号　邮政编码：610023）
	（北京市方庄芳群园3区3号　邮政编码：100078）
网　　址	http://www.tiandiph.com
电子邮箱	tianditg@163.com
经　　销	新华文轩出版传媒股份有限公司

印　　刷	玖龙（天津）印刷有限公司
版　　次	2022年11月第1版
印　　次	2023年10月第4次印刷
开　　本	880mm×1230mm　1/32
印　　张	16.75
插　　页	8
字　　数	390千字
定　　价	89.00元
书　　号	ISBN 978-7-5455-7229-2

版权所有◆违者必究

咨询电话：（028）86361282（总编室）
购书热线：（010）67693207（营销中心）

如有印装错误，请与本社联系调换。

从声音到文字，分其人类智慧

天喜文化